集人文社科之思　刊专业学术之声

集 刊 名：中国非营利评论

主　　编：王　名　蓝煜昕

副 主 编：马剑银

编　　委：赖伟军　李长文　李朔严　罗文恩　宋程成　俞祖成　张　潮　史　迈

编辑秘书：田秀丽　高晓丽

主办单位：清华大学公益慈善研究院

# CHINA NONPROFIT REVIEW Vol.34 2024 No.2

本刊编辑部地址：清华大学公共管理学院 429 室
电　　话：010-62771789
投稿邮箱：chinanporev@163.com
英文版刊号：ISSN：1876-5092；E-ISSN：1876-5149
出 版 社：Brill 出版集团
英文版网址：www.brill.nl/cnpr

# 第三十四卷　2024　No.2

集刊序列号：PIJ-2007-011

集刊主页：www.jikan.com.cn/ 中国非营利评论

集刊投稿：www.iedol.cn

# 中国非营利评论

CHINA NONPROFIT REVIEW Vol.34 2024 No.2

第三十四卷　2024　No.2

清华大学公益慈善研究院　主办

社会科学文献出版社
SOCIAL SCIENCES ACADEMIC PRESS (CHINA)

# 卷首语

面朝大海，春暖花开。

此前两天，我先深入莆田监狱"穿墙引线 让爱回家"项目一线，体验公益之遏恶扬善；后又置身曹公创办福耀科技大学"敬天爱人 止于至善"的未来教育场域，体悟公益之良知良能。昨日得闲，终于到了平潭，到了大海边，心之书乡，春暖花开的地方。

山边，石厝，海风，天涯。

山边村头石厝古屋旁的小学旧址将接纳我们的公益文化部落。这里有坛南湾远垱澳，自称平潭马尔代夫，白沙滩纯净无垠，碧波连天，一尘不染。

这里还有风车摇荡的长江澳镜沙村，以镜面滑沙名扬天下，海潮卷起千堆雪，露出一座座黑礁石仿佛千万年轮，如泣如诉，如梦如歌。

这里还有很多的美景，更有美好的未来。

半年前，我将积累数十年的万册图书寄过来，今天上午在平潭图书馆举行了隆重的捐赠仪式。赖军书记在致辞中诚邀两岸公益学人与实践创新者多来平潭，为这片实验热土增添公益的温度与文化的厚度。煜昕和秋政分别代表两岸中青代学人，表达接续与传承的期许和努力。好友明修教授以视频方式发表感言和祝愿。刚成立的福建农林大学公益慈善学院郭院长一行也莅临并见证了这个历史时刻。

此外，策划已久的"台湾历史文化研究院"在杰师的力推下终于开始落地平潭，明德公益研究中心精心打造的公益文化部落也在紧锣密鼓地策划筹备中。期待在不久的将来，美丽的平潭将成为充满活力的文化与慈善的热土。

本卷主题是"社区慈善"，共收 15 篇文章。感谢诸位作者的热心赐稿，也感谢读者诸君多年来的关心支持。

读书人以书为本，归根曰乡。感谢平潭，为两岸致力于公益慈善研究和实践的读书人提供了一个我称为"书乡"的慈善图书博物馆。有了这个书乡，加上越来越多的文化与慈善要素的加盟和加持，平潭的温度和厚度会渐渐提升，成为共同家园中的一个热点和亮点，温暖两岸，点亮未来。

王名

2025 年 6 月 19 日于果行斋（平潭）

# 目　　录

**案例**

**观察与思考**

# 社区慈善论纲

王 名 王 颖<sup>*</sup>

【摘要】 社区慈善是以城乡社区为基本单元，通过动员社区内外资源，整合多元主体力量，以满足社区需求、提升居民福祉、增强社区凝聚力和促进社会和谐为目的的一种公益慈善实践。本文以社区慈善的定义、分类及基本属性为起点，明确其地方性、协同性、公益性、动态性、参与性、可持续性的基本属性，并梳理了西方与中国研究中的关键理论观点。通过对比分析西方社区慈善的起源与发展、中国传统慈善及现代慈善的脉络及政策演变，揭示社区慈善在中西方语境下的异同及其独特作用。结合成都和顺德的社区慈善的典型案例，总结了我国社区慈善的实践特点与创新路径，探讨其在基层治理中的资源整合、社会创新和关系重构功能。本文认为，未来的社区慈善将在制度化与专业化、数字化与创新驱动、从救济到赋权的转变、社会资本积累以及全球视野与本土实践的结合等多个维度实现创新与突破，为促进基层社会治理现代化、推动社会创新与可持续发展做出重要贡献。

【关键词】 社区慈善；社区治理；社会创新

在当前社会及政策环境下，社区慈善作为社会治理的重要组成部分，日益成为关注的焦点。随着我国经济社会的持续发展和城乡差距的逐渐缩小，社区

---

\* 王名，清华大学公益慈善研究院教授；王颖（通讯作者），清华大学公益慈善研究院博士后。

作为社会的基本单元，其发展和治理的有效性直接影响到社会的整体和谐与可持续发展。特别是在国家倡导共同富裕和促进社会和谐的背景下，社区慈善不仅仅是帮助贫困群体的手段，更是调动社会各方资源、优化公共服务、加强社会凝聚力的重要途径。近年来，随着《慈善法》及相关政策的出台，社区慈善在社会政策中愈发凸显其战略地位，成为连接政府、企业和居民的桥梁，推动社会创新和资源共享的重要力量。尤其在推进基层社会治理现代化的进程中，社区慈善不仅肩负着改善民生的责任，还在促进社会公平、提升社区自治、加强社会资本等方面发挥着独特作用。通过开展以社区为核心的慈善活动，推动社会力量向基层倾斜，不仅能缓解社会压力，也能提升社会成员的参与感和归属感。因此，深入研究和探讨社区慈善的作用与发展路径，对于推动社会治理创新和促进社会和谐具有重要的现实意义。

# 一 社区慈善的定义、分类与基本属性

## （一）社区慈善的定义

社区慈善是"社区"与"慈善"二者结合而成的现代概念，但绝非两者简单相加。它既有深厚的历史渊源，又因现代社会的发展而不断演化，其内涵体现了慈善活动与社区生活的深度融合。

从词义上看，"慈善"一词源于佛经译典，其思想可追溯至先秦诸子的伦理哲学，强调"爱人"之道。但中国传统的慈善观既不同于西方基督教背景下的"对神之爱"，也不同于现代公益的"对人之爱"，而是以家庭情感为基础的道德实践（周秋光，2019；伯姆纳，2017）。"慈善"一词作为现代概念，最早见于清朝末年的讨论，例如夫马进认为"慈善"作为"善举"的延伸词汇，可能由日本传入中国（夫马进、胡宝华，2006）。

"社区"一词源于英文"community"，最早由中国社会学者吴文藻等人在20世纪30年代翻译提出，用以区别于"社会"。吴文藻在1935年的演讲中指出，"社区"指的是一地人民实际生活的具体表述，是基于地域的生活共同体。美国社会学者帕克认为，社区的特点是"地域内的相互依赖"，其成员因共同的生活基础而紧密联系（黎熙元，1998）。这为现代社区慈善奠定了地理和社会属性的基础。

现代社区慈善是在社会转型背景下发展而来的。从传统的熟人社会到现代的陌生人社会，社区成为连接个体与社会的重要场域（费孝通，2017）。社区慈善的提出，标志着慈善活动从关注个体需求逐步向关注社区整体福祉转变。近年来，学者们围绕社区慈善展开了多角度讨论，国际上有学者认为，社区慈善不是一种组织形式，而是地方驱动发展的一种形式和力量，通过增强社区的能力和声音、构建信任关系，特别重要的是动员和汇聚本地资源，增进社区福祉（Hodgson & Pond，2018；Ahmad & Khadse，2022）。我国学者从多角度对社区慈善的定义展开了研究，形成了一些较为一致的观点。有学者认为社区慈善是基于社区，向社区居民提供社会服务的慈善活动（杨荣，2015），社区慈善不仅仅着眼于解决居民的具体问题，还通过动员社会资源，促进社区融合、改善环境、提升民生福祉以及推动社会发展（李长林、张淇豪，2024）。从实践角度来看，社区慈善被视为一种集聚社会资源、解决社区问题的实践形式，其目标是促进民生福祉的改善和社会的全面发展（谢琼，2022）。一些学者则强调，社区慈善的核心在于志愿精神而非效率导向，认为它是普通人以小型、多样化的公益形式响应社区需求的体现（朱健刚，2015）。与此同时，也有学者从组织化运作的角度，认为社区慈善应当融合社区发展与慈善事业，通过构建有机资源网络，实现资源的高效配置与优化利用（谢中起、刘萌萌，2013；李宝梁，2007）。值得注意的是，政策层面的引导也为社区慈善的理论发展和实践深化提供了有力支撑。民政部于 2015 年首次提出"大力发展社区慈善"的政策概念，《慈善法》也在同年明确规定了对社区慈善组织的支持与发展。

综上所述，我国学者普遍将社区慈善视为一种地方性、协同性和公益性的社会实践，社区慈善的内涵既包括慈善的普适价值，又体现了地域社会的在地化实践。它以社区为核心单元，强调动员和整合本地资源，通过慈善手段改善居民福祉、满足公共需求和促进社会和谐。社区慈善不只是捐赠行为，更是一种推动社区自治和发展的机制。其强调的"社区"不仅是活动的地理场域，更是一种价值导向，意在将慈善融入居民日常生活中，增强社区的凝聚力和自我管理能力，其核心特征在于以社区为基础、以资源整合为手段、以改善福祉和促进发展为目标导向。社区慈善是现代慈善理念与地域文化深度融合的产物。它承载着传统慈善的伦理精神，又因现代社会的需求而不断演化。作为一种独特的慈善实践，社区慈善超越了个体施助的范畴，成为提升社区福祉和促进社会发展的重要力量。

基于以上研究观点，本文将社区慈善定义为：以城乡社区为基本单元，通过动员社区内部资源与整合外部力量，基于慈善目的开展的旨在改善居民福祉、满足社区需求、增强社区凝聚力和推动社区治理与发展的公益实践。社区慈善具有地方性、协同性和公益性特征，其核心在于通过资源在地化、行动本地化和服务个性化，推动居民的广泛参与和多方主体协作，以实现社区的可持续发展。社区慈善不仅关注传统意义上的扶弱济困，还强调通过构建公益平台、优化资源配置、增强社会资本，提升社区治理能力和增强居民主体性。作为现代社会转型与基层治理实践的重要形式，社区慈善在实现民生福祉改善、促进社会和谐与推动共同富裕方面具有重要意义。

**（二）社区慈善的主要类型**

本文基于组织形态及运作模式，对社区基金会、社区慈善基金、社区慈善超市、社区志愿服务和社区慈善信托等类型进行概述，呈现社区慈善的整体发展框架。

**1. 社区基金会**

社区基金会（Community Foundation）始于1914年的美国，是一种以特定地理区域为服务范围，通过多元化资金支持推动本地社区发展的资助型公益组织。其主要特征体现在服务范围的地域性、资金来源的多样性，以及作为公共慈善机构的特殊定位等方面（Sacks，2000；Carman，2001）。作为整合筹资与资助功能的创新模式，社区基金会在社区发展中发挥着重要作用，承担着捐赠人服务、资源整合中介和社区领导者三重职能（Graddy & Morgan，2006；Daly，2008；Millesen & Martin，2014）。国际经验表明，理想型社区基金会的资源主要来源于本地，通过设立永久性捐赠基金形成稳定的资金池，以资助社区中的非营利组织应对多元需求，成为本地化公益的支持型组织（徐宇珊，2017）。截至目前，全球共有2241家社区基金会，覆盖70余个国家，显示出这一模式的强大适应性和广泛影响力。①

在中国，社区基金会虽然起步较晚，但呈现出快速增长的趋势。2008年，深圳成立了全国首家社区基金会——桃源居公益事业发展基金会，其宗旨在于培育社区资本、完善社区服务，进而推动社区自治与善治。从2014年起，深圳

---

① 数据来源于 http://communityfoundationatlas.org，查询日期为2024年12月5日。

率先开展社区基金会的培育工作，通过降低注册资金门槛、提供政策扶持等措施，推动了社区基金会在全国范围内的迅速发展。目前，以"社区"命名的基金会已达 369 家，覆盖多个省市。[①] 然而，中国社区基金会的发展也展现出本土化特点，存在潜在挑战。例如，地方政府的行政驱动在推动数量增长的同时，也带来了治理机制不完善和内在发展动力不足的问题（唐有财等，2019；胡小军，2023a）。尽管如此，社区基金会作为全球化影响下的社区慈善典范，在中国逐步发挥了以"保障、服务、协同"为核心要素的复合型功能（陈俊杰、魏娜，2023）。

### 2. 社区慈善基金

社区慈善基金是一种非独立法人形式的专项基金，通常挂靠在地方慈善会或基金会下，以社区为服务对象，通过筹集社区资源、获得社会支持来推动基层公共服务的改善和社区建设。这种资金池灵活轻量、门槛较低，适应了不同社区的发展需求，与社区基金会等传统慈善形式相比更具普及性和操作性。根据成都市慈善总会 2020 年修订的《基金管理办法》，社区微基金的启动资金仅需 3000 元，这为基层社区参与慈善活动提供了便利条件。

近年来，地方政府积极推动社区慈善基金发展。2020 年，广州市番禺区发布指导意见，推动全区 275 个村（社区）设立慈善基金，实现基层慈善全覆盖。2022 年，苏州市出台行动方案，提出 2025 年前实现村（社区）慈善基金全面覆盖。2023 年，青岛市通过试行意见，支持有条件的村（社区）设立慈善基金，促进慈善资源下沉。这些政策降低了社区慈善基金的设立门槛，并通过完善管理机制和规范资金使用，为其健康发展提供了制度保障。

在管理机制上，社区慈善基金由慈善会作为托管主体，其发起方需与慈善会签订协议，明确基金的使用范围、存续时间和管理成本等具体事项。基金一般设立管理委员会，由村（社区）党支部、居民委员会、捐赠人、居民代表及社会组织等组成，负责资金的募集和日常管理。为了激励更多社区设立慈善基金，一些地方还创新了资金配比机制，慈善会会根据社区募集的资金额提供相应比例的资金配套支持。

社区慈善基金因其轻量化、灵活性和较低的设立门槛，在动员社区资源和

---

① 数据来源于"全国社会组织信用信息公示平台"https://xxgs.chinanpo.mca.gov.cn/gsxt/newList，查询日期为 2024 年 12 月 5 日。

促进基层公共服务改善方面展现出重要潜力。这一模式通过规范化的管理机制和平衡灵活与合法的操作方式，激发了居民的参与热情，增强了社区的凝聚力，为基层慈善文化的培育和社区治理能力的提升提供了有效路径。随着管理制度的不断完善和政策激励的深化，社区慈善基金将在基层社会治理和公益服务中发挥更加重要的作用。

### 3. 社区慈善超市

社区慈善超市是一种以物资捐赠和销售为基础的社区慈善形式，通过整合社区资源，为困难群众提供低成本或免费的日常生活用品，同时将销售收入再次用于社区公益活动。慈善超市起源于 19 世纪的欧美国家，例如美国的"好意慈善事业组织"（Good Will）和英国的慈善商店。其主要模式是接收市民捐赠的旧物资，通过整理和销售筹集资金，用于为残疾人、失业者及新移民等群体提供福利工厂、职业培训及就业安置等服务（Horne，1998；Liu & Ko，2014）。

在中国，慈善超市始于 2004 年，上海普陀区开设了我国第一家慈善超市"长寿社区慈善超市"。同年，民政部发文推广这一模式，并鼓励结合社区捐助发展慈善超市。20 多年来，上海一直在探索慈善超市的发展模式和培育机制，希望使其成为立足社区的重要慈善载体，根据上海市民政局公布的慈善领域数据，目前上海共有 232 家慈善超市。慈善超市的主要物资来源包括企业、团体和个人的捐赠，运营资金由政府资助或通过市场化运作取得。在服务方式上，困难群众可持证领取免费物资或以低廉价格购买商品，其他居民则以正常价格购买，以实现慈善资金的循环使用。

慈善超市的发展高度依赖社区资源，与社区形成了共生关系，其资源来源和服务对象均以社区为中心。研究表明，慈善超市在嵌入社区资源、整合社区力量方面具有独特优势，但也面临自我定位不清、资源吸纳能力不足和过度依赖政府等问题（徐家良、彭雷，2019；杨永娇、张蕴洁，2017）。近年来，为应对这些挑战，慈善超市逐步尝试通过互联网技术和社区嵌入式发展路径进行创新，以实现更加可持续的发展模式。

### 4. 社区志愿服务

社区志愿服务是社区慈善的重要形式，其可追溯至 19 世纪初西方的宗教性慈善服务，后逐步演变为个人奉献爱心的实践。1989 年，中国首个社区志愿者组织在天津市和平区新兴街成立，推动了社区志愿服务的普及和发展。随后，民政部通过政策支持和全国性推广，将社区志愿服务纳入社区治理中，使其成为重要组成部分。近年来，我国社区志愿服务规模和影响力持续扩大。《中国志愿服务发展报告（2022—2023）》显示，截至2023年，全国注册志愿者人数已达2.32亿，成立志愿服务队伍135万支，实施了1127万个覆盖多领域的项目。

我国社区志愿服务的发展模式呈现多元化特征，主要包括行政推动型、居民主动型、组织承接型和统筹协作型。行政推动型依托政府资源和体制，围绕基层治理目标开展服务；居民主动型强调居民自发性，以社区自治为核心；组织承接型通过政府购买服务或社区合作，由社会组织实施项目；统筹协作型则整合政府和社会资源，培育志愿服务力量（黄晓星，2024：46~52）。此外，服务策略不断创新，包括项目合作式、岗位职责式和结对帮扶式等，显著提升了服务的针对性和效能。

社区志愿服务在满足居民需求、促进社会和谐方面作用显著，同时也成为推动基层治理和资源整合的重要手段。随着政策支持的深化和社区治理现代化的推进，社区志愿服务将在未来发展中扮演更加重要的角色。

### 5. 社区慈善信托

社区慈善信托是慈善信托在社区慈善领域的具体实践，通过信托机制将资金或资产收益用于支持社区发展。自2016年《慈善法》实施以来，这一模式逐步推广，成为推动社区慈善事业发展的重要工具。根据《2023年度中国慈善信托发展报告》，截至2023年底，全国累计备案慈善信托1655单，总规模超65亿元。其中，以"社区"命名的慈善信托达32单，虽数量不多，但正稳步增长（胡小军，2023b）。例如顺德社区慈善信托是规模最大的案例，由美的控股有限公司发起，初始财产规模达4.92亿元，用于支持佛山市顺德区的社区慈善事业。此外，成都市、舟山市等地也探索了以社区基金会为主体的慈善信托模式，杭州市则设立以培育社区基金会为目标的信托项目。这些实践展示了社区慈善信托在不同地域的适配性和创新性。

社区慈善信托的核心特点是为社区发展提供稳定、持续的资金支持。通过专业化信托管理，该模式结合捐赠人意愿与社区长期目标，确保资金高效使用。同时，社区慈善信托为社区基金会和社会组织的发展提供助力，推动基层慈善资源整合和可持续发展。尽管当前社区慈善信托备案数量仍较少，但其潜力巨大，与社区基金会或社区慈善基金的结合模式能够弥补传统社区慈善的不足，提高资源利用效率。

在社区治理和社会服务需求日益复杂的背景下，社区慈善信托正成为推动社区慈善可持续发展的重要手段。通过优化政策环境和加强多方合作，该模式将在未来进一步发挥在社区治理体系中的独特作用，为社区发展注入更强劲的动力。

**（三）社区慈善的基本属性**

本文对社区慈善的界定吸纳了已有研究成果，并结合当代社会治理需求，提出了一种动态性与实践性兼具的全新视角。从理论到实践，社区慈善展现出以下基本属性。

**1. 地方性**

社区慈善以地理区域为依托，其活动范围和目标集中于特定社区的需求。这种地方性属性确保了社区慈善与社区实际需求的高度契合，不仅关注居民的物质需求，还通过满足文化、教育、环境等多方面的需求来促进社区的整体发展。地方性使社区慈善成为改善社区公共服务和提升居民福祉的关键机制。

**2. 协同性**

社区慈善的协同性体现在多主体参与与资源整合上，包括社区居民、社区组织、企业、政府等多方力量的协同运作。本文界定的社区慈善强调这些主体在资源动员、项目设计、服务提供中的分工合作，形成高效的协作网络。这种协同性不仅优化了资源配置，还提升了社区内部的社会资本积累和外部资源吸引能力。

**3. 公益性**

社区慈善始终以公共利益为核心目标，其公益性贯穿于活动的动员、实施和反馈全过程。无论是捐赠、志愿服务还是资源管理，社区慈善都以满足社区公共需求、改善居民生活质量为导向。公益性是社区慈善区别于商业活动的重要标志，也是其能够赢得社区信任与支持的基础。

**4. 动态性**

社区慈善具有高度的灵活性和动态适应性，其活动形式和内容随着社区需求、社会资源和政策环境的变化而调整。本文强调，社区慈善通过在地化资源整合和行动本地化的方式，不断适应新的社会环境与社区需求，使其在基层治理中的作用更加突出。

### 5. 参与性

社区慈善是一个以参与为导向的过程，其核心在于通过构建公益平台、优化资源配置等方式，提升居民的主体性与社区自组织能力和参与的积极性。本文将社区慈善置于基层治理框架中，探讨其在社区治理能力提升中的实际效能，从实践层面强化其操作性。

### 6. 可持续性

与传统慈善形式相比，社区慈善更注重长期发展。其可持续性体现在通过公益平台建设、社会资本积累和资源循环使用来维持长期运作，为社区注入持久动力。本文引入可持续发展的视角，将社区慈善视为一项长效机制，旨在从制度层面推动社区治理和社会建设的全面进步。

本文提出的社区慈善基本属性不仅符合现代社会治理的多元需求，也为社区慈善在实践中适应复杂社会环境提供了理论支持和操作指引。通过优化资源配置和多主体协作，社区慈善成为连接基层治理与社会发展的重要纽带，为构建和谐社区、促进社会进步发挥了积极作用。

## 二 社区慈善的理论讨论

### （一）西方相关文献综述

社区慈善作为一种地方驱动的公益模式，其理论与实践近年来在西方得到了广泛关注，并成为推动地方社会发展和提升治理能力的重要工具。在理论层面，社区慈善可追溯至地方性公益实践，其关键目标在于通过社会资本的积累和资源的地方化动员，促进社区福祉和治理能力的全面提升（Hodgson & Pond，2018）。这种模式的核心在于权力的下放，即从传统慈善以精英为导向的资源分配模式，逐渐转变为以社区为中心的自决模式，强调通过基层参与和自治实现社区的可持续发展。相关研究指出，社区慈善不仅仅是一个资金支持的过程，更是一个培育信任、增强社区主导权和吸引基层社区成员积极参与的多维过程（Harrow & Jung，2016）。这种模式为社区提供了赋权的新路径，体现了慈善事业从传统救济向赋权和协作转型的趋势。

在实施层面，社区慈善展现出了高度的多样性，其具体模式因地域和社区特征的不同而有所差异。例如，在美国，社区基金会被认为是社区慈善的典型形式，通过聚集地方捐赠资源，回应本地需求并发挥领导作用（Graddy & Morgan，2006）。社区基金会不仅筹集资金，还在地方发展中扮演了政策倡导者和协调者的角色。这种模式的成功在于其能够灵活应对地方需求，同时吸引多元主体参与。此外，社区慈善还呈现出多样化的形式，包括社区发展基金、联合劝募模式以及捐赠人建议基金等，这些形式根据社区的资源结构、文化传统和需求特征进行调整，以更好地发挥慈善资源的作用（Hwang & Young，2022）。在全球范围内，社区慈善实践也呈现出从传统基金会模式向更加多样化和灵活的模式转变的趋势。例如，"千流基金"（Thousand Currents）① 通过长期灵活的资金支持，鼓励基层社区自主决策，以满足其实际需求，这一模式尤其在资源匮乏的社区中表现出色，为社区赋权提供了成功案例。

社区慈善与地方经济结构之间存在紧密的关联，地方经济结构对社区慈善的资源动员能力具有显著影响。研究表明，经济多样性和社会资本的结合是提升社区慈善资源整合能力的关键（Paarlberg & Yoshioka，2015）。多样化的经济结构可以为社区提供更多的资金来源和参与主体，形成一种良性循环；而过度依赖单一行业或资源则可能限制社区的自我组织能力，降低其抗风险能力。例如，当地方经济严重依赖某一大型企业时，尽管企业可能通过直接捐赠支持社区发展，但其在资源分配中的主导地位也可能限制社区自主性和创新能力（Lee & Marquis，2018）。因此，在发展社区慈善时，需要平衡地方经济多样性与社区自治之间的关系，确保慈善资源的公平分配与高效利用。

尽管社区慈善在推动地方社会发展方面展现了巨大的潜力，但其在实践中仍面临诸多挑战。首先，传统慈善模式中以精英为中心的资源分配倾向可能在社区慈善中重现，从而限制社区主导权的充分实现（Viviana & Sik，2020）。这种现象在资源匮乏的社区中尤为突出，外部资金或组织的介入可能导致地方社区成员在决策过程中缺乏话语权，进而影响慈善项目的可持续性和有效性。其次，慈善资源的获取和管理方式往往受经济不平等和政策约束的影响，特别是在发展中国家，缺乏完善的制度保障使得社区慈善的发展受到多重限制（Paarlberg，2015）。资源匮乏、政策支持不足以及地方治理能力有限，都是制约社区

---

① "千流基金"是一个位于美国的非营利组织，致力于资助全球南方地区（主要是全球贫困和边缘化地区）的社会变革项目。该组织支持由当地社区领导的倡议，特别关注赋能女性、少数群体、土著社区以及追求社会公正的行动。资料来源：https://www.thousandcurrents.org/，查询日期为 2024 年 12 月 5 日。

慈善进一步发展的重要因素。为了应对这些挑战，研究建议通过多方合作和制度创新，为社区慈善的可持续发展提供支持。首先，需要通过制度化社区领导力建设，增强地方社区的决策能力和自主性。例如，建立社区领导委员会或赋予社区成员更多的参与权，能够有效提升社区的凝聚力和治理能力（Hodgson & Pond，2018）。其次，推动基层治理创新，探索更加灵活的资源分配机制，将慈善资源与社区实际需求相匹配，避免资源浪费或不公平分配。此外，通过政策支持和资源整合，进一步加强社区慈善与其他基层治理工具的协作，例如将社区慈善与社会创新、社区发展等机制结合，形成一种综合性的地方治理模式。

综上所述，在西方社区慈善作为一种嵌入式的地方治理工具，不仅是慈善事业与社区发展的结合体，更是社区赋能和治理能力提升的重要实践框架。它通过权力下放、社会资本积累和资源整合，为社区提供了更大的自主性和发展潜力。同时，社区慈善在理论和实践中所展现的多样性与灵活性，为全球范围内的地方治理提供了重要的借鉴意义。通过优化政策环境、促进多方合作以及推动制度创新，社区慈善有望在未来为社会治理能力现代化和社区可持续发展作出更大贡献。

**（二）我国相关文献综述**

近年来，社区慈善作为基层社会治理和社区发展的重要路径，在我国引发了学术界的广泛关注，并成为政策实践中的重要议题。现有研究围绕驱动力、资源动员、社会资本运用、基层治理功能及文化融入等多个维度展开，逐步形成一个多学科交叉的研究框架，既丰富了理论内涵，又为实践提供了指导。

在驱动力方面，研究聚焦于多元主体协同推动社区慈善发展的机制，强调教育转化、增能、网络构建和政策影响等方式将多方力量整合，以实现第三次分配的目标（董丽叶，2022）。另有研究分析了"嵌合型动员"模式，探讨公益慈善如何在嵌入社区的过程中动员资源并激发成员参与，达到服务功能和社会联结功能的双重目标（俞思娴，2023）。这些研究拓展了对社区慈善驱动力的理解，强调内生动力与外部支持之间的互动。

在资源动员方面，社区基金会和慈善基金的作用机制和动员模式成为研究重点。通过模糊集定性比较分析，研究揭示了社区基金会在资源整合和共同生产中的效果，并指出其面临内部治理、政府干预和筹资能力等挑战（翁士洪、马晓燕，2022；胡小军、朱健刚，2017）。此外，制度环境对社区基金会筹资能力的影响也被进一步探讨（郭亮、周凤华，2024），提出了提升路径。

在社会资本的运用方面，研究普遍认为，社会资本是社区慈善发展的重要支撑。社会信任、关系网络和互惠规范的不足被认为是制约其发展的关键因素（王华凤，2023）。进一步研究则提出了在共同富裕背景下提升社会资本利用效率的策略，推动社区治理整体水平的提升（曹袁菲，2023）。

在基层治理功能方面，社区慈善被认为能够缓解基层治理压力、补充公共服务功能和推动制度创新。然而，"行政化"倾向、信任危机和资源衔接不足等问题限制了其治理潜力（任晓见、汪来杰，2024）。研究也指出，基层政府推动社区慈善的动力主要来自缓解绩效考核压力和资源紧张的需求（曾令发等，2018）。

最后，慈善文化的社区化和农村社区慈善的发展成为研究的新热点。慈善文化的融入有助于提升社区信任、增强社会资本并推动社会和谐（石国亮，2015）。在农村社区，信仰、社会共识和制度被视为支撑慈善发展的三大要素，推动慈善文化本地化和情境化实践至关重要（聂洪辉、卓腮娇，2011）。

总体来看，社区慈善研究已初步构建了一个涵盖驱动力、资源动员、社会资本运用、基层治理功能和文化融入的多学科交叉框架。这些研究不仅揭示了社区慈善的多样化发展模式和复杂的运行机制，也指出了实践中的诸多挑战，包括社区内部社会资本与慈善活动的结合不足、农村社区慈善发展的滞后、信任危机的存在以及多主体协同机制的探索不足等。未来的研究需要在深化理论的同时，结合具体场景和案例进行更为细致的实践分析，以推动社区慈善在基层治理和社会发展中的更广泛应用和可持续发展。这一领域的研究不仅为我国的社会治理和社区发展提供了重要理论支持，也为共同富裕和社会和谐目标的实现注入了新的实践智慧。

# 三　社区慈善的发展及其特点

## （一）西方社区慈善的发展历史

社区慈善作为一种以社区为单位筹集和分配资源以促进社区福祉的社会实践，在西方社会经历了百余年的发展历程。根据其理论与实践演变，可分为以下几个阶段。

### 1. 萌芽阶段：从个人慈善到社区基金的雏形

19 世纪末至 20 世纪初是西方社区慈善的萌芽阶段，个人慈善家在推动社会福利事业发展中发挥了关键作用，并逐步形成了现代社区慈善的雏形。这一阶段的主要特征包括个人主导的慈善活动、社区基金的创立以及社会问题驱动下的组织化实践。

这一时期的社区慈善高度依赖个人捐赠者的道德使命感和社会责任感。工业革命推动资本积累，富裕阶层（如安德鲁·卡内基和约翰·洛克菲勒）通过慈善信托和专项基金为教育、医疗和贫困救助等领域提供资源。卡内基在《财富的福音》中提出，"富有的人应通过慈善事业促进社会的共同福祉"，这一理念成为个人慈善的重要指导思想（Paarlberg et al.，2020）。然而，随着社会需求的复杂化，个人慈善的局限性逐渐显现，难以应对社区层面的广泛问题。在此背景下，1914 年克利夫兰基金（Cleveland Foundation）的成立标志着社区慈善进入组织化和制度化的新阶段。克利夫兰基金通过"集中管理、合理分配"的理念整合个人和机构捐赠，创建统一资源池，并以专业化方式支持社区需求。这种模式显著提高了资金使用效率，成为其他地区社区慈善的参考样本（Lee & Marquis，2018）。同时，地方性的"社区公益金"（Community Chest）开始筹集资金资助社会服务，其联合劝募模式为现代社区慈善奠定了基础（Potter & Grunfeld，1948）。19 世纪末的工业化和城市化进程带来了贫困、犯罪、住房短缺和公共卫生等问题，传统个体救济难以应对，社会需要更全面的解决方案。社区慈善逐步从个体施助转向以社区福祉为目标的系统性行动。慈善行为不仅体现了捐赠者的社会责任，也成为社区成员之间相互支持的纽带，促进地方社会资本的形成（Paarlberg et al.，2020）。捐赠者通过慈善活动展示社会责任并赢得声望，同时推动社区成员共享资源，这种精神延续至今，成为现代社区慈善的核心价值观。

这一阶段标志着社区慈善从个人驱动向组织化发展的过渡。个人捐赠者的影响力和社区基金的创新实践促使慈善事业从零散的救助活动向制度化、专业化方向发展。克利夫兰基金的成功和社区金库模式的推广为现代社区慈善奠定了制度基础，也为未来的发展提供了方向（Hassay & Peloza，2009）。这一时期的社区慈善既是个人捐赠行为的积累，也是社会变革中社区需求与个人责任感相结合的产物，为西方社区慈善开启了新篇章。

**2. 扩展阶段——从地方筹资到组织专业化**

20 世纪中期，西方社区慈善进入扩展阶段。随着社会需求的多样化和制度环境的完善，社区慈善从萌芽阶段的个人主导模式发展为规模化、专业化的组织运作体系，吸引了更多企业和中产阶级参与。

扩展阶段的社区慈善展现出多样化资源整合、专业化管理推进和支持领域扩大的特征。这一时期，以"联合劝募"（United Way）为代表的模式通过整合企业参与、员工捐赠和公众资助，降低了对单一捐赠来源的依赖，同时提升了资金的稳定性和灵活性（Paarlberg et al.，2020）。企业直接参与成为重要推动力，不仅通过捐赠和资助社区项目提升社会形象，还通过员工志愿服务加强与社区的联系，形成以企业为中心的慈善生态网络。例如，美国企业与地方慈善机构合作，将资源融入社区发展中，为后续慈善合作模式奠定了基础。这一阶段，社区慈善逐步从松散运作向专业化管理转型。慈善机构引入系统化的资金使用计划和项目评估机制，例如，社区基金会通过专业团队评估需求、设计资助项目并进行效果跟踪，显著提升资金使用效率，增强捐赠者信任。同时，税收激励政策和相关立法促进了个人和企业捐赠行为增长，并推动慈善机构的规范化运作，提升了公信力。社区慈善支持领域从救济性资助扩展至教育、文化、医疗和基础设施建设。例如，美国社区基金会资助图书馆建设和教育项目，提高文化素养和技能，同时关注儿童保育、老年人服务和少数族裔需求。通过资金分配和资源整合，这些机构成为地方社会福利体系的重要组成部分，为社会发展贡献力量。此外，社区慈善不再仅是资源分配的机制，更成为地方社会资本积累的工具。通过多主体参与与协作，地方网络的联结性和信任水平得以强化。例如，联合劝募机构通过与非营利组织、企业和政府合作，为解决地方公共问题提供了新模式。这一阶段标志着社区慈善从地方化、个体化操作向系统化、专业化转型，为其全球化发展奠定了基础。

总之，扩展阶段通过多样化资源整合、专业化管理和领域扩展，为社区慈善的长期发展奠定了重要基础。社区慈善不仅有效应对复杂的社会需求，还强化了社区的内生发展能力，逐步成为地方治理和社会服务的重要支柱，为后续阶段的创新与全球化发展提供了宝贵经验支持。

**3. 转型阶段——社区赋权与社会资本建设**

20 世纪后期，西方社区慈善进入转型阶段，社会经济环境的变化促使其从单纯的资源分配向社区赋权和社会资本建设转型。慈善组织的角色由"救济者"转变为"赋权者"，注重通过资源分配实现社会资本积累，强调社区成员的参与、自主性和责任感（Putnam，1995）。通过支持社区发展、促进多元主体合作和推动社会资本积累，社区慈善构建出更加动态和可持续的模式。

在这一阶段，社区慈善不再局限于满足短期需求，而是致力于增强社区自我发展能力。例如，一些社区基金会资助基层组织的能力建设项目，通过提供技术支持、治理培训和项目执行指导，提升社区的决策能力和组织效率。此外，资源整合成为关键策略，慈善机构通过引入企业、政府和非营利组织的多方资源支持社区发展。同时，参与式预算和社区主导项目设计等创新机制被广泛采用，以实现资源高效配置并增强居民的决策权。多元主体合作是这一阶段的重要特点。慈善组织通过与地方政府、企业和非营利机构建立伙伴关系，推动系统性社会变革。例如，美国一些社区基金会联合地方政府筹资建立公共设施和社会服务网络，提高了慈善资源的使用效率，加强了公共部门与私人部门的互动。企业社会责任（CSR）理念的传播，为社区慈善注入了新的资金来源（Rooney et al.，2007）。一些企业通过"企业基金会"直接参与慈善项目，或通过员工志愿服务支持社区发展。这种合作模式扩大了社区慈善的影响范围，并奠定了企业与社区合作的基础。社会资本建设成为转型阶段社区慈善的重要成果之一。慈善机构不仅关注资源分配，还注重增强信任、规范和网络等社会资本要素，从而促进社区成员间的合作与互助。例如，社区基金会资助文化和艺术项目以增加居民联系和信任，强化社区凝聚力；通过文化节和志愿活动等社区参与项目，增强居民的归属感；资助地方领导力发展计划，培养社区内部的意见领袖；建设共享空间，如公共图书馆和社区中心，为居民提供交流协作的平台。

这一阶段通过推动社区赋权、多元主体合作和社会资本建设，使社区慈善从单纯救济模式转型为复杂的社会治理工具。这种转型不仅增强了社区的韧性，还为解决系统性社会挑战提供了创新方案。社区慈善在转型阶段的实践经验奠定了现代理论与实践的基础，展现其作为推动社会网络建设和地方发展的重要力量，为进一步全球化发展开启了新篇章。

#### 4. 整合阶段——全球化与地方资源的结合

进入 21 世纪，西方社区慈善在全球化浪潮和社会需求多样化的推动下进入整合阶段，其特点表现为全球化与地方化的融合、复杂社会问题的协作解决，以及技术驱动的创新模式。这一阶段社区慈善在应对新型挑战和推动系统性变革中发挥了重要作用。

整合阶段的一个显著标志是社区慈善通过建立跨国网络，实现资源、经验和技术的共享。例如，全球社区慈善联盟（Global Alliance for Community Philanthropy，简称 GACP）①于 2013 年由多个国际基金会和机构发起，推动全球社区基金会之间的知识交流和实践协作。此类网络使地方慈善机构能够汲取全球经验，应对气候变化和移民危机等全球性挑战。这种跨国合作模式拓展了社区慈善的影响力，使其在国际发展议题中扮演更加主动的角色。在解决复杂社会问题方面，社区慈善展现了应对能力。数字技术的渗透是这一阶段的另一核心特征。随着大数据和人工智能技术的发展，社区慈善机构通过这些工具实现精准的需求分析与项目评估。例如，美国的"社区影响仪表盘"（Community Impact Dashboard）通过在线整合健康、教育、贫困等领域的数据，帮助非营利组织和地方政府评估项目效果，并优化资源配置。同时，在线筹款也成为常态化操作，如"Give Local America"活动通过数字平台集中筹款，数百万美元的捐款在短时间内通过社交媒体汇聚，为地方慈善项目提供强大支持。这种在线募捐不仅提高了资源流动性，还扩大了社区参与度，推动了数字技术在社区慈善中的应用与普及。此外，慈善机构与科技公司及金融机构合作，通过影响力投资（Impact Investing）等创新金融工具支持社区发展，扩大了资金来源与影响范围（Mohan & Breeze，2016）。这一阶段社区慈善更加注重赋权机制和自主性，强调以社区为主导的项目设计与执行。例如，资助"参与式预算"项目，让居民参与资源分配决策，增强归属感和实际成效。同时，社区慈善的角色呈现差异化定位，一些机构继续作为传统资源分配者，另一些则主动成为社会治理的变革引领者。例如，美国联合劝募系统（United Way）的"现代联合劝募"模式，通过联合行动解决社会问题，拓宽了社区慈善的功能和边界。

整合阶段的社区慈善通过全球化合作、技术驱动和赋权机制的应用，不仅提升了应对复杂社会问题的能力，还实现了地方资源与全球议题的结合。这一

---

① GACP 成员包括阿加汗基金会、查尔斯·斯图尔特·莫特基金会、福特基金会、美洲基金会、洛克菲勒兄弟基金和美援署，全球社区基金会（GFCF）担任秘书处。资料来源：https：//globalfundcommunityfoundations.org/。

阶段展示了社区慈善在社会治理和全球发展中的重要作用，为未来创新与拓展奠定了坚实基础。

### （二）中国社区慈善的历史发展脉络

#### 1. 传统社会的萌芽期

中国社区慈善可以追溯到传统社会，其起源植根于血缘和地缘关系，以宗亲伦理和邻里互助为核心特征，体现出浓厚的地方性和深厚的文化认同。儒家"仁爱""以民为本"的思想为慈善活动奠定了伦理基础，佛教的慈悲理念和道教的扶弱主张进一步丰富了慈善内涵（董丽叶，2022）。这一阶段的慈善活动主要表现为以宗亲和地缘为纽带的互助模式，其核心理念是通过帮助他人维系社会和谐。

在宋代，民间社会逐步发育，社区慈善开始在乡村和城市呈现出不同的形态与特点。乡村社区慈善主要以宗亲关系为纽带，常见形式包括义庄、义田等。北宋时期，范仲淹创办的苏州义庄是代表，不仅救济族人，还惠及乡里和亲友，其设立的《义庄规矩》对救助方法、数量和对象作了明确规定。这种规范化的慈善活动展示了乡村社区慈善的初步制度化倾向（周秋光，2019）。乡村社区慈善通常在"熟人社会"中展开，具有封闭性特征，帮助对象多为宗亲或邻里。与乡村相比，城市社区慈善呈现出更高的开放性和复杂性。由于商品经济的繁荣和流动人口的增加，城市社区居民的结构较为复杂，血缘关系的作用减弱，陌生人之间的慈善行为逐渐增多。例如，临安城的商人在冬季捐赠棉衣、金钱救助贫困居民的行为，体现了城市社区慈善以陌生人为主要救助对象的特点（张文，2005）。此外，城市慈善活动在行业互助和医疗救助领域也表现活跃，为构建城市社会安全网发挥了重要作用。

明清时期，社区慈善在组织化和制度化方面取得进一步发展。小社区的善堂和保婴会等机构，借助邻里网络开展救济活动。有学者指出，清代的保婴会明确"十里为限"，通过限定服务范围强化了社区认同感和邻里责任感（梁其姿，1997）。慈善组织与社区的结合，既是宗亲互助的延续，也是地方社会精英主导社区事务的结果。

总体来看，传统社会的社区慈善以宗亲和地缘为纽带，强调熟人间的互助，其内涵既包括对亲属、邻里的救济，也逐步扩展至更广泛的社会群体。虽然这一阶段的社区慈善未形成现代意义上的制度化体系，但其伦理基础和实践经验为后来的社区慈善发展提供了重要的历史借鉴和文化资源。

### 2. 近现代的探索期

近现代时期，中国社会的深刻变革推动了慈善事业从传统模式向现代模式的转型。在城市化进程加速、市场经济兴起以及西方文化影响下，慈善活动逐渐摆脱宗亲与地缘束缚，迈向更开放、更组织化的发展，为当代社区慈善奠定了基础。

鸦片战争后，传统宗法社会结构受到冲击，慈善观念开始转型。传统慈善活动的主体从宗亲群体和邻里逐步扩展到地方精英、商会和行业组织等，这种变化使慈善活动突破了血缘和地缘的限制，服务对象不再局限于熟人，而是更多面向陌生人群体（韩德林，2015）。例如，近代的善堂、义学、施粥厂等形式，成为社区慈善的重要载体，为城市中贫困人群提供教育、食品和基本生活救济。这一时期，慈善组织的建立成为社区慈善现代化的重要标志。同善会等机构通过设立孤儿院、义诊所等，开始关注更广泛的社会需求，推动了慈善活动从自发性救济向制度化转型。同时，地方商会和行业协会通过设立专项基金、捐助教育和支持基础设施建设等方式，成为地方慈善的重要力量，为社区慈善的组织化提供了宝贵经验。在西方文化的影响下，社区慈善吸纳了新的价值理念。基督教传教士在中国创办的学校、医院等公益机构，不仅推动了教育和医疗发展，还引入了"博爱"理念，丰富了社区慈善的思想内涵。此外，地方精英和政府也在社区慈善中发挥了重要作用。地方精英通过捐资设立图书馆、公园等设施，丰富社区文化生活；政府则通过立法和政策支持，促进了慈善组织的发展，在社会救济中扮演更积极的角色。

尽管这一时期的社区慈善发展取得了显著进步，但也存在局限性。慈善活动主要依赖地方精英和宗教团体，覆盖范围有限，难以应对快速城市化带来的需求；社会动荡和政权更迭也使许多慈善活动难以持续。然而，这一阶段标志着中国慈善从传统向现代的转型，为后来的社区慈善发展提供了重要经验。其特点在于从宗亲互助转向社会化救济，从熟人社会拓展至陌生人社会，并逐步实现组织化和制度化。这些探索为当代社区慈善的发展奠定了坚实基础，成为现代社区慈善实践的重要借鉴。

### 3. 改革开放后的重启期

改革开放初期，党和政府对社区慈善给予了大力支持，重建了政策和制度框架。1982年《宪法》恢复了城市居民委员会和农村村民委员会的设置，重塑了城乡基层自治组织，为社区慈善提供了基础平台。1986年，民政部首次提出"社区服务"概念，明确其定位在于满足社区居民的多样化需求。此后，"社区"作为治理单元重新进入国家政策体系，为社区慈善的发展奠定了基础。1994年中华慈善总会的成立标志着官方主导下慈善事业的复兴，成为新中国现代慈善的重要里程碑。此阶段，政府推动设立大批具有官方背景的慈善团体，同时逐步引导民间力量参与社区慈善活动，为现代社区慈善的发展提供了初步实践平台。社区慈善的具体实践以"社区服务"项目为主，初步探索了其在扶贫救济、公共服务和社区建设中的作用。例如，一些社区自治组织带领居民开展助困救济、志愿服务和环境治理活动，成为社区慈善的早期载体。20世纪90年代，随着经济体制改革的深化，社区基金会、社区基金等新型组织形式开始涌现，为社区慈善注入创新活力。这些组织虽仍具有政府主导特征，但形式日益多样化，为进一步发展积累了经验。1994年，中华慈善总会的成立标志着现代慈善事业的复兴，其推动的扶贫项目和社区慈善活动为全国实践提供了样板。2004年，民政部发布《关于在大中城市推广建立"慈善超市"的通知》，提出以服务困难群众为核心，将慈善超市与社会救助体系结合。2006年，《国务院关于加强和改进社区服务工作的意见》进一步强调发展社区慈善，建设"慈善超市"和捐助接收点，明确其为社会救助的重要补充，重点服务贫困人口和弱势群体。这一时期，公众慈善意识逐步觉醒，居民收入增长和教育普及推动慈善认知从传统救济向现代公益转变。同时，国际慈善理念的引入和跨国合作的增加影响了中国社区慈善发展。一些城市借鉴国外社区基金会模式，探索以本地资源动员和服务本地居民为基础的社区慈善实践，为现代社区慈善的发展奠定了基础。

尽管这一阶段取得了显著进展，但也面临诸多局限性。首先，社区慈善仍以政府主导为主，民间参与有限，独立性和自主性不足。其次，社会资源的集中化使基层社区慈善资源稀缺，影响了其可持续发展。此外，社区慈善的实践仍停留在基础的救济层面，缺乏系统化的顶层设计和法制保障。改革开放后的重启期是中国社区慈善现代化的起步阶段。通过政策支持和制度框架的重建，社区慈善逐步从传统互助转向现代公益。然而，如何激发民间活力、完善资源分配和深化法治建设，仍是未来发展的重要议题。

### 4. 新时代的多元发展期

进入 21 世纪，中国的社区慈善步入了快速发展阶段，逐渐实现从传统救济模式向现代公益模式的转型，并成为基层治理的重要组成部分。在这一过程中，政府的政策支持、法律保障以及技术创新成为推动社区慈善发展的关键因素。

2008 年汶川地震后，全国范围的大规模捐赠行动凸显了公众慈善意识的觉醒，为社区慈善的快速发展提供了契机。在此背景下，政府进一步强化了对社区慈善的政策支持与法律保障。2016 年，《慈善法》的实施为社区慈善提供了法治基础，明确规定城乡社区组织可以开展群众性互助互济活动。这一法律为社区慈善的合法性和规范化提供了保障，推动了慈善事业的发展。与此同时，多个地方性慈善法规相继出台，特别是在上海市的《慈善条例》中，专门规定了社区慈善的相关内容，强调其在促进基层治理和社会和谐中的作用。随着法律保障的逐步完善，新时代的社区慈善呈现出多样化发展趋势。社区基金会、慈善超市、社区志愿服务等形式逐渐涌现，为社区居民提供了更广泛的公益服务。互联网和社交媒体的迅速发展，进一步加速了这一转型。通过"指尖上的慈善"平台，诸如"99 公益日"等网络募捐活动不仅提升了公众参与度，还推动了慈善事业的透明化和专业化。技术赋能使得社区慈善项目的管理更加高效，信息更加公开透明，极大地提高了资源的配置效率和项目的可追溯性。

在基层治理的框架下，社区慈善逐步成为促进社会和谐、增强社区韧性的重要抓手。2019 年，《中共中央关于坚持和完善中国特色社会主义制度的决定》明确提出要发挥慈善在第三次分配中的作用，进一步突出了社区慈善在实现社会公平和共同富裕中的关键地位。2021 年，《关于加强基层治理体系和治理能力现代化建设的意见》也将公益慈善事业作为推进基层治理的重要内容。此外，2023 年修订的《慈善法》提出进一步鼓励地方设立社区慈善组织，并加强志愿者队伍建设，为社区慈善的制度化发展提供了更加有力的法律保障。

中国社区慈善的多元发展阶段体现了政策引导、法律保障与技术创新的深度融合，推动了社区慈善从传统救济向现代公益模式的转型。展望未来，社区慈善应进一步加强政策保障，优化资源配置，激发多主体协作，以市场机制和技术创新为驱动，提升服务质量和可持续发展能力。通过完善治理结构，社区慈善将在推动第三次分配和社会和谐方面发挥更加重要的作用。

# 四 我国社区慈善的成都模式与顺德模式

## （一）社区慈善的成都模式

### 1. 成都社区慈善概况

成都市社区慈善以其多样化的模式和创新实践，在中国社区治理领域具有代表性。作为经济和社会发展较为领先的城市，成都在社区慈善的发展过程中，通过社区基金会、社区志愿服务、社区微基金、社区合伙人等多种形式，积极探索适合本地的社区慈善实践。近年来，成都在政策支持和实践创新的推动下，形成了以资源整合、居民参与和社区治理相结合的社区慈善模式，为其他城市提供了借鉴和启示。

成都社区基金会以其分阶段的发展路径和多元化资金募集机制，成为社区治理的重要平台。社区基金会不仅满足了社区短期需求，还通过战略性规划和可持续发展目标，为社区营造长效的公益生态系统。同时，成都的社区志愿服务体系以积分制和时间银行为基础，提升了居民的参与积极性和社区凝聚力。此外，社区微基金的引入强化了社区内外资源的整合，为基层社区的灵活治理提供了资金和支持。

### 2. 成都社区慈善模式特点

成都市在社区慈善发展中探索出具有地方特色的模式，以其多元主体协同、制度化管理和文化情感嵌入等特点，形成了独具创新性和实践性的体系。以下从四个方面详细论述其特点。

一是多元主体协同。成都社区慈善模式的核心在于多元主体的协同合作。政府在社区慈善的起步阶段起主导作用，通过政策制定、资源投入和机制设计，为社区慈善的持续发展提供了制度和资金保障。例如，成都市武侯区社区发展基金会通过政府倡导，将社会组织、企业、居民和社区基金会结合在一起，共同设计和实施公益项目，形成了资源多方联动的模式。企业在成都社区慈善中的作用也十分突出。例如，麓湖社区通过引入企业资源，资助社区环保和教育项目，同时推动企业社会责任与社区公益事业的结合。此外，社会组织在慈善资源的使用和项目实施中起到重要作用，确保了资源的专业化分配和社区需求的精准对接。居民作为社区慈善的主要受益者和参与者，通过志愿服务、捐赠以及活动参与，激活了社区的内生动力。

二是制度化与规范化。成都社区慈善模式注重通过制度化建设确保慈善资源的高效使用和活动的可持续性。社区基金会的建立是制度化的典范，通过制定明确的运行规范和管理流程，为社区慈善提供了稳定的操作平台。例如，社区基金会设立专门的理事会负责资金的募集、管理和分配，确保每个项目的实施都符合社区发展目标。例如，2024年6月，四川省民政厅和省委社会工作部联合印发了《四川省社区慈善发展指引（试行）》，从明确概念内容、责任主体、支持力量、资源募集、工作机制、监督管理等方面内容进行"引导"和"约束"，为回答社区慈善是什么、做什么、谁来做、怎样发展、如何监管等问题提供说明指南和实操手册。

三是本土化创新。在引入国际慈善理念的基础上，成都通过本土化改造开发出适合本地实际情况的社区慈善模式。例如，时间银行作为一种舶来概念，经过成都的本土化实践后，与积分制相结合，为居民参与志愿服务提供了更加灵活的方式。这种本土化创新兼顾了国际经验与地方文化，增强了模式的适应性。此外，社区微基金的建立是成都社区慈善的另一创新点。通过小额资金的设立和灵活使用，社区微基金支持居民自主发起小型公益项目，实现了社区内外资源的高效整合。例如，在青波社区，通过微基金支持居民组织开展环保活动，既增强了社区治理能力，又提升了居民的参与感。

四是文化嵌入与情感认同。成都的社区慈善不仅关注物质需求，更注重通过文化活动增强居民的情感联系和文化认同。例如，麓湖社区发展基金会在推动社区慈善的过程中，结合地方传统文化，通过麓湖渔获节等活动和公益项目的结合，不仅为居民提供了参与慈善的机会，也增强了社区成员之间的情感纽带，使社区慈善超越了单纯的资源分配功能，成为文化传承和情感联结的重要平台。通过文化的嵌入，成都的社区慈善强化了居民对社区的归属感。

成都社区慈善模式通过多元主体协同、制度化管理、本土化创新、文化嵌入等多方面的实践探索，展现了其独特的创新性和高效性。这一模式不仅为基层治理注入了活力，也增强了居民的社会参与意识和社区认同感，为中国其他城市的社区慈善发展提供了重要参考。

**（二）社区慈善的顺德模式**

1. 顺德的社区慈善概况

顺德的社区慈善以深厚的文化根基、多样化的组织模式和创新的治理机制为特点，形成了独具特色的发展路径。以德胜社区慈善基金会为代表，顺德采用"慈善信托+社区基金会"的双重模式，通过慈善信托提供资金支持，基金会专注推动社区发展。社区慈善通过立体式嵌入的治理模式，与地方政府、基层组织和居民深度协作，实现资源整合与多方参与的良性互动。顺德还注重多元化的资源动员机制，通过小额资助、配比机制和冠名基金撬动社会资源，整合政府、企业和居民力量，构建强大的慈善生态。在广泛社区参与的支持下，顺德社区慈善提升了居民自助互助能力，促进社区内生发展与治理能力提升，为共同富裕目标的实现提供了重要支撑。其经验为其他地区发展社区慈善提供了宝贵的借鉴。

**2. 顺德的社区慈善模式特点**

顺德的社区慈善模式具有显著的特色，体现了深度融合地方资源、传统文化与现代慈善理念的特质。

一是慈善信托与社区基金会的结合。顺德德胜社区慈善基金会采用"慈善信托+社区基金会"的双重模式，通过慈善信托为基金会提供永续资金支持。这种模式确保了社区慈善资金来源的稳定性和持续性，使基金会能够集中精力投入社区公益活动，而无须过多关注筹资压力。这一创新为其他地区的社区慈善事业提供了参考。

二是立体式嵌入的治理模式。德胜社区基金会采用"立体式嵌入"策略，与地方政府、社区组织和居民建立紧密协作关系（蓝煜昕，2021）。通过深度嵌入地方社会治理体系，基金会在政策制定、资源动员和项目执行上与政府形成良性互动。例如，与政府建立联席会议机制，强化了双方协同合作的深度和广度。这种模式实现了慈善资源与地方治理目标的有机结合。

三是双层社区慈善生态。德胜社区基金会打造了"双层社区慈善"模式。一方面，通过基层社区组织和福利会动员内部资源，促进社区成员的自助互助，增加社区社会资本。另一方面，基金会作为平台支持上层的慈善资源动员和能力建设，通过资助和指导引导社区发展，避免外部资源挤占社区参与空间。这种"双层"结构有效地提升了社区自治能力和慈善资源配置效率。

四是乡情与贤士治理相结合。德胜社区基金会的治理结构强调乡情文化和贤士角色。理事会成员多为本地精英人士，以深厚的乡土情怀和高度的公共精神参与基金会治理。这种"贤士治理"模式激发了地方社会的认同感和道德感召力，增强了基金会的社会影响力与凝聚力。

五是多元化的资助与撬动机制。德胜社区基金会通过小额资助、配资机制和冠名基金等方式撬动更多社会资源投入社区发展。例如，通过资金配比引导基层政府、社区组织及企业共同参与公益项目，形成资源整合与协作的强大合力。同时，基金会通过非限定性资助模式支持公益组织的专业化发展，推动整个地方公益生态的成长。

顺德社区慈善模式通过资金创新、结构嵌入和文化融合，有效提升了社区慈善的可持续性和参与性。其经验为其他地区发展社区慈善提供了重要的参考样本，尤其在实现第三次分配、推动共同富裕和强化基层社会治理方面具有显著价值。

### （三）案例比较

顺德和成都的社区慈善模式在资源整合、社会创新和关系重构功能上各有特色。以下从这三个功能出发，探讨两地的实践经验及其对基层治理的启示。

#### 1. 资源整合机制

成都社区慈善以社区基金会、社区微基金和志愿服务为核心，在资源整合中展现了更强的灵活性和自主性。政府为社区慈善提供政策支持和初始资源，社会组织通过多元化筹资和居民自主捐赠，形成了本地化的资源整合体系。例如，麓湖社区发展基金会在基金募集上采用公众参与与企业捐赠相结合的模式，同时通过志愿服务积分制吸引更多居民参与资源共享。

顺德社区慈善以"慈善信托＋社区基金会"的双重模式为基础，形成了稳健的资源整合体系。慈善信托为社区慈善基金会提供了长期稳定的资金支持，基金会则通过小额资助和配比机制撬动更多社会资源。地方政府积极推动社区慈善覆盖全域，通过政策扶持和资源引导激发企业、居民和社会组织的参与动力。例如，顺德的德胜社区基金会通过政府主导搭建合作平台，整合了企业、居民和社会组织的资源，实现了社区需求和社会资源的精准匹配。

对比分析，顺德以政府主导的结构性整合为主，通过政策配套和资金保障扩大慈善的覆盖面；而成都强调社区的自主性和灵活性，通过多元主体协作实现资源精准匹配。顺德的优势在于稳健性和可持续性，成都则在资源动员的多样性和创新性上更具活力。

#### 2. 社会创新

成都社区慈善在社会创新中展现了更多的实践探索。例如，社区微基金支持居民自主发起小型公益项目，推动社区治理从被动接受向主动参与转变。时间银行和积分制的引入，不仅提高了志愿服务的参与率，还通过技术手段实现了服务与奖励的智能化匹配。这些创新机制增强了社区内生动力，推动居民从资源接受者转变为社区治理的主动贡献者。

顺德的社区慈善通过"贤士治理"与乡土文化相结合，在治理模式上体现了社会创新。德胜社区基金会创新性地嵌入地方治理体系，与基层政府建立联席会议机制，推动慈善与公共服务的深度融合。此外，通过发展冠名基金和创新型资助方式，顺德探索出了慈善资源精准配置的创新路径。

对比分析，顺德的社会创新更加注重顶层设计与治理机制的优化，通过结构化创新加深慈善与治理的融合深度；而成都在基层层面的创新更加灵活，强调居民的参与性与自主性，为社区慈善注入了更多活力。

### 3. 关系重构

成都社区慈善通过文化活动、志愿服务和公益项目增强了社区成员的情感认同。例如，麓湖社区的文化节庆活动不仅加强了居民间的情感纽带，也通过活动平台促进了居民、企业和社会组织之间的深度互动。积分制和时间银行的实施，使得社区内部形成了互助和支持的社会网络，提升了居民间的信任和互惠意识。

顺德社区慈善在重构地方社会关系中发挥了显著作用。通过基金会的贤士治理和文化活动，顺德强化了社区内部的情感联系和社会信任，尤其是在居民与地方精英之间形成了良好的互动关系。此外，政府、企业和社会组织通过联动合作，构建了多主体协作网络，使社区慈善成为地方治理的重要纽带。

对比分析，顺德在关系重构中更注重通过文化和制度化设计建立长期稳定的协作网络，强化社区内部的伦理与信任；成都则通过参与式活动和灵活的服务机制构建社区成员间的日常联系，增强社会资本的动态流动性。

顺德与成都的社区慈善模式分别展现了以稳健资源整合、结构化社会创新和长期关系重构为特点的实践经验。顺德更强调政府主导下的制度化与可持续性，而成都通过居民的自主性与创新性实现了更高的参与性和灵活性。这两种模式各具特色，为基层治理提供了有益的参考。未来，其他地区可结合顺德的顶层设计与成都的基层活力，探索更加平衡的社区慈善发展路径，以实现资源整合、社会创新和关系重构的多重目标。

## 五　面向未来的社区慈善发展

随着社会变迁与经济发展，社区慈善在推动社会和谐、促进社会创新以及增强社会治理能力方面日益展现出其深远的影响力。作为一种社会力量，社区慈善不仅仅局限于物质援助，它还在社会结构、文化重塑和公共利益推动中发挥着日益重要的作用。未来，随着社会需求的日益复杂化和多元化，社区慈善的发展将面临重大的机遇与挑战。借助于现代化的管理模式和科技进步，未来的社区慈善将在多个维度实现创新与突破，以推动社会公平、优化基层治理并促进社会创新与可持续发展。

第一，制度化与专业化是社区慈善发展的关键方向。随着社会对慈善事业规范化的要求日益增加，社区慈善的制度化建设和专业化发展将成为其可持续发展的核心。制度化不仅能确保慈善活动的合法性与透明度，还能够推动慈善资源的高效整合和公平分配。具体而言，完善的顶层设计、相关法律法规的出台以及对慈善组织管理的标准化要求将有助于提升整个慈善领域的运行效率和社会公信力。例如，通过建立更加规范的慈善组织结构和项目管理流程，可以减少资源浪费、提升服务质量并增强公众信任。与此同时，专业化发展通过培养专业人才、引入先进的项目管理模式以及建立科学的资源评估与反馈机制，能够有效提高社区慈善的服务质量与运营透明度，为社会的长期发展提供更加坚实的支持。

第二，数字化与创新驱动是社区慈善发展的核心动力。随着信息技术的飞速发展，数字化手段为社区慈善带来了前所未有的变革机遇。未来的社区慈善将更多依赖于大数据、人工智能、区块链等技术，通过数字化平台提升资源配置效率、优化服务质量以及增强信息透明度。数字技术能够精准匹配社区需求与慈善资源，实现对慈善项目的实时监控与评估，并使资源的流动更加高效与透明。如，通过建立区域性的在线慈善平台、应用数据分析优化资源分配、采用区块链技术确保资金的透明流动等手段，社区慈善将能够更高效地运作，并激发更广泛的社会参与与动员。同时，数字化手段的引入有助于解决传统慈善模式中信息不对称、资金滥用等问题，提升慈善事业的公信力和公众参与度。

第三，从救济到赋权的转变是社区慈善提升基层治理的路径。未来的社区慈善将在推动社会福利的同时，更加注重赋权与社区自我发展的能力。赋权的核心理念是通过提升社区成员的自主性与决策能力，帮助他们从单纯的"受益者"转变为"治理主体"。这一转变有助于推动社区治理模式的创新，尤其在提升基层治理效能和社会自组织能力方面具有重要意义。例如，社区慈善可以通过支持社区组织建设、加强居民自治和推动社会参与，增强社区的内生动力和自我管理能力。此外，赋权的过程不仅能够提高社区的治理水平，还能有效促进社会的公平与正义，增强社会成员的责任感与归属感，促进社区活力的生发。通过这种方式，社区慈善不仅仅是救助贫困和解决即时需求，更是促进社会结构性变革和长期可持续发展的动力源泉。

第四，社会资本积累是社区慈善提升社区凝聚力的关键。社区慈善在满足基本物质需求的同时，也应更加注重社会资本的积累。社会资本，作为社区成员之间信任、合作和共享资源的体现，是提高社区凝聚力和推动社会整合的核心力量。通过社会资本的积累，社区慈善能够有效提升社会成员的参与感、责任感和归属感，进而推动更广泛的社会互动和社会信任的形成。如，通过组织志愿服务、开展社区文化活动、建立社区支持网络等，社区慈善能够在增强社区成员之间联系的同时，促进社会资本的积累，为社区的长期发展和社会稳定提供支撑。社会资本的积累不仅能提高社区在面对社会挑战时的适应能力和韧性，还能促进社会合作，推动社会整体福利的提升。

第五，全球视野与本土实践的结合是社区慈善发展的创新路径。在全球化日益加深的今天，社区慈善的发展不仅要注重本土实践，更应具备全球视野。未来的社区慈善应在跨国合作与知识共享中汲取经验，同时根据地方文化、社会需求和经济特点，探索适应本土需求的创新路径。全球化提供了更广阔的发展视野和资源共享的平台，而本土化则确保慈善活动在具体实施中的有效性和适应性。中国社区慈善应在参与国际慈善合作、引入国际先进经验的同时，结合中国社会的特点，如城乡差异、地区经济发展不均衡等，发展具有中国特色的社区慈善模式。例如，可以在农村地区结合传统的乡村互助文化，推动社区内部自我支持系统的建设，形成与地方社会和文化相契合的慈善网络。这种结合将推动社区慈善在全球化背景下的发展，同时确保其在本土实践中的可持续性和影响力。

未来的社区慈善将在制度化与专业化、数字化与创新驱动、从救济到赋权的转变、社会资本积累以及全球视野与本土实践的结合等多个维度实现创新与突破。通过这些方向，社区慈善将在促进社会公平、优化社会治理、推动社会创新等方面发挥越来越重要的作用。未来的社区慈善不仅仅是应对社会问题的工具，更是推动社会持续发展的关键力量。通过这些努力，社区慈善将在促进基层社会治理现代化、推动社会创新与可持续发展的过程中，成为不可或缺的社会力量，推动中国社会走向更加公平、和谐和可持续的未来。

## 参考文献

曹袁菲（2023）：《社会资本视角下社区慈善助力社区治理的发展路径探析》，《住宅与房地产》，第 31 期。

陈俊杰、魏娜（2023）：《中国社区基金会再定位：复合型功能及其内涵诠释》，《中国非营利评论》，第 2 期。

董丽叶（2022）：《多元协同视角下社区慈善驱动力的构建和社会工作参与路径分析》，《公关世界》，第 24 期。

傅昌波、董培（2024）：《社区慈善参与基层治理的"广东德胜模式"》，《大社会》，第 4 期。

夫马进、胡宝华（2006）：《中国善会善堂史——从"善举"到"慈善事业"的发展》，《中国社会历史评论》，第 1 期。

费孝通（2017）：《乡土中国》，上海：华东师范大学出版社。

郭亮、周凤华（2024）：《社区慈善基金筹款能力影响因素及路径分析——基于 HY 区的定性比较分析》，《中国地方政府治理评论》，第 10 期。

〔美〕韩德林（2015）：《行善的艺术：晚明中国的慈善事业》，吴士勇、王桐、史桢豪译，南京：江苏人民出版社。

胡小军、朱健刚（2017）：《社区慈善资源的本土化——对中国社区基金会的多案例研究》，《学海》，第 6 期。

胡小军（2023a）：《社区基金会的活力激发与持续发展之路》，《中国社会工作》，第 6 期。

胡小军（2023b）：《社区慈善信托的发展重点及方向初探》，《中国社会工作》，第 18 期。

胡小军（2024）：《社区慈善的实践模式与发展支持体系构建》，《社会工作与管理》，第 6 期。

黄晓星（2024）：《新时代社区志愿服务发展新态势》，《志愿服务蓝皮书：中国志愿服务发展报告（2022~2023）》，北京：社会科学文献出版社。

〔美〕罗伯特·H.伯姆纳（2017）：《捐赠：西方慈善公益文明史》，褚蓥译，北京：社会科学文献出版社。

李宝梁（2007）：《我国慈善事业社区化发展探析》，《学术交流》，第3期。

李长林、张淇豪（2024）：《我国社区慈善事业发展存在问题及推进策略研究》，《中原工学院学报》，第3期。

李放、马洪旭、沈苏燕（2022）：《价值共创导向下的城市社区基金会行动策略——基于"结构—能力"视角的案例分析》，《城市问题》，第12期。

黎熙元（1998）：《现代社区概论》，广州：中山大学出版社。

梁其姿（1997）：《施善与教化：明清的慈善组织》，台北：联经出版事业股份有限公司。

蓝煜昕（2021）：《立体式嵌入：社区基金会助力地方社会治理——广东省德胜社区慈善基金会案例考察》，《中国非营利评论》，第1期。

蓝煜昕（2024a）：《社区慈善的本质与价值进阶》，《中国社会工作》，第6期。

蓝煜昕（2024b）：《以参与为本的社区慈善类型及其特点》，《中国社会工作》，第24期。

聂洪辉、卓腮娇（2011）：《农村社区慈善困境与出路——对赣中竹溪村的调查》，《湖北社会科学》，第11期。

任晓见、汪来杰（2024）：《社区慈善参与社区治理的现实困境及对策研究》，《长江论坛》，第3期。

石国亮（2015）：《慈善文化进社区：意义、挑战与路线图》，《社会科学研究》，第5期。

唐有财、王小彦、权淑娟（2019）：《社区基金会的本土实践逻辑、治理结构及其潜在张力》，《社会建设》，第1期。

汪来杰、任晓见（2024）：《以社区慈善增能社区韧性治理》，《三晋基层治理》，第2期。

王华凤（2023）：《社会资本视角下基层社区慈善发展研究——以K市社区慈善为例》，《淮南师范学院学报》，第4期。

王名、徐宇珊（2008）：《基金会论纲》，《中国非营利评论》，第1期。

翁士洪、马晓燕（2022）：《社区基金会参与共同生产的路径组合——一项模糊集定性比较分析》，《华东理工大学学报》（社会科学版），第6期。

吴子明（2019）：《"社区慈善"背后的社会趋向反思》，《华南师范大学学报》（社会科学版），第6期。

徐家良、彭雷（2019）：《运营战略、种群关系与生态位：慈善超市生存空间新框架》，《中国行政管理》，第11期。

谢琼（2022）：《促进社区慈善发展，释放慈善事业潜力》，《中国社会报》，2月9日，第3版。

谢琼、魏博（2024）：《公益促治理：本土化社区公益慈善发展中的问题及其应对》，《行政管理改革》，第9期。

谢中起、刘萌萌（2013）：《以社区为基础的公益性慈善模式探究》，《中国公共管理丛论》，第 1 期。

徐宇珊（2017）：《我国社区基金会的功能定位与实现路径——基于美国社区基金会与地方联合劝募经验的启发与借鉴》，《中国行政管理》，第 7 期。

杨荣（2015）：《社区慈善：我国慈善事业发展的新方向》，《东岳论丛》，第 10 期。

杨永娇、张蕴洁（2017）：《中国慈善超市的社区嵌入式发展路径探析》，《中国第三部门研究》，第 2 期。

俞思娴（2023）：《公益慈善参与社区治理的"嵌合型动员"模式研究》，上海师范大学硕士学位论文。

朱健刚（2015）：《社区公益：社区自组织化的有效推动器》，《中国财富》，第 7 期。

曾令发、邓晓莉、温佩璇（2018）：《压力型体制下的社区慈善发展——基于广州市 S 街道的考察》，《华南师范大学学报》（社会科学版），第 4 期。

周秋光（2019）：《内涵与外延：慈善概念再思考——兼与王卫平先生商榷》，《光明日报》，12 月 16 日，第 14 版。

张文（2005）：《社区慈善：两宋民间慈善活动的空间结构》，《中国社会经济史研究》，第 4 期。

Ahmad, F., & Khadse, A. (2022), "Community Philanthropy as Practice: A Case Study of Thousand Currents," *International Journal of Community Well-Being* 5 (2), pp. 359-382.

Carman, J. G. (2001), "Community Foundations: A Growing Resource for Community Development," *Nonprofit Management and Leadership* 12 (1), pp. 7-24.

Daly, S. (2008), "Institutional Innovation in Philanthropy: Community Foundations in the UK," *VOLUNTAS: International Journal of Voluntary and Nonprofit Organizations* 19, pp. 219-241.

Graddy, E. A., & Morgan, D. L. (2006), "Community Foundations, Organizational Strategy, and Public Policy," *Nonprofit and Voluntary Sector Quarterly* 35 (4), pp. 605-630.

Hassay, D. N., & Peloza, J. (2009), "Building the Charity Brand Community," *Journal of Nonprofit & Public Sector Marketing* 21 (1), pp. 24-55.

Harrow, J., & Jung, T. (2016), "Philanthropy and Community Development: The Vital Signs of Community Foundation?" *Community Development Journal* 51 (1), pp. 132-152.

Hodgson, J., & Pond, A. (2018), "How Community Philanthropy Shifts Power," *Grantcraft. Retrieved August* 14, p. 2021.

Horne, S. (1998), "Charity Shops in the UK," *International Journal of Retail & Distribution Management* 26 (4), pp. 155-161.

Hwang, H., & Young, T. A. (2022), "The Diversity Imperative: The Effects of Local Economic Structure and Social Capital on Local Philanthropy," *VOLUNTAS: International Journal of Voluntary and Nonprofit Organizations* 33 (1), pp. 571-586.

Millesen, J. L., & Martin, E. C. (2014), "Community Foundation Strategy: Doing Good and the Moderating Effects of Fear, Tradition, and Serendipity," *Nonprofit and Voluntary Sector Quarterly* 43 (5), pp. 832–849.

Lee, M., & Marquis, C. (2018), "Large Corporations, Social Capital, and Community Philanthropy," *Sustainability, Stakeholder Governance, and Corporate Social Responsibility*, Emerald Publishing Limited, pp. 197–226.

Liu, G., & Ko, W. W. (2014), "Charity Retailing in the United Kingdom: A Managerial Capabilities Perspective," *Journal of Small Business Management* 52 (3), pp. 390–406.

Mohan, J., & Breeze, B. (2016), *The Logic of Charity: Great Expectations in Hard Times*, Palgrave Macmillan.

Paarlberg, L., LePere-Schloop, M., & Horning, C. (2020), *The Landscape of Community Philanthropy*.

Paarlberg, L. E., & Yoshioka, T. (2015), "The Impact of Local Economic Structure on Community Philanthropy," *Public Administration Review* 76 (2), pp. 340–350.

Potter, D. C., & Grunfeld, C. (1948), "Definition of Charity. Benefit to the Community," *The Modern Law Review* 11 (2), pp. 223–228.

Putnam, R. D. (1995), "Bowling Alone: America's Declining Social Capital," *Journal of Democracy* 6 (1), pp. 65–78.

Rooney, P., Steinberg, K., & Schervish, P. (2007), *Portraits of Donors: Bank of America Study of High Net-Worth Philanthropy*, Bank of America.

Sacks, E. W. (2000), *The Growth of Community Foundations around the World*, Washington: The Council of Foundations.

Viviana, C., & Sik, W. (2020), "The Promises and Challenges Of Community Philanthropy: Place Dilemma, Community Leadership, And Public Engagement On Social Media," PhD Thesis, University of Pennsylvania.

责任编辑：赖伟军

*NP*

社区慈善论纲

# 党政赋能与多重借力：社区基金会的
# 社会化运作机制[*]

秦　莲　李济舟　徐选国[**]

【摘要】在基层治理体系和治理能力现代化建设进程中，社区基金会作为基层治理体制优化与社会服务模式发展中的制度和组织创新结果，发挥着独特治理效能。然而，政府主导推动的社区基金会大多呈现较强的行政化逻辑。本文从"行政借道组织"视角出发，深入分析成都市社区基金会社会化实践的生成过程和运作逻辑。研究发现，政府通过制度化方式赋能社区基金会，"借道"组织以激发基层活力、创新治理机制；社区基金会在政府助推下有序生长，并不断向社会借力，通过整合市场、联合社区、协同社会等方式实现人员配置、资金筹集、项目执行等维度的社会化运作。深究成都市社区基金会社会化发展的实践发现，制度赋能、治理禀赋与利益契合是其得以实现社会化目标并持续维持的深层机理。这种社会化运作模式所呈现的党政与社会互动关系对推动多元主体合作共治具有积极作用。

---

\*　本文为国家社科基金一般项目"中国特色社会工作的主体自觉与自主知识体系建构研究"（23BSH013）、"敦和·竹林计划"第四期专项课题"社区基金会参与社区治理的结构制约与机制创新——基于对上海、深圳、成都的实证研究"（2020ZLJHZX-06）的阶段性成果。

\*\*　秦莲，华东理工大学社会与公共管理学院博士研究生；李济舟，成都市武侯社区发展基金会党支部书记、秘书长；徐选国（通讯作者），华东理工大学社会与公共管理学院副教授、博士生导师。致谢：陈雪、王欣欣在本研究调研过程中作出了积极贡献。

**【关键词】** 党政赋能；多重借力；社区基金会；社会化运作

# 一 问题的提出

随着基层治理体系和治理能力现代化建设进程的加快，我国社区治理出现了创新性制度变革，其中最为突出的是党建引领、政府推动、社区参与的多主体合作治理模式。我国社会治理改革主要在"块块"领域推进，但其能否执行则需获得"条条"领域的政策许可，因而出现社会治理改革进程中"条条"职能与人员队伍"下沉"现象（黄晓春、周黎安，2019）。政府职能下沉与权力下放为基层治理中社会组织的发展提供了契机。其中，成都市从成立市委城乡社区发展治理委员会（以下简称"社治委"）到推动社区基金会参与基层社会治理的过程便是一个典型的案例。

成都市以社区为单元，重塑党、政、社三者关系，通过党建引领、政策推动、社区基金会实践的方式整合社会资源、构建多主体合作参与的社区治理格局。社治委作为社区基金会业务指导部门，负责组织成立、运营管理和发展监督等内容，不断完善政策制度强化行政支持，促进社区基金会在基层社会治理中发挥作用。在针对性的制度推动下，社区基金会成为衔接政府意向与社会需求、持续整合社会资源和服务力量、推动基层社会治理创新发展、促进成都市社区治理改革创新的重要力量。

当前关于社区基金会的运作逻辑及其发展策略的研究主要聚焦行政驱动下的结构张力（唐有财等，2019）、行政化的发展逻辑及其生长困境（徐家良，2017）等方面，鲜有研究关注社区基金会自身的主体性发展及社会化运作机理。从现实经验来看，成都社区基金会虽由政府主导成立，但其发展并未形塑出行政化发展特征，反而在借道行政、借力社会中呈现社会性筹资、联动式发展和情境性治理等社会化运作特征。这一现象引发笔者思考：成都社区基金会的发展具有何种制度脉络和行动逻辑？其何以实现社会化运作？社区基金会社会化运作的内在动力机制是什么？质言之，本文旨在对成都社区基金会社会化运作的现实逻辑及其内在机理进行深入探析，为进一步探索社区基金会参与基层社会治理提供更具本土性的理论支持。

## 二 理论视角与分析框架

### （一）理论视角

过往政社关系研究大多围绕市民社会或法团主义两种视角展开，或强调国家与社会的二元张力关系，主张民主化发展和抵御科层制扩展（张紧跟，2012），或强调法团主义下国家与政府的完全融合（顾昕、王旭，2005）。上述两种视角均难以完全解释我国基层治理中多元化的国家与社会关系形态。在政府购买服务下的政社关系研究中，有学者强调政府对社会组织的控制管理，形成"行政吸纳社会"和"分类控制"（康晓光、韩恒，2005）等论点。这一观点虽能对成都社区基金会的生成基础进行解释，但与其社会化的成长逻辑不符。黄晓春等人对行政发包制进行拓展分析，认为不同治理情境下基层政府会依据风险和激励情况权衡制度环境设置，通过"借道"社会组织来化解行政体系改革困境（黄晓春、周黎安，2017）。从制度层面看，成都市社区基金会建立初期确实存在较强的"行政借道组织"特征，但难以解释其社会化运作的过程和内在机理。一方面，成都市社区基金会建立的目标在于推动构建社区利益共同体、慈善共同体和治理共同体（原珂，2024），其实践行动中涉及多个利益主体，多元的主体互动关系构成社区基金会的社会资本（袁振龙，2020）。另一方面，适度的政府引导是社区基金会实现社会资源链接和治理行动参与的关键（刘黄娟，2024），但其本质上仍归属于基金会，具有极强的社会属性。因此，单一的"行政借道"无法完全解释成都社区基金会社会化运作中的政社关系及其互动逻辑。笔者发现，赵吉等人在对"脱钩"改革下政社关系分析中指出，当社会组织在管理与服务中被置于政府与企业通道之外时，往往以与政府和企业资源和需求互补寻求发展的"社会借道行政"（赵吉、彭勃，2021）视角来弥补前述视角的不足。由此，本文借助"借道"这一概念进一步建构出适合成都社区基金会发展特征的"交互式借道"分析视角，以阐释成都社区基金会发展社会化运作的过程及内在机制。

笔者在深度观察和综合分析成都社区基金会的发展历程后发现：辖区内9家社区基金会均在政府助推下产生，除LH社区基金会外其余8家均由国有平台出资发起，具有先天的制度优势和行政资金支持。此外，在建立和管理逻辑上也不同于其他地区。成都社区基金会在"省级层面注册登记、市级政策支持、区级统筹设立"的逻辑下发展，在社治委部门高位推动下，由民政部门监督指导，借助国有企业捐赠发起，形成跨区域的联动模式探索。在具体行动上，成都社区基金会以发挥平台效能、链接社会资源和推进多元社会组织协同发展为主要路径（滕秋玲等，2024），在社区治理创新、政社关系构建、基层矛盾调解等多个方面发挥效能（原珂，2023b）。这种由政府高位推动，借力政府、企业、社区和居民等多方主体的发展策略推动实现了社区基金会的社会化运作，成为基层治理现代化发展的重要创新。

**（二）行政借道与组织借力：成都社区基金会社会化运作的分析框架**

从成都社区基金会的发展历程来看，政府与社区基金会的互动呈现出"借道"与"借力"的交互式借道逻辑，即政府借助社区基金会达成行政目标，实现治理改革；社区基金会则依托政府支持向社会借力以促进自身发展。因此，本文尝试整合"行政借道组织"和"社会借道行政"两种视角，结合成都社区基金会的运作特点进行拓展性分析和思考，以"交互式借道"为分析视角提出"行政借道—组织借力"的分析框架。其中"行政借道组织"是政府推动社区基金会生成的行政驱动机制，而"组织借力发展"则是社区基金会借助政府、企业、社区和社会等多方主体的力量和资源朝向社会化运作的组织创新机制。

本文从成都社区基金会发展的现实经验出发，在"交互借道"分析视角下对社区基金会社会化运作的具体过程及内在机制进行解释，并形成以下命题：其一，成都社治委为创新社区治理结构、激发社区治理活力，通过授权赋能的方式推动社区基金会生成，试图借助社区基金会的专业服务和社会治理效能实现政府的改革要求和治理任务；其二，社区基金会在行政支持和财政托底的优势下反向借力政府，借助行政权力提升组织公信力和扩大实践空间；其三，社区基金会广泛向社会企业、社区及社会寻求支持，在多方合作中实现自身的社会化运作和在地化发展。在多重借力的基础上，社区基金会主动协同政府推动社区服务和治理体系的完善，促进政府与社会组织互利共生的合作格局构建（图1）。

**（三）研究方法**

本研究采用质性研究方法论，以个案研究为具体方法，对成都社区基金会的发展历程进行深度剖析。在研究过程中，笔者综合运用深度访谈、参与观察

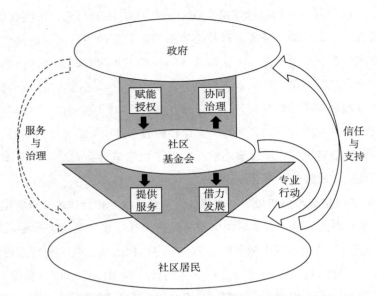

**图 1　行政借道组织视角下成都社区基金会与政府的互动逻辑**

和文本档案等多种资料，力求全面掌握成都社区基金会的发展脉络，进而深入阐释其运作模式及内在机理。个案研究是质性研究中常用的方式，具有"聚焦于一点"的特征，能够为研究者理解某一类现象提供一种一般性的理论解释（风笑天，2022）。本研究从整体上将成都社区基金会作为研究对象，通过分析所收集的实证资料全面了解成都社区基金会的生成、生长和发展过程，以期揭示社区基金会在参与社区治理中的行动逻辑。在研究过程中，笔者特别注重社区基金会与政府、市场、社会三者之间的互动关系，以及其对社区基金会实践路径和运作过程的影响。本研究共收集访谈文本、案例资料和相关数据信息近20万字，获取多个典型实践案例资料，奠定了扎实的资料基础。

## 三　党政赋能：成都社区基金会生长的行政借道逻辑

与过往政府主导型社区基金会发展中所强调的政府控制或回应性监管逻辑（施从美、帅凯，2020）不同，笔者在对成都社区基金会发展共创的调研中发现，政府推动社区基金会发展的主要目标是推动社会治理的社会化发展，通过党政赋能推动社区基金会发展。具体而言，党政部门通过政策引领、党建赋能和行政授权为社区基金会创设良好的制度环境和生长空间。

### （一）政策引领：催生社区基金会以创新治理体制

党的十八大后，在"社会管理"到"社会治理"的理念转变中，我国迈入了现代意义上的社会治理阶段，社会组织的服务提供和治理参与功能也受到关注。2017年，中共中央、国务院出台《关于加强和完善城乡社区治理的意见》，首次从中央层面提出社区基金会概念，提出"鼓励通过慈善捐赠、设立社区基金会等方式，引导社会资金投向城乡社区治理领域"。这一政策倡导不仅为我国社区治理改革提供了方向，也为建立社区基金会提供了制度机遇。2017年，中共成都市委、成都市人民政府联合发布《关于深入推进城乡社区发展治理建设高品质和谐宜居生活社区的意见》（成委发〔2017〕27号），提出探索设立社区发展基金，鼓励社会资金投向社区发展治理。为系统推动社区治理发展，成都市形成"1+6+N"的政策体系，以《城乡社区发展治理30条》为纲领，连续出台6项配套文件和N个指导性文件。其中，《关于进一步深入开展城乡社区可持续总体营造行动的实施意见》更是直接将建立社区基金会、发展社会企业纳入社区营造"八大行动任务"。2018年4月，中共四川省委、四川省人民政府印发《关于进一步加强和完善城乡社区治理的实施意见》（川委发〔2018〕11号），进一步强调要拓宽城乡社区治理资金筹集渠道，鼓励通过慈善捐赠、设立社区基金会等方式，引导社会资金投向城乡社区治理领域。随后，中共四川省委又继续出台《关于深入贯彻党的十九届四中全会精神推进城乡基层治理制度创新和能力建设的决定》，再次强调通过慈善捐赠、探索设立社区基金（会）等方式凝聚社会资源注入基层治理。多个政策文件的号召和要求为成都社区基金会的萌芽奠定了制度基础，同年，成都市第一个社区基金会——WH社区基金会应运而生。2023年成都市委社治委、成都市民政局联合印发《关于支持社区基金会高质量发展的八条措施》，明确提出对新设立和运营成效显著的社区基金会给予资金奖励和经费支持，强调要优化社区基金会内部结构，增强其社会治理效能。这一内容不仅再次为社区基金会的发展提供了制度推力和行政激励，也进一步强调了社区基金会在促进社会治理体制创新中的重要作用。

> 社治委在2018年的时候开始着重推这个事（社区基金会），第一动因是武侯区委社治委率先探索之后，成都市委社治委在全市进行推动，由各区委社治委来负责推动区域上的（社区基金会），注资的4家都是区属国有

平台。（20220214 QRQ）

其实在 2017 年、2018 年提出这个事情（社区基金会）的时候，这个概念还很新颖，政府主要是希望社区基金会可以吸纳社会的资金到社会治理领域。（20220210 LJZ）

社治委希望我们在考虑基金会发展的同时能够兼顾社区治理、志愿服务等，将社区基金会发展与社区活力激发、社区治理创新结合起来推进。（20220211 WL）

### （二）党建赋能：促长社区基金会以激发社会活力

中国共产党具有较强的组织优势和制度优势，借助党建引领力量创新基层治理能够有效回应社会变迁和城市治理挑战（孟燕、方雷，2022），推动社会治理机制完善（王明成、杨婉茹，2021）。成都市先后出台《构建以党组织为核心的新型城乡社区发展治理体系三年行动计划》和《成都基层党建高质量发展三年行动计划》两大文件，强调发挥基层党组织在治理中的赋能作用，不断提升居民自治能力和参与意识。结合辖区社会治理现实困境，成都市将"党建引领、治理赋能"作为推动社区基金会参与社区治理的核心策略，从直接赋能组织和间接赋能居民两个维度展现党建赋能优势。

其一，党组织直接向社区基金会赋能，以党的政治优势助推社区基金会发展。为提升社区基金会发展能力，成都市委社治委系统开展党建引领城乡社区发展治理"共建共享激发活力·社区基金会主题班"和"603 四川社区基金会发展网络、再相遇"等人才赋能计划。同时，党的制度引领与行动赋能还为社区基金会提供更多的实践平台和参与空间，有效破除了新生主体在参与基层社会治理中的行动"障碍"。2023 年，WH 社区基金会依托党政部门创建的"党组织示范创建'星火'计划"实践平台，形成以"大党建+"为核心的融合式联动发展策略。2024 年，在成都市各区（市）县党委社会工作部门的带领和支持下，WH 社区基金会又依托党政部门力量联动市社治促进会、各社区党组织，以"服务信托"的模式在全市范围内开展以提升社区工作者互助关爱水平为目标的"金沙计划"。其二，党组织间接赋能居民，通过社区整体营造提升居民参与能力，从侧面激活社会力量，为社区基金会整合社会资源、助力社会发展奠定了基础。2022 年，四川省委办公厅印发《四川省社区党组织工作规则（试行）》，明确指出社区党组织要领导本社区的工作和基层社会治理，有效保证群众组织能够充分行使职权。2024 年，成都市组织、社会工作、政法、住建四部门联合印发《成都市党建引领小区治理"五方联动"协商议事办法》，强调定期开展以社区、小区党组织、业委会、物业、居民代表五方力量为主的议事协商，发挥党组织在基层治理中的引领作用。党组织的授权赋能有效激发了居民的兴趣和动力，从根本上转变治理成效（姜晓萍、田昭，2019），也为社区基金会能够顺利进入社区治理场域创造了有利条件。党建赋能不仅弱化了社区基金会的"官僚化"或"行政化"发展趋势，还进一步激活了社区基金会的社会性价值内核，为其推动社区治理体系创新、探索社会化运作路径提供了有力支撑。

### （三）行政授权：驱动社区基金会以优化治理结构

受科层体制影响，我国基层治理存在明显的行政化发展、政府资源依赖和活力不足等问题（朱志伟，2018）。强政府弱社会的治理模式难以有效应对社区治理改革中复杂性问题和需求，社区基金会则是创新治理模式的重要行政策略。具体而言，政府以行政授权的方式驱动成都社区基金会发展，主要表现为直接授权、资金托底和还权于民三个方面。

其一，直接授权组织，利用政策优势和行政权力助推社区基金会发展。在成都社区基金会筹建过程中，政府直接参与基金会负责人的推荐和遴选，并作为理事会或监事会成员参与日常工作监督。例如，各社区基金会的主要执行负责人均由社治委从社区治理或社会服务领域选拔的优秀工作者担任。其二，资金托底，由政府牵头、引导，国有企业全额捐赠，为社区基金会提供注册启动资金，保障基础性发展经费。为激励组织发展，政府还为基金会设立专门的扶持奖励资金，并全力支持社区基金会申请公募资格，使其能够面向社会公众开展募集活动、筹集资金①。此外，政府还以服务购买的方式为成立初期无法完全依靠自身筹集资金的社区基金会提供支持，成为社区基金会的"兜底人"。其三，还权于民，借助社区基金会的力量推动社区自组织发展、提升居民参与能力。政府将治理职能向社会转移，形成"把治理权力还给社区居民、把服务权力下放给社会组织"的治理理念，借助社会力量来强化服务成效、推动社区

---

① 在政府部门的支持下，成都市目前已有五家社区基金会具有公募资格，这一举措标志着成都市在慈善事业和社区发展方面又向前迈出了一大步。

治理创新。这一还权于民的理念既扩大了社会力量参与治理的空间，也促进了社会力量与治理实践的深度融合，为社区基金会参与社区治理营造了有利环境。

## 四 多重借力：成都社区基金会发展的社会化运作策略

作为新生治理主体，成都社区基金会在政府背书下生成，先天带有的"官方色彩"使其难以作为社会组织深入社区。同时，社区基金会还面临严格的财务审计和筹资要求。为此，社区基金会不得不跳出行政依赖，转而采取社会化方式运作发展——广泛整合社会资源，借助多元力量。值得庆幸的是，成都市自 2003 年起便开始探索社区居民自治，围绕"还权、赋能、归位、三社联动和社区营造"等理念进行了一系列社区治理改革。多年的社区治理改革经验和实践成果为社区基金会的社会化运作和借力式发展提供了良好的生态环境和资源基础。具体来看，成都社区基金会不仅向上借助行政力量提升组织地位，还在党政支持下向企业、社区组织、社区居民等多方主体寻求支持，通过"借力社会"融入社区治理情境和居民生活场域，通过"立体式嵌入"发展逻辑（蓝煜昕，2021）成功实现社会化运作。

### （一）借力行政提升组织合法性与自主性

成都社区基金会的发展并未受到过多政府限制或行政要求，反而凭借政府支持迅速发展，具体可归纳为以下三点：其一，主动靠拢政府。成都社区基金会在发展过程中主动配合政府工作开展，将政府所关注的重点治理内容作为组织发展方向，并主动贴合政府工作要求设计服务方案，积极承接政府项目，借助行政力量顺势推动组织运作和服务执行。其二，直接争取行政地位，从根本上提升认可度。成都社区基金会虽由政府发起，但本质上属于社会组织，自身并不具有行政职位。成都社治委建议社区基金会秘书长以"两代表一委员"的方式深度参与建言献策，部分社区基金会秘书长向上争取后成为区政协委员，不仅能直接参与辖区治理规划，还依托政治身份缓解组织发展困境。其三，依托行政权力打破跨组织协同壁垒，为社区治理注入整体动力。成都社区基金会以行政权力为纽带，利用政府背书提升决策效率和执行力，推动社区治理从"碎片化"转向"系统化"。例如，WH 社区基金会就借助政策支持，在政府引导推动下促成了社区基金会、物业公司和社区的三方联动。在区社治委的支持下，WH 社区基金会引入物业管理专家团队，立足"信托"理念推进小区治理机制完善，缓解社区物业纠纷频发的治理难题，有效推动了社区、业主、业委会和物业企业多方信任关系的建立，形成政社企多方协同的合作治理格局。

你要么就是政治影响力，要么就是经济影响力，目前主要还是借助政府的影响力去提升社区基金会的社会影响力和文化影响力。但比如说像 QBJ 的社区基金会秘书长，他就被纳入了区政协委员。在参政议政这个过程当中能了解我们整个区的发展情况，一方面是能够更好地解决问题，另一方面也能认识更多的人，有助于社区基金会获取更多资源。（20220210 LJZ）

成都社区基金会在发展策略上主动借力行政，通过主动靠拢、争取行政权限以及直接借力推动服务执行等多重举措，不断强化组织的合法性与自主性。需要强调的是，社区基金会靠拢政府的行为并不是组织单方面依附，而是二者相互塑造、互为构建的双向过程，即政府与社区基金会在互动过程中所呈现的一种亦紧亦松、若即若离但又紧密联系的关系状态，双方在互相借力的过程中实现政社协同与合作发展。

社区基金会如果只依靠政府的话，就只会变成政府的一个科室，或者变成政府的一个抓手，那就没有意义了。我们 2022 年还有个工作是要往区级部门去突破，做一些联动，为项目可持续发展扩展更多资源。（20220209 WL）

社区基金会虽然得到政府的积极推动或者领导大力重视，但并不意味着政府会直接给你下任务，相反，政府（如党政部门）希望社区基金会可以与社区发展治理工作结合起来，形成上下协同和左右联动的发展思路。（20220210 LJZ）

我们社区基金会是行政推动发起的，从社治委到理事长既关心我们的发展，给我们提供了很多帮助，但又不会插手我们很多具体的事务。（20220214 QRQ）

### （二）整合市场搭建长效筹资通路

尽管成都社区基金会在政府支持下获得了国有企业的直接捐赠，部分社区基金会还获得区级政府额外支持。但组织管理条例明确规定启动资金不得直接用于人员费用，且公募基金会人员经费不得高于当年总支出的 10%（非公募 8%），社区基金会仍面临较大的筹资压力[1]。为提升资金筹集能力，社区基金会以整合市场为策略，从以下三个方面探索长效筹资通路。

其一，主动向企业募集公益资金。在政府的大力倡导下，国有企业的社会责任意识与捐赠积极性被有效激发。除 LH 社区基金会由民营企业捐赠发起外，其余 8 个区（市）县均由区属国有平台公司捐赠发起。例如，WH 社区基金会的原始注册资金就由成都武侯产业发展投资管理集团有限公司捐赠。此外，社会不稳定因素的增加导致个体捐赠意愿减弱。相比之下，企业捐赠力度更大，持续性更强，成为社区基金会的主要筹资对象。从成都各社区基金会所公布的慈善资金来源渠道可以发现，大部分捐赠来自社区基金支持，而社区基金的资金中社会企业是最主要的捐赠主体。

其二，培育孵化社会企业，借助市场力量强化社区基金会在基层社会治理中的作用。当前成都市已培育出 200 余家社区社会企业，其中过半社区社会企业由居民委员会百分百持股。作为中介组织，社区基金会不仅参与前期孵化工作，还积极配合社区一同探索社区服务项目的市场化发展路径。例如，成都市 QBJ 社区基金会与中国扶贫基金会共建了"健康社区伙伴"项目，并依托该项目发起成立四川劲浪筑梦体育文化传播有限公司（社会企业），持续探索社区项目的市场化回流模式。

其三，探索社区慈善信托，借助企业力量构建市场化筹资与社会化运作相结合的发展路径。慈善信托是第三次分配中的重要金融工具，能够有效促进资产保值增值（苗青，2022）。将信托基金融入社区治理能够有机整合原本分散、个体化的慈善资源，进而丰富慈善事业参与主体。调研发现，WH 社区基金会最早开始探索社区慈善信托，已有较为丰富的实践经验，部分社区基金会也通过与其合作进行实践初探。2023 年，WH 社区发展基金会与中铁信托有限责任

---

① 成都市社区基金会相关政策规定，注册所需 800 万元资金由政府提供，但资金只能用于组织内部管理费用，不得用于其他组织活动，因此，各个社区基金会均需向外筹集活动经费，以维持基金会运营发展。

公司、武侯区金花桥街道马家河社区合作设立四川省首个社区慈善信托，为社区基金会探索资产保值增值提供了实践经验。一方面，社区基金会运用信托模式能够拓展慈善资金获取渠道，借助金融杠杆撬动更多市场资源，加大慈善事业发展资金筹集力度；另一方面，将慈善信托嵌入基层社区，借助市场机制联动社区居委会、社区社会企业和社区社会组织等多元主体，推动实现多主体合作治理。此外，社区基金会以委托人的身份参与其中，自身的影响力和社会信任度也得到提高。当前，成都社区基金会已探索出物业信托、慈善信托、服务信托和资金信托等多种模式，不断拓展市场化的资源链接渠道，推动实现金融资源与基层社会治理间的互联互通。

> 做这个信托的主要目的是保值增值，对于社区基金会现在最大的困难就是没有持续的资金能够给到社区基金会，所以我们想做信托。（20220210LJZ）
>
> 今年可能之前在聊做这个信托物业的推广，新的社治委领导也比较感兴趣物业这个东西，我们也有推动做一些信托物业导入的想法。（20220211WL）
>
> 他们已经在做信托这些，作为老大哥，WH社区基金会信托试点做好了我们就跟着走，我们现在也积极探索和银行的合作。（20220209QRQ）

在整合市场资源、借力企业发展和探索慈善信托的过程中，社区基金会既是社会资源挖掘者，更是关键的资源链接者。通过资源置换和信息对接，将社会企业和金融力量引进社区，有效推动社区治理自我造血机制的形成。这一借力市场的行动策略在本质上是"公益+市场"的治理行动展现，能够有效激发社会活力，带动更多非政府力量参与社会治理。

**（三）联动社区激活在地资本**

从组织功能定位来看，社区基金会应当以资助为主，筹集资金支持当地执行类社会组织参与社区治理和服务提供。但我国专业社会组织发展时间较短，本土组织在服务能力和专业性水平上相对较弱。因而，成都社区基金会在发展初期大多亲自参与社区服务，将社区作为服务执行的主要场域。作为新生治理主体，在信任度和认知度都相对不足的情况下，社区基金会要想融入社区治理体系，就必须获得社区居民和基层政府的认可，向下打通组织关系。由此，成都社区基金会形成四个有效激活社区资本的地方性实践策略。

其一，参与前靠拢社区两委。社区书记与"两委"作为社区治理核心，不仅能深入把握基层需求，还拥有较高的社区威望和居民信任，且相对其他主体更具稳定性，因而成为社区基金会打破边界的首要对象。调研发现，成都8家社区基金会在成立初期均通过主动联系社区书记来获得"入场券"，依托社区书记的支持了解辖区治理问题、服务需求和资源情况，并获得社区治理的参与机会。其二，参与中联动社区力量。社区基金会在"打入"社区后，联动、凝聚社区多元主体是有序推进服务的关键。面对多元化的社区治理需求与困境，仅靠社区基金会自身的力量难以有效回应，整合、凝聚社区内在治理力量便成为社区基金会推动治理发展的重要策略。其三，参与后借力社区资源。社区基金会在进入社区后并非完全作为外部支持者，而是利用社区现有资源推动组织自我造血。例如，借助社区闲置空间开发社区超市、社区参访，联合社区推动建立社区专项基金以支持社区治理发展和人才队伍培育孵化，探索可持续的实践道路。2019年成都开始"小区信义治理"的试点探索，在社区基金会推动下，以信托制物业服务为载体，构建"社区内生循环"的项目社会化运作模式，强化居民自治能力。在社区基金会的个体探索上，WH社区基金会推动平安银行私人银行设立了四川省首个支持社区发展治理的慈善信托——"平安刘昌琴慈善信托"，聚焦社区信义治理创新实践发展；CH社区基金会也借鉴经验持续开展"领路人计划""邻聚·伙伴计划""星光行动"等一系列深入社区的服务项目和行动计划。在上述行动中，成都社区基金会以完善社区治理为行动目标，以激活社区资本为策略，积极探索社区基金会服务项目社会化的发展路径。

> 社区里最核心的主体就是社区书记，同时社区书记又是这样一个上下组织体系中很重要的关键枢纽，对社区基金会的进场和行动非常关键。（20220209RDL）

> 社区基金会在入场的时候，社区必须给予支持，特别是前期的实践必须得到社区的参与，这个社区里面首先就是社区书记重不重视这个事情。（20220211WL）

有什么事情直接沟通，社区书记或社区两委、社区党组织，其中只要有这样一个具有代表性、能让基金会有发声点的人就行。在和社区连接的时候，书记是起推动作用的，社区基金会资金单独去推的话，效果很难呈现。（20220209QRQ）

### （四）协同社会构建治理共同体

成都社区基金会以推动社区发展、完善基层治理为目标，充分利用辖区丰富的社会组织资源，联动各类社会组织共同参与基层治理，推动构建多主体合作参与的治理共同体。其行动主要围绕以下三个方面展开：一是借助社区社会组织服务能力扩大治理范围。成都前期的治理改革培育出大量社区服务组织，为社区基金会开展社会化服务和实践执行奠定了基础。基于此，社区基金会通过公益创投有效动员在地服务力量参与社区治理实践，并通过项目资助的方式赋能社区社会组织，间接推动社区治理发展。二是联合具有官方背景的群团组织回应居民需求。在特殊群体服务上，社区基金会连同妇联、共青团等群团组织以特殊项目（如妇联推动的妇女儿童之家项目）、特殊事件（疫情防控与物资捐赠等）的方式协同回应特殊群体的服务需要。三是广泛联动慈善组织和基金会，构建合作型组织互动生态。在获得慈善资金公开募集资格前，成都社区基金会主要通过与具有公募资格的社会慈善组织合作来拓展筹资渠道，在与其他慈善组织合作申请项目、协作开展具体服务的过程中促进良好社群生态网络的建立。为营造良好的社会组织发展生态，对于政府提供的项目资助，社区基金会也只选择难度较大、一般组织难以完成的项目进行承接，希望把更多承接机会留给处于发展初期的社会服务机构。此外，在直接执行项目之外，社区基金会还通过项目资助来推动公益组织的发展。以 WH 社区基金会为代表，自2019 年起便持续推进"春耕计划""武侯仲夏邻里节""大学生公益骨干培育"等服务项目，围绕社区发展公共议题，以在地协作和陪伴为策略从项目和机构两个维度为本土社会组织提供资金支持，一同探索社区发展多元实践路径，提升治理成效可持续性。

我们一直在做熊猫村的儿童关爱项目，关注一些贫困地区的儿童保护。这个项目其实是我们联动成华区的一家社会组织共同发起实施的。（2022

0211WL）

要促进社区发展你光指望行政力量是不够的，成都社区基金会成立从来都没有说行政性的资金一直支持。我们会和其他社会力量合作，比如说社区体育项目，申请之后我们和其他主体联合试点，他资助我们，我们去找执行人。我们同时又和其他基金会合作，为社区体育筹款，还能保障我们的项目资金充足。（20220214 QRQ）

我们既做服务也做资助，像"春耕计划"就延续了很多年，我们也会承接一些比较难做的、一般组织很难做出来的项目，那些比较好做一点的我们还是会留给其他社会组织，也考虑到这个整体生态的问题。（20250621LJZ）

成都社区基金会具有依托政府支持、借助市场资源、寻求社区支持、依靠社会力量等多重借力的发展特点。在人员配置上，成都市委社治委聘用具有社会服务或社区工作经验的社会人士担任社区基金会负责人，具有较强的行动主体成员社会化特征；在资金筹集上，社区基金会以社会性筹资为主，并借助市场化逻辑实现保值增值；在组织发展上，社区基金会以联动执行、协同运作为策略，借助企业、社会组织、社区自组织以及社区居民等多元社会力量推动组织发展；在治理参与上，社区基金会深入社区了解居民需求，借助内生性资源和社区本土力量推动治理发展，形成情境性的治理参与过程。总体而言，成都社区基金会在参与基层社会治理中呈现出较强的社会化运作特征，不仅激发社区内在治理活力、形成良好治理发展成效，还推动构建和谐的公益治理生态，促进慈善资源的良性循环（图2）。

## 五 制度赋能、治理禀赋与利益契合：成都社区基金会社会化运作的深层机制

系统来看，成都社区基金会的发展过程呈现出党政引领赋能下的社会化运作特征。建制化的生成逻辑为社区基金会的发展提供了制度动力与政策支持；社区基金会社会化的运作过程又进一步推动制度完善和治理改革。生存理性驱动下，社区基金会必须先靠拢政府以获取资金支持和制度认可。但价值理性和

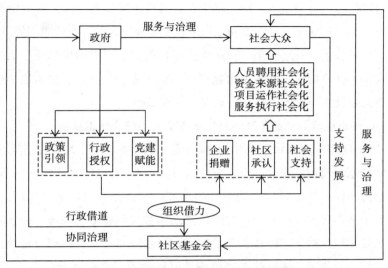

**图 2　成都市社区基金会的运行逻辑**

社会理性的追求又促使社区基金会跳脱行政依赖，展现其内在的社会性或社区性关切（赖伟军，2023）。深入分析成都社区基金会的发展历程发现，之所以能够实现社会化运作，其内在动力主要分为四个维度：制度驱动与党建引领是其生成和发展的保障基础；较长时间的社区治理经验积累为社区基金会社会化运作提供了推动力；多方主体在价值上的趋同与社区基金会内在的"为社会"行动导向共同强化了其社会化运作的可能；主体间利益契合与正向成果反馈促使这种运作模式得以维持并持续发展。

**（一）制度驱动：成都社区基金会生成和发展的政治保障机制**

在治理体系改革创新过程中，行政体系中"条""块"纷争不断，治理重心下移和社会自治改革使得基层政府陷入权不抵责的困境。基于此，成都市政府试图通过建立社区基金会来整合社会资源、激活社会力量，以创新治理结构、缓解治理困境。作为区域性治理和筹资平台，社区基金会不仅能够广泛链接社会慈善资源投入社区治理，提升政府治理资金的灵活性和丰富度；同时，作为社会性的组织，社区基金会具有参与社区治理和提供社会服务等功能，并在制度驱动下被赋予优化社区治理结构、助力实现基层治理体系创新和体制改革的责任。成都市以政策为引导、以制度为驱动力，在社会工作部门高位推动下不断完善政策制度，多层面推动社区基金会的发展。为保障社区基金会的社会活性，党政部门综合运用政策引导、制度设计与资源配置等方式为其提供发展动力。与此同时，社区基金会在发展过程中也免于承担过多行政要求和服务任务，日常运作也较少受到外部干预。支持但不干预的制度逻辑不仅提升了组织合法性与行动能力，也给予了社区基金会较大的自主生长空间，为实现社会化运作发展、推动多元主体参与治理实践奠定了结构基础。

**（二）治理经验：社区基金会得以多方借力的行为激发机制**

自 2003 年起，成都市便开始探索村民议事协商，并在 2007 年作为全国统筹城乡综合配套改革试验区进行全方位城乡治理改革，形成以"社区为本，激发社区活力，强调社区参与"为主线的治理改革路径（谈小燕，2020）。系统审视成都市治理改革过程发现，前期以推动建立村民议事会制度、设立村级公共专项资金和城乡社区保障激励资金为主；随后以引导、扶持和整合社会力量参与基层治理为重点，通过设立"培育发展社会组织专项资金"、成立"社治委"等方式构建具有成都特色的治理格局；2017 年后，在中央 13 号文件、党的十九大报告等相关制度的引导下，成都出台多个社区治理发展相关文件，探索构建党建引领多元主体合作治理的生态格局。通过持续性的社区治理改革实践，成都培育出一大批社区骨干、社区社会组织、社会公益组织和志愿者，不仅有力推动地方政府的职能转型，也为构建市域层面的共建共治共享格局夯实了基础。

成都社区基金会作为资源枢纽，不断整合慈善资金，联动多元公益力量，持续推动社区治理格局创新和治理成效提升。大量社区社会企业、社会组织以及社区自组织成为成都社区基金会的支持对象，社区居民骨干和志愿者则为社区基金会治理项目的落地提供了人力基础。良好的公益氛围为社区基金会的发展营造出有利环境，广泛分布的社会服务项目和社区社会组织则构成其探索"多重借力"发展路径的坚实支点。

**（三）价值趋同：社区基金会社会化运作的交互强化机制**

成都社区基金会借助政府赋予的发展空间主动探索实践空间、延伸服务领域，在借力社会的发展过程中找回组织的社会属性。从成都社区基金会发展历程来看，政府对社区治理公共性的理念强调和组织社会为本的价值基础是促进社区基金会社会化运作的交互强化机制。

其一，社区基金会承载着推动治理社会化的目标。成都市政府推动设立社区基金会的根本意图在于借助其组织效能实现慈善资源整合、激发基层治理活力，并通过公共服务的在地实践强化居民的公共服务意识。原始资金不能直接用于提供服务和项目执行，要求基金会自主筹资拓展运营，进而成为推动社区基金会探寻社会化发展的动力。在政策要求上，制度文件将社区基金会视为居民身边的基金会，需整合社会资源与社区服务力量，促进构建社区公益生态链，推动本区域内公益慈善事业的发展。基于这一角色和功能定位，社区基金会不得不深入社区，探索社会化的发展路径。

> 政府把社区基金会打造出来，然后引入社会组织，提供公共服务，调动和激发居民参与，提供社区治理引导。（20220209ZQ）
>
> 成立社区基金会的主要原因还是希望吸纳社会资源到社会治理领域，因为现在都是由政府兜底，财政压力很大，需要探索社会化的筹资渠道。社区基金会是资金筹集和使用的一个合法平台或工具，是将筹集的资源用于社区公益活动或公益慈善事业发展的组织。（20220211WL）

其二，社区基金会管理主体价值理念主导下的社会化治理实践导向。成都社区基金会的实际执行人均由具有丰富社区服务或社会组织工作经验的人员担任，他们在本质上将社区基金会归属于社会组织类别，认为即使由政府推动也应当找回其社会属性和人本价值理念。笔者在访谈过程中了解到，大部分社区基金会执行人都认为其主要功能在于促进社区发展，实现从社区"输血"到社区"造血"的发展逻辑转变，推动构建"公益+市场"的整合性治理模式。上述价值目标驱动着社区基金会朝社会化方向发展，以"在地化"的方式将慈善资金用于当地社区治理、社会建设和社会服务之中，并推动完善服务治理体系，吸引更多的慈善捐赠和资金投入辖区治理。成都社区基金会所呈现的资金社会化、管理人员社会化以及项目运作社会化等特征是政府引导与组织自身发展探索双重作用的结果。政府公共性治理目标追求与社区基金会"社会为本"的实践价值观互为支撑，两者相互促进，形成一种良性循环机制，共同推动社区基金会以提升社区服务的公共价值和社会效益为核心，实现更有效的社会化运作和基层社会治理参与。

**（四）合作共赢：利益契合治理目标驱动的正向反馈机制**

所谓正向反馈是指社区基金会在参与推动基层治理发展中对其他社会主体

发送的积极信号，具体表现为具有一定社会效益的治理结果和实践成效。在制度赋能的基础上，成都社区基金会依托官方背景向社会借力发展，以共同性治理目标和共享性治理成果为动力，联动多方主体协同推动社会治理发展。这种利益共享式的联结行动在正向治理成果反馈中不断持续，成为社区基金会持续社会化运作发展的维持力量。

其一，组织利益共享强化主体联动。在社会性筹资和社会化项目资助过程中，社区基金会作为资金运作平台，通过筹资获得项目运营经费，并维持组织自身的生存和发展；企业、公益组织、社会个人等主体则在捐赠过程中履行社会责任，获得情感道德满足；社区居民和社区社会组织作为服务受益者，借助社区基金会资金支持开展服务项目，获得服务需求的满足。其二，良好的社区治理成效扩大了社区基金会自主发展的空间。持续性的社区治理成效产生不仅展现出社区基金会独特的治理效能，也进一步提高和增强了社区基金会的社会认可度与专业合法性，为社区社会组织营造出良好的发展生态。在利益契合和治理目标驱动的合作共赢机制下，正向的治理成效不断推动社区治理格局创新，并促进成都市社区服务和治理实践的持续发展。这一正向的治理成果反馈也获得了上级政府的认可与支持，进一步以行政支持的方式转化为社区基金会深入探索和实践社会化运作路径的动力，实现政府治理目标与社区基金会自我发展的良性循环。

## 六 结语

通过对成都市 9 家社区基金会的实地调研和深度访谈发现，成都社区基金会虽由政府主导推动成立，但以社会化的模式运作发展，其在行动逻辑上呈现出党政赋能与多重借力的行动特点。为应对科层结构下基层政府治理效能不足和社区治理活力较低等问题，成都市以制度先行、党建授权和行政赋能的方式推动建立社区基金会，试图借助社会力量来整合社会资源，推动基层治理改革。成都市政府对社区基金会发展的重视和支持程度较高，不仅由政府出面推动成立，还在制度上给予社区基金会极大的自主发展空间，这与相关学者对于政府主导型社区基金会的研究论点存在差异（原珂，2023a）。近年来，在社区基金会的支持和推动下，成都市共设立 200 多个社区基金，联动 300 多个社区，部分社区基金会还率先探索出以"慈善信托＋小区治理"为主的慈善服务模式，不断拓宽资源整合与服务发展路径，在一定程度上体现出社区基金会从原先单一的资源整合功能向以"保障、服务、协同"为核心要素的复合型功能转变（陈俊杰、魏娜，2023）。

深入地看，成都社区基金会之所以能形成上述社会化运作逻辑，与其所处的制度环境、社会治理结构及地方长期性的实践经验密切相关。成都社治委的成立为基层治理改革创新提供了强有力的支持，这种先天优势让社区基金会有足够的制度空间和行政支持实现社会化生长。本研究以成都这一独特个案作为研究对象虽在一定程度上呈现出一个全新的社区基金会运作模式，但其实践经验和发展成果受限于地方独特的制度环境与治理基础，这也是本研究结论普适性存在限制的主要原因。同时，成都各社区基金会的设立时间、实践模式与行动目标并非完全一致，本研究所提出的社会化运作是成都社区基金会发展过程中所表现出的整体性特征。不可否认，成都社区基金会在推动社区发展、提升居民福祉方面发挥了积极作用，成为连接政府与社会、促进社会和谐的重要桥梁。未来，随着政策环境的优化和社会参与度的提升，成都社区基金会在基层社会治理中将扮演更加关键的角色，成为构建共建共治共享社会治理格局中的重要社会力量。成都社区基金会的实践经验和运作模式虽难以在其他地区完全复制，但仍然具有显著的学理价值，为学术界进一步分析和建构党政与社会关系理论提供经验基础，也为推进基层社会治理创新提供了多元主体合作共治的本土解释框架。这些发现驱动着当下更加广泛的基层社会治理朝向党政与社会分工合作的实践发展。

**参考文献**

陈俊杰、魏娜（2023）：《中国社区基金会再定位：复合型功能及其内涵诠释》，《中国非营利评论》，第 2 期。

风笑天（2022）：《个案的力量：论个案研究的方法论意义及其应用》，《社会科学》，第 5 期。

顾昕、王旭（2005）：《从国家主义到法团主义——中国市场转型过程中国家与专业团体关系的演变》，《社会学研究》，第 2 期。

姜晓萍、田昭（2019）：《授权赋能：党建引领城市社区治理的新样本》，《中共中央党校（国家行政学院）学报》，第 5 期。

黄晓春、周黎安（2017）：《政府治理机制转型与社会组织发展》，《中国社会科学》，第 11 期。

黄晓春、周黎安（2019）：《"结对竞赛"：城市基层治理创新的一种新机制》，《社会》，第 5 期。

康晓光、韩恒（2005）：《分类控制：当前中国大陆国家与社会关系研究》，《社会学研究》，第 6 期。

赖伟军（2023）：《"找回社区性"：认同建构与基层社区组织化动员——基于 S 市 K 社区基金会发起创办过程的案例考察》，《中国非营利评论》，第 2 期。

蓝煜昕（2021）：《立体式嵌入：社区基金会助力地方社会治理——广东省德胜社区慈善基金会案例考察》，《中国非营利评论》，第 1 期。

刘黄娟（2024）：《分类桥接嵌入：慈善组织如何融入基层治理》，《社会保障评论》，第 5 期。

孟燕、方雷（2022）：《动员型治理：党建引领城市社区治理的内在机理与实现机制》，《探索》，第 6 期。

苗青（2022）：《高水平促进第三次分配：分析框架与实施路径》，《上海交通大学学报》（哲学社会科学版），第 6 期。

施从美、帅凯（2020）：《回应性监管：政府主导型社区基金会有效监管的行动策略研究》，《中国行政管理》，第 7 期。

唐有财、王小彦、权淑娟（2019）：《社区基金会的本土实践逻辑、治理结构及其潜在张力》，《社会建设》，第 1 期。

谈小燕（2020）：《以社区为本的参与式治理：制度主义视角下的城市基层治理创新》，《新视野》，第 3 期。

滕秋玲、李志强、原珂（2024）：《资源编排与能力培育：社区基金会发展机制及路径探讨》，《湖湘论坛》，第 2 期。

王明成、杨婉茹（2021）：《基层党建引领城市社区治理的路径探索——以成都模式为例》，《西南石油大学学报》（社会科学版），第 4 期。

徐家良（2017）：《中国社区基金会关系建构与发展策略》，《社会科学辑刊》，第 2 期。

原珂（2023a）：《"伙伴"而非"伙计"：社区基金会与基层政府关系考量及功能发挥》，《兰州学刊》，第 11 期。

原珂（2023b）：《社区基金会类型化发展与行动策略选择——基于社会资本的分析视角》，《新疆社会科学》，第 4 期。

原珂（2024）：《社区基金会多样态发展成因及其优势比较》，《中州学刊》，第 1 期。

袁振龙（2020）：《社区基金会社会运行机制的比较分析》，《社会建设》，第 5 期。

赵吉、彭勃（2021）：《社会借道行政：后脱钩时代行业协会自我增能的有效机制》，《治理研究》，第 1 期。

张紧跟（2012）：《从结构论争到行动分析：海外中国 NGO 研究述评》，《社会》，第 3 期。

朱志伟（2018）：《联合与重构：社区基金会发展路径的个案研究——一个资源依赖的分析视角》，《浙江工商大学学报》，第 1 期。

责任编辑：赖伟军

# 社区慈善的现代化转型：进程、挑战与路径 <sup>*</sup>

## ——以社区与慈善的互动为视角

黄春蕾　李明叶　范方靓<sup>**</sup>

【摘要】近年来，我国社区慈善事业进入新的发展阶段。我国拥有邻舍互济和乡里认同的传统，如何发展现代社区慈善成为繁荣中国特色慈善事业的重要课题。本文将社区慈善置于传统社会到现代社会的变迁之中，发现"社区"与"慈善"各自的转型及其互动关系是贯穿中西方社区慈善现代化进程的一条共同主线，即社区为慈善现代化转型提供了重要场域，而社区慈善反过来成为社区现代化转型的建构者和塑造者之一。然而，中西方慈善传统不同，现代化理念和路径各异，这些都投射到社区慈善现代化转型的不同进程和表征上。当前我国社区慈善仍然面临功能相对单一、结构性约束明显、慈善文化亟待传承创新、制度短缺等挑战。未来应加快我国慈善事业转型与基层治理现代化的融合，激发社区自治活力，培育健全各类社区慈善主体，转化创新传统慈善文化，建立健全社区慈善参与基层社会治理的制度体系。

【关键词】社区慈善；现代化转型；社区与慈善；基层社会治理

---

\* 本文为国家社科基金一般项目"我国社会组织党建与业务工作耦合机制研究"（22BZZ011）和山东省社科规划重点项目"居家社区养老服务社会化改革问题与路径研究"（22BSHJ01）的阶段性成果。

\*\* 黄春蕾，山东大学哲学与社会发展学院教授；李明叶，济南市基爱社会工作服务中心执行总干事；范方靓，山东大学哲学与社会发展学院硕士研究生。

# 一  问题的提出与文献回顾

新冠疫情暴发之后,社区成为疫情防控最前沿和人民正常生活秩序保障的中坚力量。社区居民在微信群里寻找急需的药品和医疗用品,互帮互助;社区志愿者队伍迅速扩大,素不相识的居民开始有了互动,真正体现了"远亲不如近邻"的传统观念;居民与社区周边商铺之间也开始有了超越纯粹买卖关系的情感联结。是疫情把我们带回了社区,让我们感受到社区的温度,看到了社区互助和志愿服务的现代价值。如何让社区互助的传统长久保持下去?从 2017 年国家提出"三社联动"到 2021 年升级为"五社联动",志愿服务和社区慈善资源被纳入基层治理体系。近年来,各地将发展社区慈善事业作为推动基层社会治理现代化的重要抓手,社区慈善活动蓬勃兴起,"社区慈善事业进入新的发展阶段"(中国慈善联合会,2024)。2023 年新修改的《慈善法》规定:"国家鼓励有条件的地方设立社区慈善组织,加强社区志愿者队伍建设,发展社区慈善事业。"然而,从整体上看,我国社区慈善事业发展仍然面临理念滞后、慈善资源碎片化、规模小、专业性欠缺、发展活力和内生动力不足等瓶颈。如何突破这些发展瓶颈,夯实中国特色现代慈善事业发展的基础,成为亟待研究的重要课题。

回顾国内研究文献,2004 年党的十六届四中全会正式将慈善事业作为社会保障体系的有益补充,如何培育公众现代慈善意识,激发慈善参与热情就引起了学术界的关注。高灵芝(2004:104~106)、李宝梁(2007:121~124)、徐丽敏(2007:201~204)等敏锐地洞察到"慈善事业社区化发展"是慈善现代化的国际趋势,也是我国慈善事业发展的必然取向。党的十八届三中、四中和五中全会等做出一系列关于基层社会治理的决策部署,社会治理视角下社区慈善开始作为一个相对独立的范畴被提出,社区慈善如何更好地融入基层治理体系开始成为学术界研究的热点。杨荣(2015:43~48)、闫磊(2018:42~44)等给"社区慈善"一个包容性很强的定义,即"凡以社区为基础、以社区居民和社区整体发展利益为目的的慈善活动和慈善服务均可称为社区慈善"。王振耀(2020:3~14)、郑功成(2020:1~10)、谢琼(2022)等提出,作为一种慈善形态,社区慈善是社会治理与慈善发展在基层的融合,是中国特色慈善事业发展的重要方向和根基所在。王华凤、施从美（2023）指出我国社区慈善存在居民信任资本匮乏、慈善关系存在网络隔阂、互惠规范意识淡薄等阶段性困境。唐有才（2023：22）指出行政化推动带来社区基金会运营和治理方面的难题。赖伟军（2023：21~41）研究了社区认同要素在促进社区基金会发育初期的积极作用。翁士洪（2021：41~55）、胡彬彬（2022）、陈俊杰和魏娜（2023：1~20）等研究了我国社区基金会的协同治理功能和发展路径。

综上，已有研究在社区慈善的基层治理功能及实现多方协同发展的体制机制方面达成共识，但鲜有对"社区慈善现代化"这一关键议题开展专门研究。从发展史视角看，社区慈善是如何实现现代化转型的？社区慈善现代化的未来发展路径是什么？本文将从社区与慈善之间的互动关系视角，回顾梳理中西方社区慈善现代化转型的进程和趋势，总结我国社区慈善现代化转型的特色和面临的主要挑战，探究未来发展路径。

## 二　社区慈善：一个历史范畴

通俗地说，社区慈善是在社区这一特定地域和空间范围内的慈善活动。"社区"与"慈善"是两个不同的历史范畴，从传统社会到现代社会，社区与慈善各自的转型及其关系的变迁内在决定了社区慈善的现代化进程。把握住这一点，对于我们理解什么是"现代社区慈善"具有重要意义。

### 1. 传统社区与传统慈善的自然一体

社区（community）一词源于拉丁语 Fellowship，本意是"关系紧密的伙伴和共同体"。人们普遍认为，德国社会学家滕尼斯首次将"社区"一词用于社会学研究。1887 年他首次出版的经典著作《社区与社会》将"社区"与"社会"视为人类社会结构的两种类型，前者是基于共同利益的血缘、地缘或精神纽带连接的，是紧密的、合作的和富有人情味的，后者的社会关系则是根据契约关系形成的，依据理性的意志而存在（帕克等，1987：63~77）。显然，滕尼斯所定义的社区是与传统社会紧密相连的共同体，并没有刻意突出其地域特征，这是因为在传统社会中共同体和生活方式是紧密联系在一起的。对于游牧民族而言，以家族或部落为基础形成共同体，而农业社会以邻里和村庄为基础形成共同体。值得注意的是，宗教在西方传统社区的形成中发挥了重要的整合力量

（谷中原、朱梅，2015：42），教会也是西方慈善事业的重要主持者和中介人。在我国传统社会，宗族扮演重要角色，"乡里族群直接将慈善视为维系宗亲血缘关系的重要纽带"（周秋光、李华文，2020：62）。因此，国内外传统社区在本质上都遵循了人们在日常生活中基于地缘、血缘、宗教等自然而然形成的空间和地域联系（刘春湘，2022：7），社区与慈善相互交融，浑然一体，不可分割。

2. 现代社区与现代慈善的分立与互动

工业化和城市化彻底改变了人们的生活方式，一方面，人们不再固守在血缘和地缘的传统社区，也脱离了传统社会控制机制，现代社区从形式上看是一种地域化的社会，是陌生人社会、原子化社会中人们的生活共同体；另一方面，现代社会人们基于职业、分工等形成了更加开放和多元的社会网络，这种社会网络已远远超出人们直接的居住地点（黎熙元等，2011：106）。而进入现代社会，传统慈善也开始逐渐脱离地缘、血缘和宗教等纽带而走向专业化、专门化，以慈善机构为媒介的间接慈善成为现代慈善活动的主要方式。因此，伴随着传统社会向现代社会的转型，社区与慈善也从一体走向分立，而这种分立恰恰为二者的互动创造了可能。

3. 现代社区慈善：与现代社区相适应的一种慈善形态

如上所述，工业化和城市化把人们从传统共同体的束缚中解放出来，但失去了传统共同体的规范和约束，各种社会问题开始出现，社会秩序失控和社会控制机制缺位成为一个最直接的表现和最棘手的问题。在推动社会进步和发展的现代化历史进程中，处于政府、市场和社会三大领域交汇点的现代社区承载起越来越多元、积极且重要的社会功能，这些功能包括社会服务（最基础和最重要）、社会控制和社会稳定（维护社会秩序和控制社会风险）、人的社会化（社区的社群、组织和环境）、社会参与与社会民主（社区自治实践）（徐永祥，2001：102）。社区慈善的现代化转型正是依托现代社区这个载体，以社区与慈善的互动为主线，实现社区慈善理念、功能和形态不断更迭，现代社区建设不断发展。在这一意义上，我们说现代社区慈善是基于一定地域范围、与现代社区功能相匹配、服务于现代社区发展的一种慈善形态。

## 三　西方社区慈善现代化转型的进程与趋势

现代社区何以可能？近代以来，国外先后掀起了若干次社区运动，借此我们可以考察社区现代化进程，以更加具象化地理解西方社区慈善现代化的转向。

1. 现代社区慈善的萌芽：社区济贫与慈善救济（17~19 世纪）

作为世界上最早完成工业革命的国家，英国到了 16 世纪因贫民数量增长迅速，传统教会和慈善事业的财力已无法满足社会保护的需要，政府不得不承担起社会济贫的责任。1601 年英国《济贫法》的颁布标志着现代社会救济事业乃至社会保障制度的发端。在社会保障制度发展的早期，以社区为单位的扶贫济困制度开始出现，其中德国的汉堡制（1788 年）和爱尔伯福制（1858 年）是最具代表性的两种模式。随着法律的颁布施行，一些从事扶贫济困的慈善机构（慈善学校、老年院、慈善基金会、孤儿院、医院等）纷纷设立。为了更好地协调整合不同的慈善机构或资源，英美兴起了慈善组织会社（协会）运动。总体上看，这一时期西方社区慈善仍以贫困救济为主，多是由志愿者提供直接服务，但慈善组织化、救助方案个别化和综合性、通过枢纽组织提高慈善救济效率等做法，已显露出现代社区慈善的萌芽。

2. 现代社区慈善的兴起：睦邻运动、社区社会服务与社区基金会（19 世纪末~20 世纪 30 年代）

进入 19 世纪末期，英国贫富差距持续拉大，由慈善机构自发发起、致力于通过社区服务的方式解决贫困问题的社区睦邻运动拉开帷幕。睦邻运动更强调贫困问题的社会归因，倡导"入驻"社区，走入穷人的"生活世界"（刘春湘，2022：64），通过建立幼儿园、保健站、夜校、职业训练班等，修建剧场、茶室等公共活动场所，为社区居民提供包括教育、学习、医疗、就业培训等在内的社区服务，改善居民生活环境，提高其生活质量。1937 年美国拥有 500 多个社区睦邻服务中心（刘春湘，2022：66）。从影响上看，睦邻运动推动了社区慈善从贫困救济向社区服务的转变，服务对象从贫困人群拓展到普通居民，慈善活动从单一的济困走向综合性和专业性的社区服务，注重居民的社区参与精神、互助精神的培养。社会工作逐渐成长为一门科学的助人专业和职业，建立了对贫困户的专业化的社会调查和个别化等专业社会工作的基本原则。此外，1914 年全球第一家社区基金会——克利夫兰基金会创立，截至 1920 年美国几乎所有大城市均拥有社区基金会（魏娜、陈俊杰，2022：24）。1921 年美国颁布税收法案赋予社区基金会免税资格。社区基金会的兴起为社区社会服务的开展提供了有利条件。

随着 1929～1933 年经济大危机的爆发，慈善组织救济能力和救济范围不足以回应剧增的、系统性的社会需求，社区基金会也受到银行业不景气的影响而陷入低迷。随着二战之后西方福利国家的普遍建立，社会福利提供的主导责任开始向政府转移，政府举办的社会服务开始兴起和扩张，而现代社区慈善的发展进入平台期，更多扮演国家福利供给的补充者角色，影响力大不如前。

### 3. 现代社区慈善的转折：社区发展运动与慈善赋能（20 世纪 50～80 年代）

二战之后，亚非拉新兴发展中国家普遍面临贫困、疾病、失业、经济发展缓慢等一系列问题，国家重建工作仅仅依靠政府的力量远远不够。20 世纪 50 年代，联合国成立社区组织与社区发展小组，倡导把社区的物质建设和改变居民的态度置于同等重要的地位，促进社区居民参与社区发展工作。1957 年社区发展运动开始向发达国家推广，以应对两极分化和青少年犯罪增加等严重社会问题。1960 年美国政府的"反贫困作战计划"，将原本由公共机构承担的社区服务任务转交给包括慈善组织在内的各类非营利组织。1974 年美国又颁布了《国内志愿服务法案》，为社区服务提供了组织保障。英国 1971 年推行社区发展计划，希望推动社区社会服务和居民自治互助，借以解决或改善城市贫民区的社会问题（吴亦明，2003：94）。截至 20 世纪 70 年代初，世界上有 70 多个国家推行社区发展运动（杨勋，2000：74）。可以说，世界性"社区发展运动"促进了社区慈善的功能转向支持社区发展目标（张康之、石国亮，2012：119）；社区慈善的目标群体向普通社区成员和社会组织拓展；社区慈善的角色从直接服务延伸至社区发展服务，并逐渐形成符合社区发展的社区社会工作方法和工作模式。

### 4. 现代社区慈善的变革：社区治理与慈善主体重塑（20 世纪 90 年代至今）

20 世纪 70 年代福利国家危机爆发，西方纷纷推行福利体制分权化和地方化改革（林闽钢，2002：36），社区开始承担许多之前由政府承担的职能，强调政府与民间、公共和私人部门对社区公共生活或公共事务的合作共治，这为现代社区慈善的变革创造了空间和条件（俞可平，1999：39～40）。美国在 1969 年税法改革政策红利的推动下，社区基金会获得快速发展，但捐赠者导向与社区需求导向间的冲突也日益加剧（魏娜、陈俊杰，2022）。20 世纪末，社区基金会重申"以社区为中心"，更加强调包容性、影响力以及增强社区感（Moralis，2023），在地方治理网络中发挥"社区领导者"作用，"越来越显现出自觉、自主、自为的治理主体角色特征"（张康之、石国亮，2012：2）。随着社区治理主体角色的确立，社区慈善介入社区工作的理念方法也在悄然转变，由先前的"需求取向"模式发展出"资产为本"的社区发展模式，将整个社区发展的重点放在对社区资产的运用、社区关系的构建和社区组织的建设上，并以此来采取相应的行动策略（吴越菲、文军，2019：254）。

综上所述，伴随着西方历次社区运动的浪潮，社区与慈善的现代化转型亦步亦趋，紧密互动。在漫长的社区现代化转型过程中，西方社区慈善的形态和功能角色不断迭代升级，从辅助开展济贫到开发社区社会服务、输送社区社会服务，再到为社区发展赋能以及扮演社区领导者角色。但西方社区慈善现代化转型也面临许多挑战，引发不少争议，比如英国教区济贫院制度之下对于院内居民人身自由的限制以及人格羞辱（郭家宏、唐艳，2006：54）；福利国家扩张导致社区慈善对政府的过度依赖和社会自主性的减弱；现代社区基金会如何处理捐助者导向和社区导向之间的冲突和矛盾；等等。但值得注意的是，西方社区作为"独立于国家和市场的社会力量"具有鲜明的社会自主倾向，保持着"对群体内部睦邻友好的推崇和对外部介入的排斥"的思想（吴晓林、覃雯，2022：146）。尽管受到社会福利制度、政府职能、社会政策法规、社区自治权限等复杂因素的影响，西方社区慈善与国家、市场的边界始终处于动态变化和再平衡之中。

## 四　我国社区慈善现代化转型的进程、特色与挑战

### （一）我国社区慈善现代化转型的进程

改革开放以来，随着我国社会主义市场经济体制改革和现代企业制度的建立，企业不再负责满足职工及其家属的社会需要，加之人口流动的加快，社区越来越成为人们的基本生活空间，社区建设和社区管理成为满足居民社会需要和政府加强社会管理的重要形式，社区慈善现代化就此起步。

#### 1. 社区服务与居民互助（1986~1997）

改革开放初期，我国社会保障制度尚未健全，社会生活服务由单位制走向社会化和市场化，但由于人们的收入有限，市场提供的社区服务还在起步阶段，社区居民的许多需求只能求助于社区内部解决。1985 年民政部在全国范围内广

泛开展照顾老人、残疾人和儿童以及便民利民等社区服务工作（高艳青，2009：52）。一些松散型的志愿性社区服务开始发展起来，主要是居民间有组织的救贫帮困、社区互助、个体或集体形式的小修小补和小商业，以服务弱势群体和满足居民日常简单的低层次生活需要为主，组织化程度不高（张玉枝，2003：6）。1991年民政部首次提出"社区建设"的工作思路，内容除社区服务外，还包括社区文化、社区卫生、社区医疗、社区康复、社区教育、社区道德等，需要全社会各部门的积极行动和协调配合。

### 2. 社区建设、社区管理与社区社会组织（志愿服务）发展（1998~2011）

为了强化基层社会管理，党的十四届五中全会以后，城市基层政权和基层组织建设被提上了议事日程。1998年民政部设立基层政权和社区建设司。2000年《民政部关于在全国推进城市社区建设的意见》明确了社区建设的目标是促进社区服务、加强社区精神文明建设和扩大基层民主，要求"积极发展志愿者队伍，广泛动员社会力量参与社区建设"。2006年党的十六届六中全会提出创新社会管理体制，健全党委领导、政府负责、社会协同、公众参与的社会管理格局。2010年两办印发《关于加强和改进城市社区居民委员会建设工作的意见》，要求政府积极引导各种社会组织和各类志愿者参与社区管理和服务。可见，这一时期党和政府主导的社区建设热潮在行动理念上与国际上社区发展理念高度契合，但社区建设的重点是社区党组织和社区居民自治组织建设（王思斌，2015：41~43）。作为社区工作者队伍建设的补充，一批社区社会组织和志愿者队伍开始发展起来，共同参与社区建设。

### 3. 社区治理起步与社区慈善主体培育发展（2012~2020）

2012年党的十八大首次提出城乡社区治理的基本思想。2013年党的十八届三中全会明确提出"实现政府治理和社会自我调节、居民自治良性互动"。2015年民政部《关于指导村（居）民委员会协助做好社会救助工作的意见》将社区慈善定位为社会救助的补充。2017年党的十九大报告提出"鼓励通过慈善捐赠、设立社区基金会方式，引导社会资金投向城乡社区治理领域"。同年《中共中央 国务院关于加强和完善城乡社区治理的意见》提出了统筹发挥社会力量协同作用，推进社区、社会组织、社会工作"三社联动"。2021年《中共中央 国务院关于加强基层治理体系和治理能力现代化建设的意见》明确提出发展"五社联动机制"。同年民政部《培育发展社区社会组织专项行动方案

（2021—2023 年）》确立了城市社区平均拥有不少于 10 个社区社会组织，农村社区平均拥有不少于 5 个社区社会组织的目标。同时，新时代文明实践中心（所、站）建设 2018 年开始试点，2019 年全面推开，有力地促进了社区志愿服务的常态化和长效机制的发展。总之，在体制机制改革和政策措施的推动下，这一时期社区慈善超市及各类登记备案的社区社会组织数量都实现了较快增长，党群服务中心、街道综合服务设施等覆盖面快速扩大，为社区慈善主体培育创造了条件，奠定了基础。

**4. 基层治理现代化与社区慈善生态系统构建（2021 年至今）**

2021 年《中共中央　国务院关于加强基层治理体系和治理能力现代化建设的意见》提出要建设"自治、法治、德治相结合的基层治理体系"，社区慈善被赋予参与基层治理的新使命。在政策推动下，社区基金（会）快速发展，根据易善发布的《中国社区基金会数据报告》，截至 2021 年 7 月 1 日全国共设立社区基金会 187 家。同时，街道（乡镇）社工站、社会组织培育孵化基地、社区社会组织联合会等枢纽型、支持型平台加速设立。2023 年民政部《关于加强政府救助与慈善帮扶有效衔接的指导意见》要求进一步畅通公益慈善力量参与社会救助的渠道。2023 年《慈善法》增加"国家鼓励发展社区慈善"的专门条款。2024 年 4 月《关于健全新时代志愿服务体系的意见》明确提出促进志愿服务融入基层社会治理的一系列举措。在政策和环境的共同推动下，参与社区共治逐渐成为企业履行社会责任（ESG）的重要组成部分，社区慈善主体类型日趋丰富，参与渠道不断拓展，社区慈善生态系统初露端倪。

**（二）我国社区慈善现代化转型的特色**

综上所述，中西方社区慈善现代化转型在动力、特点和趋势等方面呈现出许多共性（表 1）。在传统农业社会向现代工业社会转型的过程中，传统社区解体，现代社区治理共同体重构，社区现代化为传统慈善的现代转型提供了重要场域和主要阵地，孕育和壮大了大众慈善文化和慈善主体，而社区慈善反过来也成为现代社区独特的建构者和塑造者。与传统社区慈善基于血缘、宗教的情感纽带而开展的互助自助相比，现代社区慈善是源于现代社区社会生活共同体属性的情感联系，具有多元化、平等性、开放性，慈善活动组织化、专业化、复杂化程度高，链接社区内外资源，呈现出跨界合作和社会创新的发展趋势。

表 1 　中西方社区慈善的现代化转型之比较

| | 西方社区慈善现代化 | 我国社区慈善现代化 |
|---|---|---|
| 起源 | 教会慈善、睦邻运动和政府济贫 | 仁爱民本思想、官办救济和乡里慈善 |
| 动力 | 工业化、全球化推动下的社区治理现代化 | 市场化、工业化推动下的中国特色社区治理现代化 |
| 特点 | 世俗化、组织化和资本化 | 国家主导、组织化和过渡性 |
| 趋势 | 跨界融合与社会创新 | 跨界融合与社会创新 |

　　然而，由于中西方慈善传统不同，中西方现代化的理念和路径各异，这些都投射到社区慈善现代化转型的不同进程和表征上。西方传统慈善以教会为中心，基督教强调罪感文化，随着近代社会民族国家的建立、市场经济和市民社会的发展，现代社区慈善经历了世俗化、组织化和资本化过程。而我国社区慈善现代化转型经历了不同的道路，体现出鲜明的本土特色。

　　首先，国家主导性。我国拥有上千年的仁爱思想和民本思想，传统官办慈善体系全备。作为一个后发国家，我国的现代化进程体现出很强的国家主导性，国家主导推动经济社会转型，进而驱动社区发展及社区慈善现代化转型。一方面，慈善是第三次分配的主要实现方式，是中国特色社会主义事业的有机组成部分，以实现全体人民共同富裕为最终目标。另一方面，我国现代社区就是居民委员会辖区，而居委会从法律上看是居民自治组织，但又具有很强的准行政属性。社会管理的相关体制机制、政策制度构成了我国社区慈善现代化转型的先决条件。如何更好地建立起政府治理与居民自治、社会调节之间的良性互动机制是社区慈善现代化的关键所在。

　　其次，互助合作的传统慈善精神。传统中国经历了长期的农耕经济基础上的乡土社会，孕育出扶贫济困、乐于互助的慈善精神和社会意识，这在"宗教、行会、一村、一县和一省这样的社会小团体层面"表现得最为淋漓尽致（朱友渔，2015：113）。同时，"爱人"遵循"差序格局"，"行善"是一种个人的"道德操行"。因此，"社区慈善最符合中华文化由近及远、由亲及疏、邻里互助的传统文化及行善伦理"（郑功成，2024）。

　　最后，过渡型特点突出。我国社区和慈善转型发展的起点是计划体制，表现出明显的路径依赖特点。我国经济社会实现了高速跨越式发展，走完了西方国家现代化上百年的历程。社会体制、社会政策、社会治理等过渡型特点明显，社区慈善功能更加多元复合，各种社区慈善形态并存叠加，社区慈善发展城乡间和地区间差异显著。

**（三）我国社区慈善现代化转型面临的挑战**

**1. 社区慈善功能亟待升级**

经过前期的发展和培育，我国社区慈善事业发展具备了一定的组织基础，但社区慈善活动大多是对困难群体的帮扶。除物质救助外，服务性救助零散且发展不足，慈善帮扶与政府救助之间尚未建立有效衔接。除社会救助外，慈善力量参与社区服务的领域十分有限，在社区养老、医疗、卫生、文化保育、康复、托育等方面的慈善资源不足，社会服务机构少，难以有效回应社区居民的社会服务需求。在加快推进基层治理现代化过程中，各类社区慈善主体参与社区治理的意识和能力亟待提高，特别是人人参与的氛围营造不够，激发社区居民在社区自治中的主体性不足，这是社区慈善发挥其基层治理功能的短板。

**2. 社区慈善结构性约束明显**

首先，目前我国社区慈善事业发展尚未实现与城乡社会事业发展、城乡社区治理发展融合，缺乏整体规划，民政、共青团、妇联、红十字会、残联、慈善会、社区等条块协调性不足，工作网络不健全。社区慈善更多依赖社区内慈善资源，与社区外的企业慈善捐赠、基金会慈善项目等资源对接和互动不足。尽管一些地方在街道层面设立了社区社会组织联合会，但联合会常态化运行普遍面临资金和人才短缺等难题。其次，社区居民自治是社区慈善事业发挥作用的重要舞台，二者在治理主体、治理内容和治理方式等方面紧密相连、相辅相成。但在基层治理实践中，社区居委会承接上级委派或指定的行政事务过多，加之准行政化的考核机制，社区工作人员疲于应对，在深入了解居民诉求和为居民开展个性化服务方面往往力不从心。在治理方式上，一些社区自治组织惯常采用社会救济的方式提供社区慈善服务，对社区慈善项目个性化设计和专业化运营不熟悉。免费送物资或公益服务进社区活动往往很难回应社区居民差异化、多层次需求，服务效果不好，而且社区居民被动接受服务，难以激发社区主体意识和自下而上的社区参与热情。

**3. 传统慈善文化亟待传承创新**

我国拥有邻里互助的优良传统，但在打破了血缘、地缘和业缘等情感纽带的现代社区，如何培养居民对社区的认同感和归属感是社区慈善事业发展面临的新挑战。一方面，新共同体的重建尚缺乏充分的社会交往和社会互动基础。目前社区事务的居民参与群体大部分是老年人和儿童，中青年群体对社区公共生活的参与度低，邻里之间的往来和交流不频繁。我国社区类型多，转型过渡特征明显，相当一部分原单位制社区和城中村改造社区都存在原单位居民或村民与外来新入住居民之间的分化和情感区隔问题，导致基层治理中的许多矛盾冲突。另一方面，现代社区慈善文化的重构也面临挑战。与传统慈善强调道德义务不同，现代慈善观念更加突出社会责任。道德义务的源头在良心，受良心和传统习俗的规范，而社会责任是社区居民或辖区企业基于社区共同体意识而产生的责任认同，自愿、自发、平等地参与社区慈善活动，并为自己的行为选择和行为后果负责，承担的是道德责任和法律责任（顾红亮，2017：3）。如何培养和践行社会责任意识是重塑现代社区慈善文化的重点和难点。另外，施舍和尊卑的等级观念也与人人参与、平等参与的现代慈善观念相冲突。传统慈善大多是即时性、互利互惠的，专业组织化程度较低，难以形成慈善成本意识，形成了"志愿服务就是免费劳动力""慈善就是捐钱""公益就是免费"等观念，这些与现代社区慈善组织化、专业化发展趋势不相适应。

### 4. 社区慈善发展的制度体系不健全

社区慈善现代化离不开健全和有力的制度保障。首先，在社区社会组织培育方面，目前不少地方都适当降低了社区社会组织登记门槛，建立了备案制度，为社区社会组织取得合法地位创造了条件。但在实践中相关的登记门槛仍然较高，在社区社会组织的资源供给和能力培育方面的制度建设仍然滞后。其次，在将社区慈善真正融入基层治理体系方面，缺乏相关的顶层制度设计。社区基本公共服务体系建设如何与慈善服务精准和有效地衔接，在主体责任、协调流程、财力保证等方面缺乏有力的制度推动。"五社联动"机制和企业社会责任缺乏相应制度规范。再次，各类社区社会组织、社区志愿服务的管理制度规范仍然十分短缺。包括社区慈善信托、社区合伙人、时间银行等社区慈善的组织形式创新也需要制度加以引导规范。最后，维护社区慈善健康发展的法规仍不健全。比如，社区慈善相关的财务公开和审计监督制度亟待健全，社区充斥着大量打着慈善和公益旗号的商业活动，扰乱了社区慈善的发展环境。

# 五　我国社区慈善实现现代化转型的发展路径

我国社区慈善现代化的成功转型从根本上需要基层治理现代化和慈善事业现代化的"双轮驱动"。一方面，基层治理理念不断创新，治理体制机制不断健全，将为社区慈善现代化提供有利的环境和土壤；另一方面，现代慈善组织不断壮大，管理科学，结构分布优化，资源动员能力不断增强，将为社区慈善发展提供动力和支撑。应坚持政府治理、居民自治和社会调节良性互动的基本原则，从功能定位到结构优化，从文化创新到制度改革，系统谋划我国社区慈善现代化的未来发展路径。

## （一）优化我国社区慈善功能定位

立足我国社区慈善过渡性强的典型特征，发挥助力精准救助、大力发展社区社会服务、赋能社区发展和深度参与社区治理等复合型功能。首先，从社会保障功能看，社区慈善是基层社会救助的重要补充。更好地发挥社区慈善在实现"政策找人"中的精准需求发现优势，大力发展服务性救助。根据邻里互助服务、志愿服务、社区基金等社区慈善形式的个性化、灵活性、机动性等特点，通过搭建社会支持网络，分层分类地满足被帮扶对象在住房、医疗、教育、就业、康复等方面的差异化需求，特别是情感性（情绪性）需求，提高他们的获得感、幸福感和安全感。其次，重视发挥社区慈善在助力社区社会服务体系建设、改善和提升社区居民福祉方面的独特作用。应重点关注社区福利体系建设中的小规模公共基础设施、健康、教育、文化保育、养老、托育等领域，募集和吸引各类社会慈善资源；通过构建"慈善+"融合发展机制，优先服务"一老一小"、残障群体、流动人口等重点人群；积极鼓励和扶持非营利性社会服务机构落地社区，因地制宜开发社区慈善项目，开展普惠服务，惠及社区居民。最后，发挥社区慈善赋能增能作用，助力社区发展和社区善治。应坚持社区慈善以人民为中心的根本宗旨，借助社区公共空间的打造和运营，从需求信息收集到项目策划、项目实施到评估反馈等各环节，广泛动员社区居民、企业和单位、志愿者队伍、慈善组织和社区社会组织等，使他们关心社区事务，主动参与社区事务，参加公共议事协商，潜移默化地培育其对社区的归属感和对社区共同体身份的认同感。

## （二）突破社区慈善发展面临的结构约束

中国特色社区慈善的现代化转型离不开有利的体制环境。2023 年至今中央及各级社会工作部先后成立，这是创新党领导基层治理体制机制的重要制度安排，也为创新党领导社区慈善事业发展的制度安排提供了契机。一方面，区县级社会工作部门应强化对本辖区慈善事业发展的统筹协调，整合相关职能部门和群团组织的下沉资源，将街道（乡镇）社工站逐步打造成为社会工作综合服务站。另一方面，将慈善事业发展纳入县域治理中，系统谋划和协调发展，加大地方慈善文化和志愿服务精神的培育激励力度，引导政府财政资金与社区慈善资金的对接，鼓励企业大额捐赠、专业公益慈善组织及其项目资金与社区慈善需求对接。通过设立社区慈善专项奖补资金，加大对优秀社区慈善项目的奖补力度，通过设立"优秀社区基金""社区优秀志愿者""优秀社区社会组织""优秀社区慈善项目"等，鼓励社区慈善的探索和创新。

## （三）厚植现代社区慈善的文化根基

应充分挖掘传统文化承载的现代慈善价值，激活社区慈善事业发展的文化基因。首先，打造社区公共空间和参与平台，发扬邻里互助、睦邻友好的传统文化。成都市爱有戏社区发展中心发起的系列现代"义仓"项目具有很强的示范意义和推广价值，它传承了古代义仓以社区为本的理念和人文精神，并融入平等、尊重、分享的现代慈善价值观，通过搭建参与式互助平台，调动居民参与热情，盘活社区资源，打造可持续操作的模式，促进睦邻友好、守望相助的新型邻里关系形成，让社区更有温度、更有人情味。其次，健全社区能人培育机制和议事协商机制，加强社区文化融合。实践证明，强化基层党建引领，在社区活动中挖掘和培育党员积极分子、各方面专业特长人士和热心志愿者等社区关键群体，并积极吸纳其参与社区建设，发挥其示范带动作用，是提升居民参与社区事务的意愿、激活社区治理群众力量的有效路径（杨江华，2015：104～110）。通过"社区议事会"等基层协商机制，将社区中的多元主体和利益相关方召集在一起，通过协商共议，及时解决关乎社区民生的重要或紧急事务，培养社区合作、协商、执行、反馈和监督等共同参与社区治理的行为习惯。最后，着力加强单位工作场所与所在城市社区之间的密切联系。应积极引导传统"单位制"的情感归属转化，让单位的"职场人"参与社区生活，以新的身份和角色参与社区共建（田毅鹏，2022：71）。通过搭建区域化党建平台，引导辖区机关企事业单位关心社区事务，广泛动员单位员工特别是青年群体参与社区服务和社区共建，常态化开展社区志愿服务，大力宣传共建成效，形成社区回应辖区单位诉求和单位反哺社区的互惠机制（黄春蕾、李明叶，2024：98）。

**（四）建立健全社区慈善制度体系**

首先，健全激励扶持制度。大力培育社区慈善组织，进一步放宽注册资金和场地限制。健全政府购买服务制度、财政补贴或奖励制度，支持枢纽型社会组织发展，为社区社会组织提供更加有效的培育孵化和技能培训支持，提高社会组织提供慈善类社区服务的能力。探索建立企业社会责任评价制度，将国有平台公司、上市企业对社区慈善事业的慈善捐赠、志愿服务等纳入 ESG（环境、社会和治理）评价中。完善社区志愿服务立法，健全志愿服务激励制度，教育部门加大对在校学生志愿服务经历的激励力度；机关、企事业单位建立对在职员工的志愿服务经历的激励制度；探索建立志愿者服务回馈制度，将一些地方在时间储蓄银行方面的有益探索纳入立法内容中；健全志愿者权益保障和风险防范制度，解除社区志愿服务者的后顾之忧，促进社区志愿服务的常态化和管理的规范化、法治化。其次，优化监管制度。建立健全针对社区慈善信托、社区基金会、社区基金等慈善创新领域的制度规范，健全社区慈善组织内部治理结构，强化慈善活动信息公开，加强参与式监督，实现政府监管、行业监管、组织自律和社会监督有效结合。针对社区慈善领域的虚假和违法公益行为，应加大慈善执法和问责力度，加强普法行动，提高居民的公益素养和辨识能力。

**参考文献**

陈俊杰、魏娜（2023）：《中国社区基金会再定位：复合型功能及其内涵阐释》，《中国非营利评论》，第 2 期。

Moralis，D.（2023）：《在挑战与抉择之间——欧洲公益慈善的趋势与转型》，欧洲慈善协会（Philea）首席执行官 Delphine Moralis 在中国基金会发展论坛 2023 年会上的演讲，https：//mp. weixin. qq. com/。

高灵芝（2004）：《论慈善事业的社区化与社会化》，《社会科学研究》，第 3 期。

高艳青（2009）：《社会转型期的城市社区精神文明建设》，保定：河北大学出版社。

谷中原、朱梅（2015）：《社区保障概论》，北京：中国社会出版社。

顾红亮（2017）：《论责任》，上海：上海人民出版社。

郭家宏、唐艳（2006）：《19世纪英国的济贫院制度初探》，《学海》，第6期。

胡彬彬（2022）：《有效推进社会慈善资源融入基层社会治理》，《光明日报》，12月29日，第6版。

黄春蕾、李明叶（2024）：《社区基金初创期的行动困境与突破路径》，《山东行政学院学报》，第4期。

赖伟军（2023）：《"找回社区性"：认同建构与基层社区组织化动员——基于S市K社区基金会发起创办过程的案例考察》，《中国非营利评论》，第2期。

黎熙元、陈福平、童晓频（2011）：《社区的转型与重构——中国城市基层社会的再整合》，北京：商务印书馆。

李宝梁（2007）：《我国慈善事业社区化发展探析》，《学术交流》，第3期。

林闽钢（2002）：《福利多元主义的兴起及其政策实践》，《社会》，第7期。

刘春湘（2022）：《社区服务保障》，北京：社会科学文献出版社。

〔美〕帕克、伯吉斯、麦肯齐（1987）：《城市社会学》，宋俊岭、吴建华、王登斌译，北京：华夏出版社。

唐有才（2023）：《上海社区基金会的转型与高质量发展》，《上海市社区基金会发展季刊》，第4期。

田毅鹏（2022）：《基层社会治理中的传统与现代》，长春：吉林大学出版社。

王华凤、施从美（2023）：《社会工作站助力社区慈善发展》，《中国社会科学报》，1月31日，第3版。

王思斌（2015）：《社区治理体制改革的基本问题与实践》，《中国机构改革与管理》，第6期。

王振耀（2020）：《中国慈善事业的发展前景》，《中国社会组织研究》，第1期。

魏娜、陈俊杰（2022）：《社区基金会：历史延续与功能转型》，《广西师范大学学报》（哲学社会科学版），第2期。

翁士洪（2021）：《社区基金会：理论逻辑与治理重塑》，《社会科学》，第8期。

吴晓林、覃雯（2022）：《走出"滕尼斯迷思"：百年来西方社区概念的建构与理论证成》，《复旦学报》（社会科学版），第1期。

吴亦明（2003）：《现代社区工作——一个专业社会工作的领域》，上海：上海人民出版社。

吴越菲、文军（2019）：《转型中国的社区研究与实践》，北京：中国社会出版社。

谢琼（2022）：《促进社区慈善发展，释放慈善事业潜力》，《中国社会报》，2月9日，第3版。

徐丽敏（2007）：《关于我国慈善事业社区化发展的几点思考》，《前沿》，第1期。

徐永祥（2001）：《社区发展论》，上海：华东理工大学出版社。

闫磊（2018）：《社区慈善是推进基层社会治理的重要手段》，《至爱》，第1期。

杨江华（2015）：《协同治理视野下的单位制社区建设：路径模式与制度框架》，《人文杂志》，第10期。

杨荣（2015）：《社区慈善：我国慈善事业发展的新方向》，《东岳论丛》，第10期。

杨勋（2000）：《国外和台湾地区的社区发展运动及对中国大陆的启示》，《中国农村经济》，第 6 期。

俞可平（1999）：《治理和善治引论》，《马克思主义与现实》，第 5 期。

张康之、石国亮（2012）：《国外社区治理自治与合作》，北京：中国言实出版社。

张玉枝（2003）：《转型中的社区发展——政府与社会分析视角》，上海：上海社会科学院出版社。

郑功成（2020）：《中国慈善事业发展：成效、问题与制度完善》，《中共中央党校（国家行政学院）学报》，第 6 期。

郑功成（2024）：《以法促善，推动慈善事业高质量发展》，《中国社会报》，1 月 5 日，第 4 版。

中国慈善联合会（2024）：《2024 年慈善事业盘点与趋势展望》，https：//gongyi. gmw. cn/2024-12/30/content_37768850. htm。

周秋光、李华文（2020）：《中国慈善的传统与现代转型》，《思想战线》，第 2 期。

朱友渔（2015）：《中国慈善事业的精神》，北京：商务印书馆。

责任编辑：赖伟军

# 社区活力的要素与测量：基于
# 经验数据的研究<sup>*</sup>

蓝煜昕　　林顺浩[**]

**【摘要】** 社区治理要培育居民主体意识、激发社区内生活力已经取得广泛共识，然而社区活力尚无适用的衡量标准，基层治理创新实践也存在以社区社会组织数量片面代指社区活力等简单化倾向，在概念和理论辨析构建社区活力要素维度和指标体系的基础上，利用 80 个城市社区和 3531 份入户问卷的测量数据，通过探索性因子分析提取要素维度，通过德尔菲法进行权重赋值，结果表明，公共意识、自我效能感、社区组织、社区关系网络、社区资源、社区参与构成了社区活力的 6 个独立要素维度，研究同时获得了一个相对简洁、易操作的社区活力测量工具。

**【关键词】** 社区治理；社区自治；指数；指标体系

## 一　问题的提出

党的十八大提出"加快形成科学有效的社会治理体制，确保社会既充满活

---

\* 本文为国家社科基金面上项目"乡情网络与新型城乡关系构建研究"（22BSH066），中央高校基本科研业务费专项基金资助（2662025CGQD002）。

\*\* 蓝煜昕，清华大学公共管理学院副教授；林顺浩（通讯作者），华中农业大学公共管理学院讲师。

力又和谐有序",培育社区居民主体意识、激发社区内生活力已成为当下社区治理体系转型及"实现政府治理和社会调节、居民自治良性互动"的核心指向之一。"激发社会活力"正如当初经济体制改革"激发市场活力"一样,已成为社会体制改革的方向并融入主流政策话语体系。然而,当前基层社区治理依然存在大量误区,如社区组织培育沿袭行政干预,只看组织数量指标而忽视实质参与,再如基层治理创新繁荣的背后存在大量的"伪创新"(姜晓萍、吴家宝,2021),这些都在一定程度上抑制了社区群众认同和参与积极性。虽然能够明显感受和观察到不同社区之间治理差距,但基于社区的直观感受未必能反映客观全貌,并缺乏强有力的说服力。相比经济领域中衡量地方改革成效和市场化程度的"经济活力""市场活力"等各类丰富的指数①,社会领域的"活力"指向无论在地区、城市还是社区层面都还没有合适的指标体系来进行评价。

尽管国内已有关于社区治理的评估指标体系,但多为综合性的。如社区治理能力指标体系(马建珍等,2016;陆军、丁凡琳,2019)、社区治理绩效评估指标体系(陈光普,2020)等,虽涉及治理主体的多元化和居民参与,但对社区作为社会自治空间和社会主体性的核心目标的指向不够鲜明(吴子靖、顾爱华,2019),要素呈现也不完整;此外,既往学术文献中也存在与社区活力意涵相关的概念及指标体系,但这些存在两方面问题:一是涉及社区活力的部分要素,却并不能充分反映社区主体性和内生活力的整体内涵;二是与国家治理体系和治理能力现代化的话语体系适应性不足,难以在政策实践中得到充分应用,从而无法通过测量样本与增进知识积累而得到不断优化。

鉴于此,本文提出"社区活力"概念,尝试回答三个问题:如何理解社区活力?其包含哪些核心要素?如何对其进行测量?本文是一个探索性研究,将在辨析相关理论概念的基础上,构建社区活力的要素维度和指标体系,通过收集社区经验数据,运用因子分析等方法进行检验和修正,提取出社区活力的核心要素,以期获得一个相对科学、易操作的社区活力测量工具。本文构建的新的测量标准与评价角度,在一定程度上能摆脱我国社区治理研究定性分析的局限。

---

① 相关指标体系研究主要涉及国家、地区、行业甚至企业等不同类型对象的"市场化"程度评估,以及经济视野下的"城市活力"评估,对本研究有较大启发。

# 二 社区活力的概念、要素与指标构建

## （一）理论脉络与概念内涵

尽管"社区活力"在已有的学术文献中鲜有论述，但"社区"作为"社会"的一个空间或舞台（项飚，1998；何艳玲，2007），或可借鉴"社会活力"概念进行理解和拓展。国外很早就有对"活力社会"（Active Society）（Etzioni，1971）或"动态社会"（Dynamic Society）（Colomy，1992；庞文利、兰景富，1989）等相关主题的探讨，但就其本身来说，"社会活力"是一个本土概念。国内文献有关社会活力的探讨，大致经历了三个阶段。第一阶段主要以改革开放为时代背景，往往从哲学层面强调人的主体性、能动性和竞争性及其对社会发展的意义，指向的社会活力是以市场活力为核心的社会整体活力（汪健，1993；韩民青，1998；汪业周，2001）；第二阶段是在 2005 年前后，中央提出建设"和谐社会"之后，"社会活力"成为和谐社会建设的基本理论命题之一，强调激发人的创造性，发挥人民的首创精神，是一个包括经济活力、政治活力、文化活力等在内的整体性社会活力概念，并被纳入一个活力与秩序相统一的框架之中（公秀丽，2006；董慧，2008）；第三阶段则是党的十八届三中全会报告阐述"创新社会治理"以来，"社会活力"成为一个更为具体和面向实践的概念，侧重强调社会组织等社会力量的主体性及其在社会领域（包括社会服务、社会管理等）的参与活力。

梳理社会活力探讨的历史脉络，社会治理理念与实践所呈现的能动性、创造性和适应性等结果表征，可为理解社区活力内涵提供思路，然而这三个性质也不易测量，有必要转向考察那些有利于达成这些结果的、更直观的要素或条件。通过回顾相关概念和指标体系的研究，发现间接衡量社会主体性发挥的指标体系较为丰富，但也存在一些不足和局限。

其一，源于西方理论价值预设的结构性困境和话语不适应性。如"市民社会"一直是西方社会衡量社会自主性和市民性的关键概念，其中全球市民参与联盟（CIVICUS）开发的"市民社会指数"（CSI），区分了结构、环境、价值、影响 4 个要素维度（贾西津、孙龙，2008），是目前用于不同国家和地区层面的测量较广泛的一套指数体系，成为观察各国社会发育程度的关键性指标和主要维度。延续市民社会理论路径，有学者基于社会价值观、自由结社、社团合作成长及社会事件所呈现的社会动员和社会认同的机制等要素，得出了中国社会领域已生成自主性的结论（高丙中、夏循祥，2015），但仅是描述性观点，缺乏客观的定量评价。此外，上述指标体系存在话语概念的本土化挑战及指标所涉及的文化倾向性等缺陷，在意识上蕴含自治优先、排斥公权力干预的价值取向，实践中排斥公权力在社区治理中发挥应有作用，其意识与价值脱离了本土治理需求与文化传统。

其二，部分评价体系过于追求指标的全面性与整体性，导致凸显社区自治空间与主体性活力发挥的指引性不够鲜明。如中央编译局课题组提出的"中国社会治理评价指标体系"，有利于达成对城市基层治理宏观评价的目标，其中与社区活力相关的"社会参与"维度虽列举了万人社会组织数量、万人志愿者数量、政府购买社会组织公共服务支出占公共服务支出比重、居民委员会直选率、居民参选率等9个指标（俞可平，2012），但作为社区层面诸多指标维度之一的"社会参与"，仅仅是作为城市治理中的某些要素呈现，社区主体性的独特意义在城市社会治理的综合目标中被弱化了，同时以社区为研究对象的界限还不够清晰，进而无法为社区活力评价提供有针对性的政策指引。此外，也有学者聚焦于社区层面构建了整体性的指标体系，如马建珍等（2016）构建了包括社区治理结构、治理过程、治理技术、治理绩效等维度的社区治理能力现代化三级指标体系，一定程度上增进了对社区主体性发挥的理解，但由于指标体系的全面性，还无法进一步凸显社区主体与内生活力发挥的互动过程内涵。可以看到，"社区治理结构""社区参与""社区组织"等是理解社区活力的重要指标维度，但往往因宏观或整体指标的全面性，而忽视了社区主体性的独特意义，未来仍需进一步聚焦社区主体性发挥。

其三，部分指标体系侧重于某单一要素，碎片化的要素难以充分反映社区主体性和内生活力的整体内涵与有机联系。区别于既往指标从城市基层治理的角度，基于组织视角将社区作为相对独立的主体，较为客观地对促进社区活力的诸要素进行了测量，学者构建了包括社区资源整合能力、自组织网络的结构和发育程度、社区居民参与社区公共事务以及社区共同体自我管理、自我教育、自我约束、自我纠纷调解能力等6个维度的"社区自组织能力"指标体系（杨贵华，2009）。桂勇、黄荣贵（2008）基于本土社区情景，提取了参与地方性社团或组织、地方性社会网络、非正式社会互动、志愿主义、社区凝聚力等8个维度，对"社区社会资本"进行了测量。也有学者进一步对"农村社区凝聚力"等概念进行了测量，构建了社区组织认可参与度、社区公共服务满意支持度、社区成员互助和谐度、社区道德规范遵从认可度、社区归属自豪责任感5个一级指标（陶元浩，2018）。该视角下的要素指标体系，进一步丰富了社区主体性发挥的微观要素，上述指标体系所涉及的社区组织及其成员网络、社区社会资本等核心要素成为社区活力维度构建的重要参考。

总体而言，"市民社会""社区自组织能力""社区社会资本""社区参与"等在意识、结构、资源、参与和机制等社区要素和条件上各具侧重点。尽管所涉指标的价值、层次、视角等有所不同，但若能在明确概念所蕴含的知识性和具备价值指涉性的基础上，注重上述概念体系在中国社区政策话语和治理场景中的应用与内在逻辑，这些指标体系依然具有重要借鉴意义。

### （二）要素维度与初步指标体系

将"社区活力"转化为具体可测量的指标，是一项艰巨的探索性工作。"社区活力"是一个复杂的由多面维度构建的有机整体，单个维度只是对整体的某方面的指向。要综合反映和说明社区活力，就需要构建一套具有内在逻辑联系的科学合理的指标体系。笔者借鉴了上述概念框架及其具体维度和指标，并结合长期社区调研的经验观察，在"制度—组织—行为"的逻辑框架下，构建了一个包含意识、结构、资源、机制、参与5个要素维度12个二级指标的"社区活力"指标体系，并初步设计了一个较为完整的测量表（表1）。下面进行简要阐述。

"意识"维度来源于"市民社会指数"最关切的精神内涵，但需扬弃其自由对抗的价值倾向。本文认为"意识"是社区活力的精神要素，是社区居民对自身和社区共同体的主体性认知。指标体系区分了自主意识和公共意识两个方面，二者都是社区居民主体性认知的表现，但又略有不同。自主意识体现的是主体性的个体面向，即社区成员遇到问题时首先对自己负责、依靠自己解决，然后才是依靠社区组织，最后才是政府；公共意识体现的是共同体面向，表现的是在社区公共事务中的主人翁意识和责任感。

"结构"维度是当前社区治理研究的重要切入点，"国家—社会"二元结构及其互动是社区活力的主体要素，是关于社区社会主体的状态（蔡禾、贺霞旭，

2014）。社区活力的激发有赖于居民的互动与组织化，而作为一种组织化代表的社区社会组织是社区治理创新中不可或缺的元素，社区系统的创造性、适应性所依赖的是一个多元而又有机联系的社会组织生态系统。这一维度区分了社区组织和非正式的社区社会网络两个二级指标，而社区组织着重考察社区社会组织的数量和多样性（马建珍等，2016）。

"资源"维度是社会活力的物质要素，是主体得以运转和发挥功能的基础。当前社区自组织资源存在普遍缺乏的困境，这一维度尤为重要（蔡禾、贺霞旭，2014）。社区自组织资源主要分为资金、空间场所和人力资源。其中人力资源则主要由社区带头人、社区志愿者、专业社会工作者组成。

"机制"维度是社区治理中实现社区活力的重要制度要素，是主体性得以发挥的过程保障。社区自组织治理及其可持续性有赖于一套被广泛认知和共享的自组织规则和平台。当新的问题或议题出现时，这样的机制能确保社区适应变化，匹配资源甚至调适社区结构以应对新的情况。依据公共事务产生到治理的过程，区分了议程设置机制和议事机制。

"参与"维度是既有指标体系中的关键要素（杨贵华，2009；陶元浩，2018），既是社区活力的结果，也是社区活跃程度的直接体现。这里将"参与"区分为基于自身兴趣的参与、基于他人利益的邻里互助的参与、基于社区公共利益的参与等三个层次。其中社区公共事务参与区分了议题形成和方案协商两个层次。在此基础上进行经验数据的实证检验，并运用因子分析法修正要素维度和指标体系。

表 1　社区活力的指标体系及其操作化

| 一级指标 | 二级指标 | 操作指标代码 | 操作性指标（问卷/访谈题号） | 编码与取值 |
|---|---|---|---|---|
| 意识（V） | 自主意识 | Q1 | 您认为社区出现公共问题，应优先靠谁来解决 | 1（政府）~5（自组织协商），取社区均值 |
| | | Q2 | 居民有权利讨论社区公共资金如何使用 | 1（非常不认同）~5（非常认同），取社区均值 |
| | | Q3 | 社区的事儿找能干的人决定就行，我去参加讨论的意义不大 | 1（非常不认同）~5（非常认同），取社区均值 |
| | | Q4 | 没有居委会来组织，社区啥事儿都搞不起来 | 1（非常不认同）~5（非常认同），取社区均值 |

| 一级指标 | 二级指标 | 操作指标代码 | 操作性指标（问卷/访谈题号） | 编码与取值 |
|---|---|---|---|---|
| 意识（V） | 自主意识 | Q5 | 社区居民等和靠的情况突出，很难自己组织起来解决问题 | 1（很不符合）~5（很符合），取社区均值 |
| | | Q6 | 我对社区里发生的事情比较关注 | 1（非常不认同）~5（非常认同），取社区均值 |
| | 公共意识 | Q7 | 是否愿意主动参加社区公共事务讨论 | 1（非常愿意）~5（不愿意），取社区均值 |
| | | Q8 | 你会发动其他居民一起解决社区问题吗 | 1（会）~0（不会），取社区均值 |
| | | Q9 | 如果有人发动居民来解决问题，是否会参加 | 1（会）~0（不会），取社区均值 |
| | | Q10 | 如果小区公共项目不直接对你有利，你是否会为此付出时间或金钱 | 1（会）~0（不会），取社区均值 |
| 结构（S） | 社区组织 | Q11 | 社区社会组织活跃度（列举5类组织）** | 0（社区居民都没有听说过）~1（所有居民都听说过），取5类组织得分平均值 |
| | | Q12 | 社区社会组织多样性（列举5类组织） | 0（0类社会组织被听说的比例超过50%）~1（5类社会组织被听说过的比例均超过50%） |
| | | I1* | 参与社区共建的单位数量 | 个/万人 |
| | 社会网络 | Q13 | 本社区里和你见面会彼此打招呼的邻居数量 | 人，去除15%极值后取社区均值 |
| | | Q14 | 本社区里关系好到可以登门拜访的居民数量 | 人，去除15%极值后取社区均值 |
| 资源（R） | 空间 | Q15 | 您所在社区的公共活动空间（如社区广场、活动室等）是否充分 | 1（非常不够）~4（非常充分） |
| | | I2 | 居民集中的室外公共活动场所数量 | 处/万人 |
| | 人力资源 | Q16 | 本社区您认识的、热心社区公共事务的社区居民带头人数量 | 人，去除15%极值后取社区均值 |
| | | Q17 | 本社区中您认识的社区志愿者/义工数量 | 人，去除15%极值后取社区均值 |
| | 资金 | Q18 | 如果社区公共问题需要居民出力、出钱，您认为本社区可动员的资源是否丰富 | 1（很少）~5（很丰富） |

社区活力的要素与测量：基于经验数据的研究

续表

| 一级指标 | 二级指标 | 操作指标代码 | 操作性指标（问卷/访谈题号） | 编码与取值 |
|---|---|---|---|---|
| 机制（M） | 议程设置 | Q19 | 居民意见收集机制知晓度*** | 1（是）~0（否），两类渠道比例取均值 |
| | | Q20 | 社区意见表达公共平台知晓度 | 1（是）~0（否），两类平台比例取均值 |
| | 议事 | I3 | 社区议事会等议事平台运作频率 | 次/年 |
| 参与（P） | 兴趣参与 | Q21 | 您过去一年参加社区各类文化、体育、娱乐活动的频率 | 次/季度，取社区均值 |
| | | Q26 | 你是否有加入本社区中的社团 | 1（是）~0（否），取社区均值 |
| | 互助参与 | Q22 | 过去一年参加社区志愿活动次数 | 次，去除15%极值后取社区均值 |
| | | Q23 | 过去一年为社区居民捐款捐物次数 | 次，去除15%极值后取社区均值 |
| | 公共参与 | Q24 | 过去一年向社区反映公共问题的次数 | 次，去除15%极值后取社区均值 |
| | | Q25 | 过去一年参加社区公共事务讨论的次数 | 次，去除15%极值后取社区均值 |

注：*代码中 Q 指来自问卷的指标，I 指来自社区干部访谈的指标。

**Q11 和 Q12 在操作中基于问卷中的同一个问题，即列举若干类型组织，请回答者选择本社区内是否听说过（或看到过）这类组织开展的活动。

***Q19 和 Q20 在问卷操作中对意见渠道或表达平台采取列举式，请回答者选择是否听说过。

需要说明的是，本研究最初设计的操作性指标尽可能全面，本表呈现的部分已经删除了那些在后续测量过程（包括入户调查问卷和社区干部访谈）中数据可得性差或被访者理解偏差较大的指标。

# 三　测量方法与数据来源

## （一）测量与修正方法

### 1. 指标的操作化与数据收集方式

主要通过社区入户发放调查问卷和针对社区居委会负责人的结构化访谈获取研究数据，指标操作化及编码取值方式见表1。"社区活力"是社区层次的属性，数据分析将以社区为单元进行，借鉴既有研究的处理经验，指标体系中涉及居民意识、参与以及社会网络等方面大多数指标的数据，需要通过收集和汇总个体层次的数据来获取（Onyx & Bullen，2000）。社区组织、空间资源、治理机制等方面，更适合直接通过关键人物访谈收集社区层面的数据。考虑到指标体系的未来应用场景，数据收集方式不宜太复杂。为此，本研究将社区组织、空间资源等指标的测量设计成问卷验证题目。如关于社区社会组织的数量、规模和多样性，通过社区居民问卷对不同类型社区社会组织的知晓率或参与率来间接衡量；意见收集、意见表达等机制也采取类似方式来衡量①。入户调查问卷依据楼栋分布情况进行分层抽样来保障代表性，每个社区40~60份有效问卷。实际的操作过程表明，社区居委会负责人的访谈存在一定障碍，缺失信息较多，信度亦不易保障。因此结合实际获取的数据情况，本文主要依靠社区问卷数据进行分析。

2. 要素提取与指标体系的修正

基于理论初步构建的要素维度和指标体系，可能存在不合理或指标之间意义不独立等问题，需要通过实际测量和经验数据来修正。本研究采用探索性因子分析法来提取要素维度，并结合数据收集中的可操作性和信度对一些指标进行取舍。因子分析法的主要目的是从一组具有相关性的操作性指标中提取出共性因子，从而更好地理解操作性指标之间的内在联系，指导更科学的要素维度划分并简化指标。本研究的因子分析采用主成分法，先后调整指标数量进行了多轮探索性因子分析。

3. 信度、效度检验与维度的权重赋值

研究采用因子分析中常用的克朗巴哈系数（Cronbach's α）对修正后的测量指标进行内在一致性的信度检验；通过考察指数与入户问卷中社区评价相关的几个问题（可在一定程度上表征社区治理绩效）的相关性来初步检验指数的效度。通过因子分析得到的指标体系还需要对各个要素维度赋予权重，从而计算社区活力的最终得分，本研究采取德尔菲专家法对因子分析提取的最终维度进行权重赋值。

（二）数据来源与样本情况

本研究于2018年7~9月在全国范围内选取了83个城市社区进行测量②。

---

① 准确来说是在社区中"被居民感知的"社区社会组织规模、多样性或社区机制。

② 出于研究的便利性，本研究的操作方式是招募大学生调研员在暑期返乡期间开展社区调研并收集数据，调研员在调研之前经过了仔细的培训，培训内容包括社区基本概念与知识、调研目的和详细的调研操作方法。一共有26位调研员参与。

社区界定为以一个居委会辖区为界的行政性社区，选择标准如下：（1）常住人口不超过 3 万人（1 万~2 万人为宜），社区成立时间在 5 年以上；（2）避免选择异质性太强的社区，如一个社区包含多个在居民阶层、小区环境等方面截然不同的小区；（3）同一个城市选择 3~6 个社区，直观上拟选取样本社区在治理水平或社区公共生活活跃度上应该体现出区分度。最终获取了 80 个社区的有效数据，这些社区的大致分布为：华北 22 个社区、华东 15 个社区、西北 13 个社区、中部 6 个社区、西部 24 个社区。社区的人口规模差异较大，社区人口平均规模 13263 人，80%的社区样本人口规模在 4132 人至 29525 人之间。

共回收 80 个社区有效入户问卷 3531 份，受访对象的性别、年龄、婚姻状态、居住状态和在社区的居住时长见表 2。受访对象年龄分布较为平均，以社区业主或业主亲属为主（82%），男性占 44%，女性占 56%，居住年限分布总体均衡，超过 10 年的比例较高，占 34%。在访谈部分，80 个社区中有 74 个社区通过社区居委会主要负责人或工作人员获取不同程度的信息。

**表 2　问卷样本特征描述（N = 3531）**

单位：人，%

| 变量 | 类别 | 人数 | 百分比 |
|---|---|---|---|
| 性别 | 男 | 1552 | 44 |
| | 女 | 1979 | 56 |
| 年龄 | 18~30 岁 | 926 | 24 |
| | 31~45 岁 | 1092 | 31 |
| | 46~60 岁 | 850 | 24 |
| | 60 岁以上 | 656 | 19 |
| 婚姻状况 | 已婚 | 2451 | 69 |
| | 其他 | 1080 | 31 |
| 居住状态 | 业主 | 1948 | 56 |
| | 业主亲属 | 897 | 26 |
| | 租户 | 465 | 13 |
| | 其他 | 194 | 6 |
| 居住年限 | 6 个月内 | 189 | 5 |
| | 6 个月~2 年 | 538 | 15 |
| | 2~5 年 | 766 | 22 |

| 变量 | 类别 | 人数 | 百分比 |
|------|------|------|--------|
| 居住年限 | 5~10 年 | 828 | 24 |
| | 10 年以上 | 1179 | 34 |
| 政治面貌 | 党员 | 654 | 19 |
| | 非党员 | 2877 | 81 |

# 四  数据分析与结果

## （一）探索性因子分析与指标修正

对表 1 中 29 个项目进行多轮因子分析，多次指标筛选及精简最终确认指标，原则如下：（1）保留在多轮探索中比较稳定、意义比较清晰的指标，删除负载分散、意义不明的操作指标；（2）当同一维度操作性指标较多时，删除一些因子载荷较小的指标，保留适中数量的问题；（3）在保障意义不遗漏的情况下，删除数据质量不高（获取难度较大）的操作指标。本研究比较了多轮因子分析的结果，其中三轮有代表性的分析基本参数比较见表 3。

**表 3  三轮因子分析的基本参数比较**

| | KMO 检验* | 指标数 | 因子提取数 | 解释的变异比例 |
|------|-----------|--------|-----------|--------------|
| 第一轮 | 0.566 | 29 | 8 | 76.95% |
| 第二轮 | 0.677 | 26 | 7 | 74.46% |
| 第三轮 | 0.682 | 22 | 6 | 75.84% |

注：* KMO 检验为抽样适合性检验（Measure of Sampling Adequacy），KMO 值越接近于 1，则意味着变量间的相关性越强，原有变量越适合做因子分析。

结合上述基本参数和旋转负荷矩阵反映出来的指标归类及其意涵，最终选取了第三轮因子分析的 22 个指标，其旋转负荷矩阵见表 4。上述指标筛选简化过程如下：首先，删除基于访谈数据的三个指标 I1、I2、I3。理由是，第一，与第二轮因子分析相比，加入这三个指标 KMO 值会降到 0.6 以下，表明这几个操作性指标降低了变量之间的相关性，使因子分析的适用性降低，这可能与基于访谈的数据质量不易控制有关；第二，因子解释存在含混之处，如第一轮因子分析结果表明 I1 在因子间存在交叉负载，潜在概念意义不清①；第三，指标负载的含义在一定程度上可被其他指标替代，同时出于指数应用简洁性考虑，宜删除。其次，删除 Q26、Q2 和 Q19。在第一、二轮因子分析中，Q26 均存在交叉负载，潜在意义不清晰；Q2、Q19 在第二轮分析中的负载情况也不明晰，在第 3 个因子上有其他更好的变量替代。最后，删除指标 Q1。Q1 在第一、二轮分析中的因子负载变动较大，同时有较多其他替代的操作性指标。

表 4　第三轮因子分析的旋转负荷矩阵

| 指标代码 | 共性因子* | | | | | |
|---|---|---|---|---|---|---|
| | 1 | 2 | 3 | 4 | 5 | 6 |
| Q3 | -.254 | .033 | -.032 | .845 | -.100 | .159 |
| Q4 | .191 | -.097 | -.107 | .897 | -.075 | -.020 |
| Q5 | -.040 | -.127 | .356 | .675 | .100 | -.346 |
| Q6 | .753 | -.033 | .125 | .145 | .093 | .238 |
| Q7 | -.843 | -.108 | -.113 | -.036 | -.149 | .170 |
| Q8 | .621 | .228 | .335 | -.084 | .179 | -.463 |
| Q9 | .883 | .128 | .058 | -.095 | -.005 | -.252 |
| Q10 | .830 | .147 | .209 | -.099 | -.043 | -.015 |
| Q11 | .154 | .214 | .011 | .049 | .838 | .235 |
| Q12 | .138 | .183 | .064 | -.092 | .808 | .177 |
| Q13 | .348 | -.012 | .785 | -.009 | .000 | .209 |
| Q14 | .159 | .211 | .900 | .031 | -.022 | -.064 |
| Q15 | -.294 | -.188 | .117 | .173 | .156 | .775 |
| Q16 | .097 | .352 | .625 | .047 | .409 | -.093 |
| Q17 | .173 | .623 | .294 | .295 | .416 | -.080 |
| Q18 | .010 | .206 | .003 | -.189 | .237 | .794 |
| Q20 | -.379 | .148 | .021 | -.419 | .566 | -.149 |
| Q21 | .130 | .548 | .384 | -.290 | -.186 | .246 |
| Q22 | .220 | .758 | -.099 | -.036 | .132 | .027 |

① 版面所限，前两轮因子分析旋转符合矩阵未列出，可向作者索取。

| 指标代码 | 共性因子 | | | | | |
|---|---|---|---|---|---|---|
| | 1 | 2 | 3 | 4 | 5 | 6 |
| Q23 | −.036 | .682 | −.024 | −.069 | .147 | .186 |
| Q24 | .020 | .771 | .197 | −.091 | .141 | −.255 |
| Q25 | .118 | .797 | .425 | −.044 | .154 | −.083 |

注：＊因子提取方法为主成分分析法，旋转方法为 Varimax with Kaiser Normalization。

经过上述简化步骤，结合特征值大于 1 的标准和碎石图，共提取出 6 个共性因子，可解释 75.843% 的变异（表 5）。由负荷矩阵可以看到，22 个操作性指标的负荷结构比较清晰，6 个因子理论含义也比较清楚。测量指标的变量共同度多数大于 0.7，表明因子分析对原始信息的提取比较充分①。根据保留下来的测量指标对 6 个因子的意义进行判断，认为 6 个因子即代表新的 6 个要素维度，分别命名为：因子 1-公共意识（Q6~Q10）、因子 2-社区参与（Q17、Q21~25）、因子 3-社区关系网络（Q13、Q14、Q16）、因子 4-自我效能感（Q3~Q5）、因子 5-社区组织（Q11、Q12、Q20）、因子 6-社区资源（Q15、Q18）。修正简化后的要素维度及具体指标见表 6，具体意涵在后文讨论。

表 5 第三轮因子分析各因子的变异解释比例

| 因子 | 旋转后方差负荷 | | |
|---|---|---|---|
| | 特征值 | 方差贡献率（%） | 总方差累积贡献率（%） |
| 1 | 3.774 | 17.153 | 17.153 |
| 2 | 3.435 | 15.615 | 32.768 |
| 3 | 2.625 | 11.933 | 44.701 |
| 4 | 2.467 | 11.214 | 55.916 |
| 5 | 2.304 | 10.473 | 66.389 |
| 6 | 2.080 | 9.455 | 75.843 |

---

① 碎石图和各个测量指标的变量共同度未列出，可向作者索取。共同性表明原始变量方差中能被共同因子解释的部分，共同性越大说明用共同因子替代原始变量后，原始变量的信息被保留的程度越高。

表6 修正后的要素维度和指标体系

| 测量指标 | 内部信度 | 权重* |
|---|---|---|
| 公共意识 | 0.863 | 0.173 |

PA1 我对社区里发生的事情比较关注
PA2 是否愿意主动参加社区公共事务讨论
PA3 你会发动其他居民一起解决社区问题吗
PA4 如果有人发动居民来解决问题，是否会参加
PA5 如果小区公共项目不直接对你有利，你是否会为此付出时间或金钱

| 测量指标 | 内部信度 | 权重* |
|---|---|---|
| 自我效能感 | 0.777 | 0.161 |

SE1 社区的事儿找能干的人决定就行，我去参加讨论的意义不大
SE2 没有居委会来组织，社区啥事儿都搞不起来
SE3 社区居民等和靠的情况突出，很难自己组织起来解决问题

| 测量指标 | 内部信度 | 权重* |
|---|---|---|
| 社区组织 | 0.708 | 0.168 |

CS1 社区社会组织活跃度（基于"你听说过以下哪些社区组织的活动"）
CS2 社区社会组织多样性（基于"你听说过以下哪些社区组织的活动"）
CS3 社区意见表达平台（基于"据您所知，在本社区反映公共问题有哪些意见表达平台"）

| 测量指标 | 内部信度 | 权重* |
|---|---|---|
| 社区关系网络 | 0.815 | 0.170 |

SN1 本社区里和你见面会彼此打招呼的邻居数量
SN2 本社区里关系好到可以登门拜访的居民数量
SN3 本社区您认识的、热心社区公共事务的社区居民带头人数量

| 测量指标 | 内部信度 | 权重* |
|---|---|---|
| 社区资源 | 0.730 | 0.150 |

CR1 您所在社区的公共活动空间（如社区广场、活动室等）是否充分
CR2 如果社区公共问题需要居民出钱出力，您认为社区可动员的资源是否丰富

| 测量指标 | 内部信度 | 权重* |
|---|---|---|
| 社区参与 | 0.720 | 0.178 |

CP1 本社区中您认识的社区志愿者/义工数量
CP2 您过去一年参加社区各类文化、体育、娱乐活动的频率
CP3 过去一年参加社区志愿活动次数
CP4 过去一年为社区居民捐款捐物次数
CP5 过去一年向社区反映公共问题的次数
CP6 过去一年参加社区公共事务讨论的次数

注：* 社区活力指数（CVI, Community Vitality Index）计算方法：各维度内指标得分进行标准化后取均值，加权后相加得出 CVI，最终为被测社区的相对得分和排名。

## （二）信度与效度检验

对修正后的 6 个维度测量指标进行内在一致性的信度检验，结果显示各个维度标准化的 Cronbach's α 系数均大于 0.7（表6），表明各个维度内的测量指标内在一致性较好。由于采取的是主成分分析法，因子之间不存在相关性，表明6 个维度的意义相互独立。

效度检验则需要考察指数是否真正地反映了一个社区的活力。整体而言，一个社区越是有活力，该社区的治理绩效就会越好，社区居民对社区的总体评价就会越高。因此，通过考察指数与社区评价相关的几个问题的相关性来初步检验指数的效度。首先，计算每个社区的社区活力指数得分，此处先根据因子分析直接得到的因子得分及其变异解释比重（相当于权重）来计算社区活力综合得分。根据因子分析产生的得分矩阵计算出每个社区在 6 个因子上的得分①，再根据每个因子对变异的贡献率与 6 个因子总贡献率的比值进行加权，可得出社区活力的综合得分。对于第 $i$ 个社区，$k$ 个因子下的综合得分计算公式如下：

$$Score_i = \sum_{j=1}^{k} \frac{Con_j}{Con_T} \times F_j$$

其中 $F_j$ 为因子 $j$ 的得分，$Con_j$ 为因子 $j$ 的变异解释的贡献率，$Con_T$ 为 $k$ 个因子总的解释率，在本研究的情况下，$Con_T = 75.843$。

其次，将计算出的社区活力指数与"本社区有生机、有活力、欣欣向荣"（对社区活力的直接表达）、"我喜欢我住的这个社区"（代表对社区的总体满意度）、"本社区居民凝聚力强"（代表社区凝聚力）、"本社区邻里关系总体来说还算和谐"（代表社区秩序）这几个居民评价得分进行相关性分析，结果表明均存在比较显著的正相关关系（图 1）。对相关性的解读必须非常慎重，尤其要区分变量之间的独立性，也即绩效或满意度评价不能是社区活力测量指标的同义反复。仔细对照社区活力测量指标与上述评价表述，彼此非同义反复，指标体系的效度可以得到初步验证。

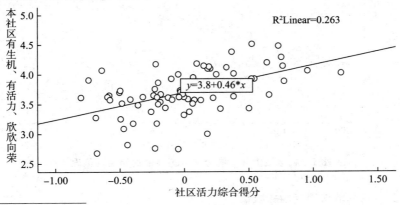

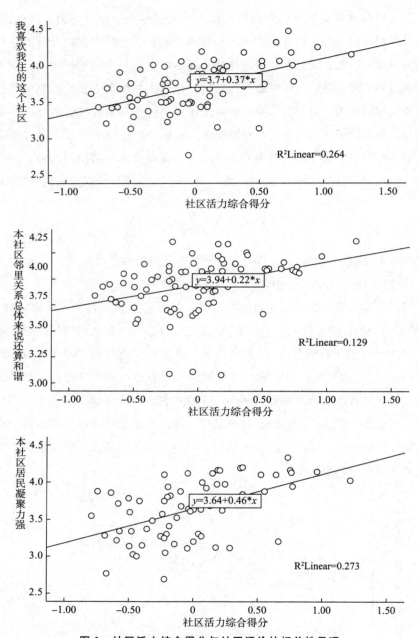

**图1 社区活力综合得分与社区评价的相关性呈现**

（三）德尔菲法确定指标权重

通过因子得分与变异解释比重计算综合得分并排名的方式在实践中广泛运

用，但这种方式也存在疑问（王学民，2007）。为此，采取德尔菲专家法对提取的 6 个维度进行权重赋值。由于 6 个维度内部的指标一致性较好，仅对公共意识、自我效能感、社区组织、社区关系网络、社区资源、社区参与 6 个独立的维度本身所代表的意涵对于社区活力的代表性进行权重赋值，而维度内的操作性指标求均值即可。

选取 10 名对城市社区治理、社区发展议题非常熟悉的专家，包括 5 名研究者和 5 名资深实践者。专家们对 6 个维度的重要性进行独立打分，打分范围为 1~5，最小刻度 0.25，最终权重计算结果亦呈现在表 6 中（权重总和为 1）。10 位专家第一轮打分即通过了 Kendall 协调系数 W 检验，取得了一致性较高的权重赋值。Kendall 协调系数 W 检验是一种非参数检验方法，其基本做法是由 n 个专家对 k 个观察对象或观察指标进行评分，然后检验 n 个专家的评价结果是否具有一致性（程琮等，2010）。本研究 Kendall-W 检验 $p$ 值为 0.047，在 95% 的置信水平上通过了检验。对各个维度标准化后的指标得分求均值，再根据权重可综合成最终的社区活力指数得分。将本研究 80 个社区的社区活力指数得分与前述因子分析综合得分进行相关性分析，二者相关系数高达 96.9%，指标权重赋值的合理性得到双重验证（原图备索）。

**（四）讨论：修正后的要素维度与指标体系**

修正后的指标体系将最初的 5 个要素维度 12 个二级指标 29 个操作性指标简化为 6 个相对独立的要素维度和 22 个操作性指标（表 6），并完全基于问卷调查获取数据。6 个独立维度的权重赋值结果表明，社区资源的重要性相对较低，而社区参与和公共意识的权重最高。对比最初的操作性指标体系（表 1），有如下讨论。

（1）原"机制"维度未保留。一方面，由于先前设计的数据获取方式过于复杂且不易操作，如"议事会等议事平台运作频率"需要访谈关键人，且范围和标准不易界定和操作。另一方面，因子分析表明原"机制"维度中的部分指标与"结构"维度中的"社区组织"存在较大相关性，例如"社区意见表达平台"与社区社会组织的活跃度、多样性明显相关；在某种意义上，社区议事会、社区微信群等网络平台既是社区表达、协商"机制"的体现，也可以认为代表一种社区进行组织的"结构"形态。因此，"机制"在一定程度上被其他维度消解，同时也不排除部分意涵在本研究中未能被有效测量。

（2）原"意识"维度分解为"公共意识"和"自我效能感"两个维度。"公共意识"维度测量一致性较好，而"自主意识"的指标经过精简后，剩下的三个指标用"效能感"来替代更符合指标实际意涵。自我效能感是指对自己或自组织的行动能在多大程度上带来改变的认知。效能感的提出非常具有现实意义，可以从社区（居民）主体性发挥的行为模型（图2）来理解。通常，个体或自组织的行为基础包括动力（意愿）、能力和权力（权利）三个基本要素，其中，动力（意愿）来源则可能包括利益、责任和情感。计划行为理论认为，从动力到真正产生行为还需要主体对自身能力和权力的判断，而这种判断往往基于过去的经验。本研究的测量未能覆盖这个模型的所有要素，原有指标框架的"自主意识"和"公共意识"在这个框架中主要集中于社区成员所体现的社区公共事务的主人翁意识，侧重于社区自组织的动力、意愿层面，而新体系的"效能感"更侧重于图2中的能力、权力要素及行为结果的反馈机制。因子分析帮助提取出效能感这一独立的维度，即这一维度的得分在社区之间表现出明显的差异，表明它比被删除的两个"自主意识"指标 Q1 与 Q2 更重要。

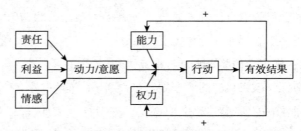

**图 2　一个社区居民主体性发挥的动态行为模型**

"效能感"对于社区居民主体性发挥的重要性也已经在实践中得到充分验证。目前很多社区都建立了社区议事会、民生会等社区协商机制，但相当一部分只是做表面工作而未落到实处，出现"议而不决"或"决而不行"的普遍情况，由此造成的自我效能感不足极大地挫伤了社区居民自我组织、自我服务、自我管理的积极性。换言之，社区居民自组织的效能感越强，表明社区社会主体性发挥的程度越高，因为效能感往往是由过去的经验来塑造的。

（3）原"资源"维度中"社区领袖/骨干"指标与"社区网络""社区参与"相关度高，被调整到其他维度。"本社区您认识的、热心社区公共事务的社区居民带头人数量"被调整到"社区网络"维度，主要反映的是社区中个体的关系结构而非社区领袖的数量；"本社区中您认识的社区志愿者/义工数量"被调整到"社区参与"维度，表明居民的社区参与主要依托于志愿者团队开展。当然，也有可能原指标存在缺陷，未能很好地反映社区带头人或领导力资源的丰富程度。

（4）原"参与"维度的指标未能区分兴趣类活动参与、邻里互助参与和社区公共事务参与，表明三类参与具有高度相关性。通常认为，兴趣类参与更多反映个体性，而互助和公共事务参与有更强的公共性，但因子结果表明不同类型的参与是有共性的，兴趣类活动的参与也有可能促进公共事务参与；或者社区参与代表的更多是个体社会交往的偏好，而非基于责任感、意识层面的为私或是为公。实际上，"社区参与"本身带有一定政治意涵，往往从西方公民参与理论中寻求理论支持，将社区参与看作实现社区自治与促进市民社会发育的有效途径（杨敏，2005）。本文尝试提出的"社区活力"则是一个更具有包涵性的词语，虽然也强调社区参与是社区活力的关键所在亦是结果，但也并不忽视社区（居民）可通过与政府体制及其合作供给来实现社区发展，正如指标所言，社区参与的三种类型均是社区活力的重要体现，不仅限于社区公共事务参与抑或社区政治参与。

# 五　结论与讨论

伴随社区建设或社区治理等话语体系的兴起，社区舞台不应仅限于社区治理主体间结构的应然讨论，也应关注社区多维要素嵌入和互动的实践基础（蓝煜昕，2021），以期社会被生产出来并使其运转起来（吴月，2020；吴晓林、谢伊云，2020）。在广阔的社会体制改革领域，社区活力虽已成为核心话语却尚无适用的指标体系，客观呈现与评价这种互动和作用给社区带来的治理成效，这正是本文关注社区活力的理论和实践出发点。在社区活力的相关理论脉络与概念比较的基础上，利用全国80个社区的经验数据，采用探索性因子分析和德尔菲法等分析方法，主要结论和可能贡献如下。

首先，社区活力可界定为社区治理与发展中社区内生力量的主体性发挥程度，最终体现为社区自组织处理社区公共事务的能动性、创造性以及社区成员共同应对环境变化的适应性。社区活力概念的提出，试图转换既往政社结构二元对立视角，从系统角度提供了评价社区治理发展的新思路。可见，社区活力是一个价值中立的概念，与市民社会相比，社区活力回避了与政策话语、治理情境不适应的窘境。同时，社区活力是一个有机整体的概念，相对于社区社会资本、社区参与、社区自组织等概念，社区活力对社会主体性发挥表达得更丰富和协调。此外，社区活力还是一个相对独立的概念，区别于既往指标体系中将社区纳入城市基层治理的综合体系中进行考量，社区活力凸显了社区相对独立的共同体身份。

其次，社区活力包括公共意识、自我效能感、社区组织、社区关系网络、社区资源、社区参与等6个独立要素维度。其中，公共意识指社区成员在公共事务中的主人翁意识和责任感；自我效能感指社区居民对于是否能自我组织起来以及社区参与是否有用的认知；社区组织指社区社会组织、自组织的活跃度和多样性；社区关系网络指社区成员个体之间的交往联系程度；社区资源指社区公共空间多少、社区可动员的资源的丰富程度；社区参与指社区居民在社团活动、社区互助以及社区公共事务方面的实际参与程度。与既往指标维度相比，不仅挖掘出在社区主体性发挥中的重要要素，"社区活力"还提出了一些新的要素，看到一些被忽视的东西，如社区关系网络、自我效能感等颇具现实意义的要素维度，这为社区治理实践提供了更微观的经验借鉴。

最后，"社区活力"不是一个笼统的概念，对其研究与评价不能停留在一般性描述层面，必须进行具体化和操作化的实证研究。既往研究往往运用单个城市地区或少量社区的数据，本文基于全国83个社区的经验数据，运用因子分析等工具对指标体系进行修正、优化，确认指标意涵并简化，优化过后的指标体系意涵更清晰，可操作性增强。在实践层面，"社区活力"概念及其测量旨在为基层社区治理工作提供一个评估和诊断工具，使之更符合社区治理体系与能力现代化的方向，同时也期待通过推广评估，广泛传播培育社区主体性、激发社区内生活力的社区治理理念。在研究层面，"社区活力"概念框架和测量指标，可作为因变量探讨社区活力差异的影响因素和作用路径，如数字化转型、党建、社区空间更新与社区活力的产生机制等前沿研究，亦可讨论"社区活力"作为自变量对于社区发展与治理绩效影响等研究，如对于乡村振兴、基层民主协商等社区政策执行的影响。

当然，本文属于一个探索性研究，仍存在不足与局限。本研究试图为研究者引入一个有价值的概念，不排除基于理论和逻辑的部分要素未能得到有效测量，指标体系还有赖于在未来的应用中进一步完善。未来的研究需要使社区活力指标体系在应用中不断完善，并逐步积累相关测量数据。在样本抽样方法上，受客观条件限制，未能完全采取非随机抽样方法，可能会对结论的信效度产生一定影响。

## 参考文献

蔡禾、贺霞旭（2014）：《城市社区异质性与社区凝聚力——以社区邻里关系为研究对象》，《中山大学学报》（社会科学版），第 2 期。

陈光普（2020）：《社区治理绩效：评估指标体系与实证分析》，《宁夏社会科学》，第 1 期。

程琮、刘一志、王如德（2010）：《Kendall 协调系数 W 检验及其 SPSS 实现》，《泰山医学院学报》，第 7 期。

董慧（2008）：《社会活力论》，华中科技大学博士学位论文。

高丙中、夏循祥（2015）：《社会领域及其自主性的生成》，《北京大学学报》（哲学社会科学版），第 5 期。

公秀丽（2006）：《"社会活力"刍议》，清华大学博士学位论文。

桂勇、黄荣贵（2008）：《社区社会资本测量：一项基于经验数据的研究》，《社会学研究》，第 3 期。

韩民青（1998）：《社会活力是唯物史观的重要范畴——从改革开放看社会活力》，《东岳论丛》，第 5 期。

何艳玲（2007）：《都市街区中的国家与社会：乐街调查》，北京：社会科学文献出版社。

何中华（1999）：《社会活力与人的自由》，《天津社会科学》，第 3 期。

贾西津、孙龙（2008）：《公民社会测度指数及其本土化探讨》，《中国非营利评论》，第 1 期。

姜晓萍、吴家宝（2021）：《警惕伪创新：基层治理能力现代化进程中的偏差行为研究》，《中国行政管理》，第 10 期。

蓝煜昕（2021）：《立体式嵌入：社区基金会助力地方社会治理——广东省德胜社区慈善基金会案例考察》，《中国非营利评论》，第 1 期。

陆军、丁凡琳（2019）：《多元主体的城市社区治理能力评价——方法、框架与指标体系》，《中共中央党校（国家行政学院）学报》，第 3 期。

马建珍、陈华、徐勇（2016）：《社区治理能力现代化指标体系研究——基于南京的调查》，《中共南京市委党校学报》，第 6 期。

庞文利、兰景富（1989）：《论发展人的个性与增强社会活力》，《学术交流》，第 2 期。

陶元浩（2018）：《农村社区凝聚力指标体系实证研究——以贵州省塘约村等三个行政村调查为例》，《中国特色社会主义研究》，第 2 期。

汪健（1993）：《社会活力论》，《文史哲》，第 4 期。

汪业周（2001）：《论邓小平的社会活力观》，《学海》，第 1 期。

王学民（2007）：《对主成分分析中综合得分方法的质疑》，《统计与决策》，第 8 期。

吴晓林、谢伊云（2020）：《国家主导下的社会创制：城市基层治理转型的"凭借机制"——以成都市武侯区社区治理改革为例》，《中国行政管理》，第 5 期。

吴月（2020）：《社会如何被生产？——城市基层社区的治理实践》，《华南师范大学学报》（社会科学版），第 9 期。

吴子靖、顾爱华（2019）：《中国城市社区治理评价的研究主题与发展态势——基于 CNKI 数据库文献的计量分析》，《新视野》，第 9 期。

项飚（1998）：《社区何为——对北京流动人口聚居区的研究》，《社会学研究》，第 6 期。

徐选国（2016）：《走向双重嵌入：城市社区治理中政社互动的机制演变——基于深圳市 H 社区的经验研究》，《社会发展研究》，第 1 期。

杨贵华（2009）：《城市社区自组织能力及其指标体系》，《社会主义研究》，第 1 期。

杨敏（2005）：《公民参与、群众参与与社区参与》，《社会》，第 5 期。

俞可平（2012）：《中国社会治理评价指标体系》，《中国治理评论》，第 2 期。

Colomy, P. (1992), *The Dynamics of Social Systems*, London：Newbury Park, Calif.：Sage.

Etzioni, A. (1971), "The Active Society：The Theory of Societal and Political Processes," *Collier-Macmillan Limited*, *London*, New York：The Free Press.

Onyx, J., & Bullen, P. (2000), "Measuring Social Capital in Five Communities," *Journal of Applied Behavioral Science* 36 (1), pp. 23-42.

Snooks, G. D. (1996), *The Dynamic Society：Exploring the Source of Global Change*, London；New York：Routledge.

责任编辑：张潮

# 利益与志愿的融通：乡村空间社会秩序生产中的主体性培育[*]

李鸿渊　孙莉莉[**]

**【摘要】** 良好的乡村空间秩序是乡村振兴的应有之义，社会秩序生产中农民的主体性培育是中国式现代化道路中应有的元素。乡村具有独特的空间特征，它既遭遇着城市现代性的输入，也维系着传统乡土的记忆。论文以上海市某镇 Y 村 A 社会组织的养老服务为观测空间社会秩序生产的切入点，通过对该事件的过程分析，揭示乡村空间社会秩序生产中主体性培育的机制。研究发现，利益机制和志愿机制的融通，推动了乡村包容性规范和缓冲性信任的生成，这种新的社会结构要素为乡村主体性的培育提供了条件。利益机制疏通了志愿机制，志愿机制融入了利益机制，是二者的融通而非单一某个机制培育了主体性。主体性为乡村空间面向美好生活的社会秩序生产提供了源泉，治理者可以从培育主体性的角度思考乡村治理之道，将主体性培育和乡村的经济增长、社会繁荣同步考虑，寻找乡村在中国式现代化中的适宜发展之路。

**【关键词】** 乡村空间社会秩序；主体性；利益机制；志愿机制

---

[*] 本文为国家哲社基金一般项目"基于治理效能提升的社区全过程民主制度建设研究"（22BZZ024）的阶段性成果。

[**] 李鸿渊，中共上海市松江区委党校科研室主任、副教授；孙莉莉，上海工程技术大学管理学院教授，公共管理系副主任。

# 一　乡村空间社会秩序的生产：研究问题的提出

乡村振兴和"共同富裕"政策的目标涵盖很多领域，相比于其他学科，社会学研究更为关注乡村的"社会性"，从本源上追溯"乡村的社会秩序是何以可能的""乡村社会秩序中人的状态是怎样的"这两个理论问题。然而，社会秩序较为抽象，需要通过具体实践得以呈现，其中，乡村的公共服务需要乡村治理的多个主体和多方资源的支撑，其发展过程能够很好地呈现乡村社会秩序的特征及生产路径。很长一段时间以来，乡村的"公共服务洼地"现状掣肘了乡村的发展：虽然公共基础设施在不断完善，但是诸如养老、教育、医疗等公共服务还不能够很好地满足乡村居民的需求。究其原因，一方面是乡村外部的资源无法有效整合到乡村内部的发展中，一方面则是乡村内部的活力没有得到充分激活。随着时代的变化和思路的革新，治理者应该怎样去推动乡村形成一种更有活力且可持续的社会秩序，是学界研究的重点问题。论文以上海市郊区某镇 Y 村 A 社会组织的养老服务为观测空间社会秩序生产的切入点，通过细致分析养老服务在 Y 村的实践过程，揭示利益机制与志愿机制的融通，促成了 Y 村社会秩序生产中的主体性培育，进而思考中国式现代化中乡村的社会涵育之路。

# 二　乡村空间社会秩序生产与主体性培育

## （一）空间社会秩序生产的经典主张

自社会思想家开始从空间的视角思考社会秩序的形成，"资本"和"权力"这两个核心要素一直受到密切的关注。马克思和恩格斯目睹和思考了资本对空间的深刻影响，资本"日甚一日地消灭生产资料、财产和人口的分散状态，它使人口密集起来，使生产资料集中起来"（马克思、恩格斯，1995：276~277）。资本推动着城市空间的不断扩大，巨大的城市逐步产生，农村在差异性的空间中处于"屈服"状态，空间开始出现城乡分化。当资本和权力携手对空间进行干预时，空间社会秩序会发生显著的变化。哈维指出，城市空间资本化形成的过程伴随着个人空间权力的压制，因此他提出"空间人权"的主张（哈维，

2014），呼吁每个人都有在空间中自由生存和发展的权利，每个人基本的生活保障可以被平等地提供（马克思、恩格斯，2003：17）。在资本和权力所建构的农村和城市的分化空间中，空间不平等现象正受到人们的普遍关注，因此，后来研究者把"空间正义"作为探寻的核心目标，思考如何在不断分化的空间中平衡不同群体的权益，解放人的主体性，实现不同空间不同群体各自的发展。

**（二）主体性：乡村空间社会秩序生产的核心指向**

1. 带回"主体性"视角

马克思的唯物史观肯定主体性的积极作用，将人与历史有机地统一起来。党的十九大报告提出"坚持农民在乡村振兴中的主体地位"，这为学者将"主体性"带回乡村研究提供了指引。诚如一些学者所言，在较长一段时间里，乡村研究的"问题化"取向明显，许多研究将农民的"知识无效、行动无力、理性无德"作为起点，在此基础上描述和解释农民群体的行为逻辑，农民被当作需要干预的客体，在实践中仅仅是乡村建设的旁观者（王进文，2021：123～132）。经过自反性思维的思考和批判，被遮蔽的"主体性"视角开始回归。费孝通先生较早关注文化的主体性，认为中国传统"技艺"在现代化中有自身的优势，主体性的获得需要在具体而微的层面上克服工具理性的局限（李友梅，2010：2～19）。费孝通先生一直思索着中国现代化中乡村的出路，他对乡村作为一个特定空间、乡村现代个体成长的富有洞察力的见解，对乡村研究影响深远。

2. 乡村空间社会秩序生产的路径及其对主体性的培育

在思考乡村空间社会秩序生产时，人们会去探寻"什么样的社会秩序是适宜的"，现有研究聚焦于国家力量、市场力量和社会力量在秩序生产中的组织特征和相互交织的方式，探讨了不同的组织特征和交织方式对主体性的影响。

乡村社会秩序生产中的主导力量不同，主体性培育的路径就会存在差异。以自组织培育为抓手的"自我激发—组织内生"路径的重点是培育社会资本，它与"产业帮扶—组织重构"路径、"统筹规划—社区营造"路径、"资源整合—市场赋能"路径形成合力，实现乡村社会资本和经济资本的双向嵌入（李怀瑞、邓国胜，2021：15～22）。市场在秩序建构中表现出强大的力量，比如新型农村合作社可以有效地推动智慧农业发展、产业数字化创新、乡村治理，提高乡村建设的效率和质量（洪名勇、何金福，2022：63～64）。外出打工人口返乡和电商发展，村庄塑造了新的代际分工，资历与能力分离使村庄形成"双权威"格局（邱泽奇，2018：47~54）。当前的乡村社会秩序生产中，国家和市场两股力量压制了社会力量的成长，造成了"国家-社会-市场"三维框架不平衡的局面，最后导致了乡村秩序的不平衡发展，因此需要在乡村空间社会秩序生产中进行"社会保育"（张秀梅，2016：66~72）。

有一些研究揭示了对市场力量的担忧。在市场这个"无形的手"推动之下，乡村人口稀疏导致乡村建设主体力量缺少，农业价值流失导致村庄意义下降，乡村财富外流导致经济基础缺少，治理流失导致乡村治理失效，农民的分散导致经济主体性的缺位，权力贫困导致了治理主体性的缺位，农民的流动性导致文化建设主体性的缺位，共同体的衰落导致了主体性组织合力的弱化（钟曼丽、杨宝强，2021：1~9）。"资本下乡"造成了土地流转后很多村民被排除在产业之外，农村的耕地和宅基地常被资本家看中，农民的主体性受到侵蚀（陈家建、巩阅瑄，2021：115~137）。更有甚者，资本可能在乡村规模化和垄断化，最终导致乡村公司化（焦长权、周飞舟，2016：100~116）。

那么，社会力量是否可以协调国家、市场和乡村的互动，在乡村社会秩序主体性培育中发挥自身优势呢？社会组织通过嵌入国家和地方的政策体系、熟悉目标乡村优先次序和渐次策略，获得认同，获取资源，从而真正地进入乡村，与村民打成一片（郑观蕾、蓝煜昕，2021：126~136）。即使是大都市远郊这种城乡融合度比较高的地区，外生型社会组织仍然存在组织悬浮、功能错位和考核错位的困境，无法在乡村治理体系中发挥作用（钱坤，2020：25~30）。这些障碍的存在，使社会组织在乡村空间社会秩序生产中无法形成有效的和长期的机制来持续地培育乡村社会的主体性。当养老日益成为乡村治理中的重要话语时，养老服务组织以怎样的逻辑推动乡村养老服务有效开展呢？一些地方的实践经验向我们呈现了准嵌入性养老组织在政治制度逻辑、商业制度逻辑和社会制度逻辑上具有相对优势，这类养老服务组织兼具公益使命方式和商业工具运用，能够与乡贤联动，形成乡村社会治理的中国智慧（沈凯俊等，2022：148~166）。当丰富的农村养老模式呈现出来后，学者们开始了进一步的追问：中国老人普遍性的观念和农村老人独特的深层观念是什么？新农村建设和农村养老服务体系建设如何适应这些观念？这就需要从农村老人"主体性"视角来进行审视（郭琦等，2024：172~190）。

### （三）本文的分析框架

现有研究在分析乡村空间社会秩序生产时，论及了不同的组织在主体性培育中发挥的作用及其局限。诚然，无论是国家力量、市场力量还是社会力量，仅仅是带去了一些资源，推动了村民参与一些事务，并不能线性地即时地引起主体性的生长。乡村主体性是"农民在乡村治理中拥有的自觉自主意识、权责主体地位、自主选择权利和主动创造能力的有机统一体"（梁丽芝、赵智能，2022：151～153），培育出这样一种复杂的统一体，需要经济、文化、社会等多方面的条件支撑，亦需要农民长期的、日常性的、实质性的体验。更重要的是，主体性的培育是一个过程。基于现有研究和实践进展，本文进一步追问：什么样的社会秩序生产过程能够培育乡村空间主体性？乡村空间主体性培育的深层动力机制是什么？为回答上述问题，本文构建了图1中的分析框架。

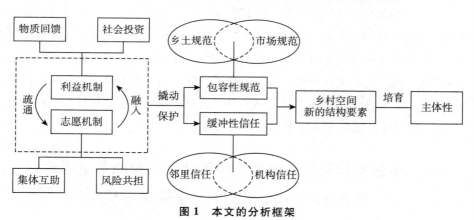

**图1　本文的分析框架**

#### 1. 包容性规范和缓冲性信任

社会组织养老服务提供这一社会秩序生产过程中，村民发展出来的包容性规范和缓冲性信任，为主体性培育厚植了社会基础。村民在养老服务实践中，自觉融合乡土规范，接纳市场规范，形成了包容性规范；保持邻里信任，发展机构信任，形成了缓冲性信任，在面对风险时两种信任能够相互弥补和衔接。

包容性规范和缓冲性信任为乡村空间带来了适应性和韧性。适应性体现在村民能够理解市场规范和机构信任的积极作用，为更恰当地相互融入提供可能；韧性体现在面对市场规范和多种机构时，村民能持有一种基础性的"力量"来展开互动，这种力量来自乡土规范和邻里信任带给他们的"底气"。进而，乡村空间中一种新的社会结构要素——具有适应性和韧性的新农民群体开始形成，这个农民群体具有现代人格：面对公共事务有自觉自主意识，行动过程中尊重权责主体地位，复杂环境中追求自主选择权利，问题解决中拥有主动创造能力。这样的新农民群体才有可能与乡村空间的多个治理主体开展有"意义"的秩序生产，无论是在碰撞、冲突还是协商、合作中，培育乡村空间的主体性。

**2. 利益机制和志愿机制**

利益机制呈现为物质回馈和社会投资激励着村民作为行动者进入社会秩序生产场域，给主体性的获得提供一种可能。"理性小农"观点认为，小农依据自身偏好和价值评估做出利益最大化的行为选择（Popkin，1979）。农民的经济行为受到是否受益的"投资逻辑"影响，经济的"投资"会带来物质回馈，这种回馈可以是货币上的，也可以是实物上的。利益机制为一种能动的秩序生产提供可能，撬动了乡村空间的主体性培育。

志愿机制呈现为集体互助和风险共担保卫着社会秩序生产的主体性。志愿机制的社会表征涉及个人、团体与组织之间的互动模式，也关涉社会整合的基本形式（Lesley et al.，2010：410-434）。被现代性席卷的社会中，志愿机制能够给孤独无助的个体提供慰藉，带来占比不多却弥足珍贵的确定性。集体互助建立在村民生产和生活中的共同时间和共同利益关联上。志愿机制为一种自觉的秩序生产提供可能，保护了乡村空间的主体性培育。

## 三 乡村空间社会秩序生产中主体性培育的个案考察：以 Y 村 A 社会组织的养老服务实践为例

Y 村位于上海市西南郊区某镇，截至 2023 年底，Y 村户籍人口 3193 人，60 岁以上 1171 人，占比 36.7%，70 岁以上 623 人，占比 19.5%。村内老龄化程度高，老人独居在家多。在村里年轻人的带领下，2014 年养老服务社会组织 A 成立。A 组织立足 Y 村实际，面向乡村养老服务需求，激活乡村内部服务资源，同时拓展乡村的规范和信任，形成了乡村主体性培育的土壤。A 社会组织开展养老服务的实践，展现了 Y 村空间社会秩序生产的过程，是一个很好的考察乡村空间社会秩序生产中主体性培育的观测点。

### （一）空间社会秩序生产的起点："村民在场"

**1. 源于老年村民的需求，村庄本土资源是支撑**

与全国其他地区的农村相似，Y 村的老年人不愿意离开自己熟悉的生活环境，不愿意到城区和外地养老。因此，老人们留守在乡村的老房子里，生活得不到很好的保障。

> 一位村民回到村里探望自己的外婆，进门后，她掀开桌子上的饭罩子，只见两只小虫在那里飞来飞去。问过外婆以后才知道，外婆做一次饭要吃上好几顿，而且村里的老人基本都这样。外婆经常呆坐在门口，一坐就是几小时，仿佛在等待着什么人。①

如何根据村子里老年人的养老需求，开展一种可行的养老服务，改变这种秩序现状呢？显然，城市中普遍流行的养老模式很难在这里复制，必须详细梳理村庄的情况，因地制宜。首先，养老服务办在村里，原居养老更符合农村老人的期待。其次，田园生活得以完整保留。对于房屋附近的部分闲置村民自留地，社会组织把它规划成农家小菜园等，让活动便利的老年人根据时令进行播种，这为老人提供了力所能及的"田园劳作"之所。最后，养老服务的日常工作人员以村民为主。社会组织按照服务标准设立的综合为老服务中心、助餐点、助浴点、卫生服务机构等，绝大部分是村民在参与服务。社会组织负责人告诉我们：

> 医生是退休村医，厨师是村里的退休工人，十个阿姨有八个是村里退休女工，另外两个是镇上的。保安是我大姨父，行政主任是我小姨父，后勤是我爸爸。我嘛，也一直在。在这里，谁和谁都是熟人，关系亲近。最重要的是，很多村民在这个服务组织里，发现自己还可以做一些事，而且是在家门口做事，还见识到了以前没有见识过的人和事，看到村子在慢慢发生好的变化，非常开心。②

社会组织服务机构落地在村子里，村里符合条件的老年人便捷地得到了养老服务，机构里面的服务人员基本是本村村民，这种做法很好地盘活了村庄的本土资源，激活了村民的潜力。住在这里的老年人不单单是需求被满足的对象，

---

① A 社会组织负责人 JQY 访谈记录，2021 年 8 月 16 日。
② A 社会组织负责人 JQY 访谈记录，2021 年 11 月 5 日。

利益与志愿的融通：乡村空间社会秩序生产中的主体性培育

他们中兼具活动能力和一技之长的还是组织服务的参与者。对于专职做养老服务的村民来说，这种组织性的参与使他们获得了自我成长的机会，认识到自己可以参与到改变乡村秩序的活动中，积累了主体性唤醒和生长的体验。

2. 成于年轻村民的公益经验，村庄拓展资源是关键条件

小蒋是从 Y 村走出去的青年，虽然常年经商却始终怀有公益梦想。她涉足过不少公益领域，比如弃婴救助、孤独症关爱，也简单地接触过养老服务。虽然做了很多事情，她总觉得想法没有落地，一直在找"更想做"的事。后来，看到自家老人有养老问题需要解决，村里那么多长辈需要生活照料，而政府又在大力支持举办养老机构，她和两个公益圈的朋友就产生了聚焦养老服务进行社会创业的想法。小蒋说：

> 看了好多地方，不是租金太高，就是位置不满意。租金高，那么机构的服务收费就会高一些，很多老人无法承受这个费用或者接受不了这个价格。位置偏僻，许多老年人不愿意离乡离土，你把里面建得再漂亮，他们也不会去，就起不到服务的作用。①

思来想去，小蒋萌生出了一个大胆的想法——能不能把村子里的闲置宅基地房子租下来进行使用？与村民成功沟通之后，社会组织一起租下了村里 9 户人家的 10 处农宅，并进行适老化改造。但是，组织在办理一些证照的时候却遇到了困难，而要解决这些困难，仅凭村子内部的资源是远远不够的，而是需要向外拓展资源，寻求乡镇政府和区政府的帮助。小蒋在回忆起社会组织办理食品卫生安全许可证时，感受颇深。

> 因为农村房屋宅基地没有产权证，达不到相关部门的使用要求，同时，当前政策还未涉及在农村宅基地办餐饮项目，因此，我为了办一张食品卫生安全许可证跑了 24 次服务窗口，但结果依旧不尽如人意。后来我的一位合伙人找到某次会议偶然结识的一位区领导，说明了实际问题，最后在区民政局的牵头下，专门开了一次协调会才解决。②

---

① A 社会组织负责人 JQY 访谈记录，2021 年 8 月 16 日。
② A 社会组织负责人 JQY 访谈记录，2021 年 12 月 20 日。

通过社会组织食品卫生安全许可证的成功办理，我们可以看到，作为村庄年轻人同时也是社会组织负责人的小蒋，探索出了一条村庄、社会组织、管理部门之间沟通的渠道，使村庄内部资源和外部资源开始流动起来。行政力量以一种积极的角色支持了乡村主体性的培育，让以养老服务为载体的乡村社会秩序生产突破了乡村空间。实际上，在前期投入比如租借农民房屋时，镇政府给社会组织补贴了一部分租金，这对于初创期的组织帮助很大。社会组织的服务得到社会认可，受到多家爱心单位及爱心人士的关注。一些企业捐赠盆栽、水果等，一些企业的爱心人士和老人签约结对帮扶，为受助老人提供部分入住费用补贴。

当内外部资源开始流动、交换之时，乡村主体性发育所依赖的规范、信任等要素在发生着微妙的变化，进一步滋养着乡村社会秩序生产中主体性的培育。

**（二）空间社会秩序生产的过程：乡村规范与信任的延伸**

**1. 自觉融合乡土规范与市场规范**

乡村社会有一套维持自身运转的规范，在"礼"与"法"的交织中，乡村社会保持着一定的稳定性。经历了市场经济的涤荡，乡土规范与市场规范有了充分的碰撞，而后发生了一定的变化。Y村养老服务的成功开展，既依托了乡土规范，也受益于市场规范，是服务开展者自觉融合乡土规范与市场规范的结果。村民与社会组织之间既遵循着亲属、同村熟人之间的交往习惯，也按照契约、质量考核的要求履约。

乡土规范总是柔性地规范着人们的行为，合理地调整着乡土社会的生活秩序。因此，要根据该村的运转规范及人员特点，制定可行的项目执行计划。首先，尊重长者经验，挖掘能人。老年村民熟练掌握劳动技能，无论是种植知识，还是实操能力，都能发挥其年龄积淀的优势。以"传授"的方式转化长者们的经验，使农时等乡土规范形成体系以宣传并传承。其次，将市场规范与乡土习惯相结合。幸福老人村运营着主题为"乡村味道，奶奶咖啡"的乡村咖啡屋，负责人邀请72岁和79岁的村民杨奶奶、吴奶奶做"乡村咖啡师"，并尊重和保留老人的乡土习惯，采用"预约制"。

我们门口的小牌子上写着：这是一杯需要预约的咖啡。下面是我们的电话号码。接到预约电话后，我们就出门"上班"。自从成为志愿者，我好像多了一份责任感，经常要看看手机有没有电话来。我家就在不远处，通勤时间5分钟。村里陆续有人来，多的时候我们一天要做30多杯咖啡。[①]

村民们尽管生活在农村，却通过自身所习得的新技能参与到了市场规范中，整个项目既有乡情味儿，又能保证效率。村民之前依靠本地村规村俗生活，而后慢慢接触市场机制中的契约、竞争等，原有的规范与信任在乡村空间中蔓延并慢慢发生着变化，"新乡土规范"正在逐渐生成。

2. 能动发展邻里信任和机构信任

Y村最早是由蒋姓一家发展而来，繁衍出蒋一房到蒋四房四个大的后代分支。可以说Y村全体村民同根同源，有共同的长辈，这种地缘加亲缘的邻里关系让村庄居民之间通过社会组织的实践活动建立起牢固的邻里信任。A社会组织工作人员说：

> 入住幸福老人村的老人，多是本村或邻近村庄的村民，由于高龄、独居或需要照护而住进"村"里，大多距离自己的家并不远，因此这里的老人多是邻居或亲朋，彼此熟悉。工作人员中，护理人员、厨师、保安、行政人员也都基本上来自本村。[②]

除了吸纳有劳动能力的年轻老人成为固定工作人员外，A社会组织也想办法让不适宜固定工作但又有自理能力的老人参与其中，例如"幸福早餐"项目每日开放免费早餐名额，60~75周岁的老人可以根据兴趣为A社会组织提供力所能及的志愿服务，通过志愿服务时间兑换早餐，志愿内容包括菜园打理、做馄饨、包饺子等。A社会组织为不同年龄的村民制定不同的活动，让村民们用自己的劳动换取成果，创造了诸多邻里交流的机会，邻里信任得到提升。

在一系列的公益项目植入中，A社会组织从以养老服务为中心逐渐发展成为乡村文化实践基地，将信任从邻里之间延伸到了更大的层面，与40多个组织形成共建，与区民政局、学校、企业、其他研究机构进行合作。与数量多且类型多样的机构互动，让村民更加理解与机构建立信任对乡村发展的重要性。

---

① A社会组织志愿者JHF访谈记录，2023年5月7日。
② A社会组织工作人员ZL访谈记录，2024年5月2日。

## 四 培育主体性：利益机制与志愿机制的融通

### （一）利益机制疏通志愿机制：撬动主体性培育

1. 利益的回馈帮助村民接纳并习得市场规范

Y 村 A 社会组织开展养老服务，首先面对的是服务场所的问题。创办者蒋主任希望创办的是离土不离乡的养老，面对土地使用现状，使用公共场所难以获得政策的许可，也不能够获得村民的支持，蒋主任思考着把一部分村民的连片宅基地房屋使用起来的可行性。起初，一些村民得知这个消息，以为是政府要拆迁或者征收，议论纷纷，情绪不稳定。在蒋主任耐心讲解下，由乡政府和镇政府出面，与一部分村民签订合同，租赁宅基地住房的一楼加以改造使用。由于蒋主任是本地人，她的家人和亲属也都在本村，这种乡土联结促成了市场"谈判"的展开，也让村民更容易接纳由熟人背书的市场契约。当然，最关键的是该市场契约的签订给村民带来了实实在在的利益回馈：租赁契约签订后，房屋的出租既不影响村民居住，还能够让他们有一定的租金收入，同时，家中符合条件的老人可以优先获得入住养老院的机会。农民的行为规范一般以家为界限，凡是自家的事情，农民会做得很好，而公家的事情，则与己无关（费孝通，2012：96）。当公家的事情会给自家带来好处时，情形就不同了，利益冲破了这层阻隔。

社会组织开展养老服务，将现代性习得的场域建构在村庄。一年中绝大部分时间在城市务工的农民群体，对市场规范已经见惯不怪，但是这种"知识"往往实践于城市空间和情境中，同时他们没有机会参与到社会组织的养老服务中。生产和生活以农业和农村为主体的农民群体，市场规范对于他们来说更多是抽象层面的，已经得到的体验往往是浅显的。在养老服务的参与中，优先得到去社会组织提供餐饮、助浴、安全、就医等服务机会的村民，实现了在家门口就业，能够在乡村空间和情境中运用原本抽象的市场规范。其实，利益的回馈不仅仅是物质层面的，社会层面的投资回馈意义更加深远。参与社会组织养老服务的中坚农民体验并开始理解"奖惩""淘汰""绩效"这些市场规范，在日复一日的实践中将之具象化。他们的认知和行为与其他村民逐渐不同，正在生成一种"现代人格"（杨清媚，2021：39~62），具备既熟稔乡土规范又理解市场规范的包容性。

正如费孝通先生在《茧》中所表达的，工厂给乡村带来现代性，现代性带来一套与传统土地劳作不一样的规范，理想的状态是工厂与农时、乡土规范相得益彰而不是厚此薄彼。Y村社会组织的养老服务亦在一定意义上具有这种教育功能。参与社会组织服务的人有他们的责任，通过在社会组织中做事，他们实现了现代化，进而带动更多村民，乡村就出现空间上的现代化（费孝通，2021：66）。利益回馈的良好体验，让这部分村民成了接纳市场规范的首批受益者，其他村民看到他们的利益回馈，开始理解市场规范的契约属性。

熟人社会的乡村中，基于村民体验的市场规范与乡土规范自主融合，自主性的培育获得了规范层面的保障。乡村社会依靠自身生产出与现代性相适应的主体性是困难的，需要一种组织化的方式来实现。费孝通笔下的工厂不仅是一个生产单位，更是一个生活和教育单位，本身就包含培育现代人格的含义（凌鹏、孟奇，2023：173～202）。Y村养老服务组织虽然是社会组织而非一个企业、一个工厂，却具备培育现代个体的意义，让村民通过主动的实践接纳并习得市场规范，发展出的新乡土规范具有较好的包容性。

**2. 村庄的整体增值扩大村民的信任圈层**

A社会组织养老服务成功运营一段时间以后，Y村逐渐进入媒体、政府、企业、居民等的视野，成为上海和全国"原居养老"的典范。村庄的高知名度和热度，吸引许多陌生人慕名前来考察和参观，村庄经常出现陌生的面孔，给村庄带来了活力。村庄整体增值，村民得到了收益，经营餐饮的村民有了一些收入，另外一些村民根据人们的需求，创造性地开发出了一些临时的"生计"，比如小型电动观光车、简单住宿等。除此之外，企业的捐赠和志愿服务项目主动找到社会组织，政府也提供服务项目，通过项目化方式将志愿者协会、基金会等组织结构引入乡村社会（徐选国等，2021：23～45）。村民在与外界的交往中，感受到了外界的善意，这种善意的感受日积月累，让村民开始信任这些机构，他们的信任圈层开始扩大。

Y村养老服务有广阔的前景，Y村的发展也遇上了乡村振兴的良好机遇。一些有学识和远见的年轻人开始布局产业，比如有机水稻、乡村绿植、非物质文化遗产蒸糕等，计划通过经济和社会的双驱动，实现养老服务的健康持续和高质量发展，也推动村庄整体发展进入新的阶段。有了创办和参与社会组织的良好体验，村民对筹划中的经济合作社充满期待，跃跃欲试，不再有当时开办和参与社会组织养老服务时的质疑、担心，这是村民信任拓展的结果。村民们认识到，经过仔细甄别的村外组织也是可以信任的。以往基于血缘和地缘的邻里信任得到了拓展，以往陌生的组织慢慢进入了他们的信任圈层。

信任圈层扩大了，但仍存在亲疏，亲疏有别使这个扩大的信任圈层在应对事务时有了缓冲的功能。虽然外面的组织总是给他们带去资源，但是由于空间的距离、生活的远离，始终存在一种模糊感，不如邻里相处那样日常、可视。机构信任处于信任圈层的外围，有血缘的亲属和邻里仍然牢牢地占据着圈层的内核。这是村民富有创造性的主动选择，是他们生长中的主体性对周遭环境的能动判断。

**（二）志愿机制融入利益机制：保护主体性培育**

**1. 集体互助约束市场规范过度扩散**

农村如何组织化合作成为时代之问。在现代性的侵蚀下，乡土社会中用以维系合作的大多数规范或被替代或被祛除，代之以市场规范。事实上，农民所拥有的地方性知识及产生于斯的地方性规范，可以为农民获得合作收益提供可能性（贺雪峰，2007：105～121）。因此，乡村空间秩序生产中，市场规范绝不是万能的，它的扩散是有边界的，而乡土规范如果加以恰当使用，仍然具有生命力。在 Y 村 A 社会组织，集体互助是一种常见的志愿的组织化方式，它激活了乡土规范中与秩序生产相适宜的部分，使乡土规范和邻里信任重现活力，更重要的是，集体互助呈现出的能量约束了市场规范的过度扩散，使乡村空间保持着主体性生长的完整性。

市场机制带给村民利益回馈，使秩序生产获得了行动动力，但是社会组织养老服务的非营利性决定了它是以利他、互惠规范为底色。Y 村社会组织养老服务的许多项目是志愿者们策划和组织起来的。Y 村社会组织养老服务的"微孝家宴"项目已连续举办七年，志愿者们动员集体的力量，自觉地给老人带去节日的温暖。志愿者给老人理发助浴，再帮忙把所有的老人带到宴会现场并精心照顾，老人子女过来团聚，村里家家户户带来拿手菜，企业送来捐赠物资，实践基地的大学生小学生带来欢声笑语，在政府工作的志愿者一起下厨。集体互助使 Y 村社会组织的养老服务获得了自我维持的"活水"，来自行政、市场、社会的力量解开了乡土规范的时代密码，赋予了乡土规范新的活力。有了这样坚定有力的乡土规范基础，市场规范就会适可而止。

农忙时节的集体互助充满意义。Y 村的村民保留着适度的农业经营，农忙的时候，他们需要在很短的一段时间里抓紧播种、施肥、除草或者收割，这段时间他们必须投入更多的时间在田地里。针对这个乡村特点，A 社会组织做出科学筹划，给在社会组织做服务的村民一定的自由度，比如一些项目与农忙错开，村民轮流上班，让这部分村民从容应对空间中可能发生的时间冲突。村民发挥集体的优势，自我组织起来，安排好顺序，当轮到一个家庭要农忙时，所有村民都来帮忙。此外，那些入住养老机构且身体健康的，主动提出来去做些力所能及的事。集体互助把包容性规范具象化，村民认识到"我们"的重要性，"我们"共同合作既增加了大家的福利，又给参与其中的村民带来主人翁的主体性体验。

**2. 风险共担维系缓冲性信任**

主体性培育中，针对空间社会秩序生产中潜在的和已经来临的风险，相关利益主体对责任共同分担，保障养老服务的顺利进行。风险共担加强了邻里信任，拓展了机构信任，从另一个层面维系了缓冲性信任，体现了空间秩序生产中村民的自觉能动和权责主体地位意识。

A 社会组织日常服务中的风险共担。不同于一般的养老服务，Y 村社会组织的养老服务是半敞开式的，老人可以在机构所属的比较宽阔的户外空间自由活动，能够自理且有意愿的老人可以走出房屋，来到自己认领的菜地里耕作。菜地是村庄的闲置土地，社会组织的工作人员创新性地加以利用。在对这项服务的讨论中，原本反对的声音比较多，因为这增加了意外安全风险，但社会组织的负责人还是坚持站在老人幸福生活的角度考虑，表示即使承担一些风险也要坚持。于是，社会组织对老人身体进行评估，也进行了安全教育，与老人及其家属沟通好，签订协议，各自承担应有的责任。最终，这项服务成了 Y 村养老服务的一个特色。在村民、家庭、老人合意的基础上，各方摆脱"利"的束缚，面对潜在风险没有退缩，而是选择共同承担，升华了包容性规范，将缓冲性信任具象化。

A 社会组织面临困境时的风险共担。近两年，两家为 A 社会组织提供固定资金支持的企业遇到了现金流的问题，社会组织原本规划好的扩建无法按时启动，影响了组织后续的发展。在这段时期，组织负责人、志愿者和有能力的村民，拿着铁锹、锄头一点点地挖，有些把自家收好的木头贡献出来修缮老屋，有些把自己涂鸦的本领发挥出来，老墙旧篱笆变成景观墙。镇里了解到他们的难处，从农机站找来一辆旧挖掘机，农机站帮忙修好，教村民开，提高他们的劳动效率。在各方的支持下，面对资金短缺导致的困境，秩序生产的各方不是单纯地依靠外部机构，也不是消极地等待，而是共担责任，并付诸创造性的行动。风险共担中，以邻里信任来弥补市场机构的暂时缺位，保护着秩序的生产。邻里信任作为信任圈层的内核，展现出了它的生命力，缓冲性信任证实了它在乡村空间秩序生产中的能动性。

# 五　结论与讨论

## （一）结论

空间社会秩序生产中的主体性培育需要透过具体而完整的"社会事实"来进行探讨，A 社会组织在 Y 村开展养老服务，是乡村空间秩序生产的一个完整事件。A 社会组织开展服务的十年蕴含着村民的成长轨迹，这个成长轨迹与 Y 村空间的主体性培育同频共振。通过深入的参与式观察，论文揭示了主体性培育的深层机制，得出如下结论。

第一，A 社会组织在 Y 村开展养老服务建构了新社会结构要素，为乡村空间主体性的培育提供了社会基础。在乡村开展一项公共服务，涉及政策、资金、人员、规范、信任等方方面面的因素，其中，规范和信任需要长久的"经营"方可达到预期。A 社会组织在建构与主体性萌发相适应的规范和信任中，有着教育的功能。基于血缘和地缘形成的乡土规范与基于契约的市场规范碰撞在一起，Y 村村民经过观察、体验，能动性地发展出了一种包容性的规范，它既包容市场规范的适度扩散，也包容乡土规范的恰当保留。在面对乡村不同的事务时，持有包容性规范的村民根据事务的属性，自觉自主选择合适的规范，弹性地应对，乡土规范和市场规范相得益彰。

Y 村的秩序生产中，村民能动维系邻里信任，拓展机构信任，生成了缓冲性信任。当然，这种信任仍然是亲疏有别的，有十分熟悉与相对陌生的差别，有信任圈内核与外层的差别。这种信任有自我保护和拓展资源的双重意义，体现了主体性的主动创造能力。

第二，利益机制和志愿机制的融通培育了 Y 村空间秩序生产的主体性。物资回馈的获得使村民的主体能动意识得以萌发。反映在社会层面，农民的行动会受到社会投资预期的影响。有些行动并不能带来物质回馈，却可以得到情感支持、认可、尊重等，这会引导村民自主选择投入更多的社会行为，更加自觉和主动地在空间中塑造一个新的自我，而更具时代性的自我在秩序生产中更容易获得利益机制的青睐。

围绕农忙农闲与养老服务，Y 村 A 社会组织能动地探索了组织化的互助行动，把时间和组织方式进行了合理安排，既保证了高效的生产，保留了完整的生活，也提供了妥当的养老服务。这样，秩序就是为"人"、为村民而生产，村民因为参与养老服务，变得更具组织性，更有集体性。当社会秩序生产中出现非预期的后果时，由社会组织、志愿者（来自村庄、企事业单位）、入住老人及其家庭、政府组成的风险共担主体来进行修正，让社会秩序生产持续地在预期轨道展开，不会因为"利""欲"迷失方向，不会因为资源断裂而无以为继。通过集体互助和风险共担，村民体验了"权""责"，对自己的主体地位有了理解。

### （二）进一步的讨论

本文尝试从空间治理的角度，分析乡村空间主体性培育的社会基础，揭示乡村空间主体性培育的深层动力机制。本文仍然存在一些不足之处。

首先，本文选取的村庄具有"理想性"，因此，论文研究结论的普遍性有一定的局限。Y 村处于东部发达地区且城乡融合程度较高，城乡空间的要素流动活跃。A 社会组织的发展获得了各级政府、企业、中坚村民及公众的支持，资源相较于许多乡村社会组织来说更为丰富，其通过服务建构一种空间秩序的能力更强。

其次，主体性培育的基础涉及政治、经济、文化、社会等各个领域，论文聚焦社会领域。限于篇幅和案例特征，论文集中分析社会基础中的规范和信任要素，对其他社会要素未充分关注，而具有主体性的新农民群体一定还有其他丰富的特征。空间社会秩序生产中的主体性培育是个复杂议题，还需要考察更多的因素，以丰富该领域的研究。

# 参考文献

陈家建、巩阅瑄（2021）：《项目制的"双重效应"研究——基于城乡社区项目的数据分析》，《社会学研究》，第 2 期。

〔美〕戴维·哈维（2014）：《叛逆的城市》，叶齐茂、倪晓晖译，北京：商务印书馆。

费孝通（2012）：《乡土中国》，北京：北京大学出版社。

费孝通（2021）：《茧》，孙静、王燕彬译，北京：三联书店。

郭琦、肖瑛、王东晖、符佳佳（2024）：《"吾心安处是我家"：农村养老机构中老年人的本体安全和生存焦虑》，《开放时代》，第 2 期。

洪名勇、何金福（2022）：《数字乡村建设过程中的新型农村合作社发展路径探索》，《农业经济》，第 6 期。

贺雪峰（2007）：《农民行动逻辑与乡村治理的区域差异》，《开放时代》，第 1 期。

焦长权、周飞舟（2016）：《"资本下乡"与村庄的再造》，《中国社会科学》，第 1 期。

李友梅（2010）：《文化主体性及其困境——费孝通文化观的社会学分析》，《社会学研究》，第 1 期。

李怀瑞、邓国胜（2021）：《社会力量参与乡村振兴的新内源发展路径研究——基于四个个案的比较》，《中国行政管理》，第 5 期。

梁丽芝、赵智能（2022）：《乡村治理中的农民主体性困境：样态、缘起与突破》，《中国行政管理》，第 6 期。

凌鹏、孟奇（2023）：《家、工厂与中国现代个体的诞生——对〈茧〉中人物生活世界的分析》，《社会》，第 1 期。

马克思、恩格斯（1995）：《马克思恩格斯选集》第 1 卷，北京：人民出版社。

马克思、恩格斯（2003）：《马克思恩格斯全集》第 21 卷，北京：人民出版社。

邱泽奇（2018）：《三秋归一：电商发展形塑的乡村秩序——菏泽市农村电商的案例分析》，《国家行政学院学报》，第 1 期。

钱坤（2020）：《从"悬浮"到"嵌入"：外生型社会组织参与乡村治理的困境与出路》，《云南行政学院学报》，第 1 期。

沈凯俊、王雪辉、彭希哲、卢敏（2022）：《准嵌入性养老组织的运行逻辑分析——农村嵌入式养老的地方经验》，《云南行政学院学报》，第 1 期。

王进文（2021）：《带回农民"主体性"：新时代乡村振兴发展的路径转向》，《现代经济探讨》，第 7 期。

徐选国、吴佳峻、杨威威（2021）：《有组织的合作行动何以可能？——上海梅村党建激活社区治理实践的案例研究》，《公共行政评论》，第 1 期。

杨清媚（2021）：《城乡关系及其现代化：对费孝通〈江村经济〉与〈茧〉的比较》，《社会》，第 3 期。

张秀梅（2016）：《社会保育：一个乡村秩序建设的新思路》，《浙江社会科学》，第

9 期。

钟曼丽、杨宝强（2021）：《再造与重构：基于乡村价值与农民主体性的乡村振兴》，《西北农林科技大学学报》（社会科学版），第 6 期。

郑观蕾、蓝煜昕（2021）：《渐进式嵌入：不确定性视角下社会组织介入乡村振兴的策略选择——以 S 基金会为例》，《公共管理学报》，第 1 期。

Lesley, H., Cnaan, R., & Handy, F. (2010), "Navigating Theories of Volunteering: A Hybrid Map for a Complex Phenomenon," *Journal for the Theory of Social Behaviour* (4), pp. 410-434.

Popkin, S. L. (1979), *The Rational Peasant: The Political Economy of Rural Society in Vietnam*, New York: University of California Press.

责任编辑：俞祖成

# 基层政府培育枢纽型社会组织的运作逻辑[*]

## ——基于广州市 M 街道的案例分析

赵　阳　陈安妮[**]

【摘要】培育枢纽型社会组织是推进政府职能转移、优化公共服务供给以及提升社区公共性的重要举措。本文试图跳出"枢纽赋能"与"科层制约"的二元对立，呈现基层政府培育枢纽型社会组织的运作逻辑。研究发现，M 街道面临公共服务有效性、创新社会治理机制的挑战，故选择向社会组织"借力"。其中，M 街道将"直接培育者"角色移交给携带市场资源与运营能力的企业家 D，而将自身角色限定为提供资源支持的"间接培育者"；而企业家 D 采取"公益化经营"理念与"企业办枢纽"策略，使得协会运营与企业经营互为支撑。本文认为，"官办枢纽"或"民办枢纽"的运作效能之争是个伪命题，其症结在于政府介入的具体方式及其塑造的政社关系类型。若要实现社区社会组织的可持续发展，应当明确限定上级政府角色的"间接性"，充分调动城市基层街镇政府扮演"直接培育者"的激励与约束，营造一个有助于维系政府与枢纽型社会组织之间协商合作关系的制度环境。

　*　本文为国家社会科学基金青年项目"数字化治理转型背景下的基层政府行为研究"（24CSH014）的阶段性成果。
　**　赵阳，华中科技大学社会学院讲师、中山大学数字城市与社会治理创新研究中心研究员；陈安妮（通讯作者），广州华立学院新闻与智能传播学院讲师。

**【关键词】** 枢纽型社会组织；基层政府；政社关系；间接培育者；借力机制

# 一　引言

近年来，中国社区社会组织的发展日益受到政府和学界的关注①。一方面，自党的十八届三中全会强调激发社会组织活力，尤其是将"城乡社区服务类社会组织"作为重点培育和优先发展对象以来，各级政府日益注重营造有利于社区社会组织成长的制度环境。另一方面，居民的"弱参与"困境是社区治理研究的重要议题，学术界普遍认为培育社区社会组织是解决社区合作困境的一种有效路径（杨敏、郑杭生，2007；李友梅等，2012；Zhang，2017）。

然而，尽管我国社区社会组织在总体数量上有所增长，但在类型结构上仍然较为失衡，导致居民的参与比例与参与水平较低（夏建中、克拉克等，2011）。其突出表现为，当前的社区社会组织仍以文体类和生活互助类组织为主，由此形成的社会资本局限于组织成员之间，缺乏增进公共联结性、促进居民参与社区治理积极性的公益类和志愿类组织（王名，2014；毛佩瑾等，2017）。更重要的问题是，我国的社区社会组织主要是由政府在社区内推动和主导，使得它们过度依赖政府，缺乏自主性，难以有效回应居民需求（何欣峰，2014）。

针对上述社区社会组织的发展困境，民政部鼓励在街道（乡镇）成立社区社会组织联合会、社区社会组织服务中心等枢纽型社会组织，支持社会组织更好发挥在服务群众、改善民生、推进基层治理中的积极作用②。例如，广东省民政厅首创枢纽型社区社会组织地方标准，要求全省80%以上的街道（乡镇）到2023年底至少要有1个枢纽型社区社会组织；上海市民政局积极探索街镇社会组织服务中心建设标准，围绕人员配备、服务场所、运作经费、运作模式等

---

① 社区社会组织是由社区居民发起成立，在城乡社区开展为民服务、公益慈善、邻里互助、文体娱乐等活动的社会组织。参见民政部《关于大力培育发展社区社会组织的意见》，2017年12月27日。

② 参见《民政部关于印发〈"十四五"社会组织发展规划〉的通知》，2021年10月8日。

方面，确保其发挥作为社会组织支持型、枢纽型、平台型机构的作用[①]。但也有学者指出，当前城市基层街镇政府面临的公共服务职能日益沉重，且编制、财力等自由裁量权持续紧缩，此背景使其注重通过发展社会组织以解决自身治理灵活性不足的问题，而非形成立足长远的枢纽型社会组织发展战略（王杰秀、黄晓春，2021）。

上述讨论表明，无论是社区社会组织的发展，还是枢纽型社会组织的培育，都与基层政府的治理行为紧密关联。后续研究亟待深入揭示基层政府在特定情境下培育枢纽型社会组织的行为差异，以便在实践层面为我国加快发展社区社会组织提供地方经验，在学理层面为中国的政社关系演变提供个案经验。为此，本文的研究问题是：城市基层街镇政府为何选择培育枢纽型社会组织？具体行动策略是什么？这些策略如何影响枢纽型社会组织的运作效能？下文将回顾学界对"枢纽型社会组织"的研究脉络，然后提出新的理论视角，并选取广东省广州市 M 街道所辖的枢纽型社区社会组织作为研究个案，尝试回答上述问题。

## 二　文献述评与新的研究关注

作为政府和一般性社会组织之间的桥梁，枢纽型社会组织旨在将同类别、同地域、同性质的社会组织联合起来，从而在政治上发挥纽带作用、在业务上处于龙头地位、在管理上经政府授权承担业务主管职能。关于枢纽型社会组织在基层治理中的作用，已有研究大致形成了两种判断：枢纽赋能论与科层制约论。

### （一）枢纽赋能论

"枢纽赋能论"关注的是枢纽型社会组织对基层治理的正向推动作用，主要呈现为回应政治稳定、增强行政效能以及提供公共服务等层面（詹轶等，2022）。例如，以北京为代表的枢纽型社会组织建设，注重枢纽能否有效推进社会组织的党建工作和政府职能转移，主要采取政府认证的方式来培育枢纽型社会组织，包括市级人民团体和官办协会等（卢建等，2011；李璐，2012）。上海等地则在借鉴北京模式的基础上，率先在区级、街道和劳动、文化、教育等系

① 参见《上海市民政局关于加强本市街镇社会组织服务中心建设的指导意见》，2024 年 11 月 29 日。

统成立社会组织联合会，将"地域类"和"领域类"社会组织相结合，有助于推动政府购买服务的制度化、培育有特色的专业性社会组织，从而增强政府的公共服务供给能力（张大明，2012；顾维民，2012；石晓天，2015）。

总的来说，研究者大都认同，枢纽型社会组织的主要功能在于充当政府职能延伸的触角、减少公共支出和提高效率、作为社会风险的预警器、新社会组织的孵化平台、社会冲突的安全阀、作为政府协作治理的伙伴等（Marwell，2004；LeRoux，2007；Guo & Musso，2007；徐双敏、张景平，2014；范明林等，2015）。尤其是近年来，随着政府职能的加快转移与社会治理重心的不断下沉，作为原子化组织的"纽扣"，街镇社区层面嵌入的枢纽型社会组织能够将分散无序、缺乏统筹的社区社会组织联结起来，从而化解众多社会组织参与基层治理过程中所面临的"高分子化、低整合化"状态（张冉、石敏，2024）。

### （二）科层制约论

"科层制约论"指出，枢纽型社会组织是在不改变"双重管理体制"的基础上，将过去分散于数个部门的"业务主管单位"归口收编起来，看似改变了治理主体，但其核心治理方式仍然是"仿单位制"的，存在较大的科层局限性（高勇，2013）。例如，市级枢纽型社会组织作为体制的附属品，在政府认证前后的组织结构和治理能力并无实质提升，使得以行政与资金为主要手段的推动，较易增加社会组织领域的科层化风险，如管理层级增加、组织利益分割、业务资源垄断（杨丽，2012；李璐，2012；郭道久、董碧莹，2014）。对此，学者大多提出淡化枢纽型社会组织的行政色彩、细化主管单位与社会组织的职责关系、将政府主导与民间自主相结合等建议（尹志刚、李泓，2009；余永龙、刘耀东，2014）。

另一方面，某些区（县）、街道政府引入（而非官方认证）的外来枢纽型社会组织看似淡化了行政色彩，但未必能有效履行公共服务职能，反而可能面临形式化与专业化的双重困境。例如，钱坤（2019）的研究发现，上海 Z 街道引入的外来枢纽型社会组织虽然拥有 40 多家入驻的社会组织，但大多为挂名，分散在上海市内各个地方，并未扎根当地居民区、感知社区治理需求，更多地成为完成街道社会组织管理目标的承接载体。与之相反，南京 H 街道引入的外来枢纽型社会组织由于承担的行政事务较少，较重视服务性职能的发挥，得以帮助一些村居成立本土性社会组织，但仍缺乏为本土中小型社会组织提供专业服务的能力。换言之，与官方认证的枢纽型社会组织相比，引入的外来枢纽型社会组织仍然面临如何有效感知社区居民需求的困境（耿羽，2017）。

### （三）新的研究关注：政社关系与枢纽型社会组织的培育

上述文献揭示出枢纽型社会组织发挥治理效能的差异性，并提供了"枢纽赋能论"与"科层制约论"两种竞争性的解释，但仍为我们进一步的学理分析留下可供深入论证的空间。已有研究指出，政府部门的不同介入方式（官方认证、外来引入、本地扶持等）会影响"官办枢纽"和"民办枢纽"在组织功能上的区别（詹轶，2018），进而导致"枢纽赋能"抑或是"科层制约"的效能差异。

然而，这种解释往往将政府角色、枢纽类型作为单一整体进行讨论，对特定层级的政府组织与枢纽型社会组织面临的激励与约束条件、政社互动的具体机制鲜有细致的刻画。因此，研究者难以清晰界定枢纽型社会组织与政府组织的内在边界及治理的正负效应（黄晓春、周黎安，2017）。对此，方亚琴、夏建中（2019）基于社区建设的地方经验指出，当地方政府选择间接的介入方式，即将政府角色限定于"间接培育者"，而将"直接培育者"的角色交给社区能人或其他社会力量时，能够最大程度克服"政府为主导"培育模式下的"科层制约"，从而最大效率地使用来自政府的政策、资金、信息和场地等资源，确保枢纽型社会组织发展的自主性与参与性，实现"枢纽赋能"。

但进一步值得追问的问题是，为什么一些地区的政府愿意采取"间接培育"模式，它们如此行为的激励与约束是什么？政府组织能够动员到的社区精英／"能人"为什么愿意与政府组织进行合作？"能人"这一用语意味着怎样的社会组织治理模式？如何看待政府与社会组织互动所形塑的特定关系类型及其对枢纽型社会组织发展的影响？为此，本文试图从基层政府培育枢纽型社会组织的发生逻辑与运作机制出发，同时考虑枢纽型社会组织自身的利益诉求，从而在特定的政社关系情境下，更好地回应"枢纽赋能"与"科层制约"的理论论争。

## 三　研究方法与案例简介

本研究选择广东省广州市作为调研地点。我们做出这样的选择有如下考虑：

第一，广州市作为国家中心城市、广东省省会及全国范围内的超大城市，2023年末常住人口达 1882.70 万人，实际管理服务人口超 2200 万人，人口构成的复杂化与日趋多样化的利益诉求，使得该市在基层治理与公共服务上面临严峻挑战。第二，该市围绕社会组织培育与基层公共文化服务体系建设形成了一系列经验。一方面，广州市积极培育服务性、公益性、互助性社区社会组织，全市目前已有 3 万家社区社会组织活跃在城乡社区，居全省首位①。另一方面，广州积极建设特色鲜明、与社区融合共生的主题图书馆和文化馆，全市图书馆、文化馆街镇覆盖率达 100%，13 个区级以上图书馆、12 个区级以上文化馆均为国家一级馆，整体服务效能稳居全国前列②。近年来，广州在全国率先提出并试点建设"公共文化共同体"，鼓励社会力量参与公共文化设施运营、活动项目打造、服务资源配送等。这些公共文化服务项目与枢纽型社区社会组织培育相结合，形成了广州特色的基层治理与公共服务模式，构成本文调研的重要政策背景。

本研究以广州市 M 街道所辖枢纽型社区社会组织为个案③。M 街道位于广州市次核心城区，常住人口 12 万余人（其中非户籍人口约 6.1 万人），下辖 8 个行政村、5 个城市社区。该街道是 Z 区重要的经济开发区，医疗与教育资源也较为雄厚，因而吸引了一大批外来新市民在此就业安家。M 街道的外来新市民与本地拆迁户混合居住在一起，群众的公共文化服务需求庞大且日益个性化，亟待通过培育社区社会组织、社工机构等渠道填补服务缺口。对此，M 街道社区发展促进会（以下简称"M 枢纽"）围绕公共文化空间运营、社区创新治理与公共文化服务展开活动，业务范围涉及志愿服务、文体娱乐、孵化培育社区社会组织团体，以及承接部分政府职能及购买服务。该组织于 2022 年 1 月正式注册于广州市 Z 区民政局，由 Z 区 M 街道办事处作为业务主管部门。整个组织共有全职工作人员 12 名，下设办公室、文体活动、场馆运营、宣传财务等机构，并荣获广东省民政厅优秀社区社会组织十强品牌，具有案例研究的"典型性"。

---

① 参见《2023 年第二季度广东省社会组织数据统计报告》，2023 年 6 月 30 日。
② 参见《广州加快现代公共文化服务体系建设 全面提升公共文化服务质量效能》，2022 年 9 月 20 日。
③ 遵循学术惯例，本研究对涉及的人名、地名及相关机构名称等均采用化名或匿名形式进行处理。

# 四 城市基层政府培育本土社区性枢纽的行为逻辑

## （一）M街道培育"枢纽"的激励与约束：公共服务考核与社会治理创新

在中国政府组织中，上下级之间的权责配置是不对称的，使得委托方在设置基础目标、动态目标、一票否决等约束性指标后，并没有配备相应的资源，让作为代理方的下级倍感压力（陈家建，2022）。因此，下级政府必须设法寻求外部资源以有效应对上级的压力性任务考核体系。近年来，在社会治理与公共服务提升的要求下，街道办事处作为区（市）政府的派出机构，需要承接多元化的社会治理任务，而且这些任务的模糊性、临时性、创新性不断增加，给基层政府运行带来很大的挑战（耿曙、陆嫒静，2023）。

其中，在"三定"（定职责、定机构、定编制）方案和严控政府规模原则下，基层政府的机构编制呈现刚性特征，难以承接日益增多的基层公共服务职能。以M街道办事处为例，该街道办总共设置了包括党政和人大常委会办公室、党建和组织人事办公室、公共服务办公室、平安法治办公室在内的8个党政机构，党群服务中心、综合事务中心、综合发展中心等在内的4个事业单位。其中，具体负责辖区居民公共服务事务的职能部门为公共服务办公室、综合事务中心及党群服务中心，其主要精力用于应付上级部门下达的行政事务，即完成政府治理的"规定动作"。

> 政府职责始终是有限的。政府无法做的一些事，只能交给社会组织或社会企业来承接。现在编制部门对业务基层人员的编制很紧，比如我们公共服务办在编公务员就两个……街道只能做一些基础业务审批和日常必需的运营，比如农村社区的选举、换届人员的选拔等。要组织一些大型活动和运营图书馆，还有一些闲置的工业配套设施，他们（公共服务办）手下的几十个聘员仅能完成上级交给的业务。文体活动这些都是街道自选动作，能够把规定动作完成就已经很不错了。[①]

对于M街道而言，仅凭公共服务办、党群服务中心等部门聘用的编外人

---

[①] M街道办副主任谈基层政府的机构设置，2024年6月25日。

员，只能保证完成上级下达的常规业务工作，并不能完成组织辖区内的公共文体活动、图书馆运营等主动服务居民需求的创新型工作。因此，M 街道办注重培育枢纽型社区社会组织来解决自身遇到的难题，形成向社会组织"借力"的治理机制①。但 M 街道并没有为下设职能部门发展各类外围社会组织，而是仅培育了 1 家枢纽型社会组织——其主要职责不仅是为辖区居民提供优质的公共服务，同时还要增强辖区居民对街道所在地的认同感与归属感、创新基层社会治理的体制机制。

创新基层社会治理体制的培育理念与 M 街道办事处的设立缘起紧密相关。2019 年 3 月，经广东省人民政府同意，撤销广州市 Z 区 G 镇，设立 T 镇人民政府、J 街道办事处、M 街道办事处。故 M 街道是在行政区划调整过程中设立的新兴街道，旨在基于征地拆迁、旧城改造、就业安置、撤村改居等配套政策，促进街道非农化进程进一步加快，推进农民向居民、农村向城市的转变②。新成立的 M 街道办事处驻地在原 G 镇政府，本地居民仍认同原 G 镇的身份归属；而随着 M 街道开发建设迁入的新居民则对街道所在地感到陌生、难以融入。此外，本地拆迁人口与外来新市民相互之间因价值观念、生活习惯等分歧产生诸多社区治理冲突。为了提升辖区新老居民对 M 街道的归属感，街道主要领导提出依托枢纽型社区社会组织，通过文化体育活动等群众喜闻乐见的项目，搭建交流平台，逐渐引导新老居民共同参与社区治理和街道建设。不过，若 M 街道办培育枢纽型社区社会组织旨在回应基层公共文化服务问题，那么为何不依托已有的社会组织联合会、社工机构购买服务等渠道？

**（二）基层公共服务何以需要"枢纽"：长期性、地域性、平台性的服务提供者**

对于 M 街道办而言，在资金与编制受限的情形下，既要为新老居民提供优质服务，又要培养他们对新生街区的归属感，则需要探索依托特定主体提供服务的模式，包括社工机构、社会组织联合会和直接管理诸多社区社会组织的模式。

---

① 黄晓春、周黎安（2017）将基层政府通过社会组织履行职能的做法称为"借道"机制。在其案例呈现中，上海市 T 街道下辖的 8 个职能科室各自发展出外围社会组织，以便减轻编制短缺下的行政负担。但在本文中，广州市 M 街道办在财政经费与机构编制的约束下，与社会组织之间既有合作又有指导关系。因此，为与"借道"机制所刻画的政府主导型政社关系形成区别，本文将政社合作以履行职能的做法称为"借力"机制。

② 参见广州市 Z 区人民政府《M 街道和 J 街道办事处揭牌成立》，2019 年 4 月 19 日。

首先，街道通过社工机构购买服务的方式较难实现公共服务的长期化、在地化。一方面，广州市社工机构以每个街道下设的社工服务中心和综合养老服务中心为代表，两者都是在条线口的业务指导下进行工作，受到广东省财政厅政策文件的限制（合同有效期为 3 年），项目结束后的归口机构面临较大的不确定性。另一方面，由于当前市级政府面临财力紧缩的局面，社工机构购买服务的政策也进行了适当调整，也就是将 3 年合同期调整为 1 年 1 次招投标①，这使得 M 街道与社工机构进一步面临工作衔接问题，难以实现基层公共服务的长效化运营。

其次，在 M 枢纽成立前，在 Z 区街道层面普遍设立以平安促进会和社会组织联合会为代表的枢纽型社区社会组织，并在区委政法委的指导下负责对老年协会、篮球协会、足球协会等社区社会组织进行管理。但这些机构均是上级政府部门采取自上而下的方式设立的，属于政府行政职能的衍生品。这使得"枢纽"本身成为统筹管理其他社会组织的"类科层化组织"，重在行政管理职能，难以有效吸引、发动辖区群众开展文化体育活动，陷入"科层制约"的运作困境。

再次，M 街道若与辖区众多社区社会组织直接对接购买服务事项，则管理与组织成本会较为高昂。例如，街道层面直接对接社区篮球协会协商举办篮球赛事的活动，但后者只是居民出于趣缘爱好成立的民间组织，并没有相应的宣传策划、组织运营团队，难以达到政府购买公共文化体育活动的服务标准。与之相比，M 枢纽则可以充当街道办事处与众多社区社会组织进行对接的平台。

> 我们是委托当地的篮球协会来帮我们组织，我们给钱，让他们举办比赛，这样支持他们的发展，也完成了（政府的）项目……假如 M 街道直接对接篮球协会，宣传、全职人员怎么交接？你只是兼职的话，一个会长怎么做出这些东西？我们（M 枢纽）有自己的公众号，有 2 万多的粉丝量，那就可以做到宣传包装，有视频、设计、策划团队，篮球协会只需要负责竞赛的部分……这就是为什么给 10 万块钱，也做不出 10 万块钱的效果，因为它（篮球协会）没有这个资源，还要设计海报，如果领导说要改，怎

---

① 参见《广州市人民政府办公厅关于印发广州市社工服务站管理办法的通知》，2023 年 4 月 7 日。

么改啊，这就是社区社会组织最大的弊端，高不成低不就。所以必须有个枢纽型组织，来代表社区社会组织的利益，由我们来统筹帮他们消化，帮他们进行再分配，他们做他们自己专业的东西就行了。[①]

最后，M 枢纽作为社区社会组织，可以起到在政府与企业、政府与居民之间"搭桥"的功能，是一个缓冲性的公共服务提供者（何雪松、崔晋宁，2023）。一方面，与政府职能部门相比，M 枢纽在举办基层公共文化服务活动中，与企业组织进行谈判协商时具有更强的市场主动性和灵活性。另一方面，在参与基层社会治理与公共服务管理过程中，相比于街道职能部门、村（居）委会，M 枢纽作为社会组织与居民打交道具有更强的协调性和应责性。

> 我们是政府与群众之间的屏障，一个过滤网。打个比方，市民投诉时可能先经过我们这边过滤一次，我们去沟通协调。有些事情，比如篮球赛肯定会有错判和矛盾，如果动不动就有人跑去街道投诉，说比赛搞得乱哄哄的，裁判不专业，有黑哨等，政府就整天忙于处理投诉。如果是政府处理，群众可能不好意思，也不敢去找政府投诉这种事情。积累一些心理压力，怨气会更重……[②]

由此可见，与街道综治中心处理重大、敏感的治理事务相比，M 枢纽主要处理发生在公共图书馆、市政公园、社区公共空间等场所的居民投诉与邻里纠纷，从而在街道办事处与辖区居民之间发挥着缓冲矛盾、兜底应责的作用。综上所述，与公开招投标的社工机构、类行政化的体制内枢纽、自发的社区社会组织相比，枢纽型社会组织在参与基层公共服务方面扮演着长期性、地域性与平台性的角色。

### （三）D 会长作为"直接培育者"："公益化经营"理念与"企业办枢纽"策略

与社工机构购买服务、社会组织联合会的模式相比，M 枢纽作为社会组织与街道办事处之间不是上下级关系，而是协商合作关系。双方的权责边界主要

---

① 与 M 枢纽现任会长 D 聊社会组织的运营问题，2024 年 6 月 25 日。
② 参见同上。

由政府购买服务来决定，采取项目考核方式。其中，涉及篮球场、足球场等场地运营及赛事策划，M 枢纽需要与街道综合服务中心对接；涉及枢纽的日常管理工作，M 枢纽需要与街道政府办和党建办对接。在项目运营过程中，街道办事处对 M 枢纽设定的指标考核体系存在限度，主要由街道目标任务和合作任务两部分构成。

那么，政府与社会组织之间项目化而非行政化的考核关系何以建立？为何 M 枢纽没有沦为政府延伸的"类科层化部门"？这与 M 枢纽负责人的自主性有关。对于 M 街道办而言，若要在资金、编制等约束条件下履行公共文化服务职能，关键任务是搜寻擅长运作枢纽型社会组织的"能人"。已有研究指出，携带着特殊网络和资源的"能人"对于社会组织的发展至关重要，特别是具有体制内、外从业经历的负责人有助于将市场、行政与社会等多重网络进行整合，促进社会组织的良性发展（Reid & Turbide，2012；纪莺莺，2022）。因此，若基层政府必须"借力"（而非"自主"）孵化枢纽型社会组织，则双方存在共同利益纽带，有助于协商合作关系而非行政隶属关系的建立（叶志鹏、李朔严，2023）。

M 枢纽的现任会长 D 则是一个符合上述条件的"能人"。D 会长本人早年在政府部门从事文化与体育业务，曾有过组建体育协会的运营经验，后来又从体制内出来经商，目前是一家从事体育培训、场馆运营业务的企业的负责人。他与 M 街道办事处的合作始于政府对于公共图书馆及志愿服务的运营需求，后者希望他协助组建街道志愿者协会。① 但 D 会长认为如果协会定位仅仅停留在"提高志愿者注册率"等行政事务上，势必无法实现长远发展。② 对此，D 会长希望协会发展能够与企业经营业务相结合，有效融入文体活动、社区治理等多重功能，并发展成为扎根街道的综合服务协会，可称之为"公益化经营"的组织发展理念。

> 我们举办协会，很多外人觉得我们是做公益，而且是亏钱的买卖。可

---

① M 枢纽现有 17 支志愿服务队，注册人数约 1600 人，主要负责组织篮球赛、徒步比赛等文体活动。

② 例如，M 枢纽举办 1 场公共文化活动的购买服务经费约为 3 万元，30 万元的合同要求办 10 场活动。从账面上看收入为 30 万元，但这笔资金只包含场地费、竞赛奖金等，并未纳入协会的人力等成本（政府购买服务资金大致占比 50%）。因此，若要提供优质的公共文化活动，M 枢纽需要依托 D 会长的企业经营业务。

是作为我们企业人和协会的人来说，我的角度不是这样想的。其实协会的发展也会促进企业的发展，会为企业培养很多人才。像今年（企业）有些文化活动的项目，有100多万元、200多万元的大型的项目需要人才，我们可以充分发动我们协会里面这些骨干，因为他们在跟政府对接、完成任务的时候，积累了很多经验，有助于企业在承接其他街道和其他部门类似业务的时候，是一把好手，能马上形成技战力。这就是我们发展运营协会，对我们企业最直接的一个好处。并不是看在协会能为企业带来多大资源或多大的业务量，不是这一方面。[①]

正因为 D 会长本人的企业经营业务与枢纽型社会组织的公共服务项目能形成互补，协会的公益资源能够逐渐转化为企业的发展优势，从而对协会的可持续发展形成反哺态势。D 会长坦言，"如果只是简单地拿政府资金来搞协会，可能守不了多久，因为后面没有支撑，最终会面临资金问题"。因此，"公益化经营"的理念与"企业办枢纽"的策略是相辅相成的，主要体现在以下方面。

第一，在人员选聘方面，M 枢纽作为社区社会组织，并不能给予员工较高的薪酬待遇，但用人标准却相对较高，如媒体运营和文稿写作必须达到政府标准。为此，D 会长通过企业兼职收入与枢纽发展前景来吸引高素质的员工。一方面，D 会长让 M 枢纽的员工兼职公司内部业务，并为他们提供不低于企业的薪酬。另一方面，M 枢纽的工作内容与街道、社区的治理实务关联密切，使得不少员工离职后都能顺利地考入其他街道、社区。当前，M 枢纽共有全职工作人员 12 名，下设办公室、文体活动部、场馆运营部、宣传部和财务处等五部处室。此外，M 枢纽下设的 17 支志愿服务队伍（包括社区服务、学校青年服务、企业服务等分队）既是协会开展街道活动的重要力量，也是企业开展商业赛事的组织资源。

第二，在项目运营方面，M 枢纽依托公共文化场馆开展运营活动，从而实现一定程度的自我造血。M 枢纽目前负责运营区级图书馆 M 街道分馆，国家规定场地有 15% 的空间可以对外使用。因此，M 枢纽在开展志愿服务活动的同时，可以依托场馆本身的低物业成本优势，从事带有经营性质的公共服务活动，实现组织运营的可持续性。同时，当 M 枢纽的图书馆项目运转良好后，又能助力

---

① 与 M 枢纽现任会长 D 聊社会组织的运营问题，2024 年 6 月 25 日。

企业经营业务的进一步发展。例如，D 会长通过深度参与政府购买服务领域，对公共文化体育场馆的普惠性开放、经营范围、收费标准等政策规定有深入理解，为自身所在的企业开拓其他街道辖区内的场馆项目提供了重要的信息基础。

总的来说，在 M 枢纽负责人采取"公益化经营"的组织理念与"企业办枢纽"的运营策略下，企业与枢纽在人员选聘、项目运营等方面互为支撑，有助于 M 街道办事处"借力"社会组织向辖区居民提供优质的公共服务项目。

### （四）M 街道作为"间接培育者"：治理资源支持与治理结构营造

M 街道办将直接管理角色交给 D 会长，有效激发了 M 枢纽的自主性与服务活力。但与此同时，基层政府采取间接介入的方式，对于社会组织的良性发展也是不可或缺的，体现在资金注入、政策扶持、声誉背书等方面。

第一，在物质资源方面，M 街道办在组织发展初期提供主要的公共服务项目资金，同时将辖区图书馆的运营权移交给 M 枢纽，以便该组织更好地利用公共场馆运营实现自我造血。具体而言，在 M 枢纽 2022 年和 2023 年的总收入中，捐赠收入为 2 万元，服务收入为 80 万元，政府补助收入为 10 万元。[①] 总的来说，政府收入来源占据 M 枢纽资金结构的主体部分。但依托 M 街道办移交的公共图书馆运营权，M 枢纽下一步计划在场馆内部开展儿童阅读活动、暑期儿童陪伴项目与日常简餐等活动，寻找新的收入来源。

第二，在政策资源方面，M 街道办为该组织的场馆运营提供了便利政策。例如，M 枢纽目前负责运营街道层面的文化体育场馆、公共图书馆等活动空间。这些政府公建的配套场馆具有严格的用途规定（禁止商业化运营），以致经常处于闲置状态。如果 M 街道办要对其进行有效运营，这些场馆又缺乏必要的人员编制与工作经费。因此，M 街道办拟定对场馆运营政策进行调整，如允许这些场馆在特定时间段以市场价对外运营，但必须确保规定的公共服务职能正常履行。

第三，在声誉资源和管理技术方面，M 街道办不仅赋予 M 枢纽以街道办名义开展各项业务的正当性，同时为该组织的内部治理搭建了间接监督框架。M 枢纽的秘书长提到，初创期的社会组织必须满 2 年才能进行等级评估，这使得该组织在此期间依赖于 M 街道的背书才能面向村（社区）居民开展业务。同时，M 街道办明确了与 M 枢纽之间的内部治理结构。在 M 枢纽的组织体系中，

---

① 资料来源：Z 区社会组织管理服务平台。

理事会具有对人员招聘、晋升、薪酬等事务的表决权，主要成员包括街道退休干部、街道在职干部、社工站主任、街道工作人员、优秀会员代表等。该组织一年至少召开 2 次会议，就组织发展的重大事项（如经营范围扩大、组织章程修改等）进行协商决策。① 但对于 M 枢纽的日常运营，M 街道办则主要发挥业务指导和事务协调作用，而具体的运营则由 M 枢纽团队进行内部决策。

综上所述，M 街道办事处将"直接培育者"角色移交给更适宜运营社会组织的 D 会长，而将自身角色限定为"间接培育者"，重点为 M 枢纽的发展提供物质资源、政策资源、声誉资源以及管理技术支持，从而确保了枢纽型社区社会组织的自主性与运作活力（方亚琴、夏建中，2019）。

# 五 结论与讨论

本文试图跳出"枢纽赋能"与"科层制约"的二元论争，具体呈现基层政府培育枢纽型社区社会组织的激励机制与互动策略，并以广东省广州市 M 街道培育枢纽型社区社会组织为研究个案。其中，本文尤为关注基层政府重在搜寻合适的社会组织负责人，并将自身角色限定为"间接培育者"的过程机制。

研究发现，M 街道办培育枢纽型社会组织的行为面临双重激励，既要在机构编制约束下有效提供基层公共服务，又要在行政区划调整下创新社会治理机制。与更换频繁的社工机构、类行政化的体制内枢纽、组织能力孱弱的群众性社区社会组织相比，枢纽型社区社会组织在参与提供基层公共文化服务项目、公共活动场馆运营等事务上扮演着长期性、地域性与平台性的角色，能够有效应对基层政府面临的上述治理困境。因此，M 街道办事处选择将"直接培育者"角色移交给企业家 D 承担——后者采取"公益化经营"理念与"企业办枢纽"策略，让枢纽的发展与自身企业经营互为支撑，有助于实现社会组织的长效运营、政府购买服务的质量优化。在当前宏观制度约束行政领导兼职社会组织负责人，且社会组织负责人身份意味着体制内晋升链条中断的背景下（黄晓春、周黎安，2017），此类"借力"体制外企业家作为社会组织代理人的政府培育行为日益重要。与此同时，M 街道办将自身角色限定为"间接培育者"，侧重为社会组织发展提供物质资源、政策资源、声誉资源以及管理技术支持，

---

① 与 M 枢纽现任秘书长聊社会组织的运营问题，2024 年 12 月 11 日。

从而增强了社会组织的自主性与专业性。换言之，枢纽型社会组织有效培育的关键是行政支持与组织自治的有机结合，即政府采取赋权支持型社会组织的间接培育模式（郁建兴、滕红燕，2018）。

基于上述发现，本文认为，"官办枢纽"或"民办枢纽"面临的"枢纽赋能"与"科层制约"的理论争论，其解决之道并非政府是否应当介入，而是政府介入的适当方式及其与社会组织之间的关系形态。就政社关系而言，M 枢纽在资金投入、运营管理、人员配备等方面具有一定程度的独立性，同时能够为基层政府的目标考核提供优质的公共服务项目，解决其治理能力不足的局限性，使得街道与社会组织之间得以形成基于项目运作的协商合作关系（"借力"机制），而非行政隶属的上下级关系（"借道"机制）。因此，政社结合的纽带是契约交换、各取所需及优势互补，而分工互动实现了国家权力与社会自治的有机团结（杨宝，2014）。不过，这种政社关系更多基于 D 会长本人携带的企业资源与经营能力，及其与 M 街道面临的行政目标考核之间的利益契合性，尚未形成制度化的政社互动关系，其后续能否继续维持政府间接指导下的平等协商关系尚待实践检验①（朱健刚、陈安娜，2013；敬乂嘉，2014；陈天祥、郑佳斯，2016）。

最后，在政策层面，若要增强基层政府培育枢纽型社区社会组织的有效性，需要充分调动城市基层街镇政府的积极性，结合当地实际情况，因地制宜地培育扎根本土的社区性枢纽型社会组织（吴素雄等，2015；Jing & Hu，2017；张潮、张雪，2020）。例如，一些街道的辖区企业众多，或可依托商会、工会进行资源整合，重点服务辖区企业家和职工；另一些街道则面临缺乏合适的社会组织负责人的难题，应当将培育重点放在如何探访情怀理念、经营策略、利益诉求一致的社会企业家上，而非先行搭建枢纽型社会组织的机构。对此，本文在上述维度进行了一些探索，但也期待能有更多的案例对比，以求对不同地区、

① 当政府官员出于管理成本、发展壮大社会组织或者是利益需求的考虑，将一些（经营性）项目移交给枢纽型社会组织承担时，后者往往难以回绝政府要求。此时，枢纽型社会组织便面临一定的运行风险。因为枢纽型社会组织若要取得与政府部门进行平等协商的话语权，就需要解决政府面临的困境，采取更主动的姿态，以持平甚至亏本的形式进行政府项目的承接。那么，社会组织可能承接超出自身专业能力范围的服务项目。这些项目固然会给组织本身带来更大的收益与政府信任，但也会分散组织的注意力、弱化其专业导向、增加组织面临的风险，甚至可能对原本平等协商的政社关系形成逆转效应。

激励环境下基层政府培育枢纽型社会组织的运作机制有更准确的把握。

## 参考文献

陈家建（2022）：《"控制权"理论与政府治理：一个研究评述》，《学海》，第 5 期。

陈天祥、郑佳斯（2016）：《双重委托代理下的政社关系：政府购买社会服务的新解释框架》，《公共管理学报》，第 3 期。

范明林、茅燕菲、曾鸣（2015）：《枢纽型社会组织与社区分层、分类治理研究——以上海市枢纽型社会组织为例》，《社会建设》，第 3 期。

方亚琴、夏建中（2019）：《社区治理中的社会资本培育》，《中国社会科学》，第 7 期。

高勇（2013）：《治理主体的改变与治理方式的改进——"枢纽型"社会组织工作体系的内在逻辑》，《北京社会科学》，第 2 期。

耿曙、陆媛静（2023）：《编外用人模式与基层弹性治理：基于组织风险视角的分析》，《社会发展研究》，第 4 期。

耿羽（2017）：《内生型社区社会组织的公共服务能力研究》，《云南行政学院学报》，第 2 期。

顾维民（2012）：《"枢纽型"社会组织参与社会管理的实践探索与发展思考——以上海市静安区社会组织联合会为例》，《上海市社会主义学院学报》，第 6 期。

郭道久、董碧莹（2014）：《法团主义视角下"枢纽型"社会组织解析》，《天津行政学院学报》，第 1 期。

何欣峰（2014）：《社区社会组织有效参与基层社会治理的途径分析》，《中国行政管理》，第 12 期。

何雪松、崔晋宁（2023）：《"搭桥"：枢纽型社会组织转型发展的竞争逻辑与行动策略》，《社会科学》，第 3 期。

黄晓春、周黎安（2017）：《政府治理机制转型与社会组织发展》，《中国社会科学》，第 11 期。

纪莺莺（2022）：《社会组织与地方社会的再生产：以一个行业协会为例》，《广东社会科学》，第 4 期。

敬乂嘉（2014）：《从购买服务到合作治理——政社合作的形态与发展》，《中国行政管理》，第 7 期。

李璐（2012）：《分类负责模式：社会组织管理体制的创新探索——以北京市"枢纽型"社会组织管理为例》，《北京社会科学》，第 3 期。

李友梅、肖瑛、黄晓春（2012）：《当代中国社会建设的公共性困境及其超越》，《中国社会科学》，第 4 期。

卢建、杨沛龙、马兴永（2011）：《北京市构建社会组织"枢纽型"工作体系的实践与策略》，《社团管理研究》，第9期。

毛佩瑾、徐正、邓国胜（2017）：《不同类型社区社会组织对社会资本形成的影响》，《城市问题》，第4期。

钱坤（2019）：《从"管理"走向"服务"：枢纽型社会组织的实践困境、功能转型与路径选择》，《兰州学刊》，第11期。

石晓天（2015）：《我国枢纽型社会组织的功能特征、建设现状及发展趋势——文献综述的视角》，《理论导刊》，第5期。

王杰秀、黄晓春（2021）：《多重转型交汇中的社区社会组织》，《社会政策研究》，第3期。

王名（2014）：《社会组织与社会治理》，北京：社会科学文献出版社。

吴素雄、陈宇、吴艳（2015）：《社区社会组织提供公共服务的治理逻辑与结构》，《中国行政管理》，第12期。

夏建中、特里·N. 克拉克等（2011）：《社区社会组织发展模式研究：中国与全球经验分析》，北京：中国社会出版社。

徐双敏、张景平（2014）：《枢纽型社会组织参与政府购买服务的逻辑与路径——以共青团组织为例》，《中国行政管理》，第9期。

杨宝（2014）：《政社合作与国家能力建设——基层社会管理创新的实践考察》，《公共管理学报》，第2期。

杨丽（2012）：《"枢纽型"社会组织研究——以北京市为例》，《学会》，第3期。

杨敏、郑杭生（2007）：《社会实践结构性巨变与锻铸社会和谐的坚实支柱》，《探索与争鸣》，第4期。

叶志鹏、李朔严（2023）：《制度化的政商关系何以形成？——基于M市的历史性分析》，《社会学研究》，第5期。

尹志刚、李泓（2009）：《关于构建"枢纽型"社会组织工作体系的调查与思考》，《北京行政学院学报》，第6期。

余永龙、刘耀东（2014）：《游走在政府与社会组织之间——枢纽型社会组织发展研究》，《探索》，第2期。

郁建兴、滕红燕（2018）：《政府培育社会组织的模式选择：一个分析框架》，《政治学研究》，第6期。

詹轶（2018）：《社会组织治理中"同心圆"架构及其"委托-代理"关系——基于S市枢纽组织的研究》，《公共管理学报》，第3期。

詹轶、高旭、李小雨等（2022）：《钟摆运动下的代理型调适——枢纽型社会组织的发生逻辑再考察》，《中国非营利评论》，第2期。

张潮、张雪（2020）：《组织能力、合作网络和制度环境：社区非营利组织参与社会治理的有效性研究》，《经济社会体制比较》，第2期。

张大明（2012）：《"枢纽型"社会组织参与社会管理的思考——写在上海市静安区社会组织联合会成立五周年之际》，《社团管理研究》，第9期。

基层政府培育枢纽型社会组织的运作逻辑

张冉、石敏（2024）：《枢纽型社会组织高质量参与基层治理的影响因素与实际路径》，《社会政策研究》，第 2 期。

朱健刚、陈安娜（2013）：《嵌入中的专业社会工作与街区权力关系——对一个政府购买服务项目的个案分析》，《社会学研究》，第 1 期。

Guo, C., & Musso, J. A. (2007), "Representation in Nonprofit and Voluntary Organizations: A Conceptual Framework," *Nonprofit and Voluntary Sector Quarterly* 36 (2), pp. 308-326.

Jing, Y., & Hu, Y. (2017), "From Service Contracting to Collaborative Governance: Evolution of Government-Nonprofit Relations," *Public Administration and Development* 37 (3), pp. 191-202.

LeRoux, K. (2007), "Nonprofits as Civic Intermediaries: The Role of Community-based Organizations in Promoting Political Participation," *Urban Affairs Review* 42 (3), pp. 410-422.

Marwell, N. P. (2004), "Privatizing the Welfare State: Nonprofit Community-based Organizations as Political Actors," *American Sociological Review* 69 (2), pp. 265-291.

Reid, W., & Turbide, J. (2012), "Board Staff Relationships in a Growth Crisis: Implications for Nonprofit Governance," *Nonprofit and Voluntary Sector Quarterly* 41 (1), pp. 82-99.

Zhang, C. (2017), "Nothing about Us without Us': The Emerging Disability Movement and Advocacy in China," *Disability & Society* 32 (7), pp. 1096-1101.

责任编辑：李朔严

# 迈向赋能型监管：对慈善组织互联网募捐回应性监管的反思[*]

## ——基于中国红十字会监管的政策文本分析

杨永娇　陈小凤[**]

**【摘要】** 互联网募捐在为慈善组织赋能的同时也增加了监管难度，而现有关于互联网募捐监管的研究多聚焦于政府部门这一监管主体维度，缺乏对监管主体和客体之间回应性互动的探讨，且较少基于实证研究反思回应性监管理论在现阶段的适用性问题，不利于提升监管成效。本文基于中国红十字会的案例，从回应性监管理论视角探讨了慈善组织互联网募捐监管的回应、塑造、协同、关系四个维度，并从授权赋能理论视角提出集动机性赋能、领导性赋能与结构性赋能于一体的赋能型监管框架，以前瞻性地预防回应性监管中的区域性监管反馈滞后、监管意识和能力塑造不足、各监管主客体的协同监管权分配不均衡、监管主客体联结关系不紧密的四大问题，以期能够完善互联网募捐监管的本土理论体系，营造监管主客体协同联动的监管生态，进而助推慈善事业高质量发展。

**【关键词】** 慈善组织；互联网募捐；回应性监管；赋能型监管

---

\* 本文系 2024 年中央高校基本科研业务费"城乡融合发展背景下慈善帮扶的社会动员机制研究"（2024CDJSKXYGG06）的成果。

\*\* 杨永娇，重庆大学公共管理学院副教授；陈小凤，重庆大学公共管理学院硕士研究生。

# 一　问题提出

随着互联网技术的高速发展，互联网募捐已成为慈善募捐的重要形式，为公众参与慈善活动和民间公益力量支持慈善事业提供了重要渠道。自 2016 年民政部指定首批"互联网募捐信息平台"后，互联网筹款占比逐年上升。据《中国慈善捐助报告》，2021 年我国慈善组织互联网筹集善款逾 100 亿元，较 2017 年增长近四倍。如中国儿童少年基金会的"春蕾计划"资助失学女童、中华慈善总会的"慈善万人行"和中国扶贫基金会的"善行 100"等组织项目通过互联网广受关注，也因此拓宽了募捐渠道，提高了效率，增强了社会影响力和公信力。然而，互联网募捐也伴随着诸多争议，这主要源于：一是即时性和跨地域性，这给传统的属地化监管带来挑战；二是信息不对称性，使得捐赠人难以直接验证募捐信息的真实性；三是传播扩散性，虚假信息易广泛传播，影响慈善组织公信力（赵文聘、徐家良，2019：97），直接影响到公益慈善事业健康持续发展（邓国胜，2020：51~53）。

慈善事业的数字化发展带来了募捐监管的挑战与新契机。一方面，互联网的开放性、扩散性消除了传统募捐的时空壁垒，推动人人公益与人人监管，监管主体也从政府单一主导转向多元主体协同。另一方面，互联网增强了信息沟通和需求匹配，构建了超时空互动的互联网募捐监管生态系统。回应性监管因此受到广大学者倡导，其摒弃单一主体监管模式，强调多种手段并用及各监管主客体的互动回应。然而，现有研究多聚焦政府行为，缺乏对监管主体和客体间回应性互动的探讨，且缺乏反思回应性监管理论适用性的实证研究，这亟待进一步完善。

本研究以中国红十字会的互联网募捐监管为例，基于回应性监管理论及授权赋能理论，回答以下问题：第一，慈善组织互联网募捐的回应性监管现状如何？存在什么问题？第二，应如何赋能互联网募捐监管的各主客体以提高监管效果？探讨以上问题将有助于完善互联网募捐监管的本土理论体系，营造政府、慈善组织、第三方监管主体良性互动的监管生态，推动互联网募捐的规范、可持续发展。本研究的创新点在于：首先，本研究超越对政府监管行为的集中关注，从回应性监管视角揭示监管主客体互动关系的重要性，深入剖析监管失效的制度根源；其次，本研究创新性地将回应性监管理论与授权赋能理论相结合，提出"赋能型监管"分析框架；最后，本研究基于大量政策文本的实证分析，为反思回应性监管理论提供重要的客观依据。

# 二　文献回顾

## （一）互联网募捐监管的相关研究

西方国家在互联网募捐监管方面的研究较早且系统、成熟，国内近年来也随之跟进。首先，在法律规制方面，西方主要通过制定详细规定来监管互联网募捐，由司法部门统一监管（Melissa，2000：1379-1407）；而我国自2016年《中华人民共和国慈善法》颁布后，互联网募捐才被正式纳入法律框架（陈一丹等，2019：58~72）。金锦萍（2017：162~172）从主体资格、平台法律地位、地域限制三个维度论证其法律基础。其次，在监管主体方面，政府是主要监管者，但公众作为捐赠者同样重要（潘晓，2022：111~123）。再次，在监管问题方面，国外互联网募捐仍面临法律不完善的问题（Melissa，2000：1379-1407）。国内学者指出存在募捐主体网络自律不足、政府监管框架失衡、行业自律效力有限、公众监督流于形式等危机（袁同成、沈宫阁，2014：118~121）。最后，在优化对策方面，学者提出构建政府主导、多部门配合、平台参与、社会力量协同的综合监管体系（黄春蕾，2017：181~187），以及包含法律体系建设、慈善激励建设、降低公募审批门槛、完善公募审批机制、建立互联网募捐平台联合体、提升公信力、加强社会监督在内的七维协同治理体系（杨伟伟，2019：145~154）。

## （二）慈善组织互联网募捐监管的相关研究

学界对慈善组织的互联网募捐的研究相对较少。首先，慈善组织在互联网募捐中面临虚假宣传、信息不准确等问题，且跨界合作规制手段缺乏，行业自律和社会监督机制尚未形成（杨逢银等，2020：60~66）。其次，优化慈善组织互联网募捐监管的对策除政府规制外（Melissa，2000：1379-1407），还需加强慈善组织内部管控（Radiah & Norli，2014：201-224），并有效发挥社交媒体的监督作用（韩运荣、张欢，2018：147~152）。最后，对于慈善组织互联网募捐监管机制研究，学者指出在准入制度设置、义务设定等方面有待完善，需构建政府与行业组织形成合力的监管机制（沈国琴，2019：75~82）。另外，还需建立专门的自律组织，与政府共同担负起促进慈善组织互联网公益发展的社会责任（金碧华、陈苗青，2020：43~50）。

**（三）回应性监管视角下慈善监管的相关研究**

学界对于监管的研究已从传统命令控制型转向回应性监管，针对慈善监管乱象，学者开始将回应性监管理论引入慈善领域，重新审视政府与慈善组织的关系，探索新监管机制（Diarmuid，2017：725-746）。国内学者探讨了构建多元主体协同机制（王玉生、赵雅棋，2024：1~9）和政府主导型社区基金会的有效监管合作格局（施从美、帅凯，2020：114~121）。有学者认为回应性监管理论与我国政策环境相适应，为监管主体及权力关系分配等问题提供了价值指导，并助力构建回应性监管体制框架（徐鸣，2019：78~86+99）。程波辉构建了"制度—行动—效率"公益众筹回应性监管模式，并强调其优势（程波辉，2021：53~60）。然而，学界也对回应性监管理论进行了初步反思（杨炳霖，2018：90~104+207~208），认为其超前性明显，需批判性引入（杨炳霖，2017：131~136），且不完全适应我国公共管理环境，应批判地借鉴并渐进式推进（刘鹏、王力，2016：91~101）。

**（四）文献评述**

现有慈善组织互联网募捐的监管研究存在以下不足：一是对慈善组织这一募捐主体关注不足，多聚焦互联网募捐行为本身或平台载体；二是基于回应性监管理论的研究多讨论政府行为，缺乏监管主客体间回应性互动的实证探讨，且未全面分析回应性监管理论的适用性问题；三是现有研究多以学理分析为主，带有主观"滤镜"，未能全面、客观地分析回应性监管的现状及问题。为弥补现有研究的不足，笔者以慈善组织的互联网募捐监管为研究对象，整合回应性监管理论及授权赋能理论，基于慈善组织互联网募捐监管的政策文本，客观分析回应性监管的现状及问题，并从多主体赋能的角度提出优化对策。

# 三　分析框架与研究设计

## （一）理论基础与分析框架

### 1. 理论选择

互联网募捐监管研究存在多种理论视角，如命令控制型、精巧规制和回应性监管理论。命令控制型监管理论虽规范性强，但难以适应互联网募捐的灵活性（刘鹏、李文韬，2018：1~9）；精巧规制监管理论侧重工具优化，却忽视主体间互动（郭雳，2023：26~39）。相比之下，回应性监管理论具有独特优势：一是差异化监管理念契合互联网募捐主体多元、行为复杂的特点；二是三方监管框架为整合社会多元力量提供理论支撑；三是互动导向契合互联网募捐的信息公开、社会参与特征（杨炳霖，2014：47~54）。此外，本研究整合了授权赋能理论。回应性监管理论可为构建多元协同的监管体系提供框架，授权赋能理论则有助于解释如何激发各方主体的监管积极性。两种理论的有机结合不仅有助于理解当前慈善组织互联网募捐监管的现状和问题，也为优化监管机制提供了更加系统和务实的分析思路。

2. 问题描摹：基于回应性监管理论的分析框架

回应性监管理论起源于 20 世纪 60~70 年代西方国家社会性监管，由 Ayres 和 Braithwaite 提出（Ayres & Braithwaite，1992：4-7、25-26、35-39）。该理论超越传统命令控制型监管理念，主张根据监管对象的动机和行为特征差异化设计监管策略。其关键要素包括监管策略金字塔（Regulatory Strategy Pyramid），即采取从劝导到惩罚的递进式监管措施，以及三方监管，即引入第三方力量形成多元主体协同监管格局（杨炳霖，2014：47~54）。回应性监管理论以"回应"为代表性特征、以"塑造"为价值内核、以多元"协同"为手段、以"关系性"为基石（杨炳霖，2017：131~136）。"回应"体现监管策略与对象特征的匹配性；"塑造"反映对监管对象合规意识和能力的培育；"协同"对应多元主体权力分配；"关系性"强调监管主客体间的互动机制。

基于回应性监管理论框架，本研究将从四个维度来探讨慈善组织互联网募捐监管的现状及问题。第一，根据政策文本分析慈善组织互联网募捐监管现状及区域性监管"回应"情况；第二，通过各主体在互联网募捐监管过程的参与程度分析监管意识和能力"塑造"的现状及问题；第三，通过政府监管主体和客体之间监管权力的分配情况分析监管权力"协同"的情况；第四，基于典型案例中监管主客体的互动关系分析政府、慈善组织和第三方力量（公众和新闻媒体）之间的"关系"联结程度。

3. 对策反思：基于授权赋能理论的分析框架

回应性监管理论虽侧重宏观层面的探讨，但监管核心在于"人"，即监管主体与监管对象（杨炳霖，2017：131～136）。赋能则是关注主体的一个双向动态过程。组织赋予个体自主权，个体能力提升则回馈组织，共创集体价值。"赋能"的方式分为以下三种："动机性赋能"关注个体努力被感知，激发存在感、胜任力、决定权及影响力，通过内在动机产生激励；"领导性赋能"强调领导在赋能中的引导作用，通过授权影响下属的认知和行为，鼓励参与组织变革；"结构性赋能"聚焦于通过提升外部条件，营造和建立充分赋能的组织氛围和制度体系（雷巧玲，2006：196～199；杜晶晶等，2020：34～40）。整合以上观点，本研究将"赋能"定义为"通过组织及外部的支持，赋予个体自主能力，使其获取更多资源、充分参与社会活动、实现进一步发展的动态过程"。

基于授权赋能理论，本研究将从动机性、领导性与结构性三方面赋能来对优化慈善组织互联网募捐回应性监管的对策进行反思。第一，"动机性赋能"指提升慈善组织工作人员对于自我监管的效能感、胜任力及影响力，有助于克服监管中的动机缺失问题，包括慈善组织对互联网募捐重要性认识不足、自我监管内在动力不足等，从而提升监管对象的回应性，加强自我监管意识和能力的塑造。第二，"领导性赋能"以政府作为赋能者，慈善组织工作人员、社会第三方力量以及政府工作人员作为被赋能者，通过重塑政府引导作用来激发和支持其他监管主体的参与，进而营造互联网募捐监管各主体及客体的良性互动，提升监管权力分配的协同性。第三，"结构性赋能"通过激活第三方力量，来营造社会公众舆论监督氛围，同时把监管决策权授予社会公众，有助于解决缺乏支持多元主体参与监管的制度环境和技术平台影响监管合力形成的问题，进而强化监管主客体的关系性联结。

### 4. 理论联系

回应性监管理论和授权赋能理论在研究慈善组织互联网募捐监管中互补性强。回应性监管理论关注监管的有效性，确保符合组织目标规范，提出监管策略金字塔和三方监管框架，回应了"谁是监管主体"及"如何进行差异化监管"这两个核心问题。而授权赋能理论则注重为监管主体提供和培育资源和能力，促进其职责履行和目标实现。两者紧密呼应：动机性赋能通过提升监管对象的自我效能感来增强"回应"维度的实效性；领导性赋能通过重塑监管主体角色来促进"塑造"和"协同"两个维度的落实；结构性赋能则通过优化制度环境来强化"关系"维度的建设。因此，回应性监管理论和授权赋能理论的相辅相成为慈善组织互联网募捐的监管及优化提供了有益的分析思路（图1）。

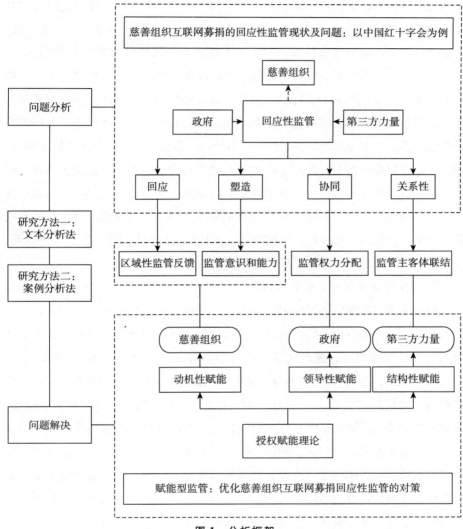

**图 1　分析框架**

## （二）研究设计

### 1. 案例选择

在我国慈善组织发展中，根据与政府关系的紧密程度，慈善组织可分为政府主导型、市场导向型和混合型等类型（施从美、帅凯，2020：114～121）。本研究聚焦政府主导型慈善组织，选择中国红十字会作为案例，主要有以下原因：

第一，政府主导型慈善组织具有半官方半民间的双重身份，既拥有公募资格，又承担公共服务职能，作为监管对象具有与监管主体进行互动的能力与机会，这种特殊性使其成为研究回应性监管的最佳案例。中国红十字会具有此类属性，例如在自然灾害和突发事件发生时，中国红十字会既是独立的慈善募捐主体，又是政府救灾指挥体系的重要组成部分，是政府与社会之间的桥梁纽带（沙勇忠等，2015：93~104+158~159）。第二，从监管结构来看，政府主导型慈善组织往往具有较大的社会影响力和服务范围，接受政府、行业协会、公众和媒体的多元监管，这种多层次的监管结构契合回应性监管理论中多主体协同的特征。第三，从募捐实践来看，政府主导型慈善组织的互联网募捐活动总体活跃。例如，中国红十字会在自己官网及主流互联网募捐平台均设有专门项目，募捐规模和社会影响力较大，为研究互联网募捐监管提供了丰富案例。因此，笔者在我国政府主导型慈善组织中，选取社会关注相对更多的中国红十字会作为案例，以便明晰政府对慈善组织监管过程中的回应性互动。

**2. 政策文本分析法及文本选择**

政策文本分析法深入剖析文字及含义，有助于梳理和解读政策内容，发掘深层次意义，并提取价值性内容（陈兰杰、赵元晨，2020：46~53）。该方法能高效地识别政策热点，梳理变迁发展规律，检验执行效果（杨慧，2023：5~15）。相较于访谈法，政策文本分析法更客观，能准确地反映官办慈善组织在监管框架中的制度定位和运行逻辑，避免主观偏差。同时，通过分析不同层级、主体的政策文本，可揭示官办慈善组织在回应性监管体系中的角色演变和互动机制，打破主观滤镜（王辉，2015：90~101+157~158）。此外，我国互联网募捐监管主要表现为执行政府政策，尚未形成体系，因此，研究监管政策文本对于理解我国互联网募捐监管至关重要。本研究所选取的分析文本涵盖中国红十字会在内的慈善组织整体的互联网募捐监管相关政策文本以及省级红十字会文件，以期用事实化的文本说明互联网募捐监管的现状。

笔者通过中国社会组织公共服务平台、"北大法宝"法律数据库以及国务院、民政部等政府网站收集慈善组织监管的全国规范性政策文件以及省级红十字会发布的文件，得出第一轮检索结果。接着通过高级检索功能，使用与主题紧密相关的如"互联网""公益""公开募捐""监管"等关键词进行二次检索，最后通过全文阅读，剔除了如评估和评选表彰活动的通知或决定、批复性的函和公告文件等无关内容，经过筛选整理，最终获得 106 份符合要求的文本，分为国家政策法规及红十字会内部制度两部分，如表 1 示例所示。

**表 1 相关文本汇总（示例）**

| | 序号 | 文件名 | 发布日期 | 发文部门及发文字号 | 活跃状态 |
|---|---|---|---|---|---|
| 中央及地方政府监管文件 | 1 | 中华人民共和国红十字会法 | 2017 年 2 月 24 日 | 第十二届全国人民代表大会常务委员会第二十六次会议（中华人民共和国主席令第 63 号） | 现行有效 |
| | 2 | 民政部关于印发《公开募捐违法案件管辖规定（试行）》的通知 | 2018 年 11 月 30 日 | 民政部（民发〔2018〕142 号） | 现行有效 |
| | …… | …… | …… | …… | …… |
| | 84 | 中华人民共和国慈善法（2023 年 12 月 29 日修订） | 2023 年 12 月 29 日 | 第十四届全国人民代表大会常务委员会第七次会议（中华人民共和国主席令第 16 号） | 现行有效 |
| 红十字会内部监管文件 | 85 | 中国红十字会章程 | 1994 年 4 月 25 日 | 中国红十字总会 | 现行有效 |
| | 86 | 河北省红十字会捐赠工作管理若干规定 | 2022 年 8 月 1 日 | 河北省红十字会 | 现行有效 |
| | …… | …… | …… | …… | …… |
| | 105 | 辽宁省红十字会捐赠资金管理办法 | 2020 年 10 月 31 日 | 辽宁省红十字会 | 现行有效 |
| | 106 | 江苏省红十字会捐赠工作管理办法 | 2022 年 11 月 1 日 | 江苏省红十字会 | 现行有效 |

注：因篇幅有限，该表编码举例仅展示主要内容，未进行详细列举。

### 3. 政策工具选择

在政策工具理论研究中，已有较为成熟的分类框架。一类是基于政府干预程度的分类，包括强制型、自愿型和混合型工具；另一类是基于政策功能的分类，包括规制型、分配型工具等。本研究主要借鉴了两个经典的政策工具分类框架：一是权威工具、诱因工具、能力工具、象征与劝告工具及学习工具（Schneider & Ingram，1990：510-529）；二是命令工具、报酬工具、职能拓展工具、系统变革工具及劝告工具（Mcdonnell & Elmore，1987：133-152）。这两种分类框架虽存在一定的交叉融合，但各自有侧重点。前者倾向于通过法律规章制度规范人们的行为，后者注重选择与执行中的协调性与适配性。

为充分覆盖慈善组织互联网募捐监管政策文本，本研究基于以上分类框架，提出命令型、能力建设型、劝说型、激励型和系统变革型五类政策工具。其中，能力建设型工具对应 Schneider 和 Ingram 框架中的能力工具，强调提升监管主体的执行能力；激励型工具则对应其诱因工具，侧重经济或非经济激励。需要说明的是，这五类工具相互影响和互补。能力建设型工具在提升能力时可能产生激励效果，激励型工具的实施也需能力支撑。但从主要功能和作用机制看，这五类工具各有独立的政策目标导向。具体含义和内容如表 2 所示。

表 2　慈善组织互联网募捐监管政策节点分析编码范例

| 政策工具 | 相关阐释 | 具体子项 | 编码举例 |
|---|---|---|---|
| 命令型政策工具 | 运用法律法规等强制手段，要求利益相关主体必须执行 | 命令执行 | （七）严格按照募捐权限的划分管理慈善组织募捐行为，明确具有公募资格的慈善组织和不具有公募资格的慈善组织的活动边界（《民政部关于贯彻落实〈国务院关于促进慈善事业健康发展的指导意见〉的通知》） |
| | | 行政监管 | 第十一条　各级民政部门依法对慈善组织通过广播、电视、报刊以及网络服务提供者、电信运营商提供的平台发布公开募捐信息、开展公开募捐的行为实施监督管理（《民政部、工业和信息化部、国家新闻出版广电总局、国家互联网信息办公室关于印发〈公开募捐平台服务管理办法〉的通知》） |
| | | 目标执行 | 第四条　慈善组织应当依法履行信息公开义务，每年向社会公开年度工作报告和财务会计报告（《慈善组织信息公开办法》） |
| 能力建设型政策工具 | 政府通过提供资金或倾向性政策增强监管主体的能力 | 信息公开 | （十三）做好民政部门相关信息公开工作。推动慈善组织树立信息公开的意识、强化信息公开的责任，并按照《意见》规定的内容、时限和方式，对慈善组织信息公开工作进行严格考核（《民政部关于贯彻落实〈国务院关于促进慈善事业健康发展的指导意见〉的通知》） |
| | | 人才队伍 | 第八条　县级以上按行政区域建立地方各级红十字会，根据实际工作需要配备专职工作人员（《中华人民共和国红十字会法》） |

| 政策工具 | 相关阐释 | 具体子项 | 编码举例 |
|---|---|---|---|
| 能力建设型政策工具 | | 组织培训 | （三）完善慈善人才培养政策。加强慈善从业人员劳动权益保护和职业教育培训（《国务院关于促进慈善事业健康发展的指导意见》） |
| | | 规范督导 | （八）督导慈善组织规范使用捐赠款物（《民政部关于贯彻落实〈国务院关于促进慈善事业健康发展的指导意见〉的通知》） |
| 劝说型政策工具 | 运用舆论宣传等方式引导其对政策依从 | 行业自律 | （二）切实加强慈善组织自我管理。慈善组织要建立健全内部治理结构，完善决策、执行、监督制度和决策机构议事规则，加强内部控制和内部审计，确保人员、财产、慈善活动按照组织章程有序运作（《国务院关于促进慈善事业健康发展的指导意见》） |
| | | 宣传引导 | （四）加大对慈善工作的宣传力度。要充分利用报刊、广播、电视等媒体和互联网，以群众喜闻乐见的方式，大力宣传各类慈行善举和正面典型（《国务院关于促进慈善事业健康发展的指导意见》） |
| | | 鼓励号召 | 第九条 鼓励广播、电视、报刊以及网络服务提供者、电信运营商为慈善组织提供公平、公正的信用评价服务，对开展公开募捐的慈善组织的信用情况客观、公正地进行采集与记录（《民政部 工业和信息化部 国家新闻出版广电总局 国家互联网信息办公室关于印发〈公开募捐平台服务管理办法〉的通知》） |
| 激励型政策工具 | 运用经济或非经济手段调动相关主体向政策目标行动 | 监督举报 | （四）加强社会监督。畅通社会公众对慈善活动中不良行为的投诉举报渠道（《国务院关于促进慈善事业健康发展的指导意见》） |
| | | 权力重组 | 第十六条 赋予慈善组织在平台发布募捐信息的自主权（《慈善组织网络募捐管理办法》） |
| | | 奖励支持 | 第五条 各级人民政府对红十字会给予支持、资助。保障红十字会依法履行职责（《广东省红十字会条例》） |

迈向赋能型监管：对慈善组织互联网募捐回应性监管的反思

续表

| 政策工具 | 相关阐释 | 具体子项 | 编码举例 |
|---|---|---|---|
| 系统变革型政策工具 | 通过对现有监管组织体系的变革、重组或职能重新界定以达到目标 | 机制变化 | （十六）建立健全责任追究制度（《民政部关于贯彻落实〈国务院关于促进慈善事业健康发展的指导意见〉的通知》） |
| | | 部门联动 | （一）建立健全组织协调机制。各有关部门要建立健全慈善工作组织协调机制，及时解决慈善事业发展中遇到的突出困难和问题（《国务院关于促进慈善事业健康发展的指导意见》） |
| | | 社会参与 | （一）积极引导社会各界投身慈善事业（《民政部关于贯彻落实〈国务院关于促进慈善事业健康发展的指导意见〉的通知》） |

注：因篇幅有限，该表编码举例仅展示主要内容，未进行详细列举。

### 4. 编码与处理过程

首先，本研究选择用 NVivo 12 软件这一质性分析工具对与互联网募捐相关的 106 篇研究样本进行文本编码分析。笔者通过 NVivo 12，提取样本中有实际意义的语句，并作为基本单元编码对象，统计分析在慈善组织互联网募捐监管文本中政策工具的具体分布特征，此过程的登记流程为："序号""政策名称""分析单元""编码号"。"编码号"通常按照"文本编号-具体章节号-分析单元号"的编码方法依次进行 3~5 级编码，如 1-1-1、1-1-1-2 等（表3）。其次，确立编码规则。笔者以一个完整的语句为一个小单元进行编码，采用先整体后局部的编码原则分别对 106 份政策文本逐一编码并把相关的词句归类到对应子节点下，形成自由节点，然后再对自由节点进行分类和归纳，形成树状节点。

表3　互联网募捐监管相关文本内容分析单元编码

| 序号 | 政策名称 | 分析单元 | 编码号 |
|---|---|---|---|
| 1 | 中华人民共和国红十字会法 | 第五条　各级人民政府对红十字会给予支持和资助，保障红十字会依法履行职责，并对其活动进行监督。 | 1-1-5-1 |
| | | 第七条　县级以上地方按行政区域建立地方各级红十字会，根据实际工作需要配备专职工作人员。 | 1-1-8-1 |
| | | …… | …… |

| 序号 | 政策名称 | 分析单元 | 编码号 |
|---|---|---|---|
| 2 | 中华人民共和国公益事业捐赠法 | 第一条 为了鼓励捐赠，规范捐赠和受赠行为，保护捐赠人、受赠人和受益人的合法权益，促进公益事业的发展，制定本法。 | 2-1-1-1 |
| …… | …… | …… | …… |
| 105 | 民政部关于印发《"互联网+社会组织（社会工作、志愿服务）"行动方案（2018—2020年）》的通知 | （一）主要举措。1. 推动互联网募捐信息规范发布。 | 105-5-1-1 |
| 106 | 民政部关于印发《"十四五"民政信息化发展规划》的通知 | （三）强化队伍建设。努力打造一支高素质专业化民政网络安全和信息化人才队伍，将信息化人才队伍建设纳入民政人才队伍培养计划。 | 106-4-3-1 |

注：因篇幅有限，该表仅展示主要内容，未进行全部列举。

### 5. 编码信度与效度保障

为确保研究结果的科学性和可靠性，本研究采取了以下措施来保障编码的信度和效度。其一，对于编码的信度，首先，采用双编码器交叉编码的方式进行预编码。其次，通过计算 Cohen's Kappa 系数检验编码一致性。在首轮 20% 样本的预编码中，两次编码的 Kappa 系数为 0.82，高于 0.75 的可接受标准，表明编码具有较高的信度。其二，对于编码的内容效度，立足于回应性监管理论和授权赋能理论构建编码框架，并结合政策工具理论系统划分节点类目，确保了理论框架与编码类目之间的对应关系。首先，在首轮预编码检验并调整编码类目的适用性，直至不再产生新的二级类目。最终形成政策文本编码参考节点共648 个，说明经过编码形成的类目结构有较高的理论饱和度。其次，运用 NVivo 12 软件的词频分析、聚类分析等功能，验证编码结果与研究构想的契合度。

## 四　慈善组织互联网募捐的回应性监管现状
## 及问题：以中国红十字会为例

### （一）监管区域性回应

笔者以 2008 年和 2016 年为时间节点，统计了慈善组织互联网募捐监管政策文件与红十字会内部监管发文数量。如图 2 所示，政府发文数量随互联网募捐发展而增加，2016 年后尤为显著。可见，政府对此日益重视。然而，各省级红十字会内部监管情况不佳，制度建设滞后，直至 2016 年后才开始出台相关规范文件，增设内部监管条文。这表明红十字会自我监管起步较晚，有待加强。

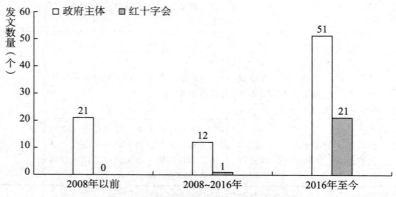

**图 2 按时间线划分监管主客体发文情况**

研究表明，我国慈善组织互联网募捐在区域间发展差异显著（高小枚，2018：44~51）。本研究根据国家发展和改革委员会的相关标准，统计了东、中、西部①各省份转发中央政策文件情况，发现我国互联网募捐监管的区域差异同样明显，监管主体结构失衡。如图 3 所示，东部地区出台的相关政策明显多于其他地区。如图 4 所示，中央及地方政府总发文 84 个②，而红十字会内部自我监管发文仅有 22 个。

这种区域性差异主要源于以下两方面：一是经济发展水平和数字化基础设施建设的区域差距，导致互联网募捐发展不平衡。东部地区发达，社团数量多，在互联网募捐的实践创新方面优势明显（王名、贾西津，2002：30~43+154~155）。二是各地区对互联网募捐的政策供给和制度创新差异显著，直接影响当地慈善组织互联网募捐的规范性（赵文聘、徐家良，2019：97）。这种失衡反映了我国中西部地区慈善组织的自我监管意识和能力亟待提升。

---

① 东部：北京市、天津市、河北省、辽宁省、上海市、江苏省、浙江省、福建省、山东省、广东省、广西壮族自治区、海南省；中部：山西省、内蒙古自治区、吉林省、黑龙江省、安徽省、江西省、河南省、湖北省、湖南省；西部：重庆市、四川省、贵州省、云南省、西藏自治区、陕西省、甘肃省、宁夏回族自治区、青海省、新疆维吾尔自治区。

② 发文主体是中央政府及中国红十字总会的政策文件划分到"中央层面"这一文件属性中。

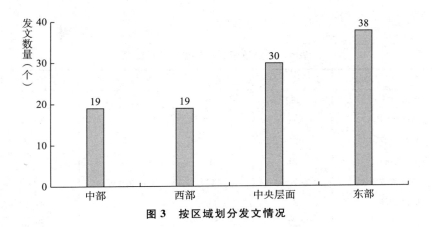

图 3　按区域划分发文情况

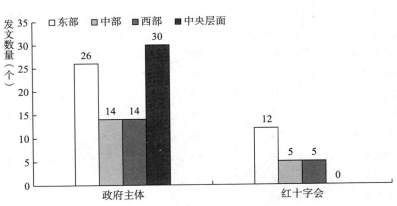

图 4　按主体划分发文情况

### （二）监管意识和能力塑造

通过对我国互联网募捐监管政策的梳理①（表4），发现命令型政策工具占比最大，达 33.33%，包括命令执行、目标执行、行政监管。而激励型政策工具占比仅 13.58%。反映监管体系结构失衡。在能力建设型政策工具中，人才队伍与组织培训占比偏低，其中组织培训的内容仅占 5.98%。尽管文本多次提及建立信息共享机制和完善衔接机制，但具体执行仍以政府为主体，信息公开和规范督导分别占 41.03% 和 29.91%。可见，我国现阶段慈善组织互联网募捐监管主要依赖政府的强制约束性手段，对慈善组织自身回应性监管意识提升和能力

---

① 红十字会作为监管对象之一，仅针对其互联网募捐监管的政策十分有限，因此这部分梳理的是包括红十字会在内有关慈善组织互联网募捐监管的政策及内部发文。

建设的支持力度均不足。

**表 4　各类政策工具节点的统计结果**

| 父节点及子节点 | 文件数（个） | 参考点（个） | 父节点占比（%） | 内容构成比（%） |
|---|---|---|---|---|
| 命令型政策工具 | 132 | 216 | 33.33 | — |
| 　命令执行 | 54 | 107 | — | 49.54 |
| 　行政监管 | 57 | 88 | — | 40.74 |
| 　目标执行 | 21 | 21 | — | 9.72 |
| 能力建设型政策工具 | 90 | 117 | 18.06 | — |
| 　信息公开 | 31 | 48 | — | 41.03 |
| 　人才队伍 | 27 | 27 | — | 23.08 |
| 　组织培训 | 7 | 7 | — | 5.98 |
| 　规范督导 | 25 | 35 | — | 29.91 |
| 劝说型政策工具 | 98 | 121 | 18.67 | — |
| 　行业自律 | 26 | 39 | — | 32.23 |
| 　宣传引导 | 42 | 46 | — | 38.02 |
| 　鼓励号召 | 30 | 36 | — | 29.75 |
| 激励型政策工具 | 64 | 88 | 13.58 | — |
| 　奖励支持 | 40 | 58 | — | 65.91 |
| 　权力重组 | 13 | 14 | — | 15.91 |
| 　监督举报 | 11 | 16 | — | 18.18 |
| 系统变革型政策工具 | 90 | 106 | 16.36 | — |
| 　社会参与 | 43 | 49 | — | 46.23 |
| 　机制变化 | 30 | 34 | — | 32.08 |
| 　部门联动 | 17 | 23 | — | 21.69 |

注：该表根据 NVivo 12 各类政策工具编码节点的统计结果制成。

**（三）各监管主客体的协同监管权力分配**

在我国互联网募捐监管中，第三方监管主体及慈善组织对政府部门的行政依附性较强。政策工具分布（表 4）显示，首先，系统变革型政策工具仅占比 16.36%，其中社会参与这一子项虽内容相对比较宽泛笼统（如政策文本 32-4-4-1 所示），但第三方力量的监督多为惩罚导向的事后监督（如政策文本 52-32-2-1 所示），缺乏与慈善组织间的正向回应性互动。

（四）加强社会监督。畅通社会公众对慈善活动中不良行为的投诉举报渠道，支持新闻媒体对慈善组织、慈善活动进行监督，对违法违规及不良现象和行为进行曝光，充分发挥舆论监督作用。（政策文本：32-4-4-1）

第三十五条 支持社会公众、媒体对慈善组织、慈善活动进行监督，对假借慈善名义或者假冒慈善组织骗取财产、违法开展公开募捐以及慈善活动中存在的其他违法违规行为进行曝光，发挥舆论和社会监督作用。（政策文本：52-32-2-1）

其次，慈善组织在互联网募捐自我监管方面的政策文本稀缺。系统变革型政策工具中，部门联动占比21.69%，且内容多针对慈善事业整体发展，缺乏对互联网募捐监管的针对性，这限制了慈善组织的自主权。可见，当前政府由命令型政策主导，慈善组织与第三方力量的协同监管权分配不均，与多元主体共建、共治、共享社会治理格局相悖。

### （四）监管主客体的联结关系

红十字会对于官方政策文件的回应缺乏主动性和及时性。通过对政策回应情况的文本分析发现，从政策联动视角来看，中央及地方政府总发文数量为84个，而被各省份红十字会转发的政府发文仅有27个。从区域分布来看，东部地区政策转发数量达53次；西部和中部地区分别为46次和37次（表5）。但即使在经济较发达、信息化程度较高的东部地区，政策转发效率也未达到预期水平。

在这些转发的政策中，由于互联网募捐仅作为其中的组成部分，更多内容是针对慈善组织及慈善事业总体的管理规范，缺乏对互联网募捐监管的针对性。这一方面反映了各地区在响应中央政策时的积极性差异，另一方面也凸显了我国慈善组织的互联网募捐监管主客体的互动较少，缺乏紧密的联结关系。

**表5 各区域官方政策转发情况**

| 转发文件名 | 总计（个） | 区域 | 转发次数（次） |
|---|---|---|---|
| 《中国红十字会章程》《中国红十字会捐赠工作管理办法》《中国红十字会募捐和接受捐赠工作管理办法》《中华人民共和国公益事业捐赠法》……《中华人民共和国红十字会法》《中华人民共和国慈善法》 | 27 | 东部 | 53 |
| | | 中部 | 37 |
| | | 西部 | 46 |

## 五　赋能型监管：强化慈善组织互联网募捐
## 回应性监管的对策

基于上述分析发现，中国红十字会的互联网募捐监管存在反馈滞后、意识和能力塑造不足、协同监管权分配不均、联结关系不紧密的问题。从理论分析来看，这些问题源于回应性监管实践不足及动机性、领导性、结构性赋能缺失。区域性监管反馈滞后反映了监管策略与监管对象特征的不匹配，监管意识和能力塑造不足则与动机性赋能缺失直接相关。慈善组织自我监管不足，第三方力量（公众和新闻媒体）监管参与度低，导致监管不力、放大问题，为互联网募捐的回应性监管带来了巨大挑战（向鹏，2017：87~93）。监管活动归根结底是要落到基层人员与监管对象的互动上。因此，实施回应性监管前，需充分考虑监管主客体的动机、能力、技术和资源准备情况。正如前文指出的，以中国红十字会为代表的政府主导型慈善组织相较于其他类型的慈善组织有更好的基础和机会来实施回应性监管，但这类慈善组织尚无法很好地实现回应性监管，其他类型的慈善组织，尤其是草根慈善组织，就更难以实现。授权赋能理论启示，实现慈善组织互联网募捐的赋能型监管是实施回应性监管的前提。

第一，对慈善组织进行动机性赋能，可预防慈善组织互联网募捐监管回应滞后，强化监管意识和能力。首先，提升慈善组织工作人员的自我效能感与行动力，深化其对监管目标和重要性的认知，激发积极性与主动性。其次，通过专业培训提升慈善组织工作人员自我监管胜任力，熟悉监管政策及流程，明确区域及行业特色在差别化监管中的重要性，确保沟通渠道畅通，及时回应监管问题。最后，营造利于回应性监管的组织文化，加强慈善组织与政府监管部门的沟通，积极回应政策，创造良好的监管环境和支持条件，发挥慈善组织在自我监管中的主观能动性。

第二，对政府进行领导性赋能，可优化监管权分配，重塑监管主体角色，防止协同监管权不均衡。首先，政府应完善监管法律法规，细化角色分配、权责界定，提供清晰的监管路径和责任范围，确保主体间的高效协作。其次，推动政府角色转化。由主导管控向支持服务转变，避免"裁判员"与"运动员"角色重叠，推动互联网募捐监管向"民办官助"发展（周秋光、李华文，

2020：61~74）。政府可适当放松命令型规制，明确慈善组织功能定位，给予更多自我监管空间，促进各监管主体协同合作，确保监管权均衡分配，提升监管效率与效果。

第三，对社会第三方监管力量进行结构性赋能，可规避监管主客体联结关系不紧密问题。首先，畅通第三方监管参与渠道，加强信息披露，公开募捐信息，收集公众意见，保障其知情权和监督权。其次，营造公众舆论监督氛围，授予公众监管决策权，鼓励公众及新闻媒体等第三方力量积极参与监管过程，共同制定和落实监管政策，提升监管成效。最后，发挥大数据在结构性赋能中的重要作用，促进主客体之间的信息沟通、传递和认知，实现近距离监管。在互联网募捐中，各主体需及时反馈监管问题，利用互联网打造即时信息中转平台，实现信息共享和沟通的零障碍，提升监管效率。

## 六 结论与反思

本研究发现，提升我国慈善组织互联网募捐监管效能需基于回应性互动，赋能多主体联动。具体而言，政府在主导监管的同时，慈善组织需加强自律与自我监管，社会力量应增强主动监督意识。红十字会案例说明了回应性监管的超前性。换言之，只有在监管主客体的动机、能力、技术和资源准备就绪的情况下，回应性监管才能真正发挥其应有的作用。因此，赋能型监管是回应性监管的前提。具体路径上，可通过动机性、领导性与结构性赋能，将宏观监管问题微观化，实施差别化策略，深化监管参与，重塑主体角色，加强监管主客体互动，营造政府、慈善组织、第三方力量良性互动、紧密配合的监管生态。

本研究的理论贡献在于有助于完善互联网募捐监管的本土体系。其一，本研究超越政府单一视角，探讨监管主客体的回应性互动，分析回应性监管理论的适用性，提出赋能型监管，前瞻性地预防问题，推动实现回应性监管。其二，本研究以慈善组织为研究对象，通过案例分析丰富了互联网募捐监管的研究内容。同时，本研究的实践价值在于有助于识别慈善组织互联网募捐监管问题的症结，为政府和慈善组织提供决策依据，通过赋能营造协同联动的监管生态，助推慈善事业高质量发展。

然而，本研究作为一个探索性研究存在局限，但为未来研究的进一步深入提供了一些方向。首先，虽然通过政策文本分析梳理出我国慈善组织互联网募捐回应性监管的现状及问题，但受限于政策不完全公开，对监管主客体即时动态互动的解释力有限。建议未来结合访谈及实地调查，深入探讨回应性监管的行动过程及问题机理。其次，对赋能型监管策略的讨论需更多实证依据，未来研究可细化相关路径和对策。最后，本研究基于中国红十字会个案主要对政府主导型慈善组织的互联网募捐监管展开了实证研究，未来可探讨不同类型慈善组织的回应性监管，并分析其他国家和地区经验以增强研究素材的丰富度。

**参考文献**

程波辉（2021）：《公益众筹的政府监管模式探讨——基于回应性监管理论视角》，《学术研究》，第 6 期。

陈兰杰、赵元晨（2020）：《政策工具视角下我国开放政府数据政策文本分析》，《情报资料工作》，第 6 期。

陈一丹、吴朋阳、周子祺、马天骄（2019）：《中国互联网公益》，北京：中国人民大学出版社。

邓国胜（2020）：《网络众筹平台骗捐诈捐现象频发，如何破》，《人民论坛》，第 1 期。

杜晶晶、胡登峰、张琪（2020）：《数字化赋能视角下突发公共事件应急管理系统研究》，《科技进步与对策》，第 20 期。

郭雳（2023）：《精巧规制理论及其在数据要素治理中的应用》，《行政法学研究》，第 5 期。

高小枚（2018）：《经济转型升级背景下慈善组织发展的区域差异性》，《经济地理》，第 38 期。

黄春蕾（2017）：《协同治理视角下我国网络募捐监管体系研究》，《东岳论丛》，第 10 期。

韩运荣、张欢（2018）：《当前网络慈善舆情的特点、解析与前瞻——以"罗尔事件"为例》，《现代传播（中国传媒大学学报）》，第 4 期。

金碧华、陈苗青（2020）：《慈善 3.0 时代："互联网+慈善"面临的困境及其破解》，《行政与法》，第 4 期。

金锦萍（2017）：《〈慈善法〉实施后网络募捐的法律规制》，《复旦学报》（社会科学版），第 4 期。

刘鹏、王力（2016）：《回应性监管理论及其本土适用性分析》，《中国人民大学学报》，第 1 期。

刘鹏、李文韬（2018）：《网络订餐食品安全监管：基于智慧监管理论的视角》，《华中师范大学学报》（人文社会科学版），第 57 期。

雷巧玲（2006）：《授权赋能研究综述》，《科技进步与对策》，第 8 期。

潘晓（2022）：《从慈善失灵到规制失灵：募捐准入的理论逻辑与路径选择》，《苏州大学学报》（哲学社会科学版），第 5 期。

施从美、帅凯（2020）：《回应性监管：政府主导型社区基金会有效监管的行动策略研究》，《中国行政管理》，第 7 期。

沈国琴（2019）：《基于慈善法社会法属性的慈善网络募捐关系的应然走向分析》，《学术交流》，第 3 期。

沙勇忠、阎劲松、王峥嵘（2015）：《雅安地震后红十字会的公众信任研究——基于微博数据的网民情感分析》，《公共管理学报》，第 3 期。

王辉（2015）：《政策工具视角下多元福利有效运转的逻辑——以川北 S 村互助式养老为个案》，《公共管理学报》，第 4 期。

王玉生、赵雅棋（2024）：《回应性监管：网络社会组织有效监管的实践策略》，《吉首大学学报》（社会科学版），第 3 期。

王名、贾西津（2002）：《中国 NGO 的发展分析》，《管理世界》，第 8 期。

徐鸣（2019）：《跨学科视角下西方监管理论的演变研究》，《中共南京市委党校学报》，第 5 期。

向鹏（2017）：《关于完善网络募捐监管法律制度的思考》，《华南理工大学学报》（社会科学版），第 3 期。

杨炳霖（2014）：《监管治理体系建设理论范式与实施路径研究——回应性监管理论的启示》，《中国行政管理》，第 6 期。

杨炳霖（2017）：《回应性监管理论述评：精髓与问题》，《中国行政管理》，第 4 期。

杨炳霖（2018）：《从"政府监管"到"监管治理"》，《中国政法大学学报》，第 2 期。

杨逢银、张钊、杨颜澧（2020）：《"微公益"失范的发生机理与跨界规制》，《中国行政管理》，第 2 期。

杨慧（2023）：《社会科学研究中的政策文本分析：方法论与方法》，《社会科学》，第 12 期。

袁同成、沈宫阁（2014）：《新媒体与"善治"的可能——基于中外网络慈善监管的比较研究》，《甘肃社会科学》，第 3 期。

杨伟伟（2019）：《"七维"协同治理：推进我国互联网公开募捐信息平台的规范化建设——基于首批 11 家公开募捐信息平台的分析》，《理论月刊》，第 6 期。

周秋光、李华文（2020）：《中国慈善的传统与现代转型》，《思想战线》，第 2 期。

赵文聘、徐家良（2019）：《制度性组织、新纽带与再嵌入：网络公益慈善信任形成机制创新》，《社会科学》，第 6 期。

Ayres，I.，& Braithwaite，J.（1992），*Responsive Regulation：Transcending the Deregulation Debate*，Oxford：Oxford University Press.

Diarmuid, M. (2017), "Improving Charity Accountability: Lessons from the Scottish Experience," *Nonprofit and Voluntary Sector Quarterly* 4, pp. 725-746.

Melissa, G. L. (2000), "Can States Impose Registration Requirements on Online Charitable Solicitors?" *The University of Chicago Law Review* 67 (4), pp. 1379-1407.

Mcdonnell, L. M., & Elmore, R. F. (1987), "Getting the Job Done: Alternative Policy Instruments," *Educational Evaluation and Policy Analysis* 9 (2), pp. 133-152.

Radiah, O., & Norli, A. (2014), "NPO, Internal Controls, and Supervision Mechanisms in a Developing Country," *International Journal of Voluntary and Nonprofit Organizations* 25 (1), pp. 201-224.

Schneider, A., & Ingram, H. (1990), "Behavioral Assumptions of Policy Tools," *The Journal of Politics* 52 (2), pp. 510-529.

责任编辑：马建银

# 社会组织商业化何以影响公众捐赠?

## ——一项基于组织信任和信息公开视角的调查实验

王利君　张　冉　黄　英[*]

**【摘要】** 在竞争加剧与财政资助缩减共同冲击的背景下,社会组织的商业化创新渐成趋势。商业化活动保障社会组织可持续发展的同时,会挤出其外部捐赠的获取,然而既有研究对该机制缺乏详细的剖析。研究采用调查实验法,检验在不同财务信息透明度的背景下,社会组织商业化活动与公众捐赠意愿之间的关系。研究发现:其一,社会组织的商业化活动会挤出公众的捐赠,相较于无商业化活动的社会组织而言,公众对有商业化活动的社会组织的捐赠意愿更低;其二,社会组织商业化活动对公众捐赠意愿的挤出通过降低公众对社会组织的信任度间接实现;其三,商业化活动对公众捐赠的负面影响十分微弱,且组织的信息公开行为会消解商业化对公众组织信任的消极影响,进而鼓励公众捐赠。本研究的理论意义在于,一方面回应并解析了社会组织不同财务来源的互斥性关系,另一方面证实了组织创新的可行性与重要性。

**【关键词】** 社会组织商业化;公众捐赠;组织信任;信息公开;调查实验

---

\* 王利君,湘潭大学公共管理学院教师;张冉,华东师范大学公共管理学院教授,博士生导师;黄英(通讯作者),广东药科大学医药商学院讲师。

# 一 问题提出与文献回顾

党的二十大报告指出，"中国式现代化是全体人民共同富裕的现代化"，要"着力维护社会公平正义，着力促进全体人民共同富裕"。慈善事业作为促进共同富裕目标实现、凝聚共同体价值的重要机制（杨永娇、王彤，2023：149；赵新峰等，2024：76），其首要主体——社会组织，在提供公共服务（杨丽，2024：72）、参与乡村振兴（薛美琴、马超峰，2023：131）等方面发挥了关键作用，因而社会组织的可持续发展关切慈善事业的壮大与共同富裕目标的稳步达成。然而近年来，伴随着政社脱钩改革的推进，政府逐渐退出慈善领域，减少了对社会组织的直接资助（Shen et al.，2020：72），社会组织面临着竞争加剧与财政资助缩减的消极冲击（Suykens et al.，2021：1456），这一背景倒逼社会组织探索自助之策，不再依赖外部资助，转而以最符合社会目标的方式赚取收入，以商业化为手段实现自主生存（窦婴、晋军，2022：213；Ko & Liu，2021：15）。简单而言，商业化即社会组织使用市场或企业的方法获取收入，从依赖政府或社会捐赠转变为依赖项目或服务性商业收入（Maier et al.，2016）。具体地，社会组织通过努力调整自身的结构和战略，或开发收费性服务等商业化项目，开拓自我造血的途径，增加收入来源的多样性（Eikenberry & Kluver，2004）；或引入市场机制并配置新的商业模式，转型为社会企业，以商业创收支撑社会价值创造（Defourny & Nyssens，2017）。至今，社会组织商业化活动已屡见不鲜。在国外，越来越多的社会组织引入创新商业模式（Business Model Innovation，BMI），借用收费服务来解决各类社会问题（Weerawardena et al.，2021：762）。譬如，萨拉蒙等（2017）对41个国家的非营利部门展开比较发现，其商业化收入在所有收入中占比50%以上，且在大部分国家，商业化收入是社会组织最大的收入来源，同时也是增长最快的收入来源。在国内社会组织中，有学者面向336家社会组织展开分析发现，商业收入平均占非营利组织总收入的11.4%，且商业化水平会伴随着资源稀缺性的加剧而提高（Lu et al.，2023：1080）。由此可知，在外部资助缩减引发的资源流失背景下，商业化活动会成为帮助社会组织完善对人力、财力资源的配置，摆脱资源依赖并创造社会价值的有效方式（Jones，2009：2）。

然而，商业化活动的引入在为社会组织带来可持续发展的优势之余，亦模糊了营利部门和非营利部门的界限，引发了各界针对社会组织的诸多诟病（Park et al.，2022：1957），因为商业化可能会让社会组织的其他资金获取受到潜在的冲击。在非商业化背景下，社会组织依靠各种资源提供者来支持其与使命相关的工作，其中，来自公众的捐赠直接代表了公众支持社会组织及其事业的意愿，于社会组织而言尤为重要（欧翠玲、颜克高，2022：52）。有研究发现，尽管存在商业化活动，多数社会组织仍然存在大量的资金缺口，即商业化活动可能难以帮助其完全实现自给自足，而需要外部捐赠的进一步支持（Foster & Bradach，2005：92）。邓国胜等（2015）学者针对中国草根组织的研究亦指出，具备商业模式的社会组织仍在较大程度上依赖外部捐赠生存。因此，从非商业化背景转向商业化背景，外部捐赠的变化值得高度关注，因其反映了社会组织发展进程中两类核心收入来源的关系，然而关于这一主题的学术研究相对阙如。

已有文献对社会组织商业化与公众捐赠的理解存在两种认知：少数研究者持正向影响观点，认为社会组织商业化行为因引入了市场要素而具备更高的运行与服务的灵活性和效率，公众可能会更愿意为这类高效率的社会组织买单（Ecer et al.，2017：141）；多数研究持负向挤出观点（谢舜、吕翠丽，2022：115），这类研究一方面遵循对传统挤出效应的理解，认为通过商业活动创造收入的社会组织获得私人捐赠的可能性更低（Tinkelman & Neely，2011：758）。传统挤出效应主要用于解释公共部门资助对私人捐赠的影响，当公共部门为社会组织提供的税收收入增加时，公众会认为自身的捐赠义务或心愿得到了满足，从而减少自身的捐赠行为（Marie，2017：263）。借鉴这一思路，对于存在商业活动收入的社会组织而言，公众会认为自身的慈善捐款可以被社会组织的商业收入抵消掉，从而减少捐款（McManus & Bennet，2011：403）。另一方面，亦有研究认为商业化行为对于社会组织自身的使命稳健性、合法性等产生损害（Calvo & Morales，2016：1170），影响公众对社会组织的信任程度，并进一步抑制公众的捐赠意愿，但少有文献揭示这一影响机制。

近年来，我国对社会组织的监管方式正逐渐从侧重事前审批转向更加全面的综合监管。在这一新的监管框架下，社会组织被要求提高信息透明度并接受问责。目前，广东、上海等多个地区已经出台了相关政策，强制社会组织公开其信息。此前已有研究表明，潜在捐赠者通常会对社会组织的税务记录及其他财务信息表现出敏感性（Andreoni & Payne，2011：335），但这些关键信息往往难以获取。随着信息公开成为一项强制性要求，公众对于社会组织及其财务管理具备更高的了解度。在此情形下，商业化活动与公众对慈善组织的信任以及捐赠意愿间的关系是否会发生变化成为一个值得探讨的问题。然而，至今为止，关于这三者之间关系变化的理论研究仍显不足。

鉴于此，本文以探究"社会组织商业化活动如何影响公众捐赠，以及在不同信息公开背景下社会组织商业化活动对公众捐赠的影响是否产生差异？"为核心。为回应此问题，本研究展开了一项调查实验，试图在整合传统替代性挤出观点的基础上，引入组织信任视角，解释社会组织商业化对公众捐赠的影响过程。由于社会组织的信息透明会减少社会组织与公众间的信息不对称，帮助潜在捐赠者更好地了解社会组织及其商业化活动，因此研究进一步对比了在信息公开与非信息公开两种不同情形下公众面对社会组织商业化活动时的组织信任程度和捐赠意愿。

## 二　理论假设

### （一）商业化与公众捐赠

社会组织在因商业化而提升灵活性和韧性，看似光明一片的同时，对社会组织自身使命稳健性的威胁、对公众捐赠的排挤等负面影响开始浮出水面。由于公众捐赠是社会组织获取资源的核心渠道（Foster & Bradach，2005：92），商业化创新与社会组织发展的传统依赖支柱间的关系更值得关注。既有研究多将二者判定为挤出关系，但均集中于对二者关系的直接验证上，对于其中间机制的分析相对有限。鉴于现有成果的理论化解释，文章将社会组织商业化活动对公众捐赠的影响归纳为两大途径：替代性途径与信任衰退途径。

#### 1. 商业化活动挤出公众捐赠的替代性解释

替代性解释借鉴挤出效应（Crowding-out Effect）的理论观点，后者以政府资助与公众捐赠的关系为核心关注，认为在公共服务供给中，私人供给与政府供给互为替代效应（Simmons & Emanuele，2004：498）。一方面，从捐赠者的角度而言，政府资助即意味着其已通过税收的方式完成了公众对社会组织的非自愿性、间接性捐赠，从而减少了自身的自愿性、直接性捐赠；另一方面，从社会组织的角度而言，政府资助已然能够满足社会组织公共服务供给的部分资金需求，因而会在一定程度上减少寻求公共捐赠的积极性（Andreoni & Payne，2011：334）。参照这一理论解释，当社会组织所需要的资金总数固定时，潜在的捐赠者会将商业化收入、政府资助等不同收入视为公众捐赠的替代（Hung et al.，2023：3），随着其他渠道收入的增加，公众会产生捐赠已被其他主体所满足、自身的捐赠义务也被其他主体履行了的心理感知（Hung，2020：292），因而会抑制自身的捐赠行为。鉴于此，本文提出以下假设：

H1：社会组织的商业化活动直接挤出公众的捐赠意愿。

2. 商业化活动挤出公众捐赠的信任衰退解释

社会组织的商业化行径会降低公众对这一组织的信任。一是商业化会导致公众对社会组织使命漂移的担忧。从制度逻辑的视角来看，商业化意味着在单纯受到社会逻辑支配的社会组织运行中引入了商业逻辑，二者存在显著差异，往往被视为互不相容，对某一方制度逻辑的满足很有可能意味着需要反抗另一方，或挤压另一方的需求（Suykens et al.，2021：107；Greenwood et al.，2011：318；Pache & Santos，2010：455），进而阻碍社会组织社会使命的达成。正因如此，人们会产生社会组织可能因商业化活动而逐步向商业组织靠拢的担忧，即认为社会逻辑受到商业逻辑的挤压，导致社会使命让位于商业收入，背离最初的目标，引发社会组织的合法性危机（谢昕等，2020：169），甚至会让公众为社会组织贴上"贪婪"的标签（Lee et al.，2017：518），让潜在的捐赠者在做出捐赠决策时犹豫不决。二是商业化活动会引发公众对社会组织能力的怀疑。商业化提升了社会组织灵活性的同时，也加大了社会组织的运转压力。社会组织需要将有限的精力抽调部分转向客户的吸引与维护、商业模式的稳定与创新等，增加了与社会服务活动无关的资金与精力投入（Herzer & Nunnenkamp，2013：241），对社会组织的价值创造产生挤压。此外，开展商业化活动的社会组织将面临与商业组织之间的竞争，以及伴随着竞争而产生的组织失败的可能性，让潜在捐赠者产生社会组织可能难以实现社会价值的忧虑（Enjolras，2002：354）。一言以蔽之，对慈善机构的信任是潜在捐赠者相信慈善机构将会且能够按照预期行事并履行其义务的程度（Sargeant & Lee，2004a：197），商业化所引发的捐赠者对其使命稳健性和使命践行能力的担忧均昭示着捐赠者对社会组织信任程度的衰减。

对社会组织信任的衰减会抑制潜在捐赠者的捐赠意愿。由于信任有利于提高不同主体间建立关系的可能性（Sargeant et al.，2006：155），在社会组织与捐赠者的关系中，捐赠者往往难以对社会组织进行直接而全面的评估，而依赖于自身对社会组织的信任程度，这种信任程度则进一步影响了捐赠者对待社会组织的态度与行为（Sargeant & Lee，2004b：613）。如 Meléndéz（2001）所述，"捐赠者不会向他们不信任的组织捐款"，也就是说，对社会组织的信任直接决定了捐赠者的捐赠意愿与捐赠行为。在社会组织商业化活动引发的信任衰减的背景下，其捐赠的意愿也会衰退。鉴于此，本文提出以下研究假设：

H2：组织信任在社会组织商业化活动与公众捐赠意愿之间发挥中介作用。

**（二）信息公开对公众捐赠的影响**

尽管商业化与公众捐赠间存在负向的因果关系，但是这一挤出效应并非不可应对（Lee，2023：515）。信息公开与组织透明是公共组织管理、慈善营销等领域的重要概念，相关组织通过将使命、财务状况、治理实践等内容传达给公众，减少信息不对称、维持市场效率并产生更佳的社会成果（Zhuang et al.，2014：470）。在社会组织研究中，根据委托—代理理论，捐赠者作为委托方，社会组织作为代理方，代理方隐瞒信息会降低委托方对组织的信任，进而导致其对委托方资金的吸引力不足（Lewis，2005：238），相反，较高的信息公开水平能够让潜在的捐赠者确保社会组织严格地按照组织使命而筹集、使用资金，增加捐赠者对社会组织的信任，进而激励公众的捐赠意愿并得到较高的捐赠额（Deng et al.，2015：475；Gandía，2011：57）。此外，信息公开代表着道德标准，是社会组织向利益相关者传达出的有关自身道德性、责任性与有效性承诺的信号（Dethier et al.，2023：7）。当社会组织商业化活动引发组织效率低下、组织使命漂移等担忧而使潜在利益相关者的信任减弱时，信息公开，尤其是财务信息的公开能够降低其因商业化活动而产生负面后果的可能性（Liket &

Maas，2015：279；Prakash & Gugerty，2010：22），可在一定程度上缓释捐赠者对社会组织的担忧（图1）。鉴于此，本文提出以下假设：

H3：与财务信息未公开的社会组织相比，潜在捐赠者对财务信息公开的社会组织信任度更高，进而捐赠意愿也较高。

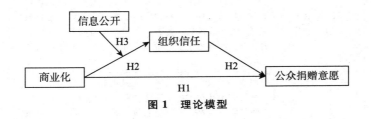

图1　理论模型

## 三　研究设计

### （一）研究方法与实验设计

实验法通过随机分配与有效操纵让实验组与对照组之间形成有效对比以识别因果关系，因其具备随机化配置干预、可重复性、标准操作、可控条件等科学研究的特征，被奉为因果推论的"黄金准则"（王利君等，2024：180）。其中，调查实验作为一种兼顾操作性与研究效度的实验方法，在近年来备受学者青睐（鹿斌，2023：52）。因此本研究借助调查实验检验社会组织商业化活动、组织信任与公众捐赠意愿间的关系。

在实验设计上，研究选择社会组织参与乡村振兴作为背景。乡村振兴作为中国农村发展和共同富裕的重大战略部署，备受社会关注。其间，社会组织作为乡村振兴的重要主体，不仅能够通过专业力量促进乡村的有效治理，还能为乡村发展链接资源，通过提供教育、养老、扶贫等公共服务，加快乡村振兴的步伐。鉴于此，本文锚定与社会发展具有重要关切的教育领域，立足于乡村振兴语境，设计了2（无商业化 VS 有商业化）×2（有信息公开 VS 无信息公开）的组间实验，分析在商业化背景下公众对社会组织捐赠的意愿转变。

在问卷发放上，本研究借助网络调查平台 Credamo（见数），利用其可面向受访者随机呈现实验情境的功能实现随机操纵。具体而言，研究将受访者随机分配到四个不同的实验场景中，要求这些受访者分别阅读不同场景下的社会组织及其商业化与信息公开的背景信息并填写调查问卷（表1）。

表 1　实验干预情境

| 场景 | 类型 | 实验操纵 | 样本量 |
|---|---|---|---|
| 场景一 | 无商业化×无信息公开 | 我们是一家致力于帮助乡村贫困儿童的社会组织，通过为乡村贫困儿童捐赠生活物资和学习物资，改善他们的生活与学习条件，并对他们的生活与学习状态进行长期监测。为了实现这一任务，我们今年需要筹集100万元的资金，所有筹集到的资金我们将用于贫困儿童的帮助中 | 73 |
| 场景二 | 商业化×无信息公开 | 我们是一家致力于帮助乡村贫困儿童的社会组织，通过为乡村贫困儿童捐赠生活物资和学习物资，改善他们的生活与学习条件，并对他们的生活与学习状态进行长期监测。为了实现这一任务，我们今年需要筹集100万元的资金，为了减轻后续筹款压力，在此之前，我们已通过提供收费性服务（例如培训、产品销售等）获得了一部分收益，其他部分需要面向社会筹款 | 179 |
| 场景三 | 无商业化×信息公开 | 我们是一家致力于帮助乡村贫困儿童的社会组织，通过为乡村贫困儿童捐赠生活物资和学习物资，改善他们的生活与学习条件，并对他们的生活与学习状态进行长期监测。为了实现这一任务，我们今年需要筹集100万元的资金，所有筹集到的资金我们将用于贫困儿童的帮助中，且后续所有资金的使用我们将向社会进行公开 | 111 |
| 场景四 | 低水平商业化×信息公开 | 我们是一家致力于帮助乡村贫困儿童的社会组织，通过为乡村贫困儿童捐赠生活物资和学习物资，改善他们的生活与学习条件，并对他们的生活与学习状态进行长期监测。为了实现这一任务，我们今年需要筹集100万元的资金。为了减轻筹款压力，在此之前，我们已通过提供收费性服务（例如培训、产品销售等）获得了一部分收益，其他部分需要面向社会筹款。后续所有资金的使用情况（包括服务所获收益的去向）我们都将向全社会公开 | 164 |

## （二）变量测量

因变量：公众捐赠意愿。为测量该变量，研究选择了两种方式：其一，"您是否愿意对该组织进行捐赠？"，要求被试在数字1~7中进行选择以表示其意愿程度，其中"1"表示非常不愿意，"7"表示非常愿意。其二，参考Hung等人（2023）的测量方式，询问"假设您有100元可用于捐赠，您会向这家组织捐赠多少钱？"，问卷以 10 为间隔设置 10 个选项，最低为 "10 元及以下"，最高为 "91~100 元"。

自变量：社会组织商业化。研究通过在背景信息中增删 "我们已通过提供收费性服务（例如培训、产品销售等）获得了一部分收益，其他部分需要面向社会筹款" 这一语句对社会组织商业化这一变量进行操纵，有该语句时，为有商业化，反之，则为无商业化。在具体赋值时，"0" = 无商业化，"1" = 有商业化。

调节变量：信息公开。本文所引入的信息公开具体指向通过商业化活动所获得的财务信息的披露。研究通过在不同场景中添加或删除 "后续所有资金的使用情况（包括服务所获收益的去向）我们都将向全社会公开" 来对信息公开与否进行操纵，当干预信息中不存在上述说明时，为无信息公开；反之，则为信息公开。在具体赋值时，"0" = 无信息公开，"1" = 信息公开。

中介变量：组织信任。本研究参考 Becker 等人（2020）的测量方式，设置三个题项：（1）我相信这个组织总是为公益事业而行动；（2）我相信该组织所开展的工作是符合道德规范的；（3）我相信该组织能够适当地使用捐赠资金。使用李克特七点量表，"1" 表示非常不同意，"7" 表示非常同意。在数据分析过程中，对三个题项的得分进行加权以衡量组织信任。

控制变量：本文所纳入的控制变量包括两大类，一是客观性的人口统计学变量，包括性别、年龄、受教育水平、年收入水平、政治面貌以及宗教信仰；二是主观性的态度感知变量，包括对公益事业的关注度、对社会组织的了解程度以及对社会组织的信任程度。

**（三）样本描述**

本研究共发放问卷 600 份，剔除未通过注意力检测题的问卷以及填写时间过短（小于 1 分钟）或过长（大于 10 分钟）的问卷 73 份，最终获得有效问卷 527 份，有效回收率为 87.83%。

表 2 显示了样本的描述性统计状况。具体而言，在性别上，女性占比较多，为 69.64%；在年龄上，40 岁及以下的被试占比近 87%；在年收入水平上，被调查者的年收入水平分布相对均衡，其中，3 万~10 万元（含 10 万元）与 10 万~20 万元（含 20 万元）占比偏多，分别占 32.83% 和 27.13%；在受教育水平上，多数为本科学历，占比为 63.95%；在政治面貌上，非共产党员较多，占比

70.97%，近共产党员的 2.5 倍；在宗教信仰上，85.39%的被试无宗教信仰。

**表 2  样本的人口统计学变量**

单位：%

| 变量 | | 频数 | 百分比 | 变量 | | 频数 | 百分比 |
|---|---|---|---|---|---|---|---|
| 性别 | 男 | 160 | 30.36 | 年龄 | 0~20 岁 | 32 | 6.07 |
| | 女 | 367 | 69.64 | | 21~30 岁 | 180 | 34.16 |
| 年收入水平 | 3 万元及以下 | 81 | 15.37 | | 31~40 岁 | 245 | 46.49 |
| | 3 万~10 万元（含 10 万元） | 173 | 32.83 | | 41~50 岁 | 39 | 7.40 |
| | 10 万~20 万元（含 20 万元） | 143 | 27.13 | | 51~60 岁 | 31 | 5.88 |
| | 20 万~30 万元（含 30 万元） | 89 | 16.89 | | 61 岁及以上 | 0 | 0 |
| | 30 万~50 万元（含 50 万元） | 36 | 6.83 | 受教育水平 | 初中及以下 | 6 | 1.14 |
| | | | | | 普高/中专/技校/职高 | 31 | 5.88 |
| | 50 万元以上 | 5 | 0.95 | | 专科 | 76 | 14.42 |
| | | | | | 本科 | 337 | 63.95 |
| 政治面貌 | 非共产党员 | 374 | 70.97 | | 硕士 | 71 | 13.47 |
| | 共产党员 | 153 | 29.03 | | 博士 | 6 | 1.14 |
| 宗教信仰 | 无宗教信仰 | 450 | 85.39 | | | | |
| | 有宗教信仰 | 77 | 14.61 | | | | |

# 四  实证分析

## （一）描述性分析

表 3 为主要变量的描述性分析结果。整体而言，公民对社会组织的信任程度、捐赠意愿（捐赠意愿程度与捐赠意愿金额）的平均值均处于中上水平。从表 3 数据可以看出，与无商业化活动相关场景相比，公众对于有商业化活动社会组织的组织信任、捐赠意愿（程度与金额）均更低，意味着商业化活动可能会挤出公众的信任与捐赠意愿。此外，将信息公开场景（场景三与场景四）与无信息公开场景（场景一与场景二）进行比较可以发现，信息公开场景下的公民对社会组织信任与捐赠意愿均更高，这意味着信息公开可能有助于提高公民对社会组织的信任并激励其做出捐赠决策。

**表 3　各实验场景的描述性分析**

| | | 组织信任 | 捐赠意愿程度 | 捐赠意愿金额 | 样本量 |
|---|---|---|---|---|---|
| 总计 | 均值 | 5.754 | 5.626 | 5.584 | 527 |
| | 标准差 | 0.823 | 1.161 | 2.8862 | |
| 场景一：<br>无商业化×无信息公开 | 均值 | 5.789 | 5.479 | 5.315 | 73 |
| | 标准差 | 0.776 | 1.069 | 2.803 | |
| 场景二：<br>商业化×无信息公开 | 均值 | 5.309 | 4.899 | 4.804 | 179 |
| | 标准差 | 0.953 | 1.246 | 2.870 | |
| 场景三：<br>无商业化×信息公开 | 均值 | 6.072 | 6.153 | 6.577 | 111 |
| | 标准差 | 0.644 | 0.876 | 2.659 | |
| 场景四：<br>低水平商业化×信息公开 | 均值 | 6.008 | 6.128 | 5.884 | 164 |
| | 标准差 | 0.546 | 0.777 | 2.625 | |

## （二）随机性检验

分配的随机性是保证研究效度的关键要素。研究采用单因素方差分析检验各项协变量的平衡性。如表 4 所示，可以发现，除了年收入水平以外，四个场景的其他协变量均值均无显著差异，可见本次调查实验的随机分配具备足够有效性。

**表 4　随机性检验**

| 变量 | 场景一<br>均值 | 场景二<br>均值 | 场景三<br>均值 | 场景四<br>均值 | F | P |
|---|---|---|---|---|---|---|
| 性别 | 1.767 | 1.726 | 1.685 | 1.640 | 1.67 | 0.173 |
| 年龄 | 2.658 | 2.676 | 2.811 | 2.762 | 0.73 | 0.535 |
| 受教育水平 | 4.041 | 3.816 | 3.874 | 3.823 | 1.55 | 0.200 |
| 年收入水平 | 2.671 | 2.559 | 2.937 | 2.701 | 2.4 | 0.067 |
| 政治面貌 | 1.315 | 1.268 | 1.342 | 1.268 | 0.83 | 0.479 |
| 宗教信仰 | 1.151 | 1.140 | 1.162 | 1.140 | 0.11 | 0.952 |

## （三）假设检验

### 1. 替代性解释检验

为检验研究假设，本研究借助 stata 18 软件，运用 Ologit 模型和 OLS 进行回归分析①，结果见表 5。如模型（1）和模型（2）所示，在将各协变量以及信息公开变量纳入控制后，当因变量为捐赠意愿程度时，商业化对公众捐赠意愿的影响系数为-0.267（$p<0.01$）；当因变量为捐赠意愿金额时，商业化对公众意愿的影响系数为-0.197（$p<0.05$），由此可见，社会组织商业化对公众捐赠意愿有显著的挤出性。

**表 5　直接效应与中介效应分析结果**

| 变量 | 模型（1） | 模型（2） | 模型（3） | 模型（4） | 模型（5） |
| --- | --- | --- | --- | --- | --- |
| | 捐赠意愿程度 | 捐赠意愿金额 | 组织信任 | 捐赠意愿程度 | 捐赠意愿金额 |
| 商业化 | -0.267*** | -0.197** | -0.230*** | -0.129 | -0.266 |
| 组织信任 | | | | 1.503*** | 0.448*** |
| 信息公开 | 0.993*** | 0.273*** | 0.380*** | 1.374*** | 0.258 |
| 控制变量 | Yes | Yes | Yes | Yes | Yes |
| 样本量 | 527 | 527 | 527 | 527 | 527 |

注：*** 表示 $p<0.01$，** 表示 $p<0.05$，* 表示 $p<0.1$。

**2. 信任衰退解释检验**

为验证假设 H2，研究采用逐步回归法检验组织信任在社会组织商业化与公众捐赠意愿间的中介效应。首先，前文已然证实了社会组织商业化活动对公众意愿的消极影响，见模型（1）和模型（2）。其次，以组织信任为因变量，社会组织商业化为自变量，分析发现，社会组织的商业化活动与公众的组织信任间存在显著的负向影响（$\beta=-0.230$，$p<0.01$）（模型3）。再次，将社会组织商业化与组织信任一同纳入分析，如模型（4）和模型（5）所示，当因变量为捐赠意愿程度时，商业化对因变量的影响并不显著，组织信任对因变量的影响系数为 1.503（$p<0.01$），组织信任在商业化与公民的捐赠意愿程度之间发挥着完全中介作用；当因变量为捐赠意愿金额时，商业化对因变量的影响同样不显著，组织信任对因变量的影响系数为 0.448（$p<0.01$），组织信任在商业化与公民的捐赠意愿金额之间发挥着完全中介作用。

为了进一步验证中介效应的有效性，研究在逐步回归的基础上进行了 Boot-

① 当模型因变量为公众捐赠意愿时，采用 Ologit 回归分析；当模型因变量为组织信任时，采用 OLS 回归分析。

strap 分析，如表 6 所示，当因变量为捐赠意愿程度时（模型 6），在 95% 的置信区间上，直接效应经过 0，即直接效应不显著，但间接效应高度显著（β = -0.148，p<0.01）且置信区间不经过 0；当因变量为捐赠意愿金额时，同样直接效益不显著（β = -0.305，p<0.1）而间接效应高度显著（β = -0.111，p<0.05）。基于逐步回归与 Bootstrap 分析的共同验证可得出如下结论：组织信任在社会组织商业化与公众意愿之间起着完全中介作用，H2 验证通过。由此可知，社会组织商业化与公众捐赠间的替代性解释并未得到有效验证，H1 未验证通过。

**表 6　中介效应进一步检验**

| 影响效应 | 模型（6） | | | 模型（7） | | |
|---|---|---|---|---|---|---|
| | 捐赠意愿程度 | | | 捐赠意愿金额 | | |
| | 系数 | 置信区间上界 LLCU | 置信区间下界 ULCI | 系数 | 置信区间上界 LLCU | 置信区间下界 ULCI |
| 直接效应 | -0.073 | -0.212 | 0.062 | -0.305 | -0.758 | 0.148 |
| 间接效应 | -0.148*** | -0.231 | -0.067 | -0.111** | -0.201 | -0.022 |

注：*** 表示 p<0.01，** 表示 p<0.05，* 表示 p<0.1。

3. 信息公开的调节效应

为了检验在财务信息公开与否的差异化背景下，商业化行为对组织信任和公众捐赠意愿的影响是否存在区别，研究检验了信息公开的调节作用。当组织信任为因变量，商业化与信息公开的交互为自变量时，结果呈现出显著的正向关系（β = 0.300，p<0.05），如模型（8）所示（见表 7）。当捐赠意愿程度和捐赠意愿金额分别为因变量，社会组织商业化与信息公开的交互为自变量，同时将组织信任一同纳入分析时，结果发现，商业化与信息公开的交互项对因变量的影响不显著但组织信任对因变量的影响均高度显著，影响系数分别为1.494 和 0.456。通过上述两大步骤的分析可以得出：社会组织商业化与信息公开的交互项通过影响组织信任而进一步影响公众的捐赠意愿。概言之，当社会组织向社会公开其与商业化相关的财务信息时，可以有效抑制商业化对公众组织信任和捐赠意愿的消极影响。

表 7　信息公开的调节效应分析

| 变量 | 模型（8） | 模型（9） | 模型（10） |
|---|---|---|---|
| | 组织信任 | 捐赠意愿程度 | 捐赠意愿金额 |
| 商业化×信息公开 | 0.300** | 0.497 | −0.215 |
| 商业化 | −0.398*** | −0.407 | −0.144 |
| 组织信任 | | 1.494*** | 0.456*** |
| 信息公开 | 0.185 | 1.058*** | 0.396 |
| 控制变量 | Yes | Yes | Yes |
| 样本量 | 527 | 527 | 527 |

注：*** 表示 $p<0.01$，** 表示 $p<0.05$，* 表示 $p<0.1$。

为了进一步检验调节效应分析的有效性，研究分别将公众的捐赠意愿程度和捐赠意愿金额作为因变量，将商业化与信息公开的交互项作为自变量，将组织信任作为中介变量，引入 Bootstrap 分析。如表 8 所示，当因变量为捐赠意愿程度时，间接效应系数为 0.191（$p<0.01$），且置信区间不包含 0；当因变量为捐赠意愿金额时，间接效应系数为 0.149（$p<0.05$），置信区间同样不包含 0。这一结论有效佐证了上述分析结果，信息公开可以有效调节商业化对公众的组织信任和捐赠意愿的消极影响，H3 检验通过。

表 8　调节效应的进一步检验

| 影响效应 | 模型（11） | | | 模型（12） | | |
|---|---|---|---|---|---|---|
| | 捐赠意愿程度 | | | 捐赠意愿金额 | | |
| | 系数 | 置信区间上界 LLCU | 置信区间下界 ULCI | 系数 | 置信区间上界 LLCU | 置信区间下界 ULCI |
| 直接效应 | 0.235 | −0.052 | 0.522 | −0.414 | −1.320 | 0.492 |
| 间接效应 | 0.191*** | 0.035 | 0.346 | 0.149** | 0.001 | 0.297 |

注：*** 表示 $p<0.01$，** 表示 $p<0.05$，* 表示 $p<0.1$。

基于数据分析呈现，假设 H1 并未得到验证，因此，研究对图 1 的理论模型进行修正，如图 2 所示。

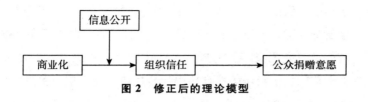

图 2  修正后的理论模型

# 五 结论与讨论

## （一）研究结论与理论贡献

随着市场竞争加剧与财政支持缩减，外部压力迫使社会组织探索转型新方向，商业化以财务独立性优势成为社会组织转型的优先选择。然而多重财务来源间存在挤出效应，创新可能会导致超出预料的负面后果，这些负面后果如何产生以及如何应对，目前较少研究对此进行讨论。本文基于组织信任与信息公开的视角，借助调查实验，检验商业化活动与公众捐赠所代表的两种不同财务渠道的挤出关系，同时探讨了组织信任的中介作用以及信息公开的调节作用。研究发现：（1）社会组织的商业化会对公众的捐赠意愿产生排挤，相比于无商业活动的社会组织而言，公众对于有商业活动的社会组织的捐赠意愿更低。（2）社会组织商业化对公众捐赠意愿的挤出通过影响受众对社会组织的信任间接实现。相较于无商业活动的社会组织，社会组织开展商业化活动时，公众的组织信任度会更低，较低的信任度引发了较低的捐赠意愿。（3）商业化对组织信任的影响受到社会组织信息公开的调节。实证结果显示，当社会组织公开财务信息时，公众对其有更高的组织信任和捐赠意愿。

本研究可能产生的理论贡献主要体现在以下三个方面。

其一，研究基于本土化情境检验了社会组织不同收入来源间的挤出关系，为社会组织的创新变革提供了理论指导。一方面，研究验证了社会组织商业化与公众捐赠间的挤出关系，既呼应了已有研究，也对此提出了挑战。西方研究针对社会组织不同收入渠道之间的关系形成了挤入与挤出等多种观点（吴中盛、朱飞宇，2024：77），其中多数研究将其判定为挤出关系（Suárez & Hwang，2013：581；Tinkelman & Neely，2011：751；Wicker et al.，2012：318），并从相互替代的视角对挤出关系的生成加以理解（Kingma，1995：21）。但遗憾的是，已有研究并未能对不同收入来源间的相互替代进行充分的解释，因而也难以保证这一观点的正确性。本文基于中国的乡村振兴场景对西方广为接受的替代解释进行了验证，确认了二者的挤出关系，肯定了西方情境下的多数研究成果。然而，与先前研究成果不同的是，本文并未成功识别出替代关系的存在，即社会组织商业化的内部创新虽然会挤出社会捐赠，但是挤出关系的生发并未沿着"互为替代关系"的理论预设推进，这一结论在一定程度上超出了西方情境下的传统认知，同时为寻找挤出关系的生成机制提供了理论契机。另一方面，研究识别出了挤出关系的微弱性，以商业化为切口验证了社会组织创新性变革的可行性。因挤出关系的存在，不少学者对社会组织商业化这一现象表达了担忧（Kirkman，2012：143），但是当研究建立在中国背景下时，社会组织商业化活动对于公众捐赠意愿的直接挤出效应十分微弱，这一结果不仅验证了西方理论的本土化解释限度，同时间接验证了社会组织商业化创新的必要性。正如Krawczyk 等（2017）所说，"收入多样性的影响很小，因此不要犹豫变革"，对于社会组织谋求财务自主性的商业化创新而言，其负面影响虽存在，但是可以适当忽略，仍然可被视为一项有效的组织创新，为组织可持续发展提供支持。

其二，研究引入组织信任概念，在替代性解释的基础上，为挤出关系的产生提供了更具说服力的解释视角。由于传统文献缺乏对于社会组织商业化挤出公众捐赠的机制性分析，在替代性解释说服力有限的情况下，挤出关系的产生机制存在黑箱。为此，研究引入了社会组织领域至关重要的概念——组织信任。如前文所述，在社会组织商业化的背景下，社会组织的行为可能产生偏差，因而潜在捐赠者对社会组织的信任具备脆弱性特征（陈剑梅，2023：57），而组织信任作为定义慈善行业可信度与合法性，以及奠定慈善行业道德基调的关键要素（Sargeant & Lee，2004b：614），是影响公众捐赠意愿与行动的先决条件。为此，本文引入了组织信任这一概念，对社会组织商业化如何挤出公众捐赠进行了理论建构，有效弥补了当前文献中机制分析不足的缺憾。

其三，研究为社会组织研究场域下的信息公开这一要素提供了新的应用场景和应用方式，丰富了组织学中的信息公开研究。社会组织研究的既有文献已然挖掘了信息公开对于社会组织获取利益相关者信任以及吸引外部捐赠的重要作用（Gandía，2011：57；She & Sanfey，2023：1；王焕等，2023：86），但这些文献大多局限于对信息公开这一要素直接作用的验证与分析上。本文的分析不仅挖掘了信息公开在吸引公众捐赠中的边际作用——通过调节商业化引发的消极影响而强化公众的组织信任，进而促进公众捐赠；还验证了信息公开对于提升社会组织商业化活动合法性的关键作用，为社会组织的商业化创新提供了一个有效的调试方式，进一步补充了信息公开作为一项关键的慈善营销举措的研究成果。

### （二） 管理启示

在国家高度呼吁社会力量参与公共服务的背景下，社会组织的可持续发展尤为重要。商业化是社会组织探索可持续发展与自主发展的创新之举，组织管理者与外部监管者既需要鼓励这种自我造血行为，亦要防范其潜在的负面后果。为此，本文提出如下政策启示。

其一，加强对社会组织商业化活动的备案与监管工作，鼓励其创新发展的同时规避其使命漂移行为。鉴于社会组织的商业化活动可能因使命漂移等因素招致公众的不信任，相关部门需要以加强监管的方式保障社会组织确将商业收入用于社会目的，一方面规范社会组织健康有序发展（王晔安等，2023：6），另一方面借助监管手段在社会组织商业化活动中注入政府背书，减轻商业化对公众信任和捐赠的不利影响。

其二，明确要求社会组织面向公众公开商业化项目的收入去向。通过披露商业化收入的支出明细，让公众对社会组织产生足够的了解，既可以打消其对社会组织因商业化而使命漂移的担忧，亦可以让公众加入组织监督过程中，保障商业化收入的合法化使用，也可以让公众感知社会组织的运营能力，进而提升公众对社会组织的信任度。为此，在允许社会组织通过商业化活动实现可持续发展的基础上，社会组织应披露商业收入的支出去向，适当抵消商业化招致的公众不信任即捐赠减退。

### （三） 研究不足与展望

本研究采取调查实验法分析了社会组织商业化活动与公众捐赠意愿间的关系以及二者间的实现过程，但仍存在一些局限。其一，本研究在实验操纵上仅仅以参与乡村振兴的教育类社会组织为对象，人为隐去了社会组织所处领域的多样性，在一定程度上会导致研究效度受损。未来研究可以尝试选择两种及以上的场景，引入不同类别的社会组织，如养老、环保、助残等，研究组织类别对于商业化与公众捐赠意愿间关系的影响。其二，本文将信息公开作为边界条件引入社会组织商业化与公众捐赠意愿的因果路径研究中，信息公开仅仅是慈善营销渠道的一种，未来可进一步探讨其他类型的慈善营销，如陈述方式、信息框架、慈善广告等变量，以更全面地探析慈善营销在社会组织多样化财务来源关系中的作用。其三，本研究采用调查实验法，借助反事实分析，将社会组织商业化与公众捐赠间的影响过程简化为组织信任这一中介变量，难以更深入地解释因果机制（Beach & Pedersen，2019：38）。后续可引入过程追踪法等研究方法，借用案例内因果推断的机制性证据完整地构建社会组织商业化、组织信任与公众捐赠意愿间的因果链条。

## 参考文献

陈剑梅（2023）：《网络慈善捐赠者信任生成的心理机制与促进策略》，《新视野》，第 5 期。

窦婴、晋军（2022）：《非营利组织的逐利逻辑——以某遗传代谢病患者组织为例》，《社会学评论》，第 6 期。

鹿斌（2023）：《乡村振兴中政策营销何以有效：基于框架效应的调查实验研究》，《公共行政评论》，第 5 期。

欧翠玲、颜克高（2022）：《党组织建设是否提高了社会组织筹资收入？——来自中国基金会的经验证据》，《外国经济与管理》，第 12 期。

王焕、魏娜、张勇杰（2023）：《信息公开与志愿服务参与意愿：基于社会组织评估的实验研究》，《公共行政评论》，第 5 期。

王利君、于文轩、黄英（2024）：《反事实分析+过程追踪：社会科学因果推断的整合进路》，《公共行政评论》，第 4 期。

王晔安、易婧璇、郑广怀（2023）：《规制型吸纳：我国社会组织健康有序发展的机理》，《中国行政管理》，第 8 期。

吴中盛、朱飞宇（2024）：《挤入抑或挤出：政府资助对基金会所获金钱捐赠和时间捐赠的影响》，《公共管理评论》，第 4 期。

谢舜、吕翠丽（2022）：《政府监管与社会捐赠：基于组织合法性的中介效应实证研究》，《广西大学学报》（哲学社会科学版），第 3 期。

谢昕、侯俊东、丁燕（2020）：《非营利组织筹资多元化对社会捐赠的挤出效应》，《统计与决策》，第 22 期。

薛美琴、马超峰（2023）：《在地性整合：社会组织立体式参与乡村振兴的路径》，《学习与实践》，第 6 期。

杨丽（2024）：《公共服务项目制背景下的社会组织系统自我再生产》，《中国行政管理》，第 3 期。

杨永娇、王彤（2023）：《公益行为何以传递？受助者公益行为的多重制度逻辑》，《公共行政评论》，第 6 期。

赵新峰、程世勇、王治国（2024）：《第三次分配：动力机制、协同效应与制度建构》，《中国行政管理》，第 2 期。

Andreoni, J., & Payne, A. A. (2011), "Is Crowding out Due Entirely to Fundraising? Evidence from a Panel of Charities," *Journal of Public Economics* 95 (5), pp. 334–343.

Beach, D., & Pedersen, R. B. (2019), *Process-tracing Methods: Foundations and Guidelines (Second Edition)*, Michigan: University of Michigan Press.

Becker, A., Boenigk, S., & Willems, J. (2020), "In Nonprofits We Trust? A Large-Scale Study on the Public's Trust in Nonprofit Organizations," *Journal of Nonprofit & Public Sector Marketing* 32 (2), pp. 189–216.

Calvo, S., & Morales, A. (2016), "Sink or Swim: Social Enterprise as a Panacea for Non-profit Organisations?" *Journal of International Development* 28 (7), pp. 1170–1188.

Defourny, J., & Nyssens, M. (2017), "Fundamentals for an International Typology of Social Enterprise Models," *VOLUNTAS: International Journal of Voluntary and Nonprofit Organizations* 28 (6), pp. 2469–2497.

Deng, G., Lu, S., & Huang, C. C. (2015), "Transparency of Grassroots Human Service Organizations in China: Does Transparency Affect Donation and Grants?" *Human Service Organizations: Management, Leadership & Governance* 39 (5), pp. 475–491.

Dethier, F., Delcourt, C., & Dessart, L. (2023), "Donor Perceptions of Nonprofit Organizations' Transparency: Conceptualization and Operationalization," *Nonprofit and Voluntary Sector Quarterly* 53 (5), pp. 1–51.

Ecer, S., Magro, M., & Sarpça, S. (2017), "The Relationship Between Nonprofits' Revenue Composition and Their Economic-Financial Efficiency," *Nonprofit and Voluntary Sector Quarterly* 46 (1), pp. 141–155.

Eikenberry, A. M., & Kluver, J. D. (2004), "The Marketization of the Nonprofit Sector: Civil Society at Risk?" *Public Administration Review* 64 (2), pp. 132–140.

Enjolras, B. (2002), "The Commercialization of Voluntary Sport Organizations in Norway," *Nonprofit and Voluntary Sector Quarterly* 31 (3), pp. 352–376.

Foster, W., & Bradach, J. (2005), "Should Nonprofits Seek Profits," *Harvard Business Review* 83 (2), pp. 92–100, 148.

Gandía, J. L. (2011), "Internet Disclosure by Nonprofit Organizations: Empirical Evidence of Nongovernmental Organizations for Development in Spain," *Nonprofit and Voluntary Sector Quarterly* 40 (1), pp. 57–78.

Greenwood, R., Raynard, M., Kodeih, F., Micelotta, E. R., & Lounsbury, M. (2011), "Institutional Complexity and Organizational Responses," *Academy of Management Annals* 5 (1), pp. 317–371.

Herzer, D., & Nunnenkamp, P. (2013), "Private Donations, Government Grants, Commercial Activities, and Fundraising: Cointegration and Causality for NGOs in International Development Cooperation," *World Development* 46, pp. 234-251.

Hung, C. (2020), "Commercialization and Nonprofit Donations: A Meta-analytic Assessment and Extension," *Nonprofit Management and Leadership* 31 (2), pp. 287-309.

Hung, C., Tian, Y., & Zhang, Y. (2023), "Experimentally Disentangling Donors' Perceptions of Government-Supported Nonprofits: Cost-Efficiency, Program Impact, and Shared Services," *Nonprofit and Voluntary Sector Quarterly* 53 (2), pp. 1-25.

Jones, K. (2009), "Mission Insurance: How to Structure a Social Enterprise so Its Social and Environmental Goals Survive into the Future," *Community Development Innovation Review* 5 (2), pp. 1-6.

Kingma, B. R. (1995), "Do Profits 'Crowd Out' Donations, Or Vice Versa? The Impact of Revenues from Sales on Donations to Local Chapters of the American Red Cross," *Nonprofit Management and Leadership* 6 (1), pp. 21-38.

Kirkman, D. M. (2012), "Social Enterprises: An Multi-level Framework of the Innovation Adoption Process," *Innovation* 14 (1), pp. 143-155.

Ko, W. W., & Liu, G. (2021), "The Transformation from Traditional Nonprofit Organizations to Social Enterprises: An Institutional Entrepreneurship Perspective," *Journal of Business Ethics* 171 (1), pp. 15-32.

Krawczyk, K., Wooddell, M., & Dias, A. (2017), "Charitable Giving in Arts and Culture Nonprofits: The Impact of Organizational Characteristics," *Nonprofit and Voluntary Sector Quarterly* 46 (4), pp. 817-836.

Lee, C. (2023), "Securing Donor Support on Nonprofit Commercialization: The Effects of Thematic and Episodic Message Framing," *VOLUNTAS: International Journal of Voluntary and Nonprofit Organizations* 25 (3), pp. 515-526.

Lee, S., Bolton, L. E., & Winterich, K. P. (2017), "To Profit Or Not to Profit? The Role of Greed Perceptions in Consumer Support for Social Ventures," *Journal of Consumer Research* 44 (4), pp. 853-876.

Lewis, L. (2005), "The Civil Society Sector: A Review of Critical Issues and Research Agenda for Organizational Communication Scholars," *Management Communication Quarterly* 19 (2), pp. 238-267.

Liket, K. C., & Maas, K. (2015), "Nonprofit Organizational Effectiveness: Analysis of Best Practices," *Nonprofit and Voluntary Sector Quarterly* 44 (2), pp. 268-296.

Lu, J., Guan, S., & Dong, Q. (2023), "Commercializing Nonprofit Organizations? Evidence from the Chinese Nonprofit Sector," *Public Administration* 101 (3), pp. 1072-1087.

Maier, F., Meyer, M., & Steinbereithner, M. (2016), "Nonprofit Organizations Becoming Business-Like: A Systematic Review," *Nonprofit and Voluntary Sector Quarterly* 45 (1), pp. 64-86.

Marie (2017), "The Relationship between Public Subsidies and Unearned Revenues for Non-profit Organizations: Testing the Crowding-Out and Crowding-In Positions in the Czech Republic," *Ekonomick Časopis* 95 (03), pp. 263-281.

McManus, B., & Bennet, R. (2011), "The Demand for Products Linked to Public Goods: Evidence from an Online Field Experiment," *Journal of Public Economics* 95 (5-6), pp. 403-415.

Melendéz, S. E. (2001), "The Nonprofit Sector and Accountability," *New Directions for Philanthropic Fundraising* 31, pp. 121-132.

Pache, A., & Santos, F. (2010), "When Worlds Collide: The Internal Dynamics of Organizational Responses to Conflicting Institutional Demands," *Academy of Management Review* 35, pp. 455-476.

Park, Y. J., Lu, J., & Shon, J. (2022), "Does Non-profit Commercialization Help Reduce Social Inequality? Revisiting the Cross-subsidization Hypothesis," *Public Management Review* 24 (12), pp. 1957-1979.

Prakash, A., & Gugerty, M. K. (2010), "Trust But Verify? Voluntary Regulation Programs in the Nonprofit Sector," *Regulation & Governance* 4 (1), pp. 22-47.

Salamon, L. M., Sokolowski, S. W., & Haddock, M. A. (2017), *Explaining Civil Society Development: A Social Origins Approach*, JHU Press.

Sargeant, A., Ford, J. B., & West, D. C. (2006), "Perceptual Determinants of Nonprofit Giving Behavior," *Journal of Business Research* 59 (2), pp. 155-165.

Sargeant, A., & Lee, S. (2004a), "Donor Trust and Relationship Commitment in the U. K. Charity Sector: The Impact on Behavior," *Nonprofit and Voluntary Sector Quarterly* 33 (2), pp. 185-202.

Sargeant, A., & Lee, S. (2004b), "Trust and Relationship Commitment in the United Kingdom Voluntary Sector: Determinants of Donor Behavior," *Psychology & Marketing* 21 (8), pp. 613-635.

She, M. H., & Sanfey, A. G. (2023), "An Experimental Study of Information Transparency and Social Preferences on Donation Behaviors: The Self-signaling Model," *Frontiers in Psychology* 14, pp. 1-11.

Shen, Y., Yu, J., & Zhou, J. (2020), "The Administration's Retreat and the Party's Advance in the New Era of Xi Jinping: The Politics of the Ruling Party, the Government, and Associations in China," *Journal of Chinese Political Science* 25 (1), pp. 71-88.

Simmons, W. O., & Emanuele, R. (2004), "Does Government Spending Crowd Out Donations of Time and Money?" *Public Finance Review* 32 (5), pp. 498-511.

Suárez, D. F., & Hwang, H. (2013), "Resource Constraints or Cultural Conformity? Nonprofit Relationships with Businesses," *VOLUNTAS: International Journal of Voluntary and Nonprofit Organizations* 24 (3), pp. 581-605.

Suykens, B., George, B., De Rynck, F., & Verschuere, B. (2021), "Determinants of Non-profit Commercialism. Resource Deficits, Institutional Pressures or Organizational Contingencies?" *Public Management Review* 23 (10), pp. 1456-1478.

Tinkelman, D., & Neely, D. G. (2011), "Some Econometric Issues in Studying Non-profit Revenue Interactions Using NCCS Data," *Nonprofit and Voluntary Sector Quarterly* 40 (4), pp. 751-761.

Weerawardena, J., Salunke, S., Haigh, N., & Mort, G. S. (2021), "Business Model Innovation in Social Purpose Organizations: Conceptualizing Dual Social-Economic Value Creation," *Journal of Business Research* 125, pp. 762-771.

Wicker, P., Breuer, C., & Hennigs, B. (2012), "Understanding the Interactions among Revenue Categories Using Elasticity Measures—Evidence from a Longitudinal Sample of Non-profit Sport Clubs in Germany," *Sport Management Review* 15 (3), pp. 318-329.

Zhuang, J., Saxton, G. D., & Wu, H. (2014), "Publicity vs. Impact in Nonprofit Disclosures and Donor Preferences: A Sequential Game with One Nonprofit Organization and N Donors," *Annals of Operations Research* 221 (1), pp. 469-491.

责任编辑：罗文恩

# 数字政府驱动全球社会创业：
# 制度分析与经验证据<sup>*</sup>

宋程成　赵陈芳　康姣姣　吕孟丽<sup>**</sup>

【摘要】数字政府建设不仅意味着政府治理的自我变革，还引起了国家与社会、经济间接触界面的重构。探讨数字政府之于社会创业的影响，不但有助于理解政府数字化建设的社会价值，亦可以把握社会创业所处制度环境的深刻变革。全球层面数据分析表明：数字政府建设不仅有助于提高社会创业水平，还可以抑制传统文化（集体主义倾向、不确定性规避）之于社会创业的负面效应。可见，政府所塑造的制度构型对于社会创业有着重要影响，社会创业者不仅需要关注政府出台的具体政策，还应考察数字政府建设带来的潜在契机。

【关键词】国际比较；多层次模型；社会创业；政府作用；制度构型

---

＊ 本文为国家社会科学基金一般项目"数字平台对慈善事业的影响机制及其治理研究"、上海市哲学社会科学规划课题一般项目"社会组织参与超大城市城乡融合发展的体制机制创新研究"（2024BJC015）的阶段性成果。

＊＊ 宋程成，复旦大学国际关系与公共事务学院青年研究员；赵陈芳（通讯作者），西南财经大学工商管理学院讲师；康姣姣，上海财经大学财经研究所助理研究员；吕孟丽，上海财经大学商学院博士研究生。

# 一　引言

社会创业是指发现、定义和利用机会以增加社会价值的创业活动和过程（Zahra et al.，2009）。全球创业观察（Global Entrepreneurship Monitor，GEM）的报告数据显示，在世界范围内，社会创业在早期创业活动（Total Early-stage Entrepreneurial Activity，TEA）中所占的比例已经从 2009 年的 2.8% 增长到 2015 年的 3.7%；同时，该报告认为，由于社会创业强调利用市场化、商业化手段来化解特定社会问题（如贫困、犯罪、教育及环保等），故而人们试图借助这一创业形态来应对市场、政府和慈善的失灵。

社会创业在实践层面的快速发展激发了学者们的研究兴趣。目前，该议题已构成一个重要的研究领域，并且为制度分析、公共政策以及创业等领域的学者所重视。遗憾的是，针对这一特殊创业形态的研究，多集中于社会创业属性（相对商业创业而言）、社会创业动机、创业过程以及创业结果等内容（刘振等，2015；Gupta et al.，2020；Saebi et al.，2019），关于社会创业产生的宏观动力机制的理论和经验研究仍有待加强。此外，大部分文献集中于概念辨析和定性分析，具有代表性的量化研究相对不足（刘志阳、庄欣荷，2018）。

当前社会创业发展动力机制文献的基本共识是：政府在社会创业发展过程中扮演着关键角色。在实践中，越来越多的政策制定者尝试将社会创业视为应对社会挑战的新颖方式、缓解政府福利预算压力的工具和政府干预的替代性手段（Guo & Bielefeld，2014；Choi & Park，2021）。一般而言，政府既可以通过出台各类认证方案和政策来刺激社会创业，也可以通过规范约束和生态建构来引导社会创业的成长方向（邓国胜等，2019）。近年来，世界各地政府也在进行着一场自我数字化变革，这一革新旨在借助数字基础设施的重塑以实现民主参与、公共政策服务以及权力共享等方面的目标（张晓、鲍静，2018）。目前来看，数字政府建设对社会创业的系统性影响，可能并不亚于以往研究所强调的政策支持和法治环境等因素。

已有研究讨论了数字政府在促进社会质量、政治治理以及经济发展等方面的信息功能（Choi & Park，2021；杨晶等，2020）；同时，亦有学者从制度环境特别是政策角度，分析了政府对社会创业的促进作用（刘志阳、许莉萍，

2022）。但上述文献均未能详细探讨政府数字化变革之于社会创业的系统性影响（Shockley & Frank，2011）。导致上述问题悬而未决的原因是可用于进行整体性检验的统计数据的缺乏。目前，仅有 GEM 于 2015 年专门出版了社会创业的研究报告。这一报告显示，在不同类型的经济体中社会创业的比例会随着特定经济体自身政治经济状况而呈现出巨大的差异性，这为后续分析的开展提供了重要的经验启示。

为此，本研究将探讨不同社会文化背景下数字政府建设对于社会创业的可能影响机理和具体路径，并在梳理实证结果的理论价值基础上，着力思考上述发现对于中国国内社会创业的借鉴意义。

## 二　数字政府建设与社会创业：理论与假设

### （一）理论基础：社会创业中的制度理论

在过去十多年中，制度理论构成了社会创业和社会企业研究的重要理论基础，并为学者们思考社会创业得以发生的制度约束与机遇提供了分析框架（Li & Bosma，2024）。Austin 等强调，作为跨部门的创新性活动，社会创业的绩效会受到政府等众多利益相关者的影响（Austin et al.，2006）。例如，政府政策可能存在一定的脆弱性，这会提高社会创业目标偏离的概率，还可能放大社会企业商业化与使命漂移之间的正向关系（邓国胜等，2019）。

进一步地，政府之于社会创业的影响在经验上呈现出极大的多元性。制度逻辑视角强调，制度本身的复杂性决定了正式制度和非正式制度能够组合、兼容或抵消，进而导致经验结果的模糊性：一是不同制度要素间存在矛盾效应，例如，政府行动主义与后唯物主义对于个体社会创业参与的作用方向往往是相反的（Estrin et al.，2016；Hechavarría，2016）；二是不同制度的组合会减弱单一制度的抑制作用，例如，随着环境不确定性程度的增加，国家和市场两种制度的结合会趋于促进社会创业（Mair & Marti，2009）；三是两种制度存在互补效应，有研究发现政府行动主义与社会文化支持的结合会提高特定的个体参与社会创业的可能性（Hechavarría et al.，2017）。

为有效梳理不同制度要素与社会创业的内在关系并建立起统一的解释框架，Stephan 等学者创造性地提出了制度构型观（Institutional Configuration）来分析正式和非正式制度对社会创业的单独和组合影响（Stephan et al., 2014）。其中，制度构型是指正式（如政府支持、政府行动主义等）与非正式制度（如传统文化、社会网络等）以某种形式组合。制度构型观强调将正式和非正式制度统一分析会更具解释力（Stephan et al., 2014; Bruton et al., 2010），并且有可能对社会创业领域对立的经验发现进行弥合：首先，文化因素可以填补某些"制度空白"（Short et al., 2009），例如在缺乏完善法律规范的情况下，非正式规范会在促进信任方面提供替代性的功能，所以法治缺失可能会增加社会创业对社会资本、文化规范以及社会价值观等非正式制度的依赖（Yan et al., 2018）。其次，正式制度的完善也会影响非正式制度的作用，从而对创业者基本活动产生影响（Sahasranamam & Nandakumar, 2020），例如中国改革开放促进了部分地区商业文化重新繁荣，改变了人们的行为认知并且促进了（社会）创业活动产生（Bhatt et al., 2019）。最后，在跨国分析中，价值观往往被认为是最关键的非正式因素（Hofstede, 1980; House et al., 2004），因此，除了探讨数字政府对于社会创业的直接影响外，还应当重点考虑其与文化价值观（如集体主义、风险偏好等）间的制度构型对社会创业的可能影响。

**（二）研究假设**

**1. 数字政府之于社会创业的促进作用**

以往关于政府与社会创业间关系的文献大致有三点启示：（1）政府自身运行的官僚成本和经济活动会在一定程度上促进或抑制（社会）创业（Fogel et al., 2006; Williamson, 2000）；（2）政府可能是社会创业的重要推进方，其所提供的相关政策和资金扶持是社会创业发展的重要前提（李健，2016; Choi et al., 2020; Choi & Park, 2021）；（3）政府不仅会直接影响到社会创业，其对于自身的制度和技术建设可能会影响到其他因素对社会创业的作用方式（Estrin & Mickiewicz, 2012; Shockley & Frank, 2011; Kerlin, 2010）。

随着数智时代到来，各国政府也在进行着一场内部自我革新，这一变革趋势是否会对社会创业活动产生系统性影响是需要深入考察的。例如，数字政府建设本身就会创造一定的就业机会和空间（Lee et al., 2011），有助于促进商业活动和创业行为（Epstein et al., 2014; He et al., 2022; McLoughlin & Wilson, 2013）。同时，数字政府（电子政务）建设也有助于社会企业的发展和壮大（Ghatak et al., 2020）：除了减少社会运行成本、降低模糊性和提升公民参与度等作用外，数字政府提供了一种"平台"机制，为公民开展包括社会创业在内的各类活动提供了更多机会（张晓、鲍静，2018）。

具体来说，数字政府及其建构的正式制度将会确保社会创业者进入与退出的便利性（Saebi et al.，2019；Choi & Park，2021；OECD & European Union，2017），有利于激活社会创业所需的资源并且提高个体开展社会创业活动的可能性（Sahasranamam & Nandakumar，2020）。如前所述，数字化的价值不仅在于政府自身组织方式变化和内部流程再造，还意味着更加高效廉洁的运行、更快的审批速度和对社会需求的及时回应与支持。可见，数字政府建设可被视为一种国家内外部正式制度的完善过程（张晓、鲍静，2018），进而更好地撬动社会部门中的资源和需求，推动个体参与社会创业：一方面，政府自身运行管理成本的降低和服务环境的改善会在一定程度上促进社会创业；另一方面，数字政府作为基础性设施，可以降低交易成本和创业成本，从而提高和促进个体社会创业的意向和行动（McLoughlin & Wilson，2013）。因此，本文提出假设1：

> **H1：数字政府建设会促进社会创业，即数字政府与社会创业之间存在正相关关系。**

**2. 数字政府之于非正式制度（文化价值观）负面效应的调节**

非正式制度大致包含了文化价值观、宗教信仰、地区社会关系等内容，这些要素主要是从组织逻辑以及个体行为与心智模式等方面影响社会创业（Stephan & Uhlaner，2010）。例如，宏观的社会支持文化规范、集体主义价值观、社会信任以及性别平等价值观等因素会促进个体间的互动和合作，显著提高个体参与社会创业的可能性，从而激活社会创业活力（Fukuyama，2001；Li & Zahra，2012；Pathak & Muralidharan，2016）。进一步地，在主流的跨国分析中价值观因素往往被视为非正式制度的关键代理（Hofstede et al.，2010；Hofstede，1980；House et al.，2004）；"不确定性规避"和"个体主义/集体主义导向"这两个文化价值观则被认为是影响某个国家/地区社会创业活动或者意愿的关键因素（Stephan & Uhlaner，2010；Gorodnichenko & Roland，2017；Thai & Turkina，2014）。

一般情况下，在不确定性规避较高的社会之中，社会创业行为往往会受到抑制（Desa & Basu，2013），这是由于潜在的社会创业者对于风险的感知会降低其创业预期，从而降低这些人员社会创业参与的可能性。换言之，不确定性规避会导致社会创业意愿的减弱和社会创业活动的减少（Shockley & Frank，2011）。

由于文化要素的相对稳定性，改变上述局面的关键在于正式制度的变革。在其他情况不变的状况下，正式制度变革在很大程度上会促进社会创业环境改善（如信息和知识的获取成本的降低）（Kerlin，2017）——正式制度的改变会重新塑造社会创业的外部生态，进而影响到非正式制度的作用发挥（Woo & Jung，2022）。从实践角度看，数字政府建设恰好是正式制度变革的重要表现。数字政府建设在相当程度上完善了营商环境，提高了服务效率，这就降低了创业环境中的信息不对称和创业者对于风险的预估，从而使得原有文化中的不确定性规避对于社会创业行为的抑制效应被缓解（McMullen，2018）。因此，本文提出假设2：

H2：数字政府建设将负向调节特定社会中不确定性规避态度对于社会创业的抑制作用。

现有研究也发现，集体/个体主义倾向会对社会创业行为和意图产生系统性影响（Kerlin，2017；Woo & Jung，2022）。一般认为，偏集体主义的文化会抑制社会创业活动（Schmutzler et al.，2019；Desa & Basu，2013），这是由于集体主义社会中冒险性行为更加难以获得认同，人们为了保持与外部一致，会尽量去做一些更具有合法性的活动（Sud et al.，2009）；但是，也有一些经验研究发现，组内集体主义有可能会同时促进社会创业（Pathak & Muralidharan，2016）。不过，考虑到大部分社会创业发生在文化上偏向个人主义且经济富足的西方社会（Brieger et al.，2021；Sud et al.，2009），本研究偏向于强调集体主义会抑制社会创业（Bosma et al.，2016）。

尽管集体主义价值观较为稳定，但是政府也可以通过正式制度重塑来改变社会创业的合法性获取，例如研究表明地方政府对基础性生态的塑造可以促进集体主义国家内社会企业的快速成长（Choi & Park，2021；Woo & Jung，2022）。由于数字政府建设使得国家与个体间联系的基础性设施得到加强，从而在相当程度上促进了社会的"去中心化"趋势，强化了公民对自身权利和义务的认识。可见，数字政府建设在增强公民权的同时，激发了公民对于自身作为独特个体的价值认同，实现了个体对传统集体主义文化的突破。换言之，数字政府建设可能会削弱集体主义倾向之于社会创业活动的合法性约束（Porcher，2021）（图1）。因此，本文提出假设3：

H3：数字政府建设将负向调节特定社会中集体主义文化对于个体社会创业的抑制作用。

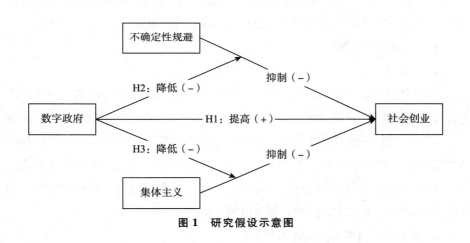

**图1 研究假设示意图**

# 三 研究设计

## （一）数据与样本

本研究旨在检验宏观层面的数字政府、不确定性规避和集体主义如何影响个体层面的社会创业活动，在数据获取方面难度较大。为丰富样本差异性，研究的数据来源于多个独立且公开的数据库。其中，国家层面的数据来源于2014年世界银行数字采纳指数（World Bank Digital Adoption Index，DAI）、全球领导和组织行为有效性项目（The Global Leadership and Organizational Behavior Effectiveness Program，GLOBE）、联合国电子政务调查（United Nations E-Government Survey）等数据库，个人层面的数据来自2015年GEM的社会创业专题调查。

GEM 的社会创业活动数据基于 2015 年对 58 个经济体的 167793 名成年人的采访，是世界上规模最大的社会创业比较研究数据库。

对上述数据库的匹配，主要结合如下标准进行：（1）剔除数据合并滞后的国家层面缺失的样本（利用 GEM 2015 年社会创业专题调查匹配世界银行 DAI 指数后共 53 个国家，剔除了包括比利时在内的 5 个国家或地区的缺失数据）；（2）将样本限制在 18~64 岁的适龄工作成年人，剔除其他年龄段样本；（3）剔除其余极端样本。最终获得 53 个国家和地区内 154541 个样本的嵌套数据，样本涵盖了欧洲（23 个）、亚洲（9 个）、非洲（7 个）、南美洲（12 个）、北美洲（1 个）、大洋洲（1 个）等区域，具有广泛的地区差异。其中，个人层面数据相较于国家而言滞后一期，用于减少变量之间的反向因果。

**（二）变量与测量**

**1. 因变量**

本研究的因变量为社会创业参与，来源于全球创业观察社会创业专题中的"是否参与到运营性的社会创业活动中"（SEA_OPERAT）这一题项，为虚拟变量；同时，还有一个对应题项为"是否参与到新创的社会创业活动中"（SEA_NASCENT）（Bosma et al.，2016）。由于文章关注的是宏观制度层面的影响机制，运营一段时间的社会创业要比新创社会创业更有可能捕捉到数字政府的作用，因此选择前者作为因变量的测量题项。

**2. 自变量、调节变量与被调节变量**

自变量/调节变量：自变量/调节变量数字政府的测度源于 2014 年世界银行数字采纳指数中的数字政府指数（Digital Adoption by Governments）。数字采纳指数是一个综合指数，用于衡量数字技术在各国内部和各国之间的传播程度。世界银行出版的《2016 年世界发展报告：数字红利》为数字采纳指数提供了分析基础。数字采纳指数有两个优势。首先，它反映了一个经济体中所有关键主体：个人、企业（公司）和政府可获得与采用数字技术的程度。因此，它比现有的其他指数提供了更全面的技术扩散情况。其次，DAI 是利用覆盖和使用方面的数据构建的，这些数据来自世界银行内部数据库，比基于认知调查的数据更加稳健和客观。其中，数字政府指数（DAI-g）是通过计算核心行政系统（Core Administrative Systems）、在线公共服务（Online Public Services）和数字身份（Digital Identification）三个子指数的平均值得出的综合指标。在线公共服务数据由联合国在线服务指数提供，核心行政系统和数字身份的数据源于世界银行的数据库（World Bank，2016）。

被调节变量：不确定性规避的概念源于全球领导和组织行为有效性项目，描述了一个社会、组织或团体依靠社会规范、规则和程序来减少对未来事件不确定性的程度。人们越是希望避免不确定性，就越是寻求秩序、一致性、结构、正式程序和法律来覆盖日常生活。具体而言，不确定性规避数值是通过测量"我认为应该强调有序和一致性，即使牺牲实践和创新"等五个题项的总得分获得的（House et al.，2004）。

集体主义同样源于全球领导和组织行为有效性项目，指个人在组织或家庭中表达（或应该表达）自豪感、忠诚和凝聚力的程度，由于这一项目强调跨国比较，这一概念主要是基于国家（或社会总体）层面进行测度的。具体是通过计算"孩子们应该为父母的个人成就感到骄傲""对你们社会的成员来说，你们的社会被其他社会的人积极看待"等五个题项的总得分获得的（House et al.，2004）。

### 3. 控制变量

研究控制了个体和国家两个层面的相关变量。在个人层面，控制了性别、年龄、年龄的平方、教育水平、收入等因素。此外，还控制了影响社会创业参与的个体技能、社会资本、对失败的恐惧等变量（Canestrino et al.，2020）。在国家层面，控制了 GDP（国内生产总值）增长率、失业率、政府支出等因素的影响。

为了消除量纲差异带来的影响，提升回归系数的可解释性并减少多重共线性问题，对解释变量、调节变量以及控制变量中的连续变量均进行了标准化处理，即将变量值减去样本均值后除以样本标准差，使得变换后的变量均值为 0，方差为 1。进一步地，在构建数字政府与不确定性规避、集体主义的交互项时，也是用标准化后的变量值（表 1）。

### 表 1  变量定义及测量方式

| 变量类型 | 变量名称 | 测量方式 | 数据来源 | 变量层次 |
| --- | --- | --- | --- | --- |
| 因变量 | 社会创业参与 | 是否参与到运营性的社会创业活动中，是则赋值为 1，否则赋值为 0 | GEM | 个体 |

数字政府驱动全球社会创业：制度分析与经验证据

| 变量类型 | 变量名称 | 测量方式 | 数据来源 | 变量层次 |
|---|---|---|---|---|
| 自变量/调节变量、被调节变量 | 数字政府 | 根据数字采纳指数（DAI）中不同国别的数字政府指数计算 | World Bank | 社会 |
| | 不确定性规避 | 根据不同国别的不确定性规避社会价值观量表得分计算 | GLOBE | 社会 |
| | 集体主义 | 根据不同国别的集体主义社会价值观量表得分计算 | GLOBE | 社会 |
| 控制变量 | 性别 | 女性赋值为 0，男性赋值为 1 | GEM | 个体 |
| | 年龄 | 受访者报告的年龄 | GEM | 个体 |
| | 年龄平方 | 受访者报告的年龄的平方 | GEM | 个体 |
| | 教育水平 | 按照联合国国际教育标准分类法分为 5 个等级 | GEM | 个体 |
| | 收入 | GEM 将受访者的收入从高到低分为三个层次，包括高收入（前 33%）、中等收入（中间 33%）和低收入（后 33%），主要采用人均收入测度 | GEM | 个体 |
| | 个体技能 | 虚拟变量：具备开始新业务所需的知识、技能和经验为 1，否则为 0 | GEM | 个体 |
| | 社会资本 | 虚拟变量：认识过去两年创业的人为 1，否则为 0 | GEM | 个体 |
| | 失败恐惧 | 虚拟变量：对失败的恐惧会阻止创业为 1，否则为 0 | GEM | 个体 |
| | GDP 增长率 | 各国标准化的 GDP 增长率 | GEM | 社会 |
| | 失业率 | 各国的失业率数值 | GEM | 社会 |
| | 政府支出 | 各国的政府支出值（标准化） | World Bank | 社会 |

## （三）描述性统计

表 2 显示了样本基本情况。其中，在参与调查的国家中，数字政府的平均得分为 0.684，且大部分国家得分高于 0.5，表明数字政府在许多国家得到了认可且处于不断发展进步过程中。同时，数字政府和社会创业参与之间的相关关系为正（$r=0.019$，$p<0.001$），不确定性规避和集体主义与社会创业参与之间的相关关系为负（$r=-0.089$，$p<0.001$；$r=-0.093$，$p<0.001$）。

# 四　实证检验

## （一）　回归分析

研究采用了多层混合效应 logit（逻辑）回归来检验假设（Hox et al.，2010）。由于个体数据嵌入国家数据中，因此多层混合模型比传统的回归模型更具优势。首先，多层线性模型充分考虑到了个体和国家数据之间的相互依赖性，忽略这种相互依赖关系的传统回归模型可能会导致回归系数、标准差和置信区间的偏差；其次，多层次模型可以提供多个层面上的系统分析以及跨层次的交互作用，有利于分析创业决策的依赖性。为确定是否需要使用多层模型，对因变量运行一个仅拦截模型并计算了类内相关系数（ICC：国家间存在的各自因变量中总方差的百分比），估计了因变量在国家层面的方差。这一统计方法与其他多层次创业研究遵循的方法一致（Hofmann，1997）。结果显示，大约 35.03% 的社会创业参与的差异性存在于国家间（ICC 系数分为小、中、大三种，分别为 0.05、0.10 和 0.15）（Hoetker，2007），表明有相当大的国家间差异需要分析，应当使用多层混合 logit 回归。上述模型选择策略与以往研究的思路也是一致的。例如，Liu 等（2024）对宏观层面的亲市场制度对社会创业的影响进行了考察；王博与朱沆（2020）也剖析了宏观层面的正式制度改善速度与个体机会型创业选择之间的关系。同时，当数字政府作为调节变量时，主要考察其对社会层面自变量（不确定性规避、集体主义）与因变量（个体社会创业）之间关系的调节效应，这与前人关于正式与非正式制度的构型影响社会创业的研究一脉相承（Kerlin，2017；Hechavarría et al.，2017；Stephan et al.，2014）。

具体的实证检验过程如下：（1）对数字政府与社会创业参与的关系进行检验；（2）对不确定性规避、集体主义与社会创业参与的关系进行检验；（3）检验数字政府在不确定性规避、集体主义与社会创业参与中的调节效应；（4）对包含所有变量的整体模型进行呈现。检验结果如表 3 所示。

从表 3 可知，年龄、年龄平方、受教育水平、收入、个体技能、社会资本等个体层面的变量均对社会创业参与有着正向影响，而失败恐惧对社会创业参与有着显著的负向影响，这符合以往文献的相关预期。

表 2　变量描述性统计与相关性

| 变量 | 最小值 | 最大值 | 1. 社会创业 | 2. 数字政府 | 3. 不确定性规避 | 4. 集体主义 | 5. 性别 | 6. 年龄 | 7. 年龄平方 | 8. 教育水平 | 9. 收入 | 10. 个体技能 | 11. 社会资本 | 12. 失败恐惧 | 13. GDP增长率 | 14. 失业率 | 15. 政府支出 |
|---|---|---|---|---|---|---|---|---|---|---|---|---|---|---|---|---|---|
| 1 | 0.00 | 1.00 | 1 | | | | | | | | | | | | | | |
| 2 | -4.57 | 1.49 | 0.019*** | 1 | | | | | | | | | | | | | |
| 3 | -2.75 | 1.61 | -0.089*** | -0.284*** | 1 | | | | | | | | | | | | |
| 4 | -2.15 | 1.60 | -0.093*** | 0.074*** | 0.530*** | 1 | | | | | | | | | | | |
| 5 | -7.00 | 0.99 | -0.016*** | -0.00100 | 0.00400 | 0.00300 | 1 | | | | | | | | | | |
| 6 | -3.09 | 1.80 | 0.016*** | 0.074*** | -0.087*** | -0.019*** | 0.014*** | 1 | | | | | | | | | |
| 7 | 0.00 | 9.53 | -0.001 | -0.040*** | -0.022*** | -0.032*** | 0.010*** | -0.030*** | 1 | | | | | | | | |
| 8 | -3.46 | 1.95 | 0.087*** | -0.063*** | -0.157*** | -0.186*** | -0.015*** | -0.107*** | -0.080*** | 1 | | | | | | | |
| 9 | -0.65 | 1.65 | 0.061*** | 0.005* | -0.056*** | -0.087*** | -0.076*** | 0.006** | -0.064*** | 0.251*** | 1 | | | | | | |
| 10 | -4.27 | 1.01 | 0.052*** | -0.027*** | 0.084*** | 0.142*** | -0.107*** | 0.011*** | -0.064*** | 0.077*** | 0.097*** | 1 | | | | | |
| 11 | -4.66 | 1.27 | 0.061*** | -0.035*** | 0.061*** | 0.006 | -0.065*** | -0.076*** | -0.057*** | 0.091*** | 0.104*** | 0.220*** | 1 | | | | |
| 12 | -4.18 | 1.13 | -0.022*** | 0.013*** | 0.024*** | 0.068*** | 0.055*** | -0.005 | -0.037*** | -0.002 | -0.015*** | -0.030*** | 0 | 1 | | | |
| 13 | -1.25 | 1.13 | 0.034*** | -0.366*** | -0.064*** | -0.091*** | 0.005* | -0.059*** | 0.016*** | 0.155*** | 0.038*** | 0.027*** | 0.021*** | 0.048*** | 1 | | |
| 14 | -1.35 | 2.07 | -0.055*** | 0.334*** | 0.056*** | 0.325*** | -0.005* | 0.081*** | -0.011*** | -0.111*** | -0.104*** | -0.006 | -0.058*** | 0.048*** | -0.486*** | 1 | |
| 15 | -0.20 | 5.18 | -0.028*** | -0.188*** | 0.216*** | 0.150*** | -0.00100 | -0.038*** | -0.038*** | -0.055*** | 0.009*** | 0.062*** | 0.118*** | 0.027*** | 0.187*** | -0.179*** | 1 |

注：* 表示 $p<0.10$，** 表示 $p<0.05$，*** 表示 $p<0.01$，**** 表示 $p<0.001$。

模型 1 就数字政府对于社会创业参与的作用进行了检验，结果表明，数字政府会正向影响社会创业参与（$\beta = 0.532$，$p < 0.05$），假设 1 得到证明。模型 2 和模型 4 对不确定性规避与集体主义的影响进行了检验，结果表明，二者均负向影响社会创业参与（$\beta = -0.850$，$p < 0.001$；$\beta = -0.749$，$p < 0.01$），这与先前研究的预测相符合。模型 3 就数字政府之于不确定性规避与社会创业参与之间关系的调节作用进行了检验，结果表明，数字政府与不确定性规避的交互项正向影响社会创业参与（$\beta = 0.905$，$p < 0.001$）；类似地，模型 5 对数字政府之于集体主义与社会创业参与间关系的调节作用进行了检验，结果表明，数字政府与集体主义的交互项正向影响社会创业参与（$\beta = 1.075$，$p < 0.001$）。

此外，在检验交互效应时，由于自变量的值不同，交互项的方向及其统计显著性可能会有所不同。因此，我们将交互结果绘制为不同自变量值的调节变量的高值和低值之间的边际图，如图 2 所示。模型 3、模型 5 的结果以及调节效应图示均表明，数字政府显著地减弱了不确定性规避以及集体主义对于社会创业的负向作用，假设 2、假设 3 得到证明。上述结果在模型 6 显示的全模型中也基本保持了一致。

### 表 3　多层 logit 回归模型结果

| 变量 | 社会创业参与 | | | | | |
|---|---|---|---|---|---|---|
| | 模型 1 | 模型 2 | 模型 3 | 模型 4 | 模型 5 | 模型 6 |
| 控制变量 | | | | | | |
| 性别 | −0.023<br>(−1.383) | −0.010<br>(−0.454) | −0.010<br>(−0.457) | −0.010<br>(−0.455) | −0.010<br>(−0.451) | −0.010<br>(−0.450) |
| 年龄 | 0.107***<br>(6.439) | 0.097***<br>(4.472) | 0.097***<br>(4.474) | 0.097***<br>(4.487) | 0.096***<br>(4.446) | 0.096***<br>(4.436) |
| 年龄平方 | 0.040**<br>(2.763) | 0.017<br>(0.940) | 0.017<br>(0.952) | 0.017<br>(0.932) | 0.017<br>(0.939) | 0.017<br>(0.943) |
| 受教育水平 | 0.396***<br>(18.723) | 0.403***<br>(14.503) | 0.403***<br>(14.510) | 0.402***<br>(14.475) | 0.401***<br>(14.458) | 0.401***<br>(14.460) |
| 收入 | 0.124***<br>(7.873) | 0.112***<br>(5.490) | 0.112***<br>(5.481) | 0.112***<br>(5.499) | 0.112***<br>(5.509) | 0.112***<br>(5.495) |
| 个体技能 | 0.261***<br>(14.613) | 0.261***<br>(11.649) | 0.261***<br>(11.660) | 0.261***<br>(11.669) | 0.262***<br>(11.695) | 0.262***<br>(11.693) |
| 社会资本 | 0.297***<br>(17.615) | 0.334***<br>(15.387) | 0.333***<br>(15.375) | 0.333***<br>(15.368) | 0.333***<br>(15.362) | 0.333***<br>(15.371) |

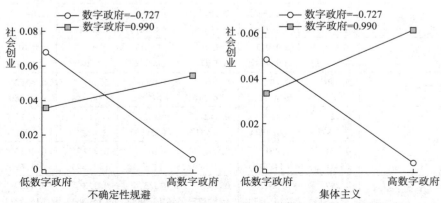

续表

| 变量 | 社会创业参与 | | | | | |
|---|---|---|---|---|---|---|
| | 模型 1 | 模型 2 | 模型 3 | 模型 4 | 模型 5 | 模型 6 |
| 失败恐惧 | -0.097*** (-5.893) | -0.099*** (-4.819) | -0.099*** (-4.815) | -0.099*** (-4.818) | -0.099*** (-4.827) | -0.099*** (-4.821) |
| GDP 增长率 | -0.107 (-0.576) | -0.240 (-0.970) | -0.188 (-0.858) | -0.039 (-0.144) | 0.392+ (1.845) | 0.178 (0.832) |
| 失业率 | -0.270 (-1.044) | -0.191 (-0.639) | -0.202 (-0.765) | -0.075 (-0.223) | -0.113 (-0.425) | -0.141 (-0.585) |
| 政府支出 | -0.216 (-0.919) | -0.060 (-0.246) | 0.087 (0.402) | -0.127 (-0.471) | 0.066 (0.327) | 0.106 (0.566) |
| 自变量与调节变量 | | | | | | |
| 数字政府 | 0.532* (2.515) | | 0.505+ (1.873) | | 0.847*** (3.336) | 0.666** (2.685) |
| 不确定性规避 | | -0.850*** (-4.068) | -0.663*** (-3.580) | | | -0.383* (-2.077) |
| 数字政府× 不确定性规避 | | | 0.905*** (3.294) | | | 0.368 (1.284) |
| 集体主义 | | | | -0.749** (-3.115) | -0.722*** (-4.027) | -0.458* (-2.388) |
| 数字政府× 集体主义 | | | | | 1.075*** (4.118) | 0.752** (2.639) |
| 常数项（个体） | -4.192*** (-21.326) | -4.525*** (-18.495) | -4.222*** (-19.210) | -4.583*** (-16.832) | -4.558*** (-21.731) | -4.444*** (-21.454) |
| 常数项（国家） | 1.446*** (3.932) | 1.520** (3.091) | 1.077** (3.126) | 1.869** (3.123) | 0.960** (3.161) | 0.785** (3.141) |
| N | 142394 | 103269 | 103269 | 103269 | 103269 | 103269 |

注：+ 表示 $p < 0.10$，* 表示 $p < 0.05$，** 表示 $p < 0.01$，*** 表示 $p < 0.001$。

图 2　数字政府对不确定性规避、集体主义影响社会创业参与的调节效应

### （二）稳健性检验

#### 1. 解释变量的替代检验

本研究选择与数字政府概念相近的电子政务来替代自变量测量，从概念上说，电子政务是数字政府发展的初级阶段，是指利用数字技术为公民提供信息和服务的配套措施，而数字政府更加注重利用数字基础设施实现民主参与、公共政策服务以及权力共享等目标（Sahasranamam & Nandakumar，2020）。表 4 显示了电子政务替代自变量之后的模型，结果表明电子政务对社会创业参与的主效应以及对于不确定性规避调节效应仍然成立（模型 1、模型 3），电子政务对于集体主义的调节效应不显著，但方向一致（模型 5）。

#### 表 4　自变量替换后的多层 logit 回归模型

| 变量 | 社会创业参与 | | | | | |
|---|---|---|---|---|---|---|
| | 模型 1 | 模型 2 | 模型 3 | 模型 4 | 模型 5 | 模型 6 |
| 控制变量 | 省略 | | | | | |
| 电子政务 | 4.914*** (4.582) | | 2.671 (1.501) | | 5.057** (2.740) | 1.917 (0.964) |
| 不确定性规避 | | −0.850*** (−4.068) | −4.462*** (−3.517) | | | −4.582*** (−3.322) |
| 数字政府× 不确定性规避 | | | 5.415** (3.103) | | | 5.763** (3.080) |
| 集体主义 | | | | −0.749** (−3.115) | −1.434 (−1.560) | 0.237 (0.268) |
| 数字政府× 集体主义 | | | | | 1.493 (1.031) | −0.905 (−0.659) |
| 常数项（个体） | −7.462*** (−10.188) | −4.525*** (−18.495) | −5.661*** (−4.924) | −4.583*** (−16.832) | −7.770*** (−6.484) | −5.209*** (−3.984) |
| 常数项（国家） | 1.039*** (3.878) | 1.520** (3.091) | 1.083** (3.080) | 1.869** (3.123) | 1.426** (3.085) | 0.971** (3.070) |
| $N$ | 144416 | 103269 | 103269 | 103269 | 103269 | 103269 |

注：+ 表示 $p<0.10$，* 表示 $p<0.05$，** 表示 $p<0.01$，*** 表示 $p<0.001$。

#### 2. 被解释变量的替代检验

替换的因变量选用的是 GEM 社会创业专题调查中的"参与到运营性的社会创业"题项，为避免样本选择偏差，将"参与到运营性的社会创业"与"参与新创的社会创业"两题的总和（即参与所有类型的社会创业）作为因变量的替代变量进行检验（表5）。结果表明，数字政府对社会创业的主效应以及对集体主义和不确定性规避之于社会创业作用的调节效应仍然显著（模型1、模型3、模型5）。

表 5　因变量替换后的 logit 回归模型

| 变量 | 社会创业参与（全部类型） | | | | | |
|---|---|---|---|---|---|---|
| | 模型 1 | 模型 2 | 模型 3 | 模型 4 | 模型 5 | 模型 6 |
| 控制变量 | 省略 | | | | | |
| 数字政府 | 0.258+ (1.905) | | 0.103 (0.645) | | 0.254+ (1.793) | 0.162 (1.106) |
| 不确定性规避 | | -0.384*** (-3.456) | -0.330** (-2.973) | | | -0.201+ (-1.713) |
| 数字政府× 不确定性规避 | | | 0.339* (2.126) | | | 0.046 (0.253) |
| 集体主义 | | | | -0.350** (-2.850) | -0.330** (-3.178) | -0.218+ (-1.817) |
| 数字政府× 集体主义 | | | | | 0.462*** (3.324) | 0.397* (2.332) |
| 常数项（个体） | -3.478*** (-27.710) | -3.629*** (-27.502) | -3.521*** (-26.231) | -3.651*** (-26.245) | -3.627*** (-30.577) | -3.625*** (-28.488) |
| 常数项（国家） | 0.602*** (4.672) | 0.464*** (3.820) | 0.405*** (3.814) | 0.509*** (3.814) | 0.357*** (3.808) | 0.326*** (3.809) |
| N | 142394 | 103269 | 103269 | 103269 | 103269 | 103269 |

注：+ 表示 $p<0.10$，* 表示 $p<0.05$，** 表示 $p<0.01$，*** 表示 $p<0.001$。

3. 更换模型检验

除上述稳健性检验外，还使用了普通 logistics（逻辑斯蒂）回归模型进行验证（表6）。结果发现，数字政府对社会创业参与的回归系数在1%的水平上显著为正（模型1），数字政府与不确定性规避、集体主义的交互项系数分别在5%和1%的水平上显著为负（模型3、模型5），这与前文多层次模型的估计结果基本一致，进一步验证了研究结论的稳健性。需要说明的是，这一稳健性检验虽然未能刻画个体嵌套效应，但作为对多层次模型的补充，可以有效评估表2结果的可靠性。

表 6 Logit 回归模型

| 变量 | 社会创业参与（全部类型） | | | | | |
|---|---|---|---|---|---|---|
| | 模型 1 | 模型 2 | 模型 3 | 模型 4 | 模型 5 | 模型 6 |
| 控制变量 | 省略 | | | | | |
| 数字政府 | 0.160***<br>(8.454) | | 0.167***<br>(4.951) | | 0.335***<br>(9.321) | 0.305***<br>(7.825) |
| 不确定性规避 | | -0.354***<br>(-19.228) | -0.299***<br>(-14.633) | | | -0.144***<br>(-5.690) |
| 数字政府×<br>不确定性规避 | | | 0.425***<br>(12.954) | | | 0.266***<br>(6.702) |
| 集体主义 | | | | -0.395***<br>(-18.965) | -0.411***<br>(-18.981) | -0.278***<br>(-10.328) |
| 数字政府×<br>集体主义 | | | | | 0.492***<br>(13.807) | 0.288***<br>(6.785) |
| 常数项 | -3.952***<br>(-148.841) | -4.104***<br>(-123.475) | -4.063***<br>(-120.739) | -4.094***<br>(-124.024) | -4.239***<br>(-116.799) | -4.172***<br>(-112.854) |
| $N$ | 142394 | 103269 | 103269 | 103269 | 103269 | 103269 |

注：*** 表示 $p<0.001$。

# 五 结论

社会创业不仅在全球范围内兴起，在中国也呈现出巨大的发展潜力。社会创业逐步为众多利益相关者所认可，不仅得益于相关法律的改善，也受益于政府提供的各类政策支持和生态系统构建（Kerlin，2017；McMullen，2018）。具体而言，本研究关于数字政府与社会创业的关系有以下两点核心观点：首先，数字政府建设有助于机构职能重塑和流程再造，从而为公民服务提供便利，继而催生更多的社会创业。其次，作为稳定的文化构成要素，不确定性规避和集体主义对于社会创业的抑制将会长期存在，但数字政府将会通过赋权增能的方式削弱上述因素的不利影响——正如制度构型观所强调的，宏观制度的作用并不是单一的而是复杂多元的。因此，数字政府建设可以被认为是一种针对社会创业的改善型正式制度变革（王博、朱沆，2020；Bhatt et al.，2019）。进一步地，相关实证结果也为学者们化解社会创业研究中存在的"制度支持"和"制度空白"矛盾局面提供了新的思路（Li & Bosma，2024），即学者们或许可以通过考察正式与非正式制度的互相作用及其构型来重新思考上述矛盾。

虽然本研究主要基于国际比较视角来进行分析，但对中国这样地大物博、社会复杂的超大文明型国家来说，相关发现具有相当的政策意涵。除了生长路径存在自身独特性外，中国社会创业活动在治理逻辑、运行方式以及价值创造等方面与全球其他社会的创业活动并不存在根本性差异，甚至中国社会创业本身就可以被视为是相应制度实践在全球范围内扩散的产物。特别地，对于政策制定者而言，不仅要看到数字政府建设本身的价值，更应该关注其对于文化要素的基础性重构作用。这是由于，相比于为社会创业活动提供直接的补助政策，政府自身变革是更为基础、根本的正式制度改进，有可能会产生大量更为有效的积极影响。

最后，尽管本研究的发现比较重视自上而下的制度对社会创业的影响，但是作为制度行动者的社会企业家，仍然可以获得一定的启发：那就是需要及时了解到外部制度变革，特别是政府自身变革所带来的各类机遇，以及上述变革之于社会创业活动合法性空间、资源状况等方面改善的潜在作用。在数智时代，真正的社会创业危机往往并不源于传统领域内的竞争者，而真正的机会也并不来源于确定的制度场域，而是源于不同（正式或非正式）制度相互影响和作用的缝隙和界面之间（Furnari，2014）。

## 参考文献

邓国胜等（2019）：《中国社会企业与社会投资行业调查报告》，北京：社会科学文献出版社。

李健（2016）：《政府如何促进社会企业发展？——来自新加坡的经验》，《经济体制改革》，第 5 期。

刘振、杨俊、张玉利（2015）：《社会创业研究——现状述评与未来趋势》，《科学学与科学技术管理》，第 6 期。

刘志阳、许莉萍（2022）：《制度与社会创业：基于文献的整合框架》，《经济管理》，第 1 期。

刘志阳、庄欣荷（2018）：《社会创业定量研究：文献述评与研究框架》，《研究与发展管理》，第 2 期。

王博、朱沆（2020）：《制度改善速度与机会型创业的关系研究》，《管理世界》，第 10 期。

杨晶、李哲、康琪（2020）：《数字化转型对国家创新体系的影响与对策研究》，《研究与发展管理》，第 6 期。

张晓、鲍静（2018）：《数字政府即平台：英国政府数字化转型战略研究及其启示》，《中国行政管理》，第 3 期。

Austin, J., Stevenson, H., & Wei-Skillern, J. (2006), "Social and Commercial Entrepreneurship: Same, Different, or Both?" *Entrepreneurship Theory and Practice* 30 (1), pp. 1-22.

Bhatt, B., Qureshi, I., & Riaz, S. (2019), "Social Entrepreneurship in Non-munificent Institutional Environments and Implications for Institutional Work: Insights from China," *Journal of Business Ethics* 154 (3), pp. 605-630.

Bosma, N., Schøtt, T., Terjesen, S. A., & Kew, P. (2016), "Global Entrepreneurship Monitor 2015 to 2016: Special Topic Report on Social Entrepreneurship," Available at SSRN 2786949.

Brieger, S. A., Bäro, A., Criaco, G., & Terjesen, S. A. (2021), "Entrepreneurs' Age, Institutions, and Social Value Creation Goals: A Multi-country Study," *Small Business Economics* 57 (1), pp. 425-453.

Bruton, G. D., Ahlstrom, D., & Li, H. L. (2010), "Institutional Theory and Entrepreneurship: Where Are We Now and Where Do We Need to Move in the Future?" *Entrepreneurship Theory and Practice* 34 (3), pp. 421-440.

Canestrino, R., Ćwiklicki, M., Magliocca, P., & Pawełek, B. (2020), "Understanding Social Entrepreneurship: A Cultural Perspective in Business Research," *Journal of Business Research* 110, pp. 132-143.

Choi, D., & Park, J. (2021), "Local Government as a Catalyst for Promoting Social Enterprise," *Public Management Review* 23 (5), pp. 665-686.

Choi, D., Berry, F. S., & Ghadimi, A. (2020), "Policy Design and Achieving Social Outcomes: A Comparative Analysis of Social Enterprise Policy," *Public Administration Review* 80 (3), pp. 494-505.

Desa, G., & Basu, S. (2013), "Optimization or Bricolage? Overcoming Resource Constraints in Global Social Entrepreneurship," *Strategic Entrepreneurship Journal* 7 (1), pp. 26-49.

Epstein, D., Newhart, M., & Vernon, R. (2014), "Not by Technology Alone: The 'Analog' Aspects of Online Public Engagement in Policymaking," *Government Information Quarterly* 31, pp. 337-344.

Estrin, S., & Mickiewicz, T. (2012), "Shadow Economy and Entrepreneurial Entry," *Review of Development Economics* 16 (4), pp. 559-578.

Estrin, S., Mickiewicz, T., & Stephan, U. (2016), "Human Capital in Social and Commercial Entrepreneurship," *Journal of Business Venturing* 31 (4), pp. 449-467.

Fogel, K., Hawk, A., Morck, R., & Yeung, B. (2006), "Institutional Obstacles to Entrepreneurship," *Oxford Handbook of Entrepreneurship*, Oxford: Oxford University Press.

Freytag, A., & Thurik, R. (2007), "Entrepreneurship and Its Determinants in a Cross-country Setting," *Journal of Evolutionary Economics* 17 (2), pp. 117-131.

Fukuyama, F. (2001), "Social Capital, Civil Society and Development," *Third World Quarterly* 22 (1), pp. 7-20.

Furnari, S. (2014), "Interstitial Spaces: Microinteraction Settings and the Genesis of New Practices between Institutional Fields," *Academy of Management Review* 39 (4), pp. 439-462.

Ghatak, A., Brandenbourger, M., Van Wezel, J., & Coulais, C. (2020), "Observation of Non-Hermitian Topology and Its Bulk-edge Correspondence in an Active Mechanical Metamaterial," *Proceedings of the National Academy of Sciences* 117 (47), pp. 29561-29568.

Gorodnichenko, Y., & Roland, G. (2017), "Culture, Institutions, and the Wealth of Nations," *Review of Economics and Statistics* 99 (3), pp. 402-416.

Guo, C., & Bielefeld, W. (2014), *Social Entrepreneurship: An Evidence-based Approach to Creating Social Value*, New York: John Wiley & Sons.

Gupta, P., Chauhan, S., Paul, J., & Jaiswal, M. P. (2020), "Social Entrepreneurship Research: A Review and Future Research Agenda," *Journal of Business Research* 113, pp. 209-229.

He, T., Liu, M. J., Phang, C. W., & Luo, J. (2022), "Toward Social Enterprise Sustainability: The Role of Digital Hybridity," *Technological Forecasting and Social Change* 175, p. 121360.

Hechavarría, D. (2016), "The Impact of Culture on National Prevalence Rates of Social and Commercial Entrepreneurship," *International Entrepreneurship and Management Journal* 12 (4), pp. 1025-1052.

Hechavarría, D. M., Terjesen, S. A., Ingram, A. E., Renko, M., Justo, R., & Elam, A. (2017), "Taking Care of Business: The Impact of Culture and Gender on Entrepreneurs' Blended Value Creation Goals," *Small Business Economics* 48 (1), pp. 225-257.

Hoetker, G. (2007), "The Use of Logit and Probit Models in Strategic Management Research: Critical Issues," *Strategic Management Journal* 28 (4), pp. 331-343.

Hofmann, D. A. (1997), "An Overview of the Logic and Rationale of Hierarchical Linear Models," *Journal of Management* 23 (6), pp. 723-744.

Hofstede, G. (1980), "Culture and Organizations," *International Studies of Management & Organization* 10 (4), pp. 15-41.

Hofstede, G., Garibaldi de Hilal, A. V., Malvezzi, S., Tanure, B., & Vinken, H. (2010), "Comparing Regional Cultures within a Country: Lessons from Brazil," *Journal of Cross-Cultural Psychology* 41 (3), pp. 336-352.

House, R. J., Hanges, P. J., Javidan, M., Dorfman, P. W., & Gupta, V., eds., (2004), *Culture, Leadership, and Organizations: The GLOBE Study of 62 Societies*, Thousand Oaks: Sage Publications.

Hox, J. J. , Maas, C. J. , & Brinkhuis, M. J. (2010), "The Effect of Estimation Method and Sample Size in Multilevel Structural Equation Modeling," *Statistica Neerlandica* 64 (2), pp. 157-170.

Jang, S. H. , & Lee, K. T. (2017), "The Effects of Social Entrepreneurship and Social Capital on Enterprises Performance," *Journal of the Korean Entrepreneurship Society* 12 (2), pp. 256-277.

Kerlin, J. A. (2010), "A Comparative Analysis of the Global Emergence of Social Enterprise," *VOLUNTAS: International Journal of Voluntary and Nonprofit Organizations* 21 (2), pp. 162-179.

Kerlin, J. A. , ed. , (2017), *Shaping Social Enterprise: Understanding Institutional Context and Influence*, Leeds: Emerald Group Publishing.

Li, Y. , & Zahra, S. A. (2012), "Formal Institutions, Culture, and Venture Capital Activity: A Cross-country Analysis," *Journal of Business Venturing* 27 (1), pp. 95-111.

Li, X. , & Bosma, N. (2024), "Institutional Theory in Social Entrepreneurship: A Review and Consideration of Ethics," *Journal of Business Ethics*, forthcoming.

Liu, Z. , Xu, L. , & Jia, F. , et al. (2024), "Pro-market Institutions and the Degree of Hybridity in Startup Social Ventures: The Moderating Effects of Organizational Activities," *British Journal of Management* 35, pp. 2032-2046.

Lee, J. , Kim, H. J. , Ahn, M. (2011), "The Willingness of E-Government Service Adoption by Business Users: The Role of Offline Service Quality and Trust in Technology," *Government Information Quarterly* 28, pp. 222-230.

Mair, J. , & Marti, I. (2009), "Entrepreneurship in and around Institutional Voids: A Case Study from Bangladesh," *Journal of Business Venturing* 24 (5), pp. 419-435.

McLoughlin, I. , & Wilson, R. (2013), *Digital Government at Work: A Social Informatics Perspective*, Oxford: Oxford University Press.

McMullen, J. S. (2018), "Organizational Hybrids as Biological Hybrids: Insights for Research on the Relationship between Social Enterprise and the Entrepreneurial Ecosystem," *Journal of Business Venturing* 33 (5), pp. 575-590.

Organisation for Economic Co-operation and Development (OECD), & European Union (2017), *Boosting Social Enterprise Development: Good Practice Compendium*, Paris: OECD Publishing.

Pathak, S. , & Muralidharan, E. (2016), "Informal Institutions and Their Comparative Influences on Social and Commercial Entrepreneurship: The Role of In-group Collectivism and Interpersonal Trust," *Journal of Small Business Management* 54, pp. 168-188.

Porcher, S. (2021), "Culture and the Quality of Government," *Public Administration Review* 81 (2), pp. 333-343.

Saebi, T. , Foss, N. J. , & Linder, S. (2019), "Social Entrepreneurship Research:

Past Achievements and Future Promises," *Journal of Management* 45 (1), pp. 70–95.

Sahasranamam, S., & Nandakumar, M. K. (2020), "Individual Capital and Social Entrepreneurship: Role of Formal Institutions," *Journal of Business Research* 107, pp. 104–117.

Schmutzler, J., Andonova, V., & Diaz–Serrano, L. (2019), "How Context Shapes Entrepreneurial Self–efficacy as a Driver of Entrepreneurial Intentions: A Multilevel Approach," *Entrepreneurship Theory and Practice* 43 (5), pp. 880–920.

Scott, W. R. (2005), "Institutional Theory: Contributing to a Theoretical Research Program," *Great Minds in Management: The Process of Theory Development*, Oxford: Oxford University Press, pp. 460–484.

Shockley, G. E., & Frank, P. M. (2011), "Schumpeter, Kirzner, and the Field of Social Entrepreneurship," *Journal of Social Entrepreneurship* 2 (1), pp. 6–26.

Short, J. C., Moss, T. W., & Lumpkin, G. T. (2009), "Research in Social Entrepreneurship: Past Contributions and Future Opportunities," *Strategic Entrepreneurship Journal* 3 (2), pp. 161–194.

Stephan, U., & Drencheva, A. (2017), "The Person in Social Entrepreneurship: A Systematic Review of Research on the Social Entrepreneurial Personality," *The Wiley Handbook of Entrepreneurship*, New York: Wiley, pp. 205–229.

Stephan, U., & Uhlaner, L. M. (2010), "Performance–based vs Socially Supportive Culture: A Cross–national Study of Descriptive Norms and Entrepreneurship," *Journal of International Business Studies* 41 (8), pp. 1347–1364.

Stephan, U., Uhlaner, L. M., & Stride, C. (2014), "Institutions and Social Entrepreneurship: The Role of Institutional Voids, Institutional Support, and Institutional Configurations," *Journal of International Business Studies* 46 (3), pp. 308–331.

Sud, M., VanSandt, C. V., & Baugous, A. M. (2009), "Social Entrepreneurship: The Role of Institutions," *Journal of Business Ethics* 85 (1), pp. 201–216.

Thai, M. T. T., & Turkina, E. (2014), "Macro–level Determinants of Formal Entrepreneurship Versus Informal Entrepreneurship," *Journal of Business Venturing* 29 (4), pp. 490–510.

Wennekers, S., Thurik, R., Stel, A. V., & Noorderhaven, N. (2010), "Uncertainty Avoidance and the Rate of Business Ownership across 21 OECD Countries, 1976–2004," *In Entrepreneurship and Culture*, Berlin: Springer, pp. 271–299.

Williamson, I. O. (2000), "Employer Legitimacy and Recruitment Success in Small Businesses," *Entrepreneurship Theory and Practice* 25 (1), pp. 27–42.

Woo, C., & Jung, H. (2022), "Exploring the Regional Determinants of the Emergence of Social Enterprises in South Korea: An Entrepreneurial Ecosystem Perspective," *Nonprofit and Voluntary Sector Quarterly*, 08997640221110211, online first.

World Bank (2016), *World Development Report 2016: Digital Dividends*, Paris: World Bank Publications.

Yan, S. , Ferraro, F. , & Almandoz, J. (2018), "The Rise of Socially Responsible Investment Funds: The Paradoxical Role of the Financial Logic," *Administrative Science Quarterly* 64 (2), pp. 466-501.

Zahra, S. A. , Gedajlovic, E. , Neubaum, D. O. , & Shulman, J. M. (2009), "A Typology of Social Entrepreneurs: Motives, Search Processes and Ethical Challenges," *Journal of Business Venturing* 24 (5), pp. 519-532.

Zhao, E. Y. , & Lounsbury, M. (2016), "An Institutional Logics Approach to Social Entrepreneurship: Market Logic, Religious Diversity, and Resource Acquisition by Microfinance Organizations," *Journal of Business Venturing* 31 (6), pp. 643-662.

责任编辑: 罗文恩

*NP*

数字政府驱动全球社会创业: 制度分析与经验证据

# 比较法视野下的社会企业立法向度

陶 溥[*]

【摘要】 鉴于社会企业的创新模式兴起，各国在组织性质与法律框架构建思路上呈现根本性差异。由于域外立法脉络和模式选择的不同，以社会企业多样化法律框架的追溯为基础，从社会企业定义与身份可识别性到财产制度主要规范性维度进行考量。三种立法路径之下，因法人分类标准各异以及法律适用层面难以厘清，社会企业特征边界的要义上仍存疑虑。结合我国的现实需求与社会环境，本文比较并评析比较法视野下的主要立法模式及其路径应对，以此得出我国关于社会企业立法的可行之策，即应在维持社会目标的同时，多维度权衡社会企业基本要件和组织体特殊性，重新思考营利性与非营利性的区分标准，阐释社会企业特殊性，从认证体系构建出发，并为社会企业组织体本身以及多方利益相关者提供法律正当性参考。

【关键词】 社会企业；立法模式；组织形式；身份识别

## 一 引言

自 20 世纪 90 年代以来，我国在社会企业的建立、运用和发展上逐渐形成一种创新型趋势。但我国在立法层面上尚处于有待完善阶段，虽然我国北京市、

---

* 陶溥，清华大学公共管理学院博士后，法学博士。

成都市、绵阳市、哈尔滨市等地相继出台了相关社会企业实施培育管理的办法和通知，① 却依然可以发现在我国社会企业规模不断扩大的同时，相应法律法规出台也迫在眉睫。以与社会企业本质上最为相似的社会福利企业为例，在实践中，该类企业数量因法律对该种企业形式的严苛标准而逐步减少，而且其社会目的限定为解决残障人士就业，并未关注社会中其他弱势群体或社会大环境，导致该种企业形式无论是在法律准入规则还是社会目的范围层面都受到不小的打击（董蕾红，2020）。另外，我国国有企业兼具商业属性和社会目标要素，与社会企业具有相似的特征，但不同的是国有企业属于公共所有且商业目的优先，而社会企业则是私人所有并以社会目的优先（王世强，2016）。目前，国有企业普遍完成了公司制改革，在与之相对应的非国有经济中，我国通过采用个人、集体企业等嵌入国有企业的方式，使其具备商事公司属性，并促进公共目标的实现。当面对是否需要对这类组织构造单独进行法律规制的问题时，学界分为两类，一类主张制定"公共企业法"以适应国有企业特殊规则，但面临涉及面广和操作复杂的情况；另一类主张将国企视为普通商事公司，这忽略了国企的特殊性。我国《公司法》在"有限责任公司设立与组织机构"一章中设立"国有独资公司的特别规定"为这一特殊国企予以特殊规定（蒋大兴，2023）。由此可见，特殊形态的组织仍然普遍适用公司法规则，与社会企业所面临的法律制度处境相同。

在我国香港地区，就有非营利机构在成立之初便尝试建立社会企业，将商业行为与组织的基本使命相结合，该方式在一定程度上克服了完全依赖捐款和政府补助的单一性问题。此外，社会企业在发展过程中积极确定与香港特区政府相一致的社会目标，分担公共服务职能，实现社会利益最大化。在我国台湾地区，社会企业也主要由非营利组织转型而来，其起步于20世纪末，过去二十多年间，非营利组织数量迅速增长并呈现多样化趋势，以更快适应社会发展需求，这也促使台湾地区的非营利组织逐步向社会企业式的经营管理模式靠拢

---

① 《成都市人民政府办公厅关于印发成都市社会企业培育发展管理办法的通知》，成办发〔2021〕90号，2021年10月25日发布；《哈尔滨市人民政府办公厅关于印发社会企业来文办理办法（试行）的通知》，哈政办发〔2021〕25号，2021年8月2日发布；《绵阳市人民政府办公室印发关于大力培育发展社会企业的实施意见（试行）的通知》，绵府办发〔2020〕43号，2020年12月29日发布；《关于促进社会企业发展的意见》，京社领发〔2022〕3号，2022年4月18日发布。

（官有垣，2007）。在政策层面，为应对失业率居高不下的问题，台湾地区提出了《第三系统、就业与地方发展计划》（The Third System, Employment, Local Development Program），以促进地方经济发展（官有垣，2007）。另外，台湾地区21世纪初还出台了一系列针对身心障碍者等弱势群体的保护政策，旨在增加社会弱势群体的参与度，强调平等与福利措施（李亚梅等，2016）。2014年，台湾地区又正式推出《社会企业行动方案》，为社会企业的发展提供了良好的政策支持（郑南、庄家怡，2015）。台湾地区的社会企业在发展的同时注重创新，适应自身社会需求，特别关注身心障碍者等弱势群体的社会参与，具有一定社会影响力。

纵观域外社会企业政策发展脉络，东亚地区的社会企业概念较为明确，其中以韩国为立法典型。东亚的历史和文化背景使得东亚国家的福利制度和社会模式都离不开这类因素，随着市民社会意识的不断增强，各国也开始关注经济和社会福利融合的发展模式。韩国借鉴欧洲和美国的立法经验，接受和宣传社会企业这一概念，制定《社会企业促进法》，为提供就业机会和社会服务奠定合法性基础（Defourny & Kim，2011）。英国则于2002年成立"社会企业联盟"和"社会企业小组"以推动社会企业发展（王世强，2012）。基于社会经济这一理念，欧盟委员会（European Commission）于2020年首次发起可持续公司治理倡议（Sustainable Corporate Governance Initiative）①，又一次将公司法治理融合社会目的的可持续发展推向高潮。2024年欧盟基于《巴黎协定》正式颁布实施企业可持续发展尽职调查指令（Corporate Sustainability Due Diligence Directive，CSDDD）②，通过更协调统一的法律框架和公平竞争，不仅限于市场，基于再分配和互惠原则，实现更广泛的社会利益。

欧盟地区的经济合作与发展组织（Organization for Economic Cooperation and Development，OECD）为各成员国的社会企业发展提供了政策框架，将社会企业定义为"任何以公共利益为目的、以企业家战略组织的私人活动，其主要目的不是利润最大化，而是实现某些经济和社会目标，并有能力为社会排斥现象和

---

① European Commission, Sustainable Corporate Governance Initiative, COM（2022）71 final, https://ec. europa. eu/info/law/better－regulation/have－your－say/initiatives/12548－Sustainable－corporate－governance_ en.

② European Commission, Corporate Sustainability Due Diligence Directive, Directive 2024/1760, https://eur-lex. europa. eu/eli/dir/2024/1760/oj.

失业问题提供创新的解决方案"（OECD，2023）。社会企业因此被视为推动就业的重要驱动力以及市场经济的重要组成部分。其中，英国是社会企业政策实施的代表，其设立了社区利益公司，彰显英国政府对社会企业发展的支持。美国的社会企业起步较早，最初多为非营利组织，专注于为弱势群体提供就业机会并开展商业活动，然而随着政府在社会利益领域的投入削减，非营利组织资金匮乏，使得此类组织不得不通过创新寻求生存与发展机会，从而催生现代意义上的社会企业（金锦萍，2009）。

如今的美国社会企业分类较为详细，存在共益公司（Benefit Corporation，BC）、社会目的公司（Social Purpose Corporation，SPC）、低利润有限公司（Low-profit Limited Liability Company，L3C）等形式，2019 年特拉华州还设立了一种新类别社会企业，即法定共益有限合伙公司（Statutory Public Benefit Limited Partnership，SPBLP）。随着社会问题的日趋复杂化，社会经济的含义仍然在不断演变，如今社会经济的概念与第三部门、非营利部门等术语共存或交替使用，使得这一概念模糊化；同时社会企业组织形态也各有千秋，平衡法律适用问题和企业形态创新是各国均需要面对的。但可以肯定的是，社会经济不属于营利性企业也不属于国家机关，而是区别于两者并具有自发性、普遍性和广泛性的一种概念并适用于由此而发展的组织形式，因此社会企业立法正是有关社会经济的具体法律体现。

从理论层面，法人制度的发展使得新型法人类型不断涌现也日趋复杂，同时该现象也使组织体之间的界限越发模糊。法人特指的是在私法上具有权利能力的团体或者组织，即一类通过私法行为设立的长期存在的人的联合体或者组织体，是与其组成和管理人员分开的实体，并且该实体本身享有权利和承担义务（江平，2011）。拉伦茨强调，法人既可以作为其存在与成员变更无关的人的联合体，也可以是为一定目的并因此目的筹集财产，从而组建起来的组织体（拉伦茨，2003）。本质上而言法人分类制度围绕其法人目的和法人财产要素有章可循，而社会企业所具有的商业与社会目的以及财产制度下的特殊性为组织法下的法人分类带来挑战。从外观上来看，社会企业的组织特征暗示其似乎与其他类型的企业可以适用同样的法律规则，比如依托于公司法模式的社会企业类型。但是，一般规则之下的组织分类中，协会和基金会被纳入非市场部门类别，对比而言，合作社、互助组织以及社会企业因从事商品服务生产而归为市

场部门的范畴（Liptrap，2021）。由此，组织之间的本质区别使得法律适用仍存疑虑。社会企业具备承担商业风险以追求社会目标的属性，使其作为一种创新型组织形式而存在，因此也更具有法律规制之必要。

迄今为止，我国在此方面的立法尚不完善，尽管部分地区现已出台了地方规章加以推动，且社会福利企业、民办非企业单位、农民合作社等形式的组织有所发展，但由于缺乏统一的法律和政策支持，社会企业的概念模糊且正当性不足，同时社会公益目的的需求和多样性依然存在，导致实践中问题频出，社会企业发展步伐缓慢。从全球视角来看，社会企业的发展状况差异较大，立法层面的差距也是需要探讨和研究的重要原因之一。有学者指出，这种现象与国家提供公共服务的差距相关，可能由财政限制、官僚主义、缺乏灵活性，以及难以界定社会与个人需求或利益相关者需求的异质性等因素导致（Haugh，2005）。社会企业政策的滞后性，以及能否通过法律保障其合法性以满足双重目标的需求，成为各国共同面对的挑战。社会企业不同于其他非营利组织，其显著特点在于形式上的商业化与实质上的社会目标追求的结合。这种特殊性如何界分和体现，并且被采纳，是社会企业立法中具有研究必要性的关键问题。因此，本文基于法律框架下的社会企业理论，旨在对比分析当前社会企业在立法概念和制度层面的发展，检验并为我国社会企业立法的完善和实践提供适用性参考。

## 二 域外社会企业立法模式演进

### 1. 单独立法模式

据统计，自欧盟委员会于 2011 年通过"社会企业倡议"（The Social Business Initiative，SBI）以来，欧盟地区已有 16 个国家依据自身需求和条件，制定了专门针对社会企业的立法（European Commission，2020）。比如 2003 年芬兰颁布的《社会企业法》、2011 年斯洛文尼亚颁布的《社会企业法》等（金锦萍、陶溥，2023）。2007 年韩国颁布《社会企业促进法》，以促进法的形式单独立法，赋予社会企业法律地位，并明确其以向弱势群体提供社会服务和就业机会为主要社会目标。在应对社会企业混合属性的路径选择上，韩国未直接针对社会企业的混合性质作出新分类框架，而是继续采用传统的营利与非营利二元框架，将组织形式的选择权交给设立者。在利润分配这一核心问题上，法律则作出了具体规定，明确利润分配仅适用于按照韩国《商业法》定义的公司或有限合伙形式，以此区分不同组织形式下利润分配的适用条件。

有些司法辖区将社会企业明确为非营利组织，可见社会企业并没有因为其可能存在的商业属性而被非营利组织彻底排除在外。另外一些司法辖区将对社会企业属性的选择交给创业者，不排除被选择为非营利组织的可能性，比如韩国《社会企业促进法》。同样，对于社会企业来说，选择非营利组织作为载体不失为一种有利于目的实现且提升公信力的有效方式。因此，由于目前存在社会企业未被赋予属性的立法情形，社会企业仍有成为一种非营利组织的可能性，也具备灵活性特征。

因此，将社会企业单独立法，可使得具有真正社会使命的企业脱颖而出，但与其他组织的界分能否更加明确仍然存疑。如若将社会企业纳入营利或者非营利任一框架内，那么立法将考量社会企业与具备企业社会责任的营利法人，抑或与同样以社会目标为核心的非营利法人之间的界限。单独立法模式所引发的问题致使社会企业再次陷入营利性与非营利性"二元论"的早期争论之中，当营利组织追求社会目标及非营利组织实施商事行为的情况交融时，立法又应当如何应对，这也会影响组织内部财产处理规则和主体义务。

**2. 依托公司制的立法模式**

实际上，具备社会目标的组织创业行为先前主要集中在非营利组织领域，始于非营利组织对使命的追求，而后非营利界很早便已发现了组织逐渐商业化的趋势，慈善机构越来越多地开始追求与使命相关的投资。传统公司是以股东共同目的而设立的营利性组织，所具备的独立人格使得其拥有自身权利能力和行为能力进行民事活动。随后营利性实体也试图在盈利的同时，对社会和环境产生积极影响。两类组织的发展趋势使得组织形式趋于一致，也因此赋予了社会企业产生并存在之合理性和正当性。

关于公司的传统认知，英美法遵循经典法人理论，素来确立其为具有实体法特质之法人组织：公司乃独立法律主体，享有自身权利与义务，其法律人格与其股东之权利义务相分离。公司独立法人地位的确立，渐次导向对有限责任原则的认可。所谓有限责任，即股东对公司不承担除其资本投资之外的义务。学理与实践对于有限责任的讨论虽存纷纭，但是早在有限责任原则被普遍接受之前，公司实体观念就因其植根于哲学理念，作为独立法律实体的概念已经成形且稳固于法定架构之中。

有限责任萌生于公司制度演化至较晚的阶段，伴随实体法概念的广泛接纳而成。美国初现有限责任规则于1825年前后，至1855年英国通过颁布《有限责任法》（Limited Liability Act）也渐而显现，以正式赋予有限责任法律定义，该制度的创新标志着法制的重要进展，即便有限责任逐渐被接受，但也仍存无限责任、按比例责任等多种责任形式（Blumberg，1985）。美国有限责任发展早于英国，并且批准特别公司法案也较为容易，使得美国无论是传统商事公司还是特别型公司都发展迅猛。美国社会企业作为有限责任实体而发展的趋势也因此而有章可循，这一导向使得美国社会企业作为特殊型公司，无论是从其多样化形式发展还是立法层面均与英国有所差异。通过有限责任形式发展脉络可知，两国的社会企业发展呈现出不同趋势：美国强调市场导向与形式创新，社会企业多依公司法调整；英国注重法律框架的统一性，以特别立法明确社会企业的法律地位。这反映出英美在公司治理理念和制度设计上的不同路径，即美国偏向功能优先，英国更强调法律形式与目的结合。

美国作为遵循公司制立法模式发展的典型，立法上尽管呈现了诸多公司类型的可能性，看似为社会企业提供了较为自由的发展空间，但尚未采取专门针对社会企业的单独立法模式，使得社会企业可识别性不足。这种相对宽松的发展环境源于美国多元主义体制的基本原理，该原理协调了不同群体间的利益冲突，奠定了其自由社会的基石，同时也成为美国社会企业组织形式的特色（德鲁克，2020）。美国的社会企业法律制度发展初期以低利润有限责任公司和共益企业新型组织形式确立，比如特拉华州最早于2013年通过共益公司立法，随后，共益有限合伙这一新型企业形式也开始出现，并被法律明确定义为营利性有限合伙，同时规定了其公共利益目标（Forrest et al.，2021）。然而，目前美国仅有特拉华州对此进行了立法，且其与传统营利性公司的区别尚不明晰，其他州也未普遍接纳这一新型社会企业形式。从上述趋势来看，依附于公司法而诞生的社会企业立法模式，仍然属于州立商事法律，立法基调以营利性为主。当不同组织体之间的界限模糊甚至存有争议时，无论对于投资者还是创设者而言，社会企业的选择理由和发展动力都显得不足。

另一依托公司制立法模式发展的典型是英国《社区利益公司条例》。该模式的选择可追溯至空想社会主义兴起之际，其思想萌芽激发了合作倡议的发展，并将社区视为实现社会利益和价值的最佳实体（Moulaert & Ailenei，2005）。在欧洲社会经济概念的影响下，英国发起了诸多合作倡议。此处可能会引发一个问题，为什么在社会经济概念下英国的社会企业发展没有遵循其他主流趋势采用合作社的形态，而是采用了社区这一形式？实际上，英国社区这一概念在 14 世纪就已经开始被使用，在 19 世纪伴随着"直接"或"地域性"特征而逐渐发展壮大，解决了远距离的社会关系问题，并在后期被选为团体性生活的普遍形式，其中，社区被认为是实现和谐社会的最佳载体，与合作运动实践的影响关系甚密（Hardy，1979）。因为从 19 世纪开始兴起的社区由土地所有者、实业家等群体集资建立而成，社区的每个人都有不同的动机，比如资本收益、慈善、合作等，在此背景之下社区通过生产交换的方式满足各种需求，如此一来原有商业体系下的自益和竞争动机消失了（Hardy，1979）。但是社区利益公司法律区别于标准英国公司法的具体规则是，通过社区利益测试评估以理性标准判断该公司行为是否有利于社区利益。该测试区分了英国法中其他创造利润又追求社会目标的实体，或成为混合型目标实体的分界线（雷塞、迪恩，2019）。

立法层面，除了上述依据公司法原理另行创设的新型社会企业形式和立法外，还包括直接将此形式纳入公司法中的立法路径。以比利时为例，该国公司法将社会目的公司（société à finalité sociale，SFS）[①] 规范纳入其中，并以公司法规定为适用前提。其中，该公司法第 661 条及其后条款规定了适用于有限责任公司的特殊规则。公司逐渐趋向于社会目标的组织形式，企业社会责任理论的作用不可或缺，也基于不断实践才有了今天较为长期、可持续发展的趋势。据此，在法律适用上，公司型社会企业面临两种境况，一种境况是在创设社会企业阶段可以选择其是否具备营利属性，即公司作为社会企业组织形式之一而存在；另一种则是法律规定社会企业应当遵循公司法并明确其营利法律属性，即公司形式是社会企业法律身份的唯一选择，但会面临因此而丧失非营利组织身份的可能。

### 3. 基于合作社的立法模式

欧洲作为合作社发展的起源之地，其历史背景、市场环境等因素均对合作

---

[①]　比利时《公司法》第 661 条，https://www.nbb.be/doc/ba/jur/ent/code%20des%20societes.pdf。

社发展产生不可忽视的影响。欧洲地区的社会企业法律框架最早出现于20世纪末的意大利，其率先为社会企业设立社会合作社法律形式，并因此成为欧洲各国立法的参照。① 尤其基于利益相关者理论的影响，社会企业通过合作社形式发展的国家以欧洲居多。传统合作社的制度框架以同一目标及社员投资为前提，以自愿和民主管理为核心原则，同时限制股金与分红，盈利部分主要遵循三种分配模式，即用于合作社发展、公共服务事业和社员内部分配（丁为民，1998）。二战后，合作社因外部因素的不断变化而逐渐呈现福利功能弱化的发展趋势。新制度学派认为合作社存在的主要原因是利用其成员固有的当地信息资源和信任资本，同时实现自我雇佣，降低了交易成本并给社员带来更多的利益（丁为民，1998）。同时，在身份组织理论之下，汉斯曼提出合作社的运作逻辑是通过身份组织的合作性质防止成员被组织所有者剥削，所以在合作社模式下，成员可以避免因个人身份对组织价值的贡献而被组织过度压榨（Hansmann，1986）。经典法人理论则将法人分为社团法人和财团法人，社团法人又进一步分为营利性社团法人和公益性社团法人，在此基础上，公司因追求利润分配而被归为营利性社团法人，合作社因企业内部成员的互助性则被归为公益性社团法人（施天涛，2018）。可见合作社实质属于典型的混合型组织类型，因其所具备的社团法人理论基础和公共服务性特点，社会企业选择合作社作为载体具备一定合理性。

合作社为确保可持续发展，走向可以与公司等组织形式同等竞争的道路，这也必然导致合作社突破传统治理结构的结果（黄祖辉、邵科，2009）。追根溯源，社会企业的核心发展路径亦有迹可循，且合作社变形为社会企业的必然性也因此而得到了历史印证。基于合作社模式而立法的原因大致有两点，其一是社会企业内涵本身存在一定程度的开放性；其二是合作社作为社会企业的最初表现形式是开始接纳社会企业的标志，也是立法还未完善时的首要选择。

与传统合作社核心不同的是，社会企业服务于更广泛且普遍的社会利益，同时，其利益相关者具有多样性，其中包括志愿者、带薪员工等，而传统合作社的利益相关者通常很单一（Defourny & Nyssens，2008）。有学者指出，鉴于合作社内核是一类以服务成员为目的的自助组织，如果社会企业公益目标的受众

---

① 意大利《社会合作社法》，https://www.normattiva.it/uri-res/N2Ls? urn：nir：stato：legge：1991-11-08；381！ vig=2024-03-27。

超越了内部成员，则只能采取公司制（姚瑶，2019）。可见如若合作社仍然以组织目标受众是成员为发展核心，则社会企业可谓是另辟蹊径。社会企业作为以公众利益为先导的组织，并非完全以服务成员为目的，因此可能带来的问题是，社会企业的创立和存续是否与合作社初态属性相悖。然而，就目前以合作社为立法模式的国家而言，其社会企业的发展也同样适用于单一利益相关者的治理模式，且只满足特定群体的需求。例如希腊有限责任社会合作社旨在帮助有严重社会心理问题的特定群体，从而实现社会经济的融合。可见社会企业与传统合作社的界限仍不明朗，既然二者界限难分，似乎另行设立新型组织类型的必要性有待商榷，这解开了为何仍有国家采用合作社立法模式这一困惑。

社会合作社作为私营并带有社会目标的创新性组织形式，虽然具备传统合作社的特征，却揭示了营利组织与非营利组织的演变趋势，合作社的出现清晰地阐明非营利组织的局限性，比如依赖公共资金来源等。同时，合作社与营利性公司的共同点也为社会企业商事属性奠定了基础，因为两者均基于开展商业活动而确保利益的实现。但是社会合作社的局限性和面临的挑战也显而易见，首先是理论层面面临对传统合作社互助原则的突破，因为受益人不再限于合作社成员；其次是功能层面还存在通过政府外包服务的方式提供社会服务的情况，从而引发是否可以实现本质上自治自主化管理而不依赖于政府补贴和资助这一问题，也会间接导致社会企业模式更加脆弱；最后基于社会问题和需求的不断增长，以及组织形式多样化发展趋势，社会合作社也同样面临与其他组织之间界限模糊的问题，如何区分又或者有效采用社会合作社形式则成为更应考量的问题。

总体观之，合作社立法的模式与传统合作社异同交织，也正是此局面致使二者边界含混不清，致使在实践场域中，新组织设立的合理性与紧迫性备受争议。其根源在于，既难以凭借清晰界限精准判定新型组织独特价值，又无法确凿论证其相较于传统合作社在应对社会需求、优化资源配置及推动行业革新等关键议题上的显著优势，进而令社会企业在立法规划与组织布局时，于新型组织构建与否的战略抉择上陷入两难困境。

## 三　社会企业规范性标准比较

基于立法模式的背景与选择各不相同，社会企业立法进路挑战重重，进而影响具体规范性标准的制定与实施。从与既有法律体系融合难题，到明晰社会企业属性之困境，再至平衡多元利益诉求，皆深刻影响后续规范性标准的制定与施行成效。通过比较法研究不难看出，社会企业的规范性标准基于其所面临的身份识别性和资金环境，广义上包含以下四个维度。

### 1. 社会企业定义与社会目标

组织目标可以被看作"组织的存在和行为独立于其成员行为"的具体表现，组织则是达成目的的手段，组织目标的复杂性和可变性，有助于重新检讨法人的目的事业范围对于其权利能力的影响（冯珏，2021a）。组织目标也是组织有效决策的前提，企业目标的形成需要企业财产独立作为前提。有学者认为，因新型组织体的出现，如果名为企业的组织不存在有权分享利润的所有者，那么它就不是经济意义上的企业，从而需要与标准形态的企业完全不同的财务与解散规定。所以非营利企业必须根据专门的法律来创设，设置替代性安排来保护企业财产免受经营者不当行为的伤害，并且需要被特别监管（冯珏，2021b）。鉴于目前社会企业一词本身在比较法视野下存在区别，包括各国法律制度背景的差异以及社会目标概念的差异，各国立法对于社会企业身份定位也并未统一。因此，赋予社会企业法律识别性的第一步则是制定明确的社会企业定义框架和社会目标。其中涉及社会企业形式和定义是否应当同一化，以及社会目标的范围应当如何界分的问题。欧洲地区基于社会经济概念将社会企业定义分为组织定义与行业定义两类，组织定义是"承认社会企业在各领域普遍性公共利益中作为一个特定法律实体的特殊性存在"，核心体现为广泛意义上的社会目标优先及治理规则的限制；行业定义则以"实施既定的政策策略（比如社会性包容）"为概念，优先考虑弱势工人和残疾人（Borzaga et al.，2020）。可见其根据社会企业目标进行了定义区分以反映不同社会经济背景下的需求，也为此提供法律基础。

一方面，对于社会目标特定与否，各国规范存在差异。欧洲地区最为明显的特征之一是将社会企业确定为针对弱势群体的工作整合型组织（Work Integration Social Enterprises，WISE）。例如捷克共和国、匈牙利、拉脱维亚、波兰、斯洛伐克、斯洛文尼亚等（Tomaževič & Aristonvnik，2018）。当然，其他社会企业的社会目标也因包含更广泛的意义而非特定化。从早期意大利对社会企业的法律定位开始，意大利议会于1991年通过了一项法律，为社会合作社创造了具体的法律形式，并将社会合作社分为两种：（1）提供社会、医疗和教育服务的合作社，称为"a型社会合作社"（cooperative sociali di tipo a）；（2）为弱势群体提供工作融合服务的合作社，称为"b型社会合作社"（cooperative sociali di tipo b）（Defourny & Nyssens，2008）。而后，芬兰、波兰、斯洛文尼亚等欧洲国家也多以为弱势群体提供就业为目的定义社会企业的角色和作用，可谓是有章可循。另一方面，社会企业目标不仅限于提供就业，也同样存在于提供社会服务的领域。例如，比利时、瑞典、葡萄牙、西班牙、希腊及法国以提供个人或集体服务为核心；英国在社会住房、住宅维护服务领域和文化、艺术等广泛的社会服务领域发展迅速；爱尔兰强调社会企业在地方发展中的作用（Defourny & Nyssens，2008）。综上，社会企业的目标可分为特定性社会目标与不特定性社会目标两类。其中，不特定性社会目标旨在提高社会福祉，特定性社会目标主要集中于提供社会服务或者为弱势群体提供就业领域。

2. 社会企业的可识别性——设立与认证程序

根据欧盟议会对社会企业的提案，其所建议的身份确认路径是赋予正式成立的公司型社会企业"欧洲社会企业"的法律标签（European Social Enterprise，ESE），但是该标识并未超越国家组织形式，仅仅为公司跨境活动提供便利（Liptrap，2021）。该提案并未立即被采纳的原因是各国法律背景的差异性。

对于商事主体而言，申请并确认商事主体资格是有助于保护企业和多方利益相关者的基本程序。社会企业设立方式的繁简程度也往往会影响社会企业在本国的发展趋势，过于严格的设立方式将阻碍社会企业发展，过于宽松的设立方式将失去社会企业自身特殊性。从社会企业的法律可识别性看，一些国家遵循认证程序以确认社会企业的身份特征，也由此窥见各国对于社会企业组织形式的分类规律。韩国《社会企业促进法》规定社会企业应经由劳动部部长认证，且不限组织形式。较为特殊的是韩国在立法上不仅对社会企业本身规定了认证程序，同时设置了社会企业促进机构的设立和登记制度，以有效履行培育和促进社会企业义务。斯洛文尼亚的社会企业法规定仅非营利法人可以获得社会企业资格，从事经营活动前应首先认证为社会企业。由此可见，认证前置将非营利法人与社会企业功能进行了有效的区隔，避免二者概念和功能上的混同。一些国家同时还规定应带有"社会企业"等特殊字样和标记以体现社会企业特殊性，辅以与其他组织相区别。比如美国共益公司、斯洛文尼亚社会企业等

（金锦萍、陶溥，2023）。在认证程序上，一些国家因其对于社会企业组织目的的限缩，将弱势群体员工所占比例作为注册要件之一，以确保实现弱势群体就业的目标，比如芬兰、斯洛文尼亚等。

因此，对比各国关于社会企业身份识别的法律规定，由认证程序设计到社会企业标识的制度化体现，均彰显了社会企业独特性。但同时，各国社会企业组织属性归类层面仍存在根本区别。对社会企业属性未予以确认的国家虽设置了认证程序，但规避了社会企业应纳入哪一类别的问题。另外，用专有标识作为区分要件，可以有效防止恶意注册或滥用社会企业地位和优惠政策，但仍需进一步探讨该社会企业内部治理结构及财产分配，以便明晰社会企业区别于其他组织的特征。

### 3. 社会企业之核心财产规则

社会企业的财产规则是确立组织属性的标志，其中，利润分配制度是区别社会企业与其他组织的核心要素，其适用往往体现于组织形式选择之上，即组织形式之间的区别取决于是否应当禁止利润分配。首先，合作社与非营利性公司和商业公司存在很大区别，合作社法规通常允许将合作社的净收益分配给其投资者，而这部分群体又可以对该组织进行控制（Hansmann，1980）。所以，合作社不受非营利组织的主要特征非分配约束。更有学者表明，社会经济中的合作社也已经逐渐接受禁止利润分配原则，使其转型为将解决社会问题作为宗旨的社会企业（张骁，2018）。社会合作社以波兰和南非为例，其中波兰社会合作社法禁止利润分配；南非合作社法明确社会合作社为非营利组织，并同样规定了禁止利润分配原则。[①] 同样，欧洲地区以意大利为典型的社会企业遵循非分配约束。[②] 斯洛文尼亚对于社会企业的立法规定社会企业应为非营利组织，以营利为目的的企业不得设立为社会企业，并且禁止利润分配，可见其将社会企业完全纳入非营利组织形式；英国社区利益公司将可分配利润限定为 35%；韩国的《社会企业促进法》将利润分配设定为每年应将可分配利润的三分之二用于社会目标，通过利润分配的比例设限，兼顾社会目标与商业目标（金锦萍、陶溥，2023）；芬兰社会企业法虽然制定较早，但在组织属性的处理上是模糊

---

① 见南非 2005 年《合作社法》第一章，Co‐operatives Act 14 of 2005，Chapter 1，https：//www.gov.za/sites/default/files/gcis_document/201409/a14‐050.pdf。

② 意大利第 118 号法律，Legge 13 giugno 2005，n.118，https：//www.normattiva.it/uri‐res/N2Ls?urn：nir：stato：legge：2005‐06‐13；118。

对待。

　　另外，传统非营利组织通过资产锁定规则维持社会目标，而社会企业并非完全因其营利而排除资产锁定的适用。资产锁定包括两种机制：其一是对所有者不分配或有限分配利润的约束；其二是对企业解散清算时将盈余转移至相似目标实体的约束，可见于比利时、法国、英国、卢森堡、意大利（OECD，2022）。因此，通过比较各国关于社会企业是否进行资产锁定的规范，可以探寻社会目标维持的强弱差异。严格遵循非分配约束的原则虽有利于维持社会目标，但其弊端是在无税收优惠的前提下，社会企业无法吸引投资者，企业资金获取困难。英国社区利益公司作为资产锁定的典型，始终以维持社会目的为核心目标，但同时其规定的有限利润分配恰好弥补了无法适用税收优惠的不足。美国共益企业仍以商业自由为出发点，对利润分配无限制。

　　由此，社会企业法律框架中的财产规则以利润分配和资产锁定为组织属性界定之要素。各国立法对利润分配制度普遍以三种形式规制，一是完全禁止利润分配，二是为利润分配设定上限，三是允许利润自由分配。通过对比分析可知，社会企业兼具商业和社会属性的特质使得利润分配法律规制成为撬动营利与非营利属性的杠杆，利润分配不受限制说明法律赋予社会企业更大的灵活性和自由裁量权，接纳市场发展规律和谋取利润。禁止利润分配的国家则更强调社会公益，多以经济发展不完善或市民社会意识有待增强为原因。美国社会企业的特殊性在于，尽管社会企业分类的不同和多样导致利润分配等规则仍存在差异性，但美国社会企业发展的源动力和背景建立在商业创新精神之上，与欧洲国家相比其不受严格的非营利性原则约束且更具弹性。

### 4. 社会企业的激励措施

　　政府对于社会企业的激励措施也同样是推动社会企业发展的因素之一。根据研究，激励措施体现为公共机构对社会企业的优待。具体而言，激励措施主要以税收减免和政府财政补贴的方式实施。比如，西班牙政府在政策方面，采取了拨款、免税、培训目标群体等激励措施以支持该国的社会创业倡议，通过制定制度框架适应社会经济。同时其劳动和社会保障部设立了自营、社会经济和企业社会责任总局（Directorate General for Self-Employment, Social Economy and Corporate Social Responsibility, DGSE），其中包含 30 项具体行政措施（Pfeil-stetter & Gómez-Carrasco, 2017; Seforis, 2017）。此处需要注意的是，以税收优惠为例，对于社会企业未明确获得法律地位的大多数国家而言，需要通过选择已有营利或非营利的法律框架申请社会企业，而税收优惠措施仅限于具有特殊地位或采纳非营利组织形式的社会企业。另一方面，非营利组织所适用的税收优惠规定不一定适用于社会企业，因为传统非营利组织的税收优惠政策过于严格，而社会企业仍然需要依赖于商业模式的自由度。比如，德国法中对于有限责任的非营利性公司（gemeinnützige GmbH，gGmbH）这一类实体，免征企业所得税。但该实体必须追求慈善目的并促进公共利益，因此将受到许多法律限制和约束。对于博物馆、医院和教育机构来说，gGmbH 是一种有吸引力的法律形式，但对于更具商业性质的社会企业来说，该激励措施似乎并不适用（Peter et al.，2023）。可以看出，目前一些国家未赋予社会企业税收优惠的原因在于，获得税收优惠的社会企业反而会破坏自由市场下的商业竞争，换言之，税收优惠一定会对社会企业法律架构本身和认证体系造成影响。

政府的激励措施主要目的在于保护扶持社会企业发展，同时也通过相关文件的发布让群众对社会企业有进一步认知。制定激励措施的出发点在于共同分担部分公共服务职能。韩国作为亚洲国家政府主导型的代表，其政府的激励措施在建立和发展本国社会企业方面更为突出，市民社会意识的落后和商业发达使得政府介入成为必经之路。比如韩国《社会企业促进法》中规定劳动部部长每五年经扶持委员会审议制订《社会企业扶持基本计划》，旨在促进社会企业的发展，系统扶持社会企业，其中包括扩大社会服务、创造就业岗位等。[①] 美国以特殊目的公司为例，其激励措施主要体现为赋予企业贷款权和特许经营税减免。[②] 同时激励措施方面也应当注意限度，不适当的激励措施，比如税收减免，会使得社会企业和传统企业之间公平竞争环境遭到破坏，应综合考虑社会目的、社会企业设立程序等规则以维持秩序。总之，社会企业的登记注册制度和激励措施相辅相成，有效的登记注册程序辅以适宜的激励措施，将会大力推动本国的社会经济发展。其中强调特殊字样的国家也因此彰显社会企业在本国的可识别性，从而可以有效防止恶意注册或滥用社会企业地位和优惠政策。

---

① 韩国《社会企业促进法》第 5 条，参见金锦萍、陶溥（2023）。
② 美国《得克萨斯州商业组织法》第 23 章特殊目的公司条款，参见金锦萍、陶溥（2023）。

## 四 我国立法借鉴与路径应对

社会企业作为一种介于营利性和非营利性之间的组织形式，无论是立法还是内部监管都具备法律规制之必要。由于我国如今尚未形成专门针对社会企业的立法，现有的法律法规一般适用于传统企业、慈善组织和农民专业合作社，导致社会企业在注册、运营和管理上面临一定的法律不确定性。

首先，社会企业的法律制度体系因各国的社会环境背景差异而有所不同。目前，关于社会企业是否应当单独立法的问题普遍存在两种观点，一种观点认为现存法律形式的组织架构足以囊括社会企业，且无论是营利组织从事公益活动还是非营利组织从事商业活动均可依据现行规范予以规制，而另一种观点则认为应当赋予社会企业新的法律形式以满足社会企业这一特殊组织体的需要，且现行法律仍存在局限性。因此，两种观点的碰撞加之社会企业发展趋势之迅速，使得构建明确化社会企业法律制度体系十分紧迫，我国目前除了地方性规章陆续出台外，在法律适用上处于尚未确定的境况。其次，如若构建社会企业法律体系，则无法规避对法人制度理论和法人分类体系的剖析。由此，在理论框架内，关于法人制度的发展存在于各类学说之中，也构成现今对于法人这一实体的解读。学理上，法人分类因不同标准而分为公法人和私法人、社团法人与财团法人、营利法人与非营利法人等（江平，2011）。比如以活动内容为标准，则法人可分为三种类型，即主要从事经营活动的法人、附带从事经营活动的法人和完全不从事经营活动的法人（赵旭东，2020）。目前我国《民法典》根据营利与非营利二分，将法人类型分为营利法人与非营利法人，同时为适应和满足实践需要而特别创设了特别法人。采取营利与非营利之分的理由意在揭示法人设立时的不同目的，且因目的的不同而间接导致法人设立方式和法律适用的区别，而缺陷则在于无法包含非公益又非营利的中间法人（李永军，2016）。因此，对社会企业立法路径的考量虽离不开法人制度标准，但法人制度学说标准各异，如若依据我国现主要遵循的传统营利与非营利法人二分法，则已无法应对新型多重目的组织体的出现趋势。

再者，我国立法层面所要强调的不仅是属性共性原则的适用，更需要强调社会企业与其他传统组织形式的特殊之处，而并非将几者混为一谈，这不仅影响社会企业的法律合理性层面，还影响日后的司法实践。依据上文立法概况的对比，可以发现社会企业发展较为完善的国家将社会企业进行属性再分类，有营利组织的部分，也存在直接定义为非营利组织的形式。根据历史制度主义理论框架（The Historical Institutionalism Theory Frame），当前不同社会企业模式的形成，最初产生于文化、本土化（包括社会阶层）、地域性和全球性层面，以及政治经济史的多重因素，这些因素构成了当今国家的发展，塑造了当前的经济状况和市民社会，进而两者又影响社会企业的发展（Kerlin，2013）。

归根结底，各国的分类方式都离不开本国组织形式的背景和理念。比如美国属性分类的底层逻辑是注重商业模式的创新发展，并且强调了无论哪种形式的企业，其资金流仍然是不可或缺的一大因素。此外，其社会企业的发展政府干预因素较少，而社会环境和美国在此问题上所遵循的理念，都引导社会企业往一种商业模式为主且不乏创新的道路上发展。欧洲的社会企业属性则更多以解决弱势群体就业等社会问题为背景，商业化程度较美国而言并不是主要因素，但这并不能说明商业化对社会企业的发展无关紧要，而是应当依据本土化环境有所侧重。有学者指出英美国家的社会企业形式的背后理念是将各种投资来源进行组合以增加社会企业的经济可行性，因为社会企业无法达到传统的营利公司对于利润最大化的较高标准，而传统的非营利组织在资金和税收方面受到法律约束（樊云慧，2016）。依据传统组织形式，营利组织与非营利组织之间的共同点是通过输入劳动力、资本等要素去生产和输出产品或服务，并且通常由管理人员运作，其经营决策同样受到法律的约束（Easley & O'Hara，1986）。基于上述理论和对于法律制度的探讨，尽管非营利组织在一些境况下是作为一种最佳组织类型而存在和运营的，具有正当性和必要性，但是在立法严格规制下逐渐丧失活力，或者说为了与特定目的"强绑定"而不得不更加严苛地监管，比如法定资产锁定和禁止利润分配在其中的适用；另一边营利组织所逐步被赋予的开放性目的却在为公司社会目的制造更大的实现空间，但同时也构成对股东利润最大化和传统董事信义义务衡量的挑战。总之，我国应当在法人制度框架内接纳其营利性，通过构建新的法律类别或引入特殊规制，来应对社会企业组织形态的复杂性和多样性需求，为社会企业的发展赋予明确的法律地位。

社会企业目前的主要问题宏观上不仅包括需要为其提供法律正当性的立法框架，同时也需要在立法上进一步考量社会企业使命漂移等现实因素。其中，认证体系的规制是社会企业立法需要解决的首要问题，也是激励措施适用的前提，所以立法应当首先明确社会企业资质及准入程序（金锦萍，2024）。有学者总结出目前立法认证可以从三方面解决该问题：其一是社会企业法律认证本身是一种可以实现业务目标的资源；其二是法律框架和认证可以增强市民社会对社会企业的认可度，其中包括社会企业税收、雇员以及利益相关者参与等问题（韩文琰，2018）；其三是社会企业的法律认证有助于摆脱公众对经营性和公益性双重身份的质疑，社会企业能够因此而受到法律保护和监管（董蕾红、李宝军，2015）。笔者认为立法认证的必要性更是有助于社会企业的身份识别，通过身份的确定肯定社会企业的组织形式。社会企业独特的组织特征，也可因立法而为监管税收等提供正当性基础。同时，企业的属性认证也在一定程度上有利于吸引具有相同目标的投资者和具有社会企业家精神的企业家们，进而解决社会企业融资等问题。

从立法现状看，亚洲地区缺乏针对社会企业的独立法律形式，其中大部分国家适用的常见法律形式是私人股份有限公司。在不大幅改变企业性质和其特定目的的基础之上，将社会目的置于公司法中似乎并没有剥夺利润作为营利性公司或创造价值的本质，以及使用和分配利润的内在要素。立法的根本目的是赋予社会企业独立的法人资格和法律地位，以确立责任规制。我国在社会企业基本属性定位上可以借鉴韩国的设计理念，韩国作为亚洲唯一一个为社会企业立法的国家，在社会企业目标上建立了一种支持社会企业发展并创造就业岗位，以促进社会和谐和国民生活质量的提高为目标的原则（田雪莹、赵春阳，2020）。这一立法不仅为社会企业提供制度保障，同时韩国作为以政府推动为主导的国家，其政府对社会企业的重视和引导作用也值得我国借鉴。

# 五　结论

鉴于比较法研究与立法发展的递进式论析，社会企业的立法模式固然呈现其多元范式，可以看出各国在社会企业设立的目标上基本是一致的，即解决社会问题，维护社会利益。区别在于各国的社会环境和商法领域传统理念的不同，间接影响了社会企业立法的具体规则，使得现行法律法规在全球视野下存在差异性。本文从三类不同立法模式角度出发，针对社会企业争议问题进行对比和探讨，主要从欧美地区和亚洲地区发展模式对我国的社会企业立法的借鉴角度。据此，在单独立法模式下，即便赋予社会企业独立的法律地位，其弊端依然显著，尤其是营利性与非营利性的界限难以明确，表明该模式并非能从根本上厘清或阐释社会企业的核心特征；公司制立法模式下，社会企业设立时究竟应处于可选择营利性为公司形式的法律框架内，抑或必须完全严格遵循公司法从而彻底排除非营利组织身份，是亟待考量的关键所在；而合作社立法模式面临着是否与传统合作社原则相冲突的困境，一旦两者难以区分，新型组织体的价值与意义便也无从判定。

社会企业法律制度缺失将必然导致组织类型缺乏法律正当性，或将面临在现有组织类型下的强行选择。社会企业之所以需要设立专门的法律框架，一方面是因为大多数国家现有的法律框架仍然不足以涵盖社会企业模式的所有具体特征，另一方面，针对社会企业的特有立法模式，应考量平衡该组织的发展和创新。正因如此，立法之下的社会企业法律框架才能更加凸显其区别于其他组织类型的特殊之处，并赋予其合法性。

总之，基于我国现实背景与发展需求，社会企业法律制度的构建应秉持双重功能性导向：其一，坚持并切实回应公共利益诉求，实现社会目标，因法人分类标准各异，鉴于新型组织体的产生而重新考量分类标准；其二，需要多维度精细化权衡社会企业于我国背景之下的基本构成要件与独特组织属性。因此，社会企业规范性标准的确立，在很大程度上受其身份识别性与资金环境的制约，通过社会企业目标、可识别性的认定程序、企业内部财产规则的监管以及外部激励措施，清晰化界定社会企业法律边界和核心特质，赋予其正当性基础，也为我国社会企业持续注入可持续发展的动力。

**参考文献**

丁为民（1998）：《西方合作社的制度分析》，北京：经济管理出版社。

董蕾红、李宝军（2015）：《社会企业的法律界定与监管——以社会企业参与养老产业为分析样本》，《华东理工大学学报》（社会科学版），第 3 期。

董蕾红（2020）：《社会企业法律制度研究》，北京：知识产权出版社。

樊云慧（2016）：《论我国社会企业法律形态的改革》，《法学评论》，第 5 期。

冯珏（2021a）：《法人概念论》，北京：法律出版社。

冯珏（2021b）：《法人理论之社会基础的更新：从社团到企业》，《南大法学》，第2期。

官有垣（2007）：《社会企业组织在台湾地区的发展》，《中国非营利评论》，第1期。

韩文琰（2018）：《立法认证：解决我国社会企业融资难的重要途径——现实审视与国际比较》，《甘肃政法学院学报》，第2期。

黄祖辉、邵科（2009）：《合作社的本质规定性及其漂移》，《浙江大学学报》（人文社会科学版），第4期。

蒋大兴（2023）：《论国有企业的"公司法构造"——一种法律技术主义的路线》，《吉林大学社会科学学报》，第6期。

江平（2011）：《民法学》，北京：中国政法大学出版社。

金锦萍（2009）：《社会企业的兴起及其法律规制》，《经济社会体制比较》，第4期。

金锦萍、陶溥编著（2023）：《外国社会企业立法译汇》，北京：中国社会科学出版社。

金锦萍（2024）：《社会企业立法的意义及基本思路》，《社会政策研究》，第4期。

李亚梅、余海洁、丁麟茜（2016）：《中国台湾身心障碍者社会保障政策变迁及述评》，《北京航空航天大学学报》（社会科学版），第4期。

李永军（2016）：《以"社团法人与财团法人"的基本分类构建法人制度》，《华东政法大学学报》，第5期。

施天涛（2018）：《公司法论》，北京：法律出版社。

田雪莹、赵春阳（2020）：《国际比较视野下中国社会企业的发展现状及实践启示》，《社会政策研究》，第4期。

王世强（2012）：《"社会企业"概念解析》，《武汉科技大学学报》（社会科学版），第5期。

王世强（2016）：《社会企业兴起的路径研究——两大部门的相互融合与结构差异》，北京：首都经济贸易大学出版社。

姚瑶（2019）：《公司型社会企业的中国化：法律定位与监管逻辑》，《河北法学》，第7期。

张骁（2018）：《分歧与梳理：社会企业概念的再审视》，《湖北经济学院学报》，第5期。

赵旭东（2020）：《商法总论》，北京：高等教育出版社。

郑南、庄家怡（2015）：《社会组织发展的新形态——台湾社会企业的发展与启示》，《学术研究》，第9期。

〔德〕卡尔·拉伦茨（2003）：《德国民法通论（上）》，王晓晔、邵建东等译，北京：法律出版社。

〔美〕德纳·布雷克曼·雷塞、史蒂文·A. 迪恩（2019）：《社会企业法——信任、公益与资本市场》，方懿、李攀译，上海：上海财经大学出版社。

〔美〕彼得·德鲁克（2020）：《人与商业》，慈玉鹏译，北京：机械工业出版社。

Blumberg, P. I. (1985), "Limited Liability and Corporate Groups," *Journal of Corporation Law* 11.

Borzaga, C., et al. (2020), "Social Enterprises and Their Ecosystems in Europe—Comparative Synthesis Report," https://ec. europa. eu/social/main. jsp? catId = 738&langId = en &pubId = 8274.

Defourny, J., & Nyssens, M. (2008), "Social Enterprise in Europe: Recent Trends and Developments," *Social Enterprise Journal* 4.

Defourny, J., & Kim, S.-Y. (2011), "Emerging Models of Social Enterprise in Eastern Asia: A Cross-country Analysis," *Social Enterprise Journal* 91.

Easley, D., & O'Hara, M. (1986), "Optimal Nonprofit Firms," *The Economics of Nonprofit Institutions: Studies in Structure and Policy*, Oxford University Press.

European Commission (2020), "Social Enterprises and Their Ecosystems in Europe. Comparative Synthesis Report," *Publications Office of the European Union*.

European Commission (2022), "Sustainable Corporate Governance Initiative," https:// ec. europa. eu/info/law/better-regulation/have-your-say/initiatives/12548-Sustainable-corporate-governance_ en.

European Commission (2024), "Corporate Sustainability Due Diligence Directive, Directive 2024/1760," https://eur-lex. europa. eu/eli/dir/2024/1760/oj.

Forrest, S., Greggs, N., & Yang, H. (2021), "The State of Social Enterprise and the Law 2020-2021," *The Grunin Center*, https://www. law. nyu. edu/centers/grunin-social-entrepreneurship/resources/publications.

Hansmann, H. B. (1980), "The Role of Nonprofit Enterprise," *Yale Law Journal* 89.

Hansmann, H. B. (1986), "A Theory of Status Organizations," *Journal of Law, Economics & Organization* 2.

Haugh, H. (2005), "A Research Agenda for Social Entrepreneurship," *Social Enterprise Journal*.

Hardy, D. (1979), "Alternative Communities in Nineteenth Century England," *Longman*.

Kerlin, J. A. (2013), "Defining Social Enterprise across Different Contexts: A Conceptual Framework Based on Institutional Factors," *Nonprofit and Voluntary Sector Quarterly* 42.

Laratta, R. (2011), "The Emergence of the Social Enterprise Sector in Japan," *International Journal of Civil Society Law* 9.

Liptrap, J. S. (2021), "A Social Enterprise Company in EU Organisational Law?" *Cambridge Yearbook of European Legal Studies* 23.

Moulaert, F., & Ailenei, O. (2005), "Social Economy, Third Sector and Solidarity Relations: A Conceptual Synthesis from History to Present," *Urban Studies* 42.

OECD (2023), "Social Entrepreneurship & Social Enterprises," https://www. oecd. org/ cfe/leed/social-economy/social-entrepreneurship. htm.

OECD (2022), "Designing Legal Frameworks for Social Enterprises: Practical Guidance for Policy Makers, Local Economic and Employment Development (LEED)," *OECD Publishing*.

Pfeilstetter, R., & Gómez-Carrasco, I. (2017), "Social Enterprises in Spain (Country Report)," http://www.lasociedadcivil.org/wp-content/uploads/2017/12/Pfeilstetter_ Gomez-Carrasco.pdf.

Peter, H., Vasserot, C.V., & Silva, J.A. (2023), "The International Handbook of Social Enterprise Law: Benefit Corporations and Other Purpose-Driven Companies," *Springer International Publishing* 1.

Seforis (2017), The State of Social Entrepreneurship-Executive Summary Country Reports, https://www.hertie-school.org/fileadmin/2_ Research/2_ Research_ directory/Research_ projects/SEFORIS/Executive_ Summary_ Country_ reports_ SEFORIS.pdf.

Tomaževič, N., & Aristonvnik, A. (2018), "Social Entrepreneurship: Case of Slovenia," https://zavod14.si/wp-content/uploads/2018/10/Social-Entrepreneurship_ Case-of-Slovenia.pdf.

责任编辑：马建银

# 陌生人慈善何以可能：受助者
# 需要视角下的规范嵌入[*]

## ——以 C 基金会云南农村老人陪伴项目为例

王化起　　王雨琪[**]

【摘要】面向陌生人的公益慈善在现代社会兴起，其原理还有待澄清。以上海 C 基金会在云南 D 县的留守老人陪伴服务项目为例，研究从老人的生活照料与沟通陪伴需要出发，发现护老志愿者以良善方式对待老人是跨地关怀老人的关键。基金会与目标地政府（干部）、社区（干部）或企业家的互动方式也都是良善的，尽管也有隐忧、矛盾或短暂有限。以良善方式提供关怀自始至终约束着该项目的多部门合作生产，形成了慈善行动者间的规范嵌入。这既揭示了现代社会关怀陌生人的一般规范原理，也启发我国互助养老与三次分配应扩大嵌入层次，实现带有规范的多重嵌入。

【关键词】关怀陌生人；跨地慈善；受助者需要；规范嵌入

---

[*] 基金来源：云南省"兴滇英才支持计划"专项项目"云南衔接乡村振兴地区留守老幼关爱服务模式探索与组织优化研究"；云南大学民族学与社会学学院 2024 年年度重点科研项目"西南地区家庭照料困境及破解——社会工作实务研究案例集"（2024ZD021）。

[**] 王化起，云南大学民族学与社会学学院讲师、硕士生导师；王雨琪，云南大学民族学与社会学学院本科生。

# 一　引言

在我国完成脱贫攻坚、全面实现小康的背景下，党的十九届五中全会提出"发挥第三次分配作用，发展慈善事业，改善收入和财富分配格局"，以促进人民共同富裕的实质性进展。专家学者对此也有大量讨论。杨斌以第一次市场分配和第二次政府分配为参照，界定第三次分配是以"社会主体自主自愿参与"为主的捐赠、慈善和志愿行动（杨斌，2020）。范斌也认为第三次分配是在自愿的基础上缩小贫富差距、促进共同富裕，具有有益补充一次分配和二次分配的功能。总的来看，关于三次分配的阐述还处于概念辨析阶段，三次分配的有效模式或可行机制都还亟须经验提炼和理论分析（范斌，2021）。从现实的慈善与志愿服务案例入手，分析其运行模式和有效经验，就具有重要的现实与理论意义。

在较发达地区与欠发达地区之间开展的跨地区慈善有助于缩小两地民众之间的贫富差距，实现两地民众的共同富裕。本文中上海 C 基金会在云南农村开展的留守老人陪伴服务项目就属于这种情况（以下简称"基金会"）。基金会由长江商学院高级工商管理硕士（EMBA）某班同学和班主任发起，旨在帮助生活在大山里且生活贫困的留守或孤寡老人。2017 年 4 月以来，基金会在云南 D 县采用培养在地护老员的方式向留守老人发放生活物资、代办生活事项、提供个人卫生与家庭清洁服务、增加安全防范能力，并满足其他个别化需求。截至 2021 年 7 月，基金会在云南 D 县按照"一村一社工"的原则，共培养农村护老员 58 名，先后服务了 13 个乡（镇）58 个村社区项目点，累计为全县 2069 户共 3149 位留守老人提供养老服务超过 30.5 万人次。

基于这个案例，本文希望回答一个重要问题，即跨地关怀陌生人如何可能。我国传统慈善主要发生于血缘关系、同乡情谊、共同职业利益等依托强关系而形成的社会群体之中。宗族、村社、同乡组织和工商业行会通过义庄、同善会、省地会馆和商会等途径发挥着慈善功能（朱友渔，2016）。这些民间慈善积极促进免费教育、创办地方公共服务、实施地方自治。费孝通分析江村地区农民借贷问题时也描述了互助会这种同乡互助式金融形式（费孝通，2021：224～229）。王思斌也归纳出当代中国城乡二元救助结构中，乡村社会求助与助人的范围依照差序格局的情理而定，很少出现在陌生人之间（王思斌，2001：1~10）。但是，现代慈善的对象常常不是熟人，而是陌生人。那么，这类慈善如果可能，是基于陌生人的哪些需要呢？慈善人士又如何克服陌生关系而满足这些需要的呢？

本研究从跨地慈善项目中受助者即留守老人的生活照料、沟通陪伴等社会性或精神性需要出发，探讨护老员对待老人的方式及其效果，以及基金会与在地护老志愿者、D县政府（干部）、社区（干部）之间的互动方式。研究揭示，该项目在服务传递过程中嵌入本地公益网络中，慈善行动者之间形成了良善互动。由此，这个项目不仅满足了老人共性或个性需要，更受到护老志愿者的良善对待。总之，跨地慈善以良善方式向陌生人传递了关怀，展现了与权力嵌入相对的规范嵌入机制。

## 二　文献综述

### （一）面向陌生人的慈善及其影响因素

面向陌生人的慈善研究关注慈善行为的一般特点，揭示出资源与价值观念是两类主要影响因素。刘能通过问卷调查发现，城市普通居民慈善捐赠行为主要与教育水平和收入水平有关（刘能，2004：68~78）。教育或收入水平越高，慈善捐赠和收入水平也就越高。朱斌研究发现，民营企业主的社会责任决策受到其所在家族的影响（朱斌，2015：74~97）。企业主面对内部利益相关者则追求物质利益，面向外部利益相关者则追求社会声望财富。家族对企业主的影响越大，则对内的社会责任越少，对外的社会责任越多。如果放眼整个志愿部门，其在资源、功能等方面天然存在许多不足，因此会与政府产生相互依赖（Salamon，1994：109~122，Salamon & Toepler，2015：2155~2177；王思斌，2014：3~10；2015：47~52）。鉴于资源短缺会导致组织依附性，许多学者主张应澄清社会组织与政府的边界，以保持前者的自主性（范明林，2010：159~176；姚华，2013：21~42；黄晓春，2017：101~124）。

也有研究认为慈善行动中理念利益与物质利益同样重要，前者可以改变后者的作用。政治信念和宗教信仰等理念利益对企业家慈善行为的影响就像"扳道工"一样（周怡、胡安宁，2014：57~81）。它们不仅塑造了企业家的慈善动机，也以具有亲和性的方式影响其他一系列慈善选择。信念左右了捐赠对象是官办机构还是民间机构，捐赠方式公开还是匿名，以及追求物质奖励、社会声望还是个人精神满足等。研究还发现，志愿者的价值观念可以形塑志愿服务双方的关系。双方是一种混融状态。所谓"混融"并不是异质价值的简单通约，而是基于社会交往而生成的"相互的承认和感激"，互相形成主体性（汲喆，2009：1~25）。这一点在国外志愿者参与云南村庄公益图书室的案例研究中得到证实。个人公益动机各异，却都向村民提供了"礼物"而不要求回赠。在利益互惠之外，志愿者、服务对象等相关各方价值的混融而达成的主体间的"相互性"才是关键（李荣荣，2015：71~93）。

综上，既有研究在分析慈善影响因素时，多从慈善公益的供给者一方出发，因此注重分析捐赠者个人、志愿群体或公益部门的相关特征。受助者则较少受到关注，相关研究阙如。关怀理论认为，关怀关系的起点在于关怀对象，而非关怀提供者。关怀关系应当始于前者而非后者的需要（诺丁斯，2006）。有鉴于此，本文从关怀对象的需要出发，重新分析外来慈善嵌入在地公益网络的机制。

**（二）组织间的权力关系：社会服务的嵌入性研究**

当前，我国社会服务供给广泛采用多部门协作的方式。2017年，《中共中央、国务院关于加强和完善城乡社区治理的意见》已经明确提出各类社会组织参与社区治理、提供社区服务，以"三社联动"等方式起到协同作用。党的十九大报告指出，"加强社区治理体系建设，推动社会治理重心向基层下移，发挥社会组织作用，实现政府治理和社会调节、居民自治良性互动"，这进一步明确了政府、社会组织与居民自治之间进行协作的方针。学者也就该政策精神开展了专题论述（张雷，2018：99~102；曹海军，2018：95~98）。

单就三社联动而言，学者深入剖析了社区、社会组织和社会工作（者）三类部门协作的特点及其影响因素。顾东辉（2016：104~110）认为，除了看重这三类主体的特点，更应该看到整个联动体系作为一个实务系统所具有的伦理、目标、方法等要素。三社联动就是三个部门带有这些要素的合作。徐选国从经济发展为基础、社会发展为中心的"社会理性"观出发，认为国家与社会是共享粘连而不是对立的（徐选国，2017：55~64）。在这个逻辑上，社会组织、社会工作可以嵌入基层社区，实现有效联动。王杨、邓国胜探究了三社联动中社工机构与社区居委会的合作机制，发现理性选择机制和合法性机制是两个主要机制（王杨、邓国胜，2017：55~60）。双方互惠的利益期待及其激励机制、制度空间及其政策机会，都成为主要影响因素。

以上制度性与组织性研究都集中于服务供给一侧。Ostrom（1996：1073-1087）则注意到需求者的影响。她的研究团队发现公共服务的生产不同于公共物品，它一定需要服务对象的参与。政府与公民协同生产公共服务又称为"合作生产"，说明以权力/权威关系为中心的福利治理需要积极地纳入服务使用者的感受和能力（邓锁，2018：90~114）。

总之，社会服务供给往往需要跨部门的协作才能完成，很难依靠单一部门实现，无论这个部门是政府、社会组织还是社区。纳入服务使用者则更加明确了多部门协作供给的方向，揭示了社会服务供给—需求的双重驱动力。但是，涉及服务对象时，合作生产理论也暴露出诸多不足：首先，社会服务对象的需要本身缺少阐述，笼统不清。其次，服务对象与各类服务供给部门的合作关系实际也不清楚。社会服务供给的有效实现固然取决于提供者与使用者之间的合作，但这样的合作到底是什么形态？服务对象的需要对于合作关系的规定性机制到底是什么呢？要回答这些问题，就需要回溯嵌入性概念的脉络。

嵌入性的理论资源主要来自波兰尼和格兰诺维特。前者提出了市场嵌入社会的历史总体结构，后者则从社会目标、社会关系和社会制度三个层面论证了经济嵌入社会（Granovetter，1985：481-510；1992：3-11）。熊跃根（2003）借用格兰诺维特的概念，在王思斌对中国求助—帮助关系的启发下，讨论了专业教育者主动靠近或被动由政府吸纳的"体制嵌入"概念。王思斌基于波兰尼和格兰诺维特的理论，明确了在社会结构的层次分析社会工作专业主动嵌入政府社会工作，揭示了"专业弱自主嵌入"的状态及其现实意义（王思斌，2011：206~222）。朱健刚、陈安娜（2013：43~64）则在以上文献的基础上，通过政府购买服务项目案例，发现专业社会工作嵌入政府权力时，其专业自主性受到挑战，即社会服务行政化、内部治理科层化以及专业整体的建制化。徐选国（2017：55~64）则基于波兰尼的思想，主张社区嵌入社会。在此前提下，多部门协作式的社区治理也让社会工作参与治理成为可能。总之，现有社会服务嵌入性的分析主要是组织取向的。它们关注的都是社会服务的供给环节，剖析的是社会工作部门与其他部门特别是政府、社区的组织间关系。具体而言，阐述的是相关组织之间服从、自主或平等治理的权力关系。

与上述权力结构取向的嵌入性分析不同，笔者认为应该重新考量格兰诺维特嵌入性概念中被忽视的社会目标与社会关系层次。组织分析可以批判社会结构中的权力关系，但它不足以凸显个体行为或社会关系中个人践行社会规范、寻求自我价值的能动性。在个体的心灵与行为中，在变动不居的社会关系中，始终蕴含着人作为社会人区别于动物的规范性需要。只有诉诸社会目标与社会关系路径，才能看到在制度性或组织性权力关系之外，个体的规范性需要也塑造着社会服务的具体行为与关系。接下来，笔者将揭示受助者的规范性需要的特征，并说明它如何约束着社会服务的合作生产。

### （三）规范嵌入：受助者的需要及其良善的满足

需要问题在 20 世纪 80 年代经过阿马蒂亚·森的能力型贫困讨论成为社会福利领域的重要议题（Kretzmann & McKnight，1996：23；Floyd & Rita，2011：103-115）。对此，很多学者持有实质性的理解，认为需要指向人类追求生存发展或避开危害的本能，它是普遍的、客观的并且是可测量的（吴越菲、文军，2022：113~130）。基于这个思路，常见的救助陌生人的策略就是设定受助者的基本而共性的生活需求，以区别于他们的个别化需求（Hall & Midgley，2004）。中国学者也持有类似的观点。近年来，我国社会政策逐渐取消了城乡或职业的身份差异，努力建设城乡统一、不分职业身份的普惠福利制度（彭华民，2010：52~60）。在理论上，岳经纶和方珂（2019：68~77）就明确提出从"身份本位"到"需求本位"的观点，认为中国应该针对人类在贫困、疾病、无知、失业、陌隔五个方面的普遍需求建立普惠保障。

但是，不论服务对象是陌生的还是熟悉的，人的需要都不仅是实质的，更是规范的（吴越菲、文军，2022：113~130）。人固然有衣食住行等基本的生存需要，还有获得爱、尊重、归属与自我实现等规范的需要。具体来看，有的学者强调现代人规范性需要的核心价值是自主。Doyal 和 Gough（1991）认为现代人最重要的规范需要便是在社会结构约束中实现自主（Human Autonomy）。个人为了实现自主就需要必要的物质、教育或情感满足。但是，也有学者认为现代人的规范需要可能不在于自主性，而在于良善性。Ignatieff（1984）指出，人的很多需要甚至都不是为了充分实现自我，而是对内在同一或崇高的需要，例如渴望爱、归属、友谊等所谓良善的关系或状态（The Human Good）。

不论现代人的需要内容是偏向"自主"还是"良善关系"，它如何实现就脱离了思辨，进入实践领域。针对衣、食、住房、安全、医疗、教育等普遍需要，现代社会福利制度往往基于权利—资格（right-entitlement）的逻辑，以统一的或兜底的方式加以满足。但这种方式很难触及人们对尊重、爱、归属等精神性存在的需要。就现代人对自主的需要而言，尊重个人权利、保障个人自由就是制度上应当做的（Doyal & Gough, 1991）。Sen（1983：153-169；1985：669-676）进一步指出，实现个体自主性需要的物品及其属性也很重要，但现实中它们带有文化相对性，很难普遍界定，更不用说统一供给。而就现代人对良善关系的需要而言，Ignatieff（1984）认为，此类需要只能由良善的方式满足。例如，给予受助人金钱救助不代表给予他尊重，只有救助时真正关切和尊重的姿态才传递了尊重。爱、归属等规范关系莫不如此。因此，对陌生人的关怀一定要用良善的方式才能实现。总之，受助者的社会性、精神性需要及其满足规范的确约束着陌生人之间的关怀方式。良善对待受助者就是关怀陌生人的必行规范。

基于以上综述，笔者认为，分析跨地慈善嵌入目标地社会服务网络时，重点应从组织间的权力关系转向服务对象需要的规范性满足，即慈善行动者之间的良善互动。具体而言，它是指跨地慈善机构与目标地地方政府、社区、社区志愿者群体、服务对象等之间正式的服务关系，或私人的非正式互动都是良善的。它不仅要求跨地慈善者和目标地社会服务部门之间的合作生产符合良善，也要求在地志愿者以良善的方式完成服务。最后，它也包括跨地慈善者包括捐赠的企业家尽可能地与服务对象进行良善互动。在这个意义上，规范嵌入是指社会服务提供者不仅以良善的方式满足陌生人的需要，并且与其他合作生产服务的行动者之间都形成良善互动。规范嵌入与社会服务行动者间的权力嵌入并行不悖。仅就本文跨地慈善服务的规范嵌入案例而言，其分析框架如图1所示。

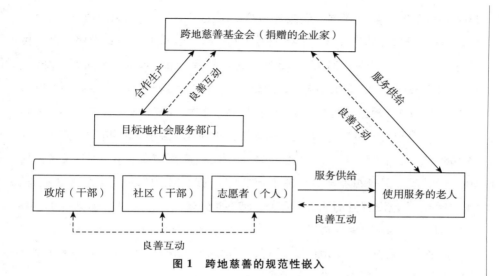

**图1 跨地慈善的规范性嵌入**

# 三 案例介绍与资料收集方法

D县位于云南西南部，为多民族混居地区，分布有汉族、彝族、回族、佤族、布朗族等多个民族。当地多高寒山区，自然条件恶劣，农业经济薄弱，工业经济匮乏，是我国"十三五"脱贫攻坚重点地区和"十四五"巩固脱贫成果衔接乡村振兴地区，当地农村留守老人较多。

资料主要来自2021年9月24~27日云南大学钱宁教授带领的调研。一方面，向全部护老员56人发放并回收问卷。另一方面则分阶段进行访谈。第一阶段与3个乡镇分管社会福利的副乡长、15名护老员进行交流。第二阶段选择3个具有地理代表性的乡镇，每个乡镇中再选2个村社。在每个村社都访谈村支书1名、护老员1名、在册老人1名和不在册老人1名。第三阶段，团队先后与D县民政局领导座谈，与基金会领导线上进行访谈。三个阶段共回收问卷56份，形成无结构式访谈资料44份。

除了一手调查资料，本研究还受惠于基金会的工作资料，包括《养老社工、受助老人选择标准》、《受助老人个人情况》、《养老社工个人情况》、2021年8月27日云南大学高万红教授主持的项目讨论会会议纪要等。

统计显示，截至2021年4月，56个社区设有护老员56名。就职业而言，

33 人是村干部、乡村医生、代课老师等，占比 58.9%，其余则为农户或个体户。2021 年村委换届后，3 人由务农变为村干部，也有 2 人不再做村干部，重新务农。因此，职业构成基本没有变化。就民族而言，汉族 48 人（占比85.7%），彝族 4 人，布朗族 3 人，白族 1 人。就政治身份而言，中共党员 30 人（占比 53.6%），预备党员 1 人，入党积极分子 2 人，群众 23 人（占比 41.1%）。

统计还显示，3149 个受益老人最大年龄 106 岁，最小年龄 46 岁。其中，女性 1685 人（占比 53.5%），男性 1464 人。就民族而言，汉族 2841 人（占比90.2%），其余则有布朗族、彝族、佤族和白族。89.3%的老人为留守状态，34.4%的老人已没有劳动能力。另外，87.4%的老人可以自理，但其余 12.6%不能自理或半自理。就社会保障而言，大部分老人（2983 人，94.7%）获得养老金，平均金额为 123.5 元/月。所有老人都加入了新农合医保。另外 487 个老人享受低保待遇，平均金额 487 元/月。

## 四 研究发现

在"十三五"脱贫攻坚的背景下，留守老人的基本生活保障已有政策性兜底。对于他们而言，除了生活照料与便利之外，更需要切实的关爱与陪伴。围绕该项目的主要过程和重要事件，本文选择三个方面论述其规范嵌入性特征：第一，护老员向老人提供养老服务的内容、方式及效果；第二，基金会如何选拔和培育护老员；第三，基金会（工作人员）与目标地政府（干部）、社区（干部）之间，企业家捐赠人之间的互动是否良善。

### （一）护老员关怀老人的良善方式

#### 1. 生活照料与沟通陪伴是该项目的服务重点

该慈善项目主要包括基本生活保障、日常生活照料、沟通陪伴三类内容。该项目注重收集老人个性化的生活物资需求。基金会就按老人的申请发放物资。2019 年 11 月，D 县项目为家庭贫困的在册老人发放看戏机 55 台、坐便器 26个、拐杖 41 根、毛毯及床上四件套 34 套、二胡 1 个、音响 1 个、太阳能电板 3个，共 161 户老人受益。基金会也尽可能连接村委会和当地政府的资源，推荐或支持老人申请国家救助。

事实上，项目更加注重老人的生活、健康、安全等服务。护老员为老人代办各种生活事项，包括协助老人干农活、采买药品、代缴水费等。同时，他们也给老人提供个别化的生活照料服务，包括但不限于生日庆祝、就医陪护、生病慰问、房屋修缮等服务。除此之外，还有改善留守老人的生活卫生。护老员关注老人的生活健康和环境卫生，帮助其剪指甲、理发、打扫庭院、清洁屋子等，并向老人宣讲必要的健康知识，增强老人的自我保健意识。

项目还帮助老人提升生活安全。护老员会观察老人住房是否存在用电、用火等安全隐患并及时予以纠正、指导，协助老人学习日常电器、电子产品的正确使用方法。另外，护老员也向老人科普安全知识，对他们进行消防、防传销、防诈骗等安全教育，提高老人的警觉性及安全意识。

在沟通陪伴方面，项目要求护老员定期入户探访，关心老人的生活情况，进行情绪疏导、精神安慰和情感支持，并努力帮助老人增进与家庭成员的沟通。如护老员 L 在访谈中表示，当地大部分老人都不会用智能手机。有智能手机的只占 1/4 左右，其他老人不用手机，或只会用老年机。所以入户探访时，他经常拿出自己的手机开视频，让老人和外地打工的子女联系。

可见，D 县慈善项目的重点是给老人提供健康、安全以及情感等服务，而不是兜底意义上的生活保障。如此注重老人的社会性与精神性需要，而非物质性需要，是基金会深入实地评估老人需求才确定的。项目社工 L 说："当时做农村老人的项目特别少，所以选定了这个群体。但是不知道该怎么做，所以 2016 年的时候秘书长就带着成员去调研。最开始是和当地一些志愿团体、社会组织合作，给老人发一些慰问物资，如米面粮油等。经过 2016 年的调研，秘书长和项目人员都觉得应该更深层次挖掘他们的需求，而不是停留在基础的生活物资层面。特别是脱贫攻坚当中，他们的基本生活已有政府的保障，他们真正需要的是日常生活上的照顾，所以决定通过陪伴服务形式来帮助老人。"总之，该项目主要满足老人的社会性与精神性需要，评估老人需求的过程和态度都是良善的。

**2. 陪伴服务的多方效果证实其良善特征**

护老员提供的充满关怀的各类服务，受到老人的欢迎。护老员 L 说："那些老人看我就像儿子一样。我到时，他们都特别高兴。"一些不在册老人甚至因此羡慕。为此，基金会还专门叮嘱护老员对在册老人开展服务时尽量把周围不在册老人也带上。受助老人的亲属也欢迎这个项目。他们认为护老员免除了他们的后顾之忧，他们能更放心地在外打工。有的受助老人子女在听到公益服务将要停止时，表达了很大的失落感。

该项目在为 D 县提供服务、培育护老员、开展助老活动的过程中，也让当地许多家庭关系得到缓和，在社区层面营造了良好的养老氛围。护老员 J 说："这个工作可以改变身边的人，包括自己的子女、家人、邻里什么的都知道我们在行动。对邻里村民之间的关系改善很有帮助。"对此，项目负责人 L 总结道："超过百分之五十的村社已经开始出现公益性、互助性的社区服务雏形，社区整个的尊老敬老助老的氛围比较浓厚。"

### （二）基金会与护老员的良善互动

#### 1. 多部门合作选拔护老员

基金会招募护老员，先经过村委会、乡政府和县民政部门推荐，然后亲自面试。他们看重护老员在社区里的办事能力和群众基础："一是需要他把事做成。二是他跟村民多多少少都认识，熟悉甚至沾亲带故。"（长益基金会秘书长Z）根据推荐名单，基金会再进行面试。"我们会对他们进行线上线下面试以及初步培训。如果志愿者走访 30 户受助老人不合适则重新推荐。"（基金会工作人员 L）

是否充当志愿者也取决于个人的现实利益和价值观念。基金会为每位护老员每月固定发放 1850 元的补贴，其中包括 50 元的话费和 300 元的油费（由于受助老人居住分散，多为山路，护老员需要骑摩托车上门提供服务）。对于部分护老员来说，这笔收入可以贴补家用。"我任社区计划生育委员会委员，一个月有 1000 多元。听到总支书说有一个关心关爱老人的项目，他建议我担任，这样可以补贴家用。"（护老员 Y）

也有志愿者参与项目是因为跟老人共情，或在意社会伦理或社会秩序等社会性利益。护老员 P 表达了他对留守老人的深切共情："我自己也有过留守的经历，我也不想看到更多孤独留守的老人，因此抱着试一试的心态担任了护老员。"护老员 J 则看重道德："这个陪伴工作要用自己的言行带动周围的人，自己必须有善心。"护老员 R 则看重社会秩序："关心陪伴老人让他们感受到了社会的温暖，在生活上给予他们帮助很有必要。"

#### 2. 基金会良善对待护老员

护老员作为服务的直接提供者，其服务时采用的态度、方法和技术等都会影响服务的效果，同时也关乎老人社会性与精神性需求是否得到满足。为此，基金会加强了对护老员的培训和督导。基金会负责人 Z 说："如果没有策划和资源整合能力就做不了活动，也不可能很好地协同政府。"于是，基金会"教护老员怎么发现老人的共性需求和设计活动，活动结束后还要做复盘指导"。基金会每半年或一年梳理护老员的问题和需求，然后有针对性地开展培训。培训内容包括社工的常识科普、老人心理辅导、邀请专业医生讲解老人健康知识以及教授摄影技能等。截至 2021 年 7 月，基金会共开展能力建设培训 150 余场。此外，基金会还进行护老员同辈督导。2018 年开始，基金会安排能力强的老护老员带着新护老员做入户调研，学习更专业的方法与技术。对于以上培训督导，护老员 Y 说："如果我没有在培训中学到沟通的技巧和技能，那么我很可能就按常规办法来解决村民矛盾。"

除了业务培育，基金会也特别关心护老员的社会身份、劳动关系乃至前途发展等需要。基金会澄清了护老员的身份，转变了对他们的称呼。在项目早期，志愿服务提供者被称为养老志愿者或护老员，但这个称呼与他们领取固定经济报酬相矛盾。后来就改称为"养老社工"。基金会负责人 Z 说："在大家的认知里，拿钱的就是社工，不拿钱的才叫志愿者。他们提供服务耗时耗力，是稳定、持续的。"改变称呼是用心界定护老员角色，表达了对护老员工作的尊重与肯定。

基金会在制度上困难时也尽力维护护老员的根本利益。护老员的劳动关系是 D 县项目的一大难题。基金会在陕西佳县与重庆同期开展了老人陪伴项目。重庆的社工与当地社工机构签订了正式的劳务合同，社保也齐全。因为重庆的劳务成本高，而且当地社工主动要求签订劳务协议："这是不是稳定的工作？如果你要我做，我也想要做，为什么你们不帮我买社保？不让我们有归属感呢？"基金会负责人 Z 认为这个诉求合情合理，是志愿者们的真实需求。但佳县与 D 县没有现成的社工机构。基金会不是社会企业，无法签订劳务合同，所以跟护老员们签的是资助协议，没有购买社保。对此，基金会负责人 Z 在座谈会上说："我们在这一块不知道如何做比较合适。期待有合法和合规的解决方法。"

在日常工作中，基金会也积极采纳护老员的意见，建立了民主的工作制度。基金会定期对护老员进行培训，培训内容根据护老员的需求和反馈来确定。护老员 Y 受访时说："疫情期间还进行了自我防护的培训。基金会也会及时了解我们的需求，从而调整培训的内容。"

总之，基金会与目标地民政部门和村社合作，筛选出护老员并进行培训。基金会尊重并实现了护老员的物质利益和价值观念。在护老员的身份称呼、较困难的劳务关系以及日常工作氛围中，基金会也都保障护老员的利益。这些都说明，基金会以良善方式对待护老员。由此，他们就通过护老员良善关怀了老人。

**（三）基金会与 D 县政府、社区、企业家的良善互动**

**1. 基金会与 D 县政府带有隐忧的良善互动**

基金会最终选择 D 县作为农村老人陪伴项目示范点，除了该地靠近缅甸，地形上山坝结合，以及多个民族混居等特征之外，基金会秘书长与 D 县政府干部之间的私人信任也起到了至关重要的作用。项目社工 L 说："最后选定 D 县是因为秘书长和基金会的发起人之一孙老师都和 D 县有渊源，和当地政府部门也比较有感情。"具体过程是"我们来到 D 县不认识民政局局长，但认识宣传部部长，他同时也是木乡党委书记，正在下面脱贫攻坚。所以我去他那里的时候，他的第一反应是到自己的管辖范围内，能够带我去看一下老人，做一点爱心的事情"（基金会秘书长 Z）。

虽然基金会人员与 D 县政府干部之间的私人关系是良善的，并促成了最初的部门间合作，但两个组织之间的关系是正式的而非个人的。基金会负责人就清晰地意识到他们与当地政府的组织间关系："基金会其实是以资助和赋能为定位的，和当地政府建立的是协同关系。我们只是补充。通俗地说，就是一个小帮手不添乱。"这样的正式关系也经历了从陌生到良善的转变。根据基金会负责人 Z 的描述，他们在 D 县项目之前，对国家组织及其行为方式感到生疏，并不了解政府机构的功能、岗位的职责。但在该项目的合作中，他们看到了国家机构的运作模式。她说："面前就不再是一份份的文件，而是一个个有血有肉的人。我们去相处和磨合的过程中，一起和谐地跳过舞，也一起踩过脚，但却特别有价值。"她甚至都感到了进步："互相发现都有诉求。我们是同一个战壕的，应该互相理解，互相体谅，一起往前走。"可见，在基金会与 D 县政府的正式互动中，以良善方式对待彼此也是根深蒂固的需要，也规范着双方的互动。

良善的互动建立起来后，对双方的未来计划也产生了约束。该项目 2019 年得到许多媒体报道后，成为 D 县农村养老服务的亮点。项目初步计划于 2021 年底结束。但是，当地民政部门领导担心如果基金会单方面撤出，会给本地政府造成更大的麻烦，产生很难解决的负面影响。基金会也明白自己不能仓促撤出："如果这时候我们撤了，D县领导就开始恐慌，就觉得这个服务将来做不好，那还不如一开始别做那么好。"（基金会负责人Z）

### 2. 基金会与村社委会带有矛盾的良善互动

基金会也与村社密切合作，积极协助开展社区治理。项目中期调研资料显示，60%以上的护老员协助村委会开展过日常工作、宣讲过党和政府政策、调解过群众矛盾。还有近30%的护老员帮助调解过干群矛盾。例如，脱贫攻坚期间要易地搬迁，一些老人不肯搬，护老员就去帮忙说服。"就我们这次搬迁，我们下去动员这些老人，宣传一下，他们一个传一个的就搬下来了。"（D县养老社工A）在疫情防控时，基金会也参与宣传疫情知识。基金会秘书长Z说："疫情期间，政府想要去倡导防疫知识，但是他只能够给出卫健委的一个文件。这给到老人和村民都理解不了。我们会把它画成可爱的图片，再配上护老员和老人一起互动的照片，那么他看到的时候，不会觉得你又要来教育我了，而是一种亲切、一种关怀。用这种关怀把政府和基层的民众联系在一起，大家感觉到心里面是热的。"

但是，村社居委会（干部）也有些行动违背了合作应当良善的规范。基金会培育护老员、协同政府开展社区治理的工作方法，是当地基层工作所欠缺的。有的村社干部因此有意推诿："觉得基金会能做那你们做，你们受过那么多培训，你看我什么培训都不如你们。"（基金会负责人Z）另外，村社也想留住一些年轻的、有文化的、有比较好的群众基础的护老员干活，甚至在项目结束之前就已经预定。这些都让基金会负责人Z感到困惑："我们到底是培养护老员，还是给村委培养人。有时候连我自己都很迷茫。"

### 3. 基金会与捐赠企业家短暂有限的良善互动

基金会除了与政府、社区合作生产，也会动员企业家到D县直接向老人提供服务，参加社区活动。基金会开展了捐助者体验活动，以促进企业家对留守老人和护老员的直接感受，激发其进一步捐助的意愿。基金会工作人员L说："我们会邀请基金会的发起人、理事包括企业家到D县老人家里入户探访。并不是说带东西去慰问一下就完了，而是实际体验什么是养老服务。另一方面，我们会设计一些社区活动，让捐助者能够与受益老人、非在册老人、护老员、当地干部等现场互动，并且为项目提出一些意见和建议，同时也是筹资的一种形式。"只是类似的体验活动往往行程短暂，次数也不多。

# 五 结论

D 县老人陪伴项目通过实地评估，以生活照料和沟通陪伴为服务重点，超越了通常的物质帮扶局限。他们自始至终都以老人的需要为出发点，以良善方式服务老人，取得很好的服务效果，实现了项目目标。事实上，基金会与护老员、D 县政府（干部）、社区（干部）或企业家捐赠人合作生产服务时，都是以良善的方式对待彼此。虽然其中也有隐忧、矛盾或短暂有限等问题，这些服务供给主体之间的互动的确是符合良善的，最终实现了跨地合作关怀留守老人。

跨地关怀陌生人的 D 县项目案例证实，关怀陌生人的社会服务不能只停留于服务供给一端，还应重视服务对象一端及其需要。不论内容为何，这样的社会服务如果要有效果，提供方式必须符合良善规范。总之，从受助人的需要出发，包括跨地慈善的社会服务都应注意其生产或供给方式的规范性。满足陌生人的需要便意味着良善的服务供给方式，也就对服务供给主体的嵌入性提出了深刻的规范要求。

在 D 县案例研究的基础上，本文超越组织间的权力嵌入观点，提出了组织间规范嵌入的新观点。既有社会工作的嵌入研究发现，社工或社会志愿服务进入城乡社区时，会出现与社区组织或基层行政隔离、冲突或互补的不同情况（朱健刚、陈安娜，2013：43~64；景军，2024：3~24）。本文的发现与此一致，即政府与基金会的合作有隐忧，社区（干部）与基金会的合作有矛盾。不同的是，本文从受助者需要的角度解释了这些现象发生的原因。受助者的良善需要规定了社会服务的多部门合作生产方式应当良善。如果合作部门之间的互动方式或关系状态违背了这个规范，服务的供给方式不够良善，服务效果就可能不佳。

跨地关怀老人的规范嵌入特点也启发了互助养老的研究与实践。有研究注意到社区内互助养老超越了家庭亲友的熟人范围，进入老人同辈群体的陌生人层次，因此大加提倡（陈静、江海霞，2013：36~43）。但也有研究发现，它很难进一步扩大范围。无论跨年龄的城市社区时间银行模式，还是农村社区互助

养老幸福院模式，都容易陷入市场化或行政化的困境（景军，2024：3～24）。D
县老人关爱项目在权力之外还实现了规范嵌入的例子则说明，更大范围的老人
互助应当扩大其嵌入范围，丰富其嵌入方式。首先，它应突破社区、社会组织
与社工的有限范围，嵌入更高层级的政府例如县区级政府，或者更广阔的社会
公益系统之中。其次，它应当实现多重嵌入。即在权力、资源的嵌入之外，还
应当实现规范嵌入。具体而言，它要求一支兼具工作能力与良善规范的养老服
务队伍。这支队伍可以由专业社工、受过培训的志愿者、护理人员等不同类型
的社会服务人员协同构成。

　　本文从理论和实践两个方面丰富了我国增进三次分配的可行路径。理论上，
以公益对象的需要为出发点的规范嵌入，就是开展慈善、捐赠与志愿行动应遵
循的原理。在实践方面，D县项目说明面向陌生人的慈善、捐赠与志愿行动应
当适当提高嵌入层级，并实现权力与规范的多重嵌入。

## 参考文献

　　曹海军（2018）：《党建引领下的社区治理和服务创新》，《政治学研究》，第1期。

　　陈静、江海霞（2013）：《"互助"与"自助"：老年社会工作视角下"互助养老"
模式探析》，《北京青年研究》，第4期。

　　邓锁（2018）：《合作生产与有效福利治理：基于一个社会服务项目实践的案例研
究》，《中国社会工作研究》，第2期。

　　范斌（2021）：《推进三次分配协调发展》，《社会科学报》，11月16日。

　　范明林（2010）：《非政府组织与政府的互动关系——基于法团主义和市民社会视角
的比较个案研究》，《社会学研究》，第3期。

　　费孝通（2021）：《江村经济：中国农民的生活》，北京：商务印书馆。

　　顾东辉（2016）：《"三社联动"的内涵解构与逻辑演绎》，《学海》，第3期。

　　黄晓春（2017）：《中国社会组织成长条件的再思考——一个总体性理论视角》，《社
会学研究》，第1期。

　　汲喆（2009）：《礼物交换作为宗教生活的基本形式》，《社会学研究》，第3期。

　　景军（2024）：《中国社会工作研究的理论困境》，《社会政策研究》，第4期。

　　李荣荣（2015）：《作为礼物的现代公益——由某公益组织的乡土实践引起的思考》，
《社会学研究》，第4期。

　　刘能（2004）：《中国都市地区普通公众参加社会捐助活动的意愿和行为取向分析》，
《社会学研究》，第2期。

〔美〕内尔·诺丁斯（2006）：《始于家庭：关怀与社会政策》，侯晶晶译，北京：教育科学出版社。

彭华民（2010）：《论需要为本的中国社会福利转型的目标定位》，《南开学报》（哲学社会科学版），第 4 期。

王思斌（2001）：《中国社会的求—助关系——制度与文化的视角》，《社会学研究》，第 4 期。

王思斌（2011）：《中国社会工作的嵌入性发展》，《社会科学战线》，第 2 期。

王思斌（2014）：《社会工作在创新社会治理体系中的地位和作用——一种基础-服务型社会治理》，《社会工作》，第 1 期。

王思斌（2015）：《社会工作机构在社会治理创新中的网络型服务治理》，《学海》，第 3 期。

王杨、邓国胜（2017）：《社工机构与社区居委会合作机制的理论解释——四个合作案例的比较分析》，《中国行政管理》，第 11 期。

吴越菲、文军（2022）：《回到"好社会"：重建"需要为本"的规范社会学传统》，《学术月刊》，第 2 期。

熊跃根（2003）：《论中国社会工作本土化发展过程中的实践逻辑与体制嵌入——中国社会工作专业教育 10 年的经验反思》，《社会工作专业化及本土化实践——中国社会工作教育协会 2003~2004 论文集》。

徐选国（2015）：《嵌入性治理：城市社区治理机制创新的一个分析框架——基于对国家-社会关系范式的批判性反思》，《社会工作》，第 5 期。

徐选国（2017）：《社会理性与城市基层治理社会化的视角转换——基于上海梅村的"三社联动"实践》，《社会建设》，第 6 期。

杨斌（2020）：《第三次分配：内涵、特点及政策体系》，《学习时报》，1 月 1 日。

姚华（2013）：《NGO 与政府合作中的自主性何以可能？——以上海 YMCA 为个案》，《社会学研究》，第 1 期。

岳经纶、方珂（2019）：《从"社会身份本位"到"人类需要本位"：中国社会政策的范式演进》，《学术月刊》，第 2 期。

张雷（2018）：《构建基于社区治理理念的居民自治新体系》，《政治学研究》，第 1 期。

周怡、胡安宁（2014）：《有信仰的资本——温州民营企业主慈善捐赠行为研究》，《社会学研究》，第 1 期。

朱斌（2015）：《自私的慈善家——家族涉入与企业社会责任行为》，《社会学研究》，第 2 期。

朱健刚、陈安娜（2013）：《嵌入中的专业社会工作与街区权力关系——对一个政府购买服务项目的个案分析》，《社会学研究》，第 1 期。

朱友渔（2016）：《中国慈善事业的精神》，北京：商务印书馆。

Salamon, L. M. (1994), "The Rise of the Nonprofit Sector," *Foreign Affairs* 73 (4), pp. 109–122.

Salamon, L. M., & Toepler, S. (2015), "Government-Nonprofit Cooperation: Anomaly or Necessity?" *International Journal of Voluntary and Nonprofit Organizations* 26 (6), pp. 2155-2177.

Kretzmann, J., & McKnight, J. P. (1996), "Assets-based Community Development," *Nat'l Civic Rev* (85), p. 23.

Floyd, & Rita (2011), "Why We Need Needs-Based Justifications of Human Rights," *Journal of International Political Theory* (7), pp. 103-115.

Granovetter, M. (1985), "Economic Action and Social Structure: The Problem of Embeddedness," *American Journal of Sociology* 91 (3), pp. 481-510.

Granovetter, M. (1992), "Economic Institutions as Social Constructions: a Framework for Analysis," *Acta Sociologica* 35, pp. 3-11.

Hall, A., & Midgley, J. (2004), *Social Policy For Development*, Sage.

Doyal, L., & Gough, I. (1991), *A Theory of Human Need*, New York: Guilford Press.

Ignatieff, M. (1984), *The Needs of Strangers*, London: Hogarth.

Sen, A. (1985), "A Sociological Approach to the Measurement of Poverty: A Reply to Professor Peter Townsend," *Oxford Economic Papers* 37 (4).

Sen, A. (1983), "Poor, Relatively Speaking," *Oxford Economic Papers* 35 (2).

Ostrom, E. (1996), "Crossing the Great Divide: Coproduction, Synergy, and Development," *World Dev* 24 (6), pp. 1073-1087.

责任编辑：张潮

*NP*

陌生人慈善何以可能：受助者需要视角下的规范嵌入

# 公共关注：城市社区居民公共
# 参与的一种新形态

## ——以成都市郫都区 W 小区居民自治为例

何　磊　戴　影　陶传进[*]

**【摘要】** 本文将居民参与难题表述为集体行动难题，但与纳什均衡"双方无法沟通"的苛刻条件不同的是，社区天然地具有开放性和交互性，因而完全有可能走向合作均衡。通过对一个典型案例的研究发现，第一，公共关注是破解社区集体行动难题的一种有效方式。其意味着居民在参与公共事务层面从纳什均衡的共输状态走向合作均衡的共赢状态，且会对合作均衡状态进行自我维持。第二，公共关注的形成需要具备三大关键条件：（1）当小区整体参与不足、处于纳什均衡的共输状态时，需要从低门槛的公共事务切入，逐步呈现出由低到高、由具体一件事到多件事情依次展开的集体行动路径；（2）存在低门槛的公共事务时，居民容易情绪化地抗争而非理性地解决，因此需要底部信任的建构，这是公益组织的优势所在，即和不同群体或个人建立彼此之间的信任与呼应；（3）社区两委与公益组织保持协作是促使其形成的重要支撑力量。

---

\* 何磊，北京师范大学政府管理学院博士研究生；戴影（通讯作者），清华大学公共管理学院博士后；陶传进，北京师范大学社会学院教授。

【关键词】 居 民 参 与 ； 集 体 行 动 ； 纳 什 均 衡 ； 公 共 关 注 ； 间 接互惠

# 一 研究背景与问题提出

自党的十八届三中全会提出 "不断推进国家治理体系和治理能力现代化"和 "创新社会治理体制"以来，当今中国已经逐渐开始从社会管理时代转型到社会治理时代，而社会治理时代的核心则是多元利益主体共同决策、执行和监督社会公共事务，其中社会公众自下而上参与开始逐渐成为不可阻挡的时代潮流。在现实治理格局中，社区作为城市社会当中最基层的治理单元主体，其治理的水平、能力与效能关乎社会秩序及发展动力（范子艾、蒋祖存，2020）。

党的十九届五中全会指出，"完善城乡社区居民参与制度，实现政府治理同社会调节、居民自治有序互动"。该文件不仅表明公众参与在基层社区治理中的重要价值，同时也为社区探索适合本土居民的参与模式提供政策及制度支撑。尤其是在城市基层社区治理层面，社区居民参与公共事务实质上属于一种集体行动，是社区内部居民凝聚起来共同解决问题的过程，其表现为责任主体居民依托自身资源而形成相互支持、相互协作的模式（佘湘，2014）。

但现实情况不容乐观。首先，政府在行动、社会无行动、居民不行动已成为当前城市社区治理面临的深层问题（陈伟东、陈艾，2017）。大部分城市社区尤其是老旧小区仍然保留社会管理时代的属性。其体现在社区两委长期扮演主导者的角色，自上而下地递送外部专家所制定的决策，社区成为精英人物规划、参与和治理的空间，居民在其中只是被动接收和执行方，在这种自上而下的行政体系中，社区居民在面临公共事务时容易出现参与热情低、参与主动性差、参与效能不高、社区内部利益相关者社会关系网络破裂以及信任程度降低、社会资本缺乏等发展困境（刘厚金，2020）。其次，碎片化、弥散化的社区现状使得居民在公共事务面前难以达成共识，更加难以形成彼此之间的集体认同感。

综合以上实际现状所得，社区居民参与社区公共事务实际上面临着集体行动的困境。要么从自身利益视角出发，从而导致集体不参与；要么进入 "搭便车"的轨道，享受部分参与者所带来的溢出效益；又或是以非理性、抗争化（如上访、投诉等）的方式 "暴力"参与。尽管相关研究对集体行动的理解和界定相对复杂甚至存在一定分歧，但作为集体的社区在其治理范围内的实际行动，一般都是指向社区公共事务的合作共赢，而非不同主体之间的矛盾、冲突与抗争。

由此，基于当前强调自下而上居民参与社区治理的时代背景，本研究聚焦于"解决社区公共事务集体行动困境"，研究问题具体表达为：居民参与社区公共事务的集体行动难题能否被破解？破解背后的达成机制是什么？形成了怎样的公共参与局面？

## 二 文献综述

### （一）集体行动的理论沿革

#### 1. 产生集体行动难题的原因

国内学者费孝通（2008）在《乡土中国》中对中国传统乡土社会进行了特征分析，其显著特征之一则是人们之间的"公私分明"。而在中国传统乡土社会中，其也符合滕尼斯所描述的共同体氛围，但在关注公共事务层面的困境仍然属于普遍现象，"一说公家的差不多就是说大家可以占一点便宜的意思，有权利而没有义务了"，简单来说就是人们普遍只关注自己家庭的核心利益，而对其他利益或公共事务漠不关心，该研究还揭示出，这样一种特征同样符合所谓的"城里人"。

而该观点也能够从大多国外学者的研究中得以证实，在亚里士多德（1965）看来，正是因为人的理性和自私自利，成员之间的集体行动才很难得以实现，"凡是和多数人利益挂钩的公共事务通常却是较少数人关注和维护的事务，成员个体只关注着自身的利益，而忽视甚至破坏公共利益；对于公共的一切，他们仅仅关注其中和自己利益相关的事务"。公用地悲剧的提出者哈丁认为，人的本质就是追求个人利益，而每个人仅仅追求个人利益的满足则会导致公共资源的浪费甚至消失，进而致使无法达成相互之间的集体行动。"当集体成员生活在一个可以自由使用公用地的社会中时，每个人都会尽其所能地追求和满足自身的最大化利益，最终的结果则是公用地的毁灭或消失"（Hardin，1968）。

理性选择理论代表奥尔森（1995）则在"人都是理性人"的假设基础之上提出集体行动难题产生的两大关键原因。一方面受集体规模大小的影响，即集体规模的大小对集体行动能否达成具有关键性作用，并指出群体规模越大，达成集体行动的难度越高，"除非满足以下两个条件之一：群体规模较小，存在强制性、压迫性或其他具有约束和规范作用的手段来对个人集体行动做出要求，否则本质上自私、理性且寻求最大化利益满足的个体不会采取行动来促使集体或公共利益的实现"。另一方面，不同参与者的价值偏好差异会对集体行动的实现造成实际性影响，即在一个集体之中，参与者之间一定存在多样化、差异化、分层化的价值偏好，甚至很多情况下价值偏好之间呈现出相互冲突和难以弥合的状态，而理性且自私自利的个人通常并不会为了满足公共利益而做出让渡，故陷入集体行动的困境之中（Olson & Mancur，1965）。

### 2. 解决集体行动难题的理论研究

尽管集体行动存在相应的难题和困境，但在理论领域已然提出多种解决逻辑，笔者经过总结和梳理，共提炼出以下五大类型的逻辑体系（陈天祥、叶彩永，2013）。

第一类：理性的逻辑体系。基于"个体行动受理性驱动"的假设来对集体行动难题展开分析，核心关注"成本收益比"，认为个体采取集体行动的原因在于经过理性的系统计算。奥尔森认为只有强制和选择性激励两种方法才能有效避免"搭便车"问题。布坎南认为政府和国家两大主体是克服"搭便车"难题的一种制度安排。但也有学者提出随着集体规模的不断扩大，奖惩机制所承受的具体实施成本也会大幅度增加，甚至达到难以支付的状态。

第二类：情感的逻辑体系。早在19世纪末期，涂尔干（2000）就曾指出集体情感的作用及功能，"从根本上说，社会能够产生凝聚的原因在于成员之间一致性的信仰与感情"。保有同样观点的还有埃尔斯特（Elster，1989），在他看来，群体成员之间所采取的合作行为并不完全都出于理性或自私自利的目的，在绝大多数时候是基于理性的情感因素（张金娟，2017）。

第三类：制度的逻辑体系。以选择制度主义为典型，在他们看来，制度是由一系列规则所构成的集合体，能够对理性起到限制性作用，同时能够充当个体理性与集体理性相互整合与协调的最优机制。新制度主义学派同样认为符合实际的制度结构或制度设计能够较为有效地破除个体偏好的难题。持有该逻辑体系的还有协同优势理论，其核心观点在于制度是集体成员达成一致性意见和共识的现实反映。

第四类：社会资本的逻辑体系。社会资本理论认为，社会资本才是能够促使集体行动有效达成的最关键因素。奥斯特罗姆（Ostrom，1998）借此构建出一个新型的集体行动分析框架，包含三大核心要素——声誉、信任与互惠，三者之间相互影响、相互作用。科尔曼同样遵循该逻辑体系，提出"社会资本主要用以形容社会组织的特征，具体包括信任基础、规范体系以及关系网络"，对集体行动能否实现起到决定性作用。

第五类：关键行动者的逻辑体系。在关键群体理论看来，带头行动者作为集体行动中的倡导者、发起者与引导者，其投入程度及水平对社群成员是否参与集体行动起到不可替代的示范作用（高红，2018）。当这种作用发挥出来之后，带头行动者与社群其他成员之间呈现出相互呼应的关系。

### （二）社区层面的集体行动难题

#### 1. 导致社区出现集体行动难题的因素

社区的治理水平很大程度上与居民的参与能力及水平挂钩，尤其在当下城市社区当中，社区的发展、空间的合理规划、公共事务的解决、公共物品的满足都离不开社区居民的积极参与或支持。

在传统公共服务供给模式中，政府几乎承担了所有的责任，居民形成"等、靠、要"的思想，对政府形成天然的依赖心理，即社区管理体系已经严重脱离时代发展的现实背景（方军，2012）。因此，当社区想要借助公共事务的解决将责任主体归还给居民时，居民缺乏相应的能力和素质，产生"搭便车"的现象。最典型的居民反映包括"政府就是不想做、解决不了，所以交给我们来做""天天喊我们来开这些没用的会""有小礼物我就去"等。

大多数学者在居民参与社区公共事务存在集体行动难题上已经达成共识，那么对其背后的因素进行梳理和总结则显得至关重要，其关乎如何有效、针对性地加以解决或破除。在当前研究中，主要存在以下三种核心观点。

第一，随着社会的发展，当今社区治理及社区建设是基于更加开放的地理环境以及社会环境，此带来两大明显的关于社区成员的整体特征，即流动性相对较高且异质性程度不断增强（冯仕政、朱展仪，2017）。在这种背景下，社区居民之间很难就公共事务的解决达成一致。究其原因是流动性和异质性高使得社区社会资本无法得到实质性的培育与积累（张晨、严瑶婷，2016），即意味着社区当中的信任、规范以及关系网络较为薄弱，这些都将成为阻碍集体行动开展的桎梏。

第二，作为社会发展的一部分，国家也对基层职能部门做出调整，具体体现在将原来的居委会改革为社区居委会，并且定位为基层群众性自治组织。但改革后的社区居委会所需承担和落实的社会管理职能具有明显的只增不减的趋势，逐渐走向行政化（郝彦辉、刘威，2006），以至于社区工作人员每天的大量时间都用在处理或应付烦琐且冗杂的行政性事务工作当中，而几乎没有时间去调动居民参与解决公共事务。即使能够动员，所带来的结果也主要是个体化、零散化地参与，对改变居民的观念、意识或行为起到的作用甚是式微。在部分文献中，将居民个体的能动性等同于自我效能感（Pellino et al.，1998）。其是指人们对自己实现特定领域行动目标所需能力的信心或信念（张鼎昆等，1999）。换句话说，在社区管理体制逐渐行政化的情况下，居民参与集体行动的自我效能感相对低下。

第三，当前社区整体成员的结构也是影响集体行动的关键因素，原因在于随着我国城市化和城镇化的迅速发展，一方面，青年群体逐渐走向更广大的社会舞台，社区越来越退化为"睡城"。即只需要有物业公司提供相应的服务内容，有政府职能部门承担起管理社区基本秩序的功能，那么便可以安心地居住在该社区，将活动轨迹溢出社区之外，在这种情况下，青年人很难对社区形成认同感和归属感，无法明显地感知到社区中所要解决的公共问题，即使有时能够感知，但倘若与自身实际需求、利益关联不大抑或依赖程度不高，也很难达成集体行动。另一方面，老年人的社会生活回落到社区，并扎根于此追求生活质量和丰富性的提升，但很多社区实际上缺乏相应的渠道或途径来供这些需要表达自身利益诉求的老年人展开集体行动，甚至会受到排斥和遏制（杨敏，2007）。

### 2. 解决社区集体行动难题的现实路径

尽管居民在参与解决社区公共事务层面存在明显的集体行动困境，但国内基层社区已然形成一些零星的、碎片化的成功实践模式。比较著名的有浙江温岭的恳谈模式，其整体呈现出从对话型恳谈模式到决策型恳谈模式的转变，在基层民主治理层面具有开创性价值（何俊志，2010）；2009 年杭州市上城区成功打造并运转中国第一个在社区层面具有互动属性的民主民生平台"湖滨晴雨工作室"，为社区居民参与工作室组织的各种交谈、协商和讨论等活动提供了实际的载体或渠道，能够就社区内与自身利益密切相关的公共事务"建言献策"甚至借此参与到实际行动当中（韩福国，2013）；等等。本文的关注视角是公共参与达成机制，因此聚焦于对此类研究进行梳理。

学者曹海军、薛喆（2021）在对某社区风险防控过程中集体行动达成机制研究的基础上发现，有效实现集体行动需要具备四大相互嵌套的关键性构件，即受众惯习、制度互动、共识塑造以及实践的身体化。学者李晟之等（2021）在对某社区进行案例研究的基础上发现组织制度建设是破解集体行动难题的关键，即通过制度创新不仅能够获得恢复及重建低成本且良性的社区治理效果，还能够有效地推动社区居民参与到社区公共事务的解决过程之中（潘家恩等，2020）。而在组织制度当中，非正式制度能够对集体行动的达成产生更加明显的效果，是因为非正式制度的产生通常来源于社区居民之间所默认的习惯、教育、经验和观念，在这种情况下，相当于起到规范性作用，居民之间更容易自发地、无任何反应地加以服从或遵守，并且呈现出将规范转化为个人偏好进而内化于自身行动当中的现实趋势（柯武刚、史漫飞，2000）。学者赵欣（2019）聚焦于社区参与动员的系统梳理和分析，其发现触发社区集体行动以及实现微观动员的有效机制通常包含三类关键要素：组织策略、话语意识、社区成员之间所存在的共同情感。

### （三）文献述评

当前关于城市社区居民公共参与的问题研究比比皆是，也存在较为普遍的研究共识，即居民参与解决社区公共事务实质上是典型的集体行动，本研究在认可该共识的基础上，具有以下几个创新点。

第一，以往关于居民参与社区公共事务的研究更多是基于静态分析，即主要关注某个时间点或时间段集体行动达成的关键因素；然而，社区居民参与公共事务治理实际上是一个动态演进的集体行动过程，因此本文是以动态视角来看待 W 小区的整体演进及发展过程。

第二，当前有关社区公共事务治理的研究更多聚焦于居民公共参与模式，即将视角停留在单方面的影响要素以及要素之间的组合结构层面；而对背后达成机制的研究相对较少。但相比于模式研究来说，机制研究能够更加有效地还原事件发生背后的实质性逻辑。

第三，本文研究对象是社区之中的"毛细血管"以及微治理体系小区，对其集体行动达成的方式与达成机制进行剖析。尽管小区和社区所面临的现实条件或制约因素可能存在一定的不同，但该成功经验的呈现能够给予当前所大力推动的社区治理以信心和借鉴。此外，成功经验背后所蕴含的理论价值及道理体系具有根本上的一致性。

# 三　理论基础及分析框架

## （一）核心概念界定

本文所涉及的两个核心概念为"集体行动"和"公共关注"，前者更多是一种行为，而后者则是一种状态。

对于集体行动概念的界定需要借助集体行动理论来加以理解。通过梳理集体行动的理论沿革发现，其所关注的核心问题在于群体中的成员如何通过集体选择的方式提供公共物品或公共服务。在本研究中，笔者将集体行动聚焦于居民参与社区公共事务上，故将其界定为：社区居民解决社区公共事务的诸多方式的总和，是使相互冲突的或不同的利益得以调和并且采取联合行动的持续的过程。

公共关注是本文所阐述的重点，同时也是本文研究问题之一的答案。本文将其界定为：社区中绝大多数甚至接近全部的居民对社区公共事务的有效解决抱有整体性、一致性的心理期望与行动状态。

## （二）理论基础：间接互惠理论

互惠通常用来描述两个人之间的受益关系，它是指两个个体之间利他行为的交换，从而达到双方共同受益的结果（孟繁英、石丽艳，2015），特里弗斯（Trivers）将之定义为直接互惠。但在面临社区公共事务时，靠单独形成的两两关系往往难以解决。

基于此，美国密歇根大学的理查德·亚历山大（Richard Alexander）在1987年首次系统地提出间接互惠理论。间接互惠理论适用于集体成员大于两人的情况。其是指助人者为受助者提供帮助，对这种恩惠的报答不一定来自受助者，还可能来源于被其他助人者帮助的其他受助者（刘国芳、辛自强，2011）。在间接互惠当中，并不是两人之间的特殊关系，而是一种普遍的合作关系（Berger & Grune，2016）。

而实现间接互惠主要是靠印象分机制（罗小芳等，2008）。其是指一个个体会因为自己的良好行为而获得来自其他个体所赋予的印象分，反之则会失分。许多相关研究表明：在人际相处当中，对他人给予帮助或支持的人能够获得较高的印象分或良好的声誉，而人们又愿意帮助或支持那些印象分高或拥有良好声誉的人（Roberts，2015）。印象分实际上是通过人们的口口相传或优劣评价或具体表现出的实际行为来产生约束或促进作用的。其取值大小取决于人们所期待的方向，当人们期待背叛时，谁违背了寻求自我利益最大化的诉求，谁将会获得负向的印象分；当人们期待合作时，谁为大家的合作而努力，则谁会获得正向的印象分；当大家对公共事务漠不关心时，则不会产生印象分。

印象分的如此作用，实际上已经成为互惠基础上的进一步交换行为，即形成整体性、一致性的信任、呼应与合作状态。当从直接互惠发展到间接互惠时，对合作的个体强化被团体强化所取代。对于集体中的任一成员来说，如果其行为是负面的，该作用则相当于一种压力；如果其行为是正面的，该作用则相当于一份动力。

### （三）分析视角及框架

#### 1. 分析视角：纳什均衡-囚徒困境

博弈论首次提出是基于联盟之间的合作博弈，即不同联盟之间就某一目标、任务、行动或事务达成合作的共识，其性质属于合作博弈。然而，这是一种相对理想的状态。在现实生活中，由于人们之间的利益不一致或利益冲突具有普遍性、广泛性的特征，尤其是涉及两人及以上数量的成员需要就某事达成共识性决策时，更多出现的是非合作博弈，其典型现象则是纳什均衡。纳什均衡是指无一参与者可以通过独自行动而增加收益的策略组合。换句话说，倘若参与者均从自身利益最大化的角度出发去做决策，那么结果则是个人的理性选择导致集体的非理性，因此在笔者看来，纳什均衡反映的正是集体行动的困境。

囚徒困境是典型的纳什均衡，即一对嫌疑人（A 和 B）在被警察逮捕之后，在不给双方提供沟通渠道的条件下将两人关进两间封闭的牢房，就犯罪事宜进行招供，在他们面前有两种选择，一种选择是抵赖自己的罪名，一种选择是坦白自己的罪名，并且在双方各自做出选择之前，警察会告知他们不同选择所需承担的服刑期限。

基于奥尔森"人都是理性人"的假设，A 和 B 在没有沟通的情况下一定都是基于"让自己少获刑"而做出选择，故最终都选择坦白策略，而（坦白，坦白）则是纳什均衡点。其可以通过期望收益进行验证，从 A 的角度来说，其选择坦白的收益为 $(-8+0)/2=-4$；其选择抵赖的收益为 $(-10+-1)/2=-5.5$，出于自身利益最大化的考虑，A 最终做出的选择一定是坦白；对 B 来说，也遵循同样的道理（表 1）。

在（坦白，坦白）的选择策略下，其结果是两个人分别从自身利益最大化的角度做出选择，但最终却迎来最差的结果，也就是说，纳什均衡点并不一定是两人之间的最优解。然而，囚徒困境的重要前提是双方无法进行沟通或协商，即囚徒 A 和囚徒 B 完全是在信息闭塞的条件下同时做出选择。但学者普遍认为如果将囚徒困境的一次博弈过程转变为重复博弈过程，最终一定会走向合作（秦继悦，2014），即两人都选择（抵赖，抵赖）的策略。其意味着，一旦为两个人提供沟通的机会或渠道，两个人则会摆脱纳什均衡。"在囚徒困境的一次博弈中，两人不合作的情况经常是怀疑对方的诚意；而在重复博弈的过程中，两个人都能看到彼此上一轮所做出的选择，进而放弃自己的短视利益，获得更有利于双方的结果，而这种平衡一旦形成，双方都不愿意再选择其他策略来打破"（肖巍，1999）。故将其总结为，囚徒困境产生的关键原因是缺乏沟通，而沟通能带来的好处则是增进彼此之间的信任，促进集体行动的有效达成（Ostrom & James，1997）。

表 1　囚徒困境的选择策略

| A \ B | 抵赖 | 坦白 |
|---|---|---|
| 抵赖 | (-1, -1) | (-10, 0) |
| 坦白 | (0, -10) | 纳什均衡点 (-8, -8) |

## 2. 分析框架：合作均衡

我们以此为分析视角回到社区公共事务层面，如上所述，社区居民之间同样难以达成集体行动，常常陷入纳什均衡的共输状态，其具体表现为社区整体一团乱麻、公共环境和公共秩序混乱、对公共事务的解决及社区发展漠不关心等。

但笔者认为纳什均衡存在一个完全相反的对称点，即合作均衡①。在合作均衡点下，居民是一种间接互惠的关系，对社区公共事务的解决保持公共关注，打破集体行动的难题。简言之，纳什均衡点可以向合作均衡点转化（表2）。

**表2 本文分析框架**

| A ＼ B | 合作 | 不合作 |
|---|---|---|
| 合作 | 合作均衡点 | |
| 不合作 | | 纳什均衡点 |

## 四　W小区"破解集体行动难题"的案例呈现

### （一）均衡点的转变

#### 1. 纳什均衡：公共事务"一团乱麻"

成都市郫都区W小区②是2008年汶川地震灾后重建小区，属于MF社区管辖范围内的十二个小区之一，其居民构成主要是原四川DQ厂的职工及家属，目前以中老年人为主。2021年以前，W小区整体发展相对滞后且缓慢，由于房产证等历史遗留问题始终未被有效解决，居民整体对小区公共事务的治理并不关心，小区整体的活力未被有效激活，陷入集体行动的困境当中，难以对公共事务的有效解决达成合作共识，呈现出"一团乱麻"的共输状态。

在小区公共产品供给层面，供给明显小于实际需求，主要体现在公共设施的陈旧老化以及基本公共服务的无法满足；此前居委会将该小区的管理与服务职能外包给了物业公司，但服务质量相对较差，所提供的服务内容并不能有效满足居民的切实需求。

在小区公共秩序层面，陷入脏乱差的恶性循环当中。一方面，公共卫生环境相对恶劣，引发居民的强烈不满与抱怨；另一方面，公共秩序陷入混乱，居民或多或少都存在破坏公共秩序的行为，"车子是到处乱停，停到楼道里、小区

---

① 本文为了便于与纳什均衡点的非合作策略做出区别，将社区居民均选择合作策略的状态称为"合作均衡"。

② 出于研究伦理的考虑，将小区真实名称匿名化处理。文中所举具体案例、人员均来自笔者的访谈，人名已做匿名化处理。

过道中间的都有"，"扯线给电瓶车充电的现象很普遍"。

在公共资源使用层面，小区整体呈现出公用地悲剧的现象。一方面，居民对小区公共绿化施加破坏，进而将其转化为自己的菜园；另一方面，居民抢占公共空间，甚至出现私搭乱建的现象。

此外，基于小区整体情况相对复杂、一团乱麻，小区居民对社区居委会一度失去信任，"之前居委会和居民之间的关系也非常紧张，因为居民没有主体意识，就认为这里所有的一切都是居委会不管理造成的，认为居委会是不作为的，有非常大的意见"。尽管也成立了院委会，但处于不履职的状态。

### 2. 合作均衡：公共事务有序解决

在 S 组织介入的一年多时间内，小区居民逐渐从纳什均衡的共输状态跳脱出来，走向共同期盼解决公共事务的合作均衡状态，其所带来的则是彼此之间的共赢。

首先，自治小组带领小区居民参与到提供和更新公共产品当中，在对小区基础设施进行更换与维护的基础上，自主提供公共服务的相关内容。其中最为典型的是公共活动空间的修建。建造公共活动空间是小区内全体中老年人在居民大会中所表达的心声，在居委会和自治小组综合考察小区空间布局之后，决定将大门右侧的废旧厕所改造成活动空间。在院坝会传播相关信息的基础上，自治小组动员小区居民进行捐款，最终打造了集棋牌室和会议室为一体的空间载体。为了获得可持续的资金来源，自治小组再次召开议事协商会议，与小区居民沟通棋牌室收费事宜，通过双方的沟通与交流，小区居民达成收费共识。截至目前，小区居民对公共活动空间非常满意，每天都很活跃热闹，居民们有了相互交往交流以及互动连接的平台，而这些费用都将用于本小区其他公共服务的提供，从而实现管理与服务的良性循环。

其次，居民开始对小区内的公共秩序予以关注和维护。在公共卫生环境层面，自治小组带领居民解决小区内的垃圾清理问题，就该问题召开居民会议，了解大家对于垃圾清运的诉求以及想法，最终以"每人每月缴纳两块钱卫生费的标准修建垃圾间"为行动方案。考虑到节省成本以及实用便利性，自治小组带领部分居民前往个别小区实地参观考察，设计出本小区的建造方案并落地实施，"垃圾间是单向的，小区居民从里侧扔垃圾，清运车通过架的一座小桥在外侧收垃圾，中间有一堵墙隔开了，互不干扰，很方便也很实用"。在公共秩序层

面，自发形成一支铁娘子巡逻队，对小区内乱停乱放、堆物堆料的现象进行巡逻与监督，"截至目前，小区内乱停乱放、堆物堆料的现象已经不复存在"。

最后，公共资源得以最大化利用。在小区绿化和公共用地的提升层面，居民逐渐注重对生活品质和高雅性的追求，其主要体现在树枝修剪上：通过召开党员大会和院坝会将信息散布给小区居民，获得了一部分居民的资金支持。在书记的帮助下，自治小组找到施工人员实施剪枝。该行动不仅使得小区面貌焕然一新，同时也让小区居民真切感受到环境变化所带来的显著效果，"最大的收益就是小区安全了，至少说采取治理过后没有发生过盗窃案件"。基于此，自治小组在书记的支持下带领居民就小区绿化的完善进行商讨，"现在种桂花和蜡梅的比较多"，这体现出小区居民更加追求美观性和高雅性。此外，小区中的能人逐渐涌现出来，如一位退休医生借助闲置公共空间为小区内的居民提供义诊服务，曾经干过电工的张叔叔全盘免费承担公共空间修建过程中的电路安装工作。

那么，W小区在居民参与公共事务层面为什么能够实现从纳什均衡到合作均衡的转变？

**（二）质变点：形成公共关注状态**

**1. 行动网络的构建**

公共关注状态的第一大核心特征是小区居民就公共事务的解决建构起一张无形的行动网络，其中包含积极行动者、配合与支持者、行为转变者等角色。

积极行动者是行动网络的核心，他们通常扮演着承担集体行动初始成本的角色，起到点火和奠基的作用。主要是自治小组的成员们，有着极高的行动热情和自我效能感。龙姐是自治小组的负责人，为了更加经济地解决小区内的垃圾分类及回收问题，她自行找了几个支持者前往其他小区进行参观学习；为了获取更高的性价比以及出于便利、干净的考虑，最终设计出单向通道的垃圾间。铁娘子巡逻队同样扮演着积极行动者的角色，在社区居委会提出仍然存在乱停乱放、堆物堆料的现象以后，刘阿姨带领自己的几位姐妹开始每天几次的巡逻，显示出充足的干劲和信心。

配合与支持者是行动网络的催化剂，同时也是行动网络中的多数，能够较为迅速地呼应积极行动者的号召。在修建后门时，当自治小组发出募捐信息以后，小区大量居民主动找到自治小组进行捐款。在小区劣质树木被修剪之后，自治小组带领小区居民商讨绿化环境的升级与改变事宜，并且鼓励大家自行购买自己喜欢的花草树木品种，绝大多数居民都予以配合。而配合与支持者分为两类，既包括捐款之后参与到实际行动中的，也包括仅捐款支持、不采取具体行动但在一旁默默鼓励和点赞的，如在行动者除草时端茶送水的居民等等。

行为转变者是行动网络中的被感染者，同时也是社区居民中的相对少数，通常需要一段时间的适应与改变，但他们的改变经常是悄无声息的。郭叔是W小区里的"刺头"之一，在新上任的曹书记刚来到W小区调查情况的时候，工作人员向居民们介绍道："这是新任的书记，来咱们小区调查。"郭叔说道："关我什么事。"在前两次的坝坝会中，郭叔的情绪非常激动，他就一个人在外围骂，根本不配合也不参与居委会的工作，社区工作人员对郭叔充满无奈和敬畏。而在小区发生一定实际变化之后，以往都是带头吵闹的郭叔却主动按照新的标准来缴费，"当时我们的工作人员看到他来吓坏了，以为是来吵架的，结果是来缴费的，高高兴兴的，不仅把他自己的交了，把他女儿的也交了"。

### 2. 信任基础的深化

公共关注的第二大核心特征是小区信任基础的深化，不仅包含居民与居民之间的信任深化，更重要的是居民增强对公共事务能够做成的信心。

为了重塑居民整体之间的关系，自治小组付诸相关行动。一方面，在端午节之际组织小区居民举办"一家亲活动——包粽子"，小区居民非常踊跃地参与进来，散发出相当大的热情与积极性；另一方面，自治小组与社区居委会通力协作打造了一面具有特色的小区文化墙，"主要呈现DQ厂的辉煌发展历史，因为大家之前基本上都是该工厂的员工"。从书记的角度来看，居民对社区居委会的信任程度也在不断增加，彼此之间不再那么疏远，"之前在小区走的时候，居民碰到之后顶多就是喊一声书记，就很恭敬、客气的那种；但现在走在社区里边，居民总是会和我唠唠家常、寒暄几句，就有种家人之间的感觉"。

在对公共事务做成的信心层面，主要涵盖以曹书记为代表的社区居委会和小区整体居民两大主体。从居委会的角度来讲，其实现了从管理到治理思路的转变，并将这种转变落实到切实的行动当中：第一，将议事协商落到实处；第二，改变自身对待小区居民的方式，尤其是以倾听和实际行动来感染"刺头"；第三，以鼓励和陪伴来支持自治小组成员。从小区整体居民的角度来讲，其逐渐具备主人翁意识和责任主体意识，并开始拥有公共利益或集体利益的视角，具体体现在：第一，居民整体对小区公共事务充满干劲，将小区发展与建设视为自己的责任，"现在我们就是要齐心协力认真办事，不跟其他任何小区比，是要比我们自己如何把小区建设得更加美好"；第二，除了重视小区外在建设变得美好以外，更加追求内在质量的维护和提升，"这个是我们自己的家园，我们每天自己在这里面生活，所以我们要把该做的每个地方做彻底，做好以后不再去返工，这才是最关键的"。

### 3. 社会规范的生成

公共关注的第三大核心特征是小区逐渐生成固定化、正规化、公开化的社会规范。

一方面，小区居民整体逐渐形成议事协商的意识与习惯，是因为小区居民意识到议事协商本身所释放出来的价值，正如坝坝会负责人所说，"开坝坝会的时候就是这种交流，大家之间的交流很重要，就某一件事情共同讨论之后，他认识到这个是自己的错，伤害了别人，这是公家的利益；这样一碰撞之后，就能促使大家认识到公家利益、公共利益弄好了以后，也是我们自身的利益"。

另一方面，小区自治小组负责人的选举则不再被允许形式化和表面化，不再变成以往自上而下的指派或空降，而是寻找合适且合理的被选举者，"在解决公共事务的过程中需要成立自治小组，就又涉及负责人选举的问题，这次的选举是组织小区居民民主投票，最终还是由龙姐当选自治小组的总负责人"。究其原因，是小区居民看到了龙姐的行动力与执行力，对其带领大家解决公共事务抱有充分的期待与信心，"看到龙队（即上文提到的龙姐）特别实干地在带着我们解决这些事情，确实让我们像一根绳一样团结地去做事情"。

此外，小区的建设与发展需要自治小组对其进行可持续的运营，运营需要一定数量的资金，而资金一部分来源于棋牌室等公共服务或公共设施的收费。为了消除居民心中的疑惑和猜疑，棋牌室自投入运营的当天，就坚持每天公开化、透明化地披露。

### （三）公共关注下的间接互惠：促进与制约

当居民整体形成公共关注后，公共事务的解决则成为大家的一致性目标，小区所有居民均成为观察者的角色，能够看到其他人的行为，从而给予印象分的加减。不仅具有促进集体行动达成的作用，同时也对"背叛者"形成制约。

一方面，该促进和制约作用体现在居民个体行为之间。如自治小组总负责人龙姐、铁娘子巡逻队队长等，他们起着点燃和奠基的作用，为小区营造出最初的行动氛围和高能量感，在行动的同时能够获得正向的印象分。而人们又愿意帮助或支持那些印象分高的人，则出现占绝大多数的支持者与配合者，这部分居民只需出现积极行动者这样的高印象分角色，就容易被激活和吸引，形成正面的促进作用，从而真正地参与到配合解决小区公共事务的过程当中。例如就基础设施或公共服务内容发起募捐时，绝大多数居民持有积极配合的态度，并及时地予以呼应，甚至部分居民也跟随积极行动者参与到实际改造、修建等行动当中。而在间接互惠的关系之中，对于日常生活当中所谓的"刺头"或者是"不配合者"，通常会形成一种"压力"的约束作用，在其看到相应实质性变化或当自己的印象分是负的之后，能够做出相应的改变行为，甚至是自发主动地加以转变，正如上述案例当中所呈现的郭叔一样。

另一方面，当居民个体走向间接互惠的关系时，对合作的个体强化被团体强化所取代，小区居民形成一个整体，在整体层面同样显示出促进和制约的双重功能。促进作用体现在小区居民自我维持合作均衡的共赢局面：随着自治小组逐渐承担起物业的管理与服务职能，小区内越来越多的公共事务需要得以解决，尽管棋牌室能够带来一定的资金，但还是满足不了现实支出的实际需求。因而自治小组想要通过提高综合服务管理费的方式弥补小区来年发展资金的缺口。在居民大会上，为了更加清晰真实地将事实展示给小区居民，自治小组选择用数据呈现出资金短缺问题，进而让小区居民有更加直观的感受，并明确表达出如果继续按照这种治理模式则需要增加收取相关综合管理服务费的主张，与会者整体的态度是"只要增长幅度是合理的，你们做我们都支持"。制约作用体现在小区整体自发形成约束破坏行为的议事协商规范、选举规范、公开透明规范。

**（四）公共关注的形成过程及原因分析**

**1. 借助低门槛的公共事务**

所谓低门槛是指与居民利益关联更大或解决难度更小的公共事务，其更能够起到撬动居民实现初步参与集体行动的作用。S组织在进入之后并没有武断地决定从哪件事情直接入手，在与居委会一同进入小区实地走访以及召开院坝会的基础上，了解到房产证办理是居民最为迫切的诉求，因此决定从此处入手将居民带到参与公共事务的轨道上来。

房产证事关小区所有居民的实际利益，即与居民的利益关联程度很高。为了有效、精准地将其解决，S 组织首先了解房产证多年未办理的实际原因，在得知"公共维修资金未缴纳"之后，S 组织通过学习相关政策文件并将其准确传达给居民，与居民进行充分对话，最终通过多方参与的议事协商传达小区居民的实际情况和真实诉求，并达成缴纳 2% 的公共维修资金的共识。尽管后续办理过程中也出现一些问题，但并没有实质性地阻碍房产证办理事情的推进。

而也正是房产证办理的逐步推进，让小区居民感受到自身参与所带来的变化，才涌现出大量的支持者与配合者。因此，房产证办理的推进起到火种的作用，小区居民就此事初步形成了参与的合力，让其切实体验到就解决小区公共事务①达成集体行动的可能性与潜在性，是小区居民逐渐走向公共关注状态的关键。那么，房产证既然是与居民利益关联紧密的低门槛公共事务，为什么在 2021 年以前无法得到实质性解决？其答案在于居民之间并未形成基本的信任关系。

### 2. 公益组织的底部信任建构作用

房屋的产权属于居民的合法权利，是小区居民密切且持续关注的私人利益。小区居民就此事曾多次向上级政府进行投诉，甚至个别居民已然走上上访道路，但始终被相关部门驳回，社区居委会面对此事也显得有心无力。不确定的房屋产权成为小区居民的长期心结，居民的整体凝聚力和公共意识不强，彼此之间的信任程度较低。

S 组织在刚进入小区的时间里，主要是进入小区各处的"毛细血管"，即通过与社区书记入户走访以及召开院坝会的方式来获取居民的真实需求，从而打破小区居民彼此之间的原子化、分散化关系。例如为全体居民进行培训赋能，从而让其看到小区发展的潜在共赢点，激活居民想要改变小区现状的内在需求，形成共同往前发展的呼应，"宋老师第一次来的时候就跟我们居民谈心，问我们对于小区的想法和看法；第二次就是开党员会，就跟我们讨论小区存在的问题，能够感觉到是真的来帮助我们解决问题的"；为小区党员群体成立临时党支部，临时党支部的形成不仅意味着党员群体产生出久违的归属感和凝聚力，同时也是 S 组织建立起信任基础的根据地；以社会服务的方式对待小区内的"刺头"，"刺头"行为的主动改变也正是信任 S 组织的具体体现。

因而，公益组织的优势在于以自身为辐射点，与不同群体、个体形成最底

---

① 因房产证涉及小区每个居民的实际利益，故也属于公共事务的范畴。

部的信任与呼应，进而为理性参与房产证问题的解决奠定基础。换句话说，满足集体行动所需的启动资源并不一定来自特定群体的内部，有些时候也可能来自群体外部，其好处是能够有效解决人人想"搭便车"而致使集体行动难以起步的问题（曾鹏、罗观翠，2006）。

## 五　结论与讨论

### （一）结论

在强调自下而上公众参与的社区治理时代，不管是社区整体层面的居民自我治理，还是社区内各类具体公共事务提供中的社区自组织建设，都需要以居民的公共参与为基础，由此形成系统化的社区自治体系，进而取代政府自上而下的管控以及改变社区行政化的局面。

这就对社区居民如何实现有效参与提出较高要求。从社会发展与文化惯习的角度来看，由于长期受制于自上而下的行政化管控，居民参与习惯和参与意识还不具备；从居民表达利益诉求的方式来看，更倾向于在忍耐达到极限之后，使用抗争性、非理性的手段维护自身利益。因此在当今社区层面，居民之间理性合作、自我治理解决问题的情况还并不容易达成，需要相应的条件。

本文将居民参与难题表述成集体行动难题。在该背景下，当一个社区内的居民面对公共事务时，人们不但很难进入合作行动的理想状态，甚至更加容易陷入相互"背叛"的共输局面。回追到古老的囚徒困境博弈，对此可以很好地、清晰地进行表达，共输局面被界定为"纳什均衡"。但问题在于，在囚徒困境的博弈模型中，各合作方（"囚徒"）被施加了严苛的限制性条件，即相互之间不能沟通。而在社区治理的现实场所，该限制条件是不存在的。由此在沟通开放的条件下完全有理由相信，纳什均衡不仅可以被破除，而且期待一种新型的以合作为目标的均衡局面的达成。

具体来看，对 W 小区的成功案例进行研究，起点处在诸多公共利益方面长期处于纳什均衡状态。经过将近一年半时间的努力，小区居民在公共利益面前发生彻底变化，其中每一个人的努力都由追求自身私人利益（即陷入纳什均衡）转向不同程度地关注公共利益。"公共关注"因而构成颇为引人注意的社会现象：在公共关注状态下，每一个居民都倾向于追求公共利益的实现，其采取的行动方式包括（1）自己积极带头行动，（2）在他人行动时愿意跟随与支持，（3）尚未做出实际行动，但却改变旧有不配合行为。简而言之，每一个人的努力方向，与原来的努力方向正好相反；并且其中的任何行动者都深知，自身行动会得到他人的配合与呼应，这便是"公共关注"的本原含义。由此形成了与纳什均衡完全不同的另一种均衡：合作均衡。

而之所以"公共关注"也被称为均衡，是因为在公共关注状态下，居民之间是一种间接互惠的关系，每个人在成为观察者的同时都被赋予相应的印象分，且呈现出自我维持的趋势，其中每一个居民都至少进入以下两种情况之一：第一，不愿意背离这种状态，因为该均衡意味着彼此之间的利益共赢，即促进集体行动的持续性达成；第二，不敢背离这种状态，因为小区居民对公共事务（公共利益）都已经有所关注，任何一个人的背离都会受到大家的指责与纠正，即对居民的"背叛"行为形成约束。因而，集体行动难题在该均衡下得到破除，参与成为一种最自然的状态。

由此便可以解释小区居民为何愿意参与到维护公共事务或公共利益的行动中来，这与既往研究有着很大的相似之处，即居民由于相互间信任增强、自我效能感出现、社会资本增多而参与。但本文基于间接互惠理论所看到的"公共关注"在相似的基础上有所超越。其核心发现有两点。

第一，公共关注是破解社区集体行动难题的一种有效方式。其意味着居民之间是间接互惠的关系，在参与公共事务层面从纳什均衡的共输状态走向合作均衡的共赢状态，且会对合作均衡状态进行自我维持。

第二，公共关注的形成需要具备三大关键条件：其一，当小区整体参与不足，处于纳什均衡的共输状态时，需要从低门槛的公共事务切入，逐步呈现出由低到高、由具体一件事到多件事情依次展开的集体行动路径；其二，即使存在低门槛的公共事务，当居民缺乏公共关注时，容易陷入情绪化地抗争而非理性地加以解决，因此需要底部信任的建构，这是公益组织的优势所在，即和不同群体或个人建立彼此之间的信任与呼应；其三，社区两委与公益组织保持协作是促使其形成的重要支撑力量。

**（二）讨论**

本研究的核心启发点在于公共关注是解决社区集体行动难题的一种有效方式，且具备巨大的发展潜力，即往居民自治方向演化的现实趋势。然而，无论在研究领域还是现实社区实践领域，居民自治更多停留在理论推测层面，本文为居民自治提供了新的视角和可能性。

其不足之处或还有待验证之处在于本案例是聚焦于地域范围较小的小区层面，当推广到社区层面时是否也遵循同样的机制，有待继续研究。此外，该小区的人员背景较为一致，即以同一单位退休的中老年人为主，而该模式在城市商品房小区或社区中是否适用，同样需要加以验证。

## 参考文献

〔美〕本杰明·巴伯（2011）：《强势民主》，彭斌、吴润洲译，长春：吉林人民出版社。

曹海军、薛喆（2021）：《惯习再生产：风险沟通如何促成防控型集体行动——对一个社区风险沟通的过程追踪分析》，《新视野》，第3期。

陈天祥、叶彩永（2013）：《新型城市社区公共事务集体治理的逻辑——基于需求—动员—制度三维框架的分析》，《中山大学学报》（社会科学版），第3期。

陈伟东、陈艾（2017）：《居民主体性的培育：社区治理的方向与路径》，《社会主义研究》，第4期。

方军（2012）：《公众参与、社区治理与基层党政关系——以"铜陵模式"为例》，《学术论坛》，第6期。

冯仕政、朱展仪（2017）：《集体行动、资源动员与社区建设——对社区建设研究中"解放视角"的反思》，《新视野》，第5期。

费孝通（2008）：《乡土中国》，北京：人民出版社。

范子艾、蒋祖存（2020）：《从单位社区到后单位社区：组织场域视角下社区集体行动的逻辑》，《决策咨询》，第4期。

高红（2018）：《小区居民自治的集体行动逻辑及其适应性分析——以青岛市镇泰花园小区为例》，《行政论坛》，第4期。

韩福国（2013）：《作为嵌入性治理资源的协商民主——现代城市治理中的政府与社会互动规则》，《复旦学报》（社会科学版），第3期。

何俊志（2010）：《权力、观念与治理技术的接合：温岭"民主恳谈会"模式的生长机制》，《南京社会科学》，第9期。

郝彦辉、刘威（2006）：《转型期城市基层社区社会资本的重建》，《东南学术》，第5期。

柯武刚、史漫飞（2000）：《制度经济学：社会秩序与公共政策》，北京：商务印书馆。

刘国芳、辛自强（2011）：《间接互惠中的声誉机制：印象、名声、标签及其传递》，

《心理科学进展》，第 2 期。

刘厚金（2020）：《基层党建引领社区治理的作用机制——以集体行动的逻辑为分析框架》，《社会科学》，第 6 期。

李晟之、冯杰、何海燕（2021）：《以组织制度建设破解保护与社区发展中的集体行动困境——以四川省平武县关坝村为例的实证分析》，《农村经济》，第 8 期。

罗小芳、卢现祥、邓逸（2008）：《互惠制度理论和模型述评》，《经济学动态》，第 3 卷。

〔美〕曼瑟尔·奥尔森（1995）：《集体行动的逻辑》，陈郁等译，上海：三联书店、上海人民出版社。

孟繁英、石丽艳（2015）：《从互惠利他理论的发展到医患关系的反思》，《医学与哲学》，第 3 期。

潘家恩、吴丹、罗士轩、温铁军（2020）：《自我保护与乡土重建——中国乡村建设的源起与内涵》，《中共中央党校（国家行政学院）学报》，第 24 期。

秦继悦（2014）：《"囚徒困境"视角下的河南农村环境"公地悲剧"分析》，河南师范大学硕士学位论文。

佘湘（2014）：《城市社区治理中的集体行动困境及其解决——基于理性选择制度主义的视角》，《湖南师范大学社会科学学报》，第 5 期。

涂尔干（2000）：《社会分工论》，渠东译，北京：三联书店。

亚里士多德（1965）：《政治学》，吴寿彭译，北京：商务印书馆。

肖巍（1999）：《从"囚徒困境"谈起——全球环境问题的一种方法论述评》，《哲学研究》，第 1 期。

杨敏（2007）：《作为国家治理单元的社区——对城市社区建设运动过程中居民社区参与和社区认知的个案研究》，《社会学研究》，第 4 期。

张晨、严瑶婷（2016）：《"选择性在场"：都市社区集体行动中的"单位制"——以 S 市 H 小区"车库维权"事件为例》，《新视野》，第 2 期。

张鼎昆、方俐洛、凌文辁（1999）：《自我效能感的理论及研究现状》，《心理学动态》，第 1 期。

张金娟（2017）：《住区业主集体行动的困境及其解决方案——关于业主集体行动的文献综述》，《城市问题》，第 4 期。

赵欣（2019）：《社区动员何以可能——结构-行动视角下社区动员理论谱系和影响因素研究》，《华东理工大学学报》（社会科学版），第 2 期。

曾鹏、罗观翠（2006）：《集体行动何以可能？——关于集体行动动力机制的文献综述》，《开放时代》，第 1 期。

Ostrom, E. (1998), "A Behavioral Approach to the Rational Choice Theroy of Collective Action: Presidential Address, American Political Science Association," *American Political Science Association*, pp. 1-22.

Elster, J. (1989), *The Cement of Society: A Study of Social Order*, Cambridge University Press.

Hardin, G. (1968), "The Tragedy of the Commons," *Science*.

Olson, & Mancur (1965), *The Logic of Collective Action*, Cambridge, MA: Harvard University Press.

Ostrom, E., & James, W. (1997), "Neither Markets Nor States: Linking Transformation Processes in Collective Action Arenas," *Perspectives on Public Choice: A Handbook*, Dennis C. Mueller, ed., Cambridge: Cambridge University Press, pp. 35–72.

Pellino, T., Tluczek, A., & Collins, M., et al. (1998), "Increasing Self–efficacy through Empowerment: Preoperative Education for Orthopaedic Patients," ORTHOPNURSO.

Roberts, G. (2015), "Partner Choice Drives the Evolution of Cooperation via Indirect Reciprocity," PLoS ONE.

Berger, U., & Grune, A. (2016), "On the Stability of Cooperation under Indirect Reciprocity with First–order Information," *Games and Economic Behavior*, pp. 19–33.

责任编辑：俞祖成

公共关注：城市社区居民公共参与的一种新形态

# 耦合互动与在地策略：大陆台资企业协会运营模式比较[*]
## ——基于穗厦莞三地台协的案例研究

于铁山[**]

【摘要】大陆台资企业协会是两岸交流的重要桥梁与推动者。本研究从新制度主义视角出发，基于规范合法性机制与在地优绩主义策略研究台协运营模式，根据台协与台办的互动，大陆台协运营模式可分为"台商自我管理型""台办指导协会运营型""台办领导、协会专业运营、台商参与型"三种类型，根据台协的在地策略成效，大陆台协运营模式可分为嵌入扎根式发展与疏离流动式发展两种。本文选取穗厦莞三地台协进行案例研究，三地台协有效运营的积极因素包括地方政府重视程度、台协会长个人魅力担当。三地台协运营均面临会员吸引力提升、可持续发展、组织目标有效达成等挑战。建议各地台协"可建尽建"，促进台协规范治理，打造台协品牌和文化，构建一流的服务平台，发挥台协在推进两岸融合发展中的独特作用。

【关键词】大陆台资企业协会；耦合互动；在地策略；运营模式

---

* 本文为教育部人文社会科学研究青年基金项目"台籍青年参与两岸融合发展的'认同阻滞'及对策研究"（24YJCGAT003）的阶段性成果。
** 于铁山，东莞理工学院法律与社会工作学院特聘副研究员，广东台湾研究中心特邀研究员。

# 一 引言

　　大陆台商投资企业协会（以下简称"台协"）① 是以在祖国大陆登记注册的台资企业为主体、依法自愿组成的社会团体。台协的成立是两岸经济交流与融合发展的必然结果，国家高度重视大陆台协的成立与运营，如 1988 年国务院出台的《关于鼓励台湾同胞投资的规定》第十八条指出，"在台胞投资企业集中的地区，台湾投资者可以向当地人民政府申请成立台商协会"。自 1990 年北京成立大陆第一家台协以来，台协如雨后春笋般在各地成立。截至目前，全国共有各级别台协 130 余家，分布在全国 27 个省、自治区、直辖市。

　　长期以来，台协主要扮演政企沟通员、惠台政策宣传员、台商服务员、两岸关系推进者等角色，在推进台资企业在大陆发展、率先同台湾同胞分享大陆发展机遇方面发挥重要作用。进入新时代，台协在两岸经济交流合作中发挥的桥梁纽带作用更为突出，这对于台协的运营能力提出更高要求。综合来看，当前台协大致发挥五个方面的作用，一是成为台企、台商与政府沟通的桥梁；二是建造会址，打造台商之家，让台协成为每个台商的娘家；三是奉献爱心，从事公益，回馈社会；四是推介招商引资，推动当地经济发展；五是积极宣传当地，扩大知名度。

　　新时代解决台湾问题的总体方略要求秉持"两岸一家亲"理念，继续深化两岸各领域融合发展，坚持团结台湾同胞、争取台湾民心。率先同台湾同胞分享发展机遇，提供同等待遇，扩大深化两岸交流合作，壮大中华民族经济，共同弘扬中华文化，建设两岸命运共同体。这就意味着台协在推动两岸融合发展，团结台湾同胞、争取台湾民心过程中可发挥独特作用，本文尝试回答两个基本问题，首先，在理论上如何理解台协这一特定的组织形式，其作为推动两岸关系和平发展、两岸融合发展的重要力量，对于台商台企的吸引力如何？台协的内部治理结构有何特点？台协如何实现目标？其次，从台协与当地政府互动及在地策略出发，台协的运营模式如何？台协的资源动员能力有何差异？台协参与公共服务的凝聚力、活跃度受哪些因素影响？

---

① 台协在各地称呼不一，主要有两种，有地区称之为台湾同胞投资企业协会，如上海市台湾同胞投资企业协会，还有地区称之为台商投资企业协会，如东莞市台商投资企业协会。

## 二 文献综述与研究方法

自台协数量不断增加以来，学界对于台协的关注与日俱增，梳理以往研究大致可归纳为三个方面的内容。第一类研究关注大陆台协的功能与结构，台湾地区的学者较早开展这方面的研究，如台湾学者陈明璋认为全球范围内的台商协会多开展联谊活动，少发挥专业功能，而大陆的台商协会具有"名称一致、集中沿海、市级为主、规模不一、关系密切、成员团结"等十大特色（陈明璋，1996：20~28）。有学者认为大陆台协特定的结构在两岸关系网络中具有重要的角色地位，特别是在早期两岸交流受阻的情况下，大陆台协在两岸关系网络中发挥了"结构洞"的功能（徐长春，2006：15~25）。其他研究则指出作为一种非营利组织，大陆台协具有经济、政治、文化、生活、社会等多个层面的功能（李强，2016：20~25），也有学者将其概括为增进沟通联系、提供会员服务、发展社会公益、促进交流融合等四个方面的内容（孙金海，2016：16~17）。也有学者指出大陆台协功能定位的充分实现有赖于其内部组织结构的完善和与外部相关部门的有效互动，为健康持续发展应构建与台协需求匹配的组织结构，在与地方部门互动中实现从经济激励到身份认同的转变（余潇等，2021：90~101）。由此可知，大陆台协作为一种社会团体，具有其组织结构孕育的特有功能。

第二类研究多将大陆台协纳入台商台企研究范畴，将大陆台协置于"政府—台商—台协"三者互动的框架下考察大陆台协的影响，如研究发现大陆台协为台商的经营与社交提供支持，随着台商对外投资与移民的增加，大陆台协作为一种集地缘、商缘于一体的社会团体而产生，起到互帮互助、争取权益、资讯交流等作用（刘文正，2011：74~78）。其他研究指出大陆台协是政府发展经济的重要助手，尽管中央政府与地方政府重视台资企业的出发点存在差异，前者通过经贸促进两岸联系，后者更多从地方经济利益出发（Lee，2010：37-71），但台协的成立与发展有效推动我国外向型经济发展。而在地营商环境对台商对外直接投资区位选择的影响主要体现为市场寻求型和效率寻求型（王珊珊等，2021：67~79）。也有研究关注大陆台协在对台招商方面发挥中介作用，如政府提供经费、搭建平台、共同举办台协庆典活动推介当地以招商引资（李伟，2010：11）。

第三类研究侧重于分析大陆台协发展的困境。研究发现台商自发性联合团体运作的制度环境成为影响其组织效能的重要因素（耿曙、林瑞华，2007：93～171），一方面，台协自成立便成为广大台商表达诉求的重要渠道（林明杰，1995：1～18），台协因经济利益而生，因此经济功能是其首要功能（殷存毅，2007：13～18）；另一方面，不同于其他社会团体，大陆台协存在"双重管理"的制度约束，因此，大陆台协既具有社会组织的共性问题，同时面临有限独立的组织地位、有待完善的组织建设等特殊困境（吴茜，2014：21～29），具体表现为大陆台协功能模糊、功效不彰，台商低参与、低投入，资源不足，运作不善等问题（孙金海，2016：17～18）。大陆台协存在组织影响力不平衡、组织功能实现有差异和组织目标偏移的问题（刘月桐，2021：23～25）。

近年来，针对台协的研究无论是广度还是深度均发生明显变化，围绕台协在大陆产生与发展形成一批研究成果。部分研究从地方政府竞争压力与商会内中小企业的行业分布同质性两个维度比较台资商会在不同地方政策参与上的差异（陈超等，2021：64～82）。其他学者强调昆山自由统合主义模式表现为政策过程的双边协商、非中心化与利益共担、政府主导台协强势（唐桦、唐扬，2020：59～71）。

综上所述，不难发现以往针对大陆台协的研究主要从微观层面关注其功能与作用，多解剖"麻雀"进行个案描述，或从组织角度考察台协的结构与运作特点，无疑此类研究具有积极的价值，却相对忽略台协个体的差异性以及台协内部禀赋及外部环境互动带来的影响，未能从整体上勾勒出台协在各地的运营情况。新制度主义认为制度是一种稳定的规则系统，强调规则、规范和认知对塑造组织行为的作用（斯科特，2020：59），认为社会的法律制度、文化期待、观念制度具有强大的约束力量，正是上述合法性机制诱使或迫使组织采纳具有合法性的组织结构和行为（周雪光，2003：72～76）。鉴于台协是在祖国大陆各地登记注册的台资企业为达到共同目标而自愿组织起来的团体，从制度学派出发，不能简单狭隘化研究台协，应该从台协内部以及台协与外部的关系入手，系统梳理大陆台协在各地的运营模式对于推动台协高质量发展具有的重要理论与实践意义。

长期以来，受资料匮乏所囿，台协研究无论是数量还是深度均受到一定影

响，本研究拟采用案例研究方法对台协运营模式与发展路径进行分析。第一，采用比较研究法。在全国众多台协中，选择广州台协、厦门台协与东莞台协进行案例分析，之所以选择这三家台协作为研究对象，主要是基于三家台协的成立背景、运作现状及发展成效，三地均为台商进入大陆时间早、投资密集、发展成功的地区，其中，广州台协是大陆省会城市中最早成立的也是目前会员规模较大的台协之一。厦门台协是全国第三个成立的台商协会，在服务台商台企方面具有得天独厚的地缘优势。东莞台协被誉为"天下第一台协"，是会员数量最多、组织结构完善、功能齐备的地方台协之一。从发展历程、治理结构与社会影响力等角度来看，厦莞穗三地台协在全国130余家各级别台协中具有一定代表性。第二，采用文本分析法。一是通过查阅三地台协官网与公众号、媒体报道了解三地台协的规章制度。二是分析台办工作总结与工作计划（2016～2020年）等资料重点考察台办与台协的互动关系。第三，采用个案访谈法。围绕台协的运营情况对部分台协会长、秘书长、分会会长等进行个案访谈获取一手资料，访谈对象均来自三个案例台协，访谈对象信息见表1。

表1　访谈对象

| 姓名代码 | 职务 | 企业职务 | 行业 | 访谈时间 | 访谈地点 |
|---|---|---|---|---|---|
| FXX | 台办工作人员 | 无 | 无 | 2019 年 8 月 12 日 | 台办会议室 |
| WSF | 台协会长 | 董事长 | 五金 | 2021 年 6 月 23 日 | 台商协会 |
| ZWN | 台协秘书长 | 无 | 无 | 2021 年 6 月 23 日 | 台商协会 |
| YSW | 台协分会副会长 | 经理 | 五金 | 2019 年 8 月 15 日 | 台办会议室 |
| HCK | 台协分会会长 | 运营长 | 台湾青年创业基地 | 2019 年 8 月 13 日 | 某海峡两岸青年创业基地 |
| LYY | 台协分会会长 | 董事长 | 灯饰 | 2019 年 12 月 13 日 | 某灯饰台企 |

注：根据研究惯例，对访谈对象进行匿名处理，姓名代码是受访者姓名的拼音首字母。

## 三　穗厦莞三地台协运营模式及其形塑机制

新制度主义认为组织发展面临技术环境与制度环境双重影响，前者遵循效率原则，后者要求服从制度环境要求（周雪光，2003：73）。台协作为台商自愿成立的非营利性民间组织，也是在不同环境条件下基于特定目标的组织运营。

为了分析大陆台协运营模式、特征及成效，分别选取广州、厦门与东莞三地的台协进行案例比较分析，深入研究三者的治理结构、在地化策略以及工作重点。

## （一）穗厦莞三地台协结构比较

第一，穗厦莞三地属于台资企业进入大陆先发地区，三地台协的成立时间接近。其中，广州台协成立于1990年（按花都台协成立时间计算，后与广州台协合并），厦门台协成立时间为1992年，东莞台协成立于1993年。

第二，从台协内部结构来看，三地台协几经流变与变迁，台协架构更加细分，当前广州台协理事会设8个职能委员会，协会下辖11个联谊委员会，分别是白云、天河、黄埔、番禺、从化、增城、越秀、海珠、南沙、荔湾和开发区萝岗区联谊委员会，团体会员花都台协。东莞市台商协会拥有33个镇街（园区）分会，下设妇女联谊会、青年委员会、商务发展委员会、海关事务委员会、休闲旅游委员会、公益事业委员会、球类运动委员会、教育事业委员会、台湾联谊委员会、资深会长委员会、八大产业（照明、塑胶模具、机械智能、电子电机、大健康、车辆零组件、包装印刷、食品餐饮）委员会。厦门台协设会员服务与会员发展委员会、商务联谊与"一带一路"委员会、文化宣传委员会、转型升级科技委员会、上市辅导委员会、康乐委员会、慈善公益委员会、教育培训委员会、台湾青年（人力资源）与产品营销委员会，下辖思明区、湖里区、集美区、海沧区、同安区、翔安区等6个联谊委员会。由此可知，三地台协的治理架构完整，具有很强的前沿性，且体现出各自工作特色，对于体量大、会员多的台协而言，功能委员会发挥着承接、协调与推进作用（表2）。

表2　厦门、东莞、广州三地台协治理架构

| | 成立时间 | 分会 | 委员会 |
|---|---|---|---|
| 厦门台协 | 1992 | 6个联谊委员会 | 9个职能委员会 |
| 广州台协 | 1990 | 11个联谊委员会 | 8个职能委员会 |
| 东莞台协 | 1993 | 33个镇街（园区）分会 | 11个职能委员会 |

资料来源：笔者根据三地台协官网与微信公众号制作而来。

第三，一般认为台协会员数量能有效反映台协的吸引力。从会员数量占当地台企比例来看，厦门台企数量超过6000家，台协会员占比仅两成，广州台企数量达3000多家，但仅有1/3的台企参加台协，而东莞台协会员占东莞台资企业数量的比重达到七成以上，其中四成会员企业来自电子信息产业。此外，台协会员会费是台协运作的重要资金来源，从缴纳会费来看，东莞台协单位会员与个人会员均为 2000 元/年。厦门台协会员企业一次性缴纳三年会费 5400 元，台青创个人企业和台胞投资小微实体企业会员年费为 1000 元。

第四，三地台协均热心公益事业，积极履行社会责任。根据官网介绍，广州台协在赈灾、助学、恤孤、敬老、扶贫等方面累计捐款捐物超过 3 亿元，东莞台协迄今已向社会各界捐赠财物逾 2 亿 5000 万元。厦门台协虽无法获取捐款捐物总金额，但已知现任会长个人捐款达 1000 多万元。

第五，在对外宣传方面，三地台协均建立台协官方网站，两地台协定期出版台协会刊，广州台协于 1994 年开始创办《广州台协》月刊，东莞台协于 1994 年正式向协会内部发行《东莞台商》，每月发行，已成为台协与会员间联系互动、对外宣传台协的重要窗口。

通过比较三地台协内部治理结构与对外宣传可知，尽管东莞台协成立时间更晚，所处城市行政级别更低，东莞仅为地级市，广州为省会城市，厦门为经济特区，东莞台协发展的外部环境并不优越，但从运营情况来看，东莞台协发展貌似更胜一筹。从会员吸引力来看，东莞台协的群聚效应明显，东莞台协成立初期，仅有 360 家台企成为第一届协会会员，约占当时东莞台商企业总数的三分之一，如今这一比例超过七成。从结构来看，东莞行政架构有别于穗厦，不设区县，下辖镇街，鉴于此，东莞台协设置七大服务协区，由协区区长负责督导 33 个分会。从台协的影响力来看，台协的组织化程度越高，台协分会越活跃，越容易制造"大项目"，东莞台协的号召力、动员力、组织力更强，持续形成台协服务品牌，如"东莞台商台胞万人献血活动"，也能更好地配合政府政策落地。在人才输出方面，东莞台协也具有明显优势，如东莞台协共有 2 名会长出任全国台企联会会长。为何东莞台协能走出一条有特色的发展道路，深入比较三地台协运营模式有助于部分解释这个问题。

### （二）穗厦莞三地台协运营模式比较

当前全国台协数量达 130 余家，应该说各地台协的发展运营各具特色，从台协的产生背景及其功能定位来看，台协与当地政府之间的关系是高度嵌入的，但是台协的服务对象具有特殊性，在实践中，台商作为企业家的身份决定了其经营行为具有流动逐利性，因此各地政府会倚重台协作为开展招商投资的主要抓手。研究发现，在长期的演变发展过程中，台协的运营模式从始至终受到两个因素的交织影响，一方面，台协需要满足规范合法性机制，作为台协业务主管单位的台办对于台协的领导方式会形成不同的运营模式，根据两者的互动情况，大陆台协的运营模式可大致分为台商自我管理型，台办指导协会运营型，台办领导、协会专业运营、台商参与型三种类型；另一方面，对于台协而言，始终面临能否带来优秀绩效的压力，台协会根据自身定位采取在地优绩主义策略，大致采取嵌入扎根式发展与疏离流动式发展两种取向，由此形成六种台协运营形态（表3）。

第一种是积极自主性运营台协，这类台协在与台办互动方面表现为台商自我管理型，在地化策略遵循嵌入扎根式发展，这类台协运营形态多出现在台协成立初期，彼时台协发展具有较强的内生驱动力，也充满不确定性。第二种是自发性运营台协，这类台协在与台办互动方面表现为台商自我管理型，在地化策略表现为疏离流动式发展，这类台协运营的最大挑战来自会员的流失。第三种是自觉/互构融合运营台协，这类台协在与台办互动方面表现为台办领导、协会专业运营、台商参与型，在地化策略遵循嵌入扎根式发展，这类运营形态台协发展相对较为成熟。第四种是伙伴/中介运营台协，这类台协在与台办互动方面表现为台办领导、协会专业运营、台商参与型，在地化策略表现为疏离流动式发展，这类运营形态台协较为少见。第五种是常态化/例行化运营台协，这类台协在与台办互动方面表现为台办指导协会运营型，在地化策略遵循嵌入扎根式发展。第六种是角色灵活运营台协，这类台协在与台办互动方面表现为台办指导协会运营型，在地化策略表现为疏离流动式发展。

表 3　台协与台办互动关系及在地化策略类型划分

| 台协在地化策略（优绩机制） | | 台协与台办互动（规范合法性机制） | | |
| --- | --- | --- | --- | --- |
| | | 台商自我管理型 | 台办领导、协会专业运营、台商参与型 | 台办指导协会运营型 |
| | 嵌入扎根式 | 积极自主性 | 自觉/互构融合 | 常态化/例行化 |
| | 疏离流动式 | 自发性 | 伙伴/中介 | 角色灵活 |

总体来看，本研究选取的穗厦莞三个台协案例在与地方互动方面表现为三种耦合互动形态，在地策略方面都追求一种嵌入扎根式优绩主义发展。下面展开具体论述。

### 1. 台商自我管理型台协

第一种是"台商自我管理型"台协，这种类型的台协强调台商自我管理，台协是台商发觉有必要通过某种形式加强联系，更好与政府沟通下的产物，因此，台商自我管理型台协属台商自发成立，具有强烈的内生动力，这种特质会贯穿台协运营全过程。厦门台协可视为台商自我管理型代表，厦门地处对台前沿，厦门台协发展具有得天独厚的地缘优势，尽管大陆第一家台企于1983年落户厦门，但厦门台协成立时间为1992年，相对较晚，根据文献资料，1990年30名在厦台商在全国最先申设台协，因市台办认为成立的时机尚未成熟而搁置（蔡国烟，2014：25~26）。台商自我管理型台协在地策略具有嵌入扎根式与疏离流动式两种取向，前者表现为台协具有相对自主独立性，稳定有序，后者表现出自发性，结构较为松散。

台商自我管理型台协在发展过程中因较为自主而充满活力，故提出不少创新性举措，以厦门台协为例，2001年厦门台协集资兴建大陆首家台商会馆，2002年，厦门台协推动设立与厦门市委、市政府"季谈会"制度，2010年兴建台商总部大厦，2013年，厦门台协全面普查会员企业信息，完善会员资料，2016年以来，厦门台协推动厦门公、检、法等政府部门在协会设立服务站、联络点。为了营造"台商之家"的氛围，厦门台协积极组织旅游、钓鱼、棒球赛、高尔夫球赛、运动会、周年庆、讲座等活动，有力推动台商台青的融合。尤其是中央支持福建探索海峡两岸融合发展新路、建设两岸融合发展示范区以来，厦门台协积极响应，新成立台湾青年（人力资源）与产品营销委员会主要面向台湾青年创新创业与国际交流、台湾高校青年人才的招聘、青年就业辅导等。台商自我管理型台协比较突出的弊端在于高度依赖台协主要领导的个人魅力与影响力，台协整体发展容易出现"单马拉大车"现象。

### 2. 台办指导台协运营型台协

第二种是"台办指导台协运营型"台协，表现为台协是被动成立的，内部整合力相对较弱，广州台协可视为该类代表，一方面，广州台协成立初期由当地台办直接管理，台协结构相对较为简单，台商积极性不高；另一方面，不同于其他地方台协，长期以来，广州地区有两家台协同时存在和发展，其中花都台协成立于1990年，是全国第三家台协，早于1992年成立的广州台协，直到2018年广州台协与花都台协完成整合决议案，花都台协对内以花都分会的名义整体加入广州台协。台办指导台协运营型台协的在地策略一般采取常态化/例行化与角色灵活两种取向。总体来看，广州台协的在地化策略较为保守，存在台协"虚化"与"空心化"的可能性，以台博会为例，2011 年广州举办首届台博会，举办方为广州市人民政府和台湾世界贸易中心，随后广州多次举办台博会，广州台协未能发挥自身优势参与台博会，这显著有别于东莞等地台协全力参与台博会的做法。

**3. 台办领导、协会专业运营、台商参与型台协**

东莞台协的运营模式与东莞台资企业的蓬勃发展密不可分，东莞首家台资企业于 1988 年落户，累计超过 1 万家台资企业在莞兴业，约占全国十分之一，超过厦门与广州，而东莞台协对于推动台资企业来莞投资可谓功劳突出，有意向投资的台商先向台协咨询，各功能委员会具体介绍东莞的投资环境。东莞台协运营可概括为"台办领导、协会专业运营、台商参与"，即坚持地方台办负责把握台协发展的大政方针，正如该协会秘书长所言："如果琐事都请教官方台办，台协几乎没法运转。台办把握政治方向，免除了我们的后顾之忧。"因此，台办指导台协理监事会换届大会与周年庆典活动，东莞台协的日常会务与公共活动都会邀请台办干部参与。台协的具体管理事务以台商为主，台商参与感较强，台商对于台协的认同感高，台协号称"台商大管家"，对于台商具有强大的吸引力。

该类台协服务体系成熟，组织化、专业化程度较高，如东莞台协首先设立台籍专职秘书长，有别于其他台协专职和专业人员少、兼职居多的现象，构建以协会为中心，包含七个服务协区，由协区区长负责督导 33 个分会为网点的服务体系，拥有一支有热情、有能力的干部队伍，该协会通过 ISO9001（2000）IS版认证，引入国际规范的管理体系。近年来，东莞台协把产业发展列为工作重点，通过成立八大产业委员会构建产业集群，整合资源，推动产业发展。

东莞台协的在地化策略表现为嵌入扎根式发展，自成立以来，东莞台协参与打造五大"品牌项目"，2000 年成立大陆第一所台商子弟学校以解决台商台干家庭团聚问题，2013 年建造总投资超 10 亿元，高 68 层的台商大厦，2014 年运营大陆首家由台商集资创办的台心医院以解决台胞保险医疗问题，2010 年举办首届台湾名品博览会解决产品内销问题，目前正在建设莞台高新产业园区，旨在解决台商扩资增产场地需求。

东莞台协与地方政府的互动呈现出一种更具包容性与坦诚关系，由于东莞的产业崛起与台商密不可分，东莞台协与东莞市形成亲密合作关系，台协有效承接并汇聚政府的政策、信息等资源，成为政府了解台资企业发展情况、推动惠台政策落地的平台，对广大台商具有强大的吸引力。从发展历程来看，早在2002年，东莞成立政府领导与台商的对口联络小组，每月10日双方召开座谈会协调台资企业经营难题，东莞台协定期向市台办提出需要市政府重视和解决的若干工作建议。2008年以来，台资企业发展遇到困难，有关东莞台商大规模撤资的不实报道甚嚣尘上，为此，东莞台协会长专门出面辟谣，坚定台商在莞发展信心。在东莞实施产业升级战略中，东莞台协深度参与台资企业转型升级诊断辅导工作，配合参与东莞产业发展规划。由于东莞市的行政级别为地级市，台商经营遇到的很多问题不在东莞市委、市政府职责权限范围内，但东莞市与台协在坚持"一个中国"的原则下积极处理问题，并通过适当渠道向上级有关部门反映台商的诉求。在调研过程中了解到一个台资企业申请专项资金例子，其解决过程大致能反映台协与地方的互动面貌。

> 东莞某台资企业积极响应市政府"机器换人"的号召，于2014年对生产设备进行技术改造，大大提升生产效能。2014年，该公司向市经信局提出申报"机器换人"专项资金资助时，市经信局认为该公司于2012年和2014年分别发生两起安全事故（各伤亡1人，并被市安监局分别处11万元、10万元的罚款），属于重大违法行为并受到行政处罚而取消该公司的资助资格。市台商协会和该公司在查询相关法律法规后都认为，该公司所发生的两次安全事故主要责任不在公司，且也没有明文规定两起事故为重大事故及未构成重大违法行为。因此，市台商协会和该公司都认为该公司符合申报"机器换人"专项资金资助资格，并请求市台办协调，以维护该公司合法权益。为此，市台办多次与市经信局、市安监局和公司所在镇政府协调，但未果，后市府办召集有关人员召开协调会，会议最后确定，由公司所在镇将有关情况专报市政府，由市政府按"一事一议"方式审议。

东莞台协与广大会员构建了一种积极互惠的关系，正如访谈对象YSW所言，台协与台商是一种依存与互助的关系，"台商台企好了，台协才会好"，相对于台办部门，台商对于台协的信赖和信任度要更高，台协充分发挥其在提供信息和协调行动方面的优势，提供专业化服务，凝聚广大台商台企。

台办领导、协会专业运营、台商参与型台协的优势在于，一方面与地方政府保持密切互动，更好地构建台协合法性机制；另一方面，台协能回应会员的需求，对于会员企业而言，参与台协具有身份的象征性，台协也为会员企业发展提供更多保障（表4）。

表4　厦门、东莞、广州三地台协运营模式及其比较

|  | 模式 | 结构 | 在地化策略 | 工作重点 | 特点 |
|---|---|---|---|---|---|
| 厦门台协 | 自我管理型 | 会员1300多家，下设九大功能委员会 | 首创台青个人名义入会制，成立"一带一路"委员会 | 推动两岸年轻一代的交流交往筹建台企大数据平台 | 台胞台企登陆第一站，两岸融合最前沿 |
| 东莞台协 | 台办领导、协会专业运营、台商参与型 | 会员2600余家，1中心7协区33分会服务体系 | 大项目引领，建台商学校，建台商医院，建台商大厦 | 转型升级、产业发展、会务服务、地方公益 | 全方位扎根，集中台商力量办大事，拥有一支高素质干部队伍 |
| 广州台协 | 台办指导协会运营型 | 会员1600多家，下辖11个分会 | 台商较保守，较少从当地贷款投资 | 上马建设大型项目 | 被动成立，台协"空心化"现象渐显 |

资料来源：作者根据三地台协资料及相关报道制作。

必须指出，对台协运营模式的划分是相对的，同一台协的运营模式也会因时因人而变，尽管各地台协在运营方面存在差异。研究发现，近年来，越来越多的台协运营模式迈向一种"政府领导、协会专业运营、台商台青参与型"的发展格局，这至少有三个方面的原因，一是自中央到地方高度重视台协的作用，在政策的指引下，各地充分认识台协的重要性和必要性，不断成立台协，并引导台协发展。二是不同地方"引台大战"引发的竞争，后来者唯有在模仿其他地方的基础上学习借鉴才能占据有利的位置，这使得优秀台协的运营经验不断扩散与被学习。三是台协运营遵循规范机制，按照国家新的社团组织管理条例要求，"台商自我管理型"与"台办指导台协运营型"都难以满足台协发展需要。

## 四 穗厦莞三地台协有效运营的积极因素及突出挑战

### （一）穗厦莞三地台协有效运营的积极因素

台协作为依法自愿组成的非营利性社会团体，具有公益性、民间性、专业性等特征。首先，台协的规范发展离不开各地台办部门的指导与管理，台办作为台协的业务主管部门，在指导台协运营方面具有重要影响，引导台协及各分会会务干部换届工作顺利进行并及时报告选举情况，如三个案例台办之一的工作人员 FXX 谈到台办指导市台协成立行业功能委员，推动市台协镇街分会成立青年委员会，以及及时了解市台商协会及各分会候任干部情况，会针对空缺或有争议的人选及时走访相关镇街，沟通意见，确保台协健康规范发展。其次，台协为了发挥服务、台商联系政府等功能，采取企业化管理模式，遵循"问题收集—与政府部门沟通问题—问题反馈"机制，针对在陆台湾青年数量的不断增加，各地台协下设青年委员会专门服务台青，如东莞台协构建以台商子弟学校、台商大厦、台商医院等涉台地标为核心的台湾在地化元素，满足台籍人士的教育、医疗等需求，提升台商台青的归属感。推动转型升级联合服务处等集体项目，服务广大会员企业，同时着力解决台商"二代"接班问题。综合穗厦莞三地台协运营模式可总结几点台协有效运营经验。

一是地方政府重视程度。尽管全国台协覆盖率较高，各地方政府对于台协的重视程度不尽相同，台协的成立与发展离不开当地政府的大力支持，如东莞台协在筹备阶段由市领导任筹备组长，成立后该领导担任协会名誉会长，参与筹备的相关部门领导为协会名誉会长。政府免费提供办公场所，部分镇街免费提供土地建会馆，甚至提供活动经费。在招商引资的指挥棒作用下，台资企业成为地方重点工作对象，台协的一大重要功能就是招商引资，一般当地党政一把手会参加台协成立周年庆，且很少缺席。地方政府重视台协是台协运营成功的必要条件，如东莞历任党政一把手都强调"东莞经济社会取得的显著成绩，台资企业功不可没。任何时候，东莞都不会忘记也不能忘记台商为东莞发展所作出的贡献"。此外，穗厦莞三地均引入"荣誉市民"制度，定期进行评选表彰，台协会长成为"荣誉市民"的重要来源，荣誉吸纳以发展性为导向，与时俱进，能最大程度赢得目标群体支持。如厦门台协自成立以来，共产生十四届会长，其中共有 10 人担任会长，10 人全部荣获厦门荣誉市民称号。东莞台协自成立以来，共产生十三届会长，共有 10 人担任会长，9 人荣获东莞荣誉市民称号。广州台协则有 6 名会长、5 名副会长荣获广州荣誉市民称号。

二是台协会长对于台协发展至关重要。台协会长是台协的"领头雁"，在经营企业的同时担任会长需要具备担当、奉献精神。好的当家人是台协发展的关键，台协会长应具有一定威望与影响力，具备相应的组织能力与经济实力。台协致力于解决与台商生活、工作密切相关的实际问题，如厦门台协第二、三届会长 CXX 个人租用写字楼无偿作为协会办公处。此外，会长在参与社会捐赠与公益活动方面往往具有较强的示范效应，如 2024 年台湾花莲发生 7.3 级强震，广州台协募捐 118 万余元，其中广州台协会长带头捐款 10 万元。

三是如何提升台协会员积极性是台协运营的一大痛点，东莞台协采取的"餐叙联谊"与"丰富多彩的活动"在很大程度上克服了这一问题，定期餐叙增强了台协的活力、凝聚力和吸引力，活动是会员联谊的载体，通过设置台协杯球类赛事搭建平台，达到聚人、聚心、聚情的目的。

**（二）穗厦莞三地台协运营面临的突出问题**

近年来，随着两岸融合发展深入推进，政策不断利好，如 2023 年出台《中共中央 国务院关于支持福建探索海峡两岸融合发展新路建设两岸融合发展示范区的意见》，同年，国务院正式批复同意《东莞深化两岸创新发展合作总体方案》，台协应该发挥联结两岸的优势，强化服务功能和桥梁纽带作用。

综合来看，穗厦莞三地台协面临共性发展问题，一是如何有效提升台协对于当地台资企业的吸引力，发展台协新会员。无论是纵向比较还是横向比较，穗厦莞三地台协的会员仍存在发展空间，台协会员占当地台资企业的比例越高，台协越有代表性，目前三地仍有一定数量的台资企业游离于台协之外。

二是台协发展必须坚持长期主义策略，通过台协运营将分散的台资企业凝聚起来，发挥整合功能。对于发展比较成功的台协而言，如何避免历史的依赖性，推动持续创新面临挑战。访谈对象 HCK 作为三个案例之一的台湾青年创业基地负责人，担任当地台协分会会长，借助市台协等组织推介优质创业项目进驻基地，鼓励台商二代参与基地举办的各类活动。针对台协转型发展面临的挑战，访谈对象 WSF 作为三个案例台协之一的会长，坦言台协需加强应变及生存能力，将着力扩大台商视野，尤其是在协会干部队伍建设方面，应吸纳更多年轻台商积极参与协会会务工作，推动协会的会务干部年轻化，为台协注入活力。访谈对象 ZWN 则认为台协为台商台企人员提供沟通交流平台，有助于台商迅速建立起人际关系网，相对缺乏促进台资企业和内地企业信息交流的平台，企业之间缺乏进一步沟通融合、资源共享的机会。

三是台协治理能力如何满足组织目标，台协的功能不仅受宏观政策制度等的影响，还与台协的治理能力密切相关。大陆台资企业协会章程是台协开展工作的准则，协会制定较为健全的管理制度，如常务理事会议轮值安排制度，建立财务公开制度，及时公开资金使用情况等。近年来，随着大陆台资企业转型升级，台协积极延伸服务功能，加强对台资企业转型升级辅导，拓展台资企业销售渠道等，如东莞台协设立台商产品实体展览厅，开通抖音直播间和腾讯直播间，为会员提供在线政策解读、产品销售及实体店体验推广，筹备成立电商公司并举办多场东莞台商走电商活动，助推台企拓宽销售通道。厦门台协形成《2021 厦门市台商投资企业协会智能制造指数研究报告》，引导全市台商企业开展智能制造提升工作。同时，越来越多的台协成为联盟成员并设台籍调解员、仲裁员，帮助台商以仲裁形式解决民商事纠纷。应该说三地台协有意识地把自身发展融入国家重大战略中，主动融入国家发展大局，如在"一带一路"方面，厦门台协成立"一带一路"委员会帮助会员企业学习国家"一带一路"政策，走出去寻找商机，但是如何不断优化治理结构，更好发挥台协的优势带动更多的会员参与需要持续探索。

## 五　结论与启示

长期以来，台协在沟通政企、促进台企转型、维护台商合法利益、推动台商热心社会公益事业等方面发挥重要作用，在率先同台湾同胞分享大陆发展机遇方面扮演特殊角色，然而鲜有研究比较不同台协在运营方面的差异，为何不同台协在对台商台企的吸引力、目标达成度、资源动员能力等方面存在明显区别，鉴于任何组织都必须适应环境而生存，所以必须从组织和环境的关系上去认识台协。本研究通过引入新制度主义理论，从规范合法性机制与在地优绩主义策略出发，构建大陆台协运营模式，选取广州、厦门、东莞三地台协进行案例研究。研究发现台协不同的运营模式是台协与台办互动关系、台协在地化策略选择共同形塑的结果。从台协与台办的互动来看，台协的运营模式分为"台商自我管理型""台办指导协会运营型""台办领导、协会专业运营、台商参与型"三种类型。从台协的在地化策略来看，大陆台协运营模式可分为嵌入扎根式发展与疏离流动式发展两类，据此，将大陆台协运营模式提炼为"积极自主性""自发性""自觉/互构融合""伙伴/中介""常态化/例行化""角色灵活"等六种。大陆台协转型发展成效明显，表现为台协会员队伍不断壮大、协会功能不断完善、台协的创新意识不断增强、台协的专业服务能力不断提升。

为了推动台协高质量发展，台协要坚持特色发展之路，发挥好桥梁纽带和参谋助手作用，立足自身特点助推国家治理体系和治理能力现代化。一是针对大陆台协的分布不均衡难以满足台商台企需要，特别是台协会员数量偏少严重制约台协发展壮大这一问题，建议按照"可建尽建"原则积极引导符合条件的地区及时成立台协组织，努力实现"台商所到之处，台协必至"的目标，同时多措并举扩大台协会员数量，让台协具有更广泛的代表性。二是规范化治理是台协健康有序发展的重要保障，从台协的内部治理结构来看，部分台协运行规范性有待提升，突出表现为信息的公开性不足、台协会员管理缺乏黏性，应进一步与当地台办联系，明确台协架构设置，严格按照协会章程开展服务活动，推动台协工作向基层下沉。三是打造台协品牌和文化，台协品牌具有很强的导向功能、凝聚功能、辐射功能和约束功能，通过增强台协的活跃度，加强各地台协联动，实现资源共享，扩大台协的社会影响力。四是发挥台协平台作用，构建一流的服务平台，扩大台协的社会影响力和号召力。一方面，台协为会员提供政策与法律法规咨询、市场投资咨询、营销咨询、融资、投诉维权和企业危机应对等多项服务；另一方面，台协积极通过政府等媒介与当地社团交流、学习。五是充分发挥台商协会参与服务台商台企台青优势，突出台协在推进两岸融合发展中的独特作用，不断整合分散的台商台青力量，吸引更多两岸青年携手共同发展。

**参考文献**

陈明璋（1996）：《大陆台商协会的组织与运作功能（下）》，《贸易周刊》，第 6 期。

徐长春（2006）：《大陆台资企业协会组织角色功能之研究》，台北大学硕士学位论文。

李强 (2016):《苏州地区台湾同胞投资企业协会研究》,苏州大学硕士学位论文。

孙金海 (2016):《大陆台资企业协会参与涉台公共事务的路径研究》,东南大学硕士学位论文。

余澍、高和荣、刘月桐 (2021):《台商投资企业协会的历史沿革与功能定位研究》,《台湾研究》,第 6 期。

刘文正 (2011):《东南亚台商协会的建立及其功能分析》,《东南亚纵横》,第 4 期。

王珊珊、曹小衡、蔡礼辉 (2021):《台商投资区位选择与在地营商环境关系研究》,《台湾研究集刊》,第 4 期。

李伟 (2010):《对台招商主体行为研究——以南昌市为例》,江西财经大学博士学位论文。

耿曙、林瑞华 (2007):《制度环境与协会效能:大陆台商协会的个案研究》,《台湾政治学刊》,第 11 期。

林明杰 (1995):《大陆台商对台资企业组织绩效满意之研究——以北京、天津、上海、昆山等四地区投资台商及台资企业协会为例》,《中国行政》,第 2 期。

殷存毅 (2007):《台资企业协会与两岸关系——基于集体行动逻辑和制度约束的分析》,《台湾研究》,第 2 期。

吴茜 (2014):《大陆台资企业协会组织结构及其功能研究——以苏州为例》,苏州大学硕士学位论文。

刘月桐 (2021):《两岸和平发展中的台商投资企业协会功能定位研究》,西北大学硕士学位论文。

陈超、唐桦、唐扬 (2021):《地方政府竞争压力、行业同质性与商会的政策参与空间——基于昆山与厦门的比较分析》,《公共行政评论》,第 4 期。

唐桦、唐扬 (2020):《实践中的自由统合主义:中国城市全球化过程中的政商关系——以昆山市为例》,《台湾研究集刊》,第 4 期。

〔美〕W. 理查德·斯科特 (2020):《制度与组织:思想观念、利益偏好与身份认同》(第 4 版),姚伟等译,北京:中国人民大学出版社。

蔡国烟 (2014):《厦门台协诞生轶事》,《福建党史月刊》,第 15 期。

周雪光 (2003):《组织社会学十讲》,北京:社会科学文献出版社。

Lee, Chun-yi (2010), "Between Dependency and Autonomy-Taiwanese Entrepreneurs and Local Chinese Governments," *Journal of Current Chinese Affairs* 39 (1), pp. 37-71.

责任编辑:罗文恩

# 集体行动理论能够解释企业结社吗？[*]

## ——基于 GHIC 商会的分析

胡辉华　　薛治爽[**]

【摘要】从理论上说，企业因其明确的利益比普通公民更易于成功结社，但从现实看，成功的企业结社寥寥无几。学界常常从外部视角看待企业结社的障碍，而从内部视角审视企业结社的学者往往将企业结社问题归结为集体行动问题。本文通过对 GHIC 成长历史及其运行的分析发现，外部视角只能解释企业结社为什么失败而不能解释企业结社为什么成功；内部视角如果将企业结社看成集体行动，也不能解释企业结社为什么能成功。GHIC 成功地克服企业结社的障碍，不是因为它为会员提供了具有吸引力的选择性激励，也不是因为会员之间不存在企业异质性。GHIC 的结社之路与其特殊的成长经历、会员之间独特的人际关系网络以及商会与会员之间与众不同的会企关系相关。商会对共同利益的建构和对会员思想观念的引领塑造了一种具有中国特色的企业结社文化。

【关键词】商业利益社团；企业结社；集体行动

---

[*]　本文为国家哲学社会科学基金项目：制度变迁背景下行业协会内部治理转型与优化研究（20BGL246）。2023 年中央科研业务费项目：社会组织高质量发展（12323703）。

[**]　胡辉华，暨南大学公共管理/应急管理学院教授；薛治爽，暨南大学公共管理/应急管理学院博士研究生。

# 一 问题的提出

结社（association）行动产生社团（associations），行业协会商会是企业志愿结社的制度化产物，是"商业利益社团"，其根本宗旨是固化结社行动，更具确定性和更有保障地促进共同利益、推进共同事业和实现共同目标。截至目前，我国各类型的商业利益社团超过 7 万个。商业利益社团虽然在数量上得到长足发展，但是，高质量发展不均衡，大部分商业利益社团没有能力接受政府转移的职能，也没有能力提供会员真正需要的服务，甚至生存也成为问题。而这些能力较低的商业利益社团的会员企业参与活动的积极性和对协会商会的认可度低，这些都是企业结社能力低下的表现。

国内学界对行业协会商会的研究成果丰硕，但企业结社作为这些商业利益社团的逻辑起点和动力源泉，却并没有得到应有的重视。总体而论，学界对于商业利益社团的内部质量与特征尚缺乏充分的研究。大部分学者从商业利益社团的外部而不是内部理解商业利益社团。也有一些研究曾涉及企业结社的内部，这些研究表明企业结社的基础在于利益的同质性，但会员在产权、阶层、规模等方面的异质性，会造成会员的分化，破坏企业结社基础（Yep，2000；任大鹏等，2012；纪莺莺，2015b）。然而，本文所观察到的案例对企业结社基于同质性的神话提出了有力反驳。

GHIC 是一个典型的自下而上形成的全省性商会，其会员来自不同行业，既有农林业，医疗服务业，电子信息、先进材料、智能终端企业，也有投资公司等等。该商会现有会员 892 家，会员中全国、省市人大代表、政协委员 100 多位，会员企业年产值超过 3 万亿元。商会会员不仅所处行业各异，而且，经济地位悬殊，既有如创维、腾讯、海王等 200 多家大型上市公司，也有为数众多的小企业，其会员异质性特征显著。按照上述理论，该商会的规模和企业异质性的先天缺陷足以构成结社的巨大障碍，对组织目标的实现乃至组织的发展都会带来严峻挑战。但是，实际上 GHIC 的会员对商会活动的支持与参与热情之高、对商会组织的认同和支持之坚定为众多商业利益社团所不可企及。商会创造了多项全国第一，多次受政府表彰，对会员企业产生了持久而广泛的影响力。那么，为什么 GHIC 的异质性没有削弱或动摇企业结社的基础？它是如何突破这种先天不足的困境并得到长足发展的呢？

要回答以上问题，需要我们深入企业结社的内部进行讨论。因为，外部环境虽然重要，但是，它只是影响因素而不是决定因素。中国的企业结社所处的外部环境是相同的，企业结社大部分失败而少数成功显然不能用外部环境来解释。

## 二　相关文献综述

国内外学者虽然有不少触及过企业结社现象，但多持外部环境视角，且多聚焦结社的结果即结社组织而不是结社过程。

关于结社的动因分析，大多数学者都从国家—社会之间关系或政府与市场职能变迁的角度立论。基于国家—社会关系的结构视角看待结社动因的观点形成两种立场。持多元主义立场的学者认为，企业结社是企业受降低交易成本的需求驱动（White，1993；陈剩勇等，2004；郑江淮、江静，2007；王名、孙春苗，2009），是社会在志愿基础上从国家中分离的产物；持法团主义观点的学者则认为企业结社只是国家为了强化或延伸自己的意志与权威，辅助政府管理经济活动而有意推动而成的（Pearson，1994；Unger，1996；Ma，2002；顾昕、王旭，2005；张长东、顾昕，2015），是国家将企业结社吸纳和嵌入的控制倾向的反映。张华认为，多元主义和法团主义分别对应了改革开放后我国企业结社自下而上和自上而下的两种不同路径和特征（张华，2015），即体制外力量和体制内力量对企业结社的推—拉作用。也有学者质疑国家—社会关系视角对我国各类公民结社现象的解释有效性，认为我国结社行为的动力不是需求，而是"政府与市场双重压力"。国家权力的主动让渡和市场经济的发展促进了国家与社会的分离（谈志林，2010；张紧跟，2012），20世纪90年代初政府主动推动和培育行业协会商会的政策以及市场经济运行的内在逻辑，是企业结社兴起的巨大推力（White，1993；Edwards，2004；陈明明，2006；纪莺莺，2013）。如果没有政府自上而下的支持，在中国特有的历史条件和政治环境下，企业结社是不可能的（Ma，2002；康晓光、韩恒，2005；张钟汝等，2009；Xu，2013）。

对于企业结社障碍的研究，相当多的学者深受奥尔森的集体行动理论的影响。奥尔森认为追求共同利益的集体行动只有在行动者人数足够少或存在"选

择性激励"时才有可能形成（奥尔森，2014）。施密特和斯特瑞克［Schmitter &
Streeck，1999（1981）］、范华登（van Waarden，1992）、班尼特（Bennett，
2000）、多纳（Doner & Sohneider，2000）等著名研究者无不以奥尔森的集体行
动理论来解释企业结社，认为企业结社能否维持取决于商业利益社团能否提供
选择性激励，而选择性激励是稀缺资源，因此，企业结社的主要障碍来自缺乏
激励企业为集体行动贡献力量的选择性激励（Pyle，2006；Perry，2008；陈剩
勇等，2004；徐建牛、孙沛东，2009；郑小勇等，2011）。

　　社会学家更为关注结社行动者的社会特征，认为企业结社的成败取决于结
社行动者的社会基础。叶泊和纪莺莺都发现结社参与者的社会属性对结社产生
重大影响。会员企业内部存在产权、规模与政治身份上的异质性，不利于形成
一致的利益诉求与集体行动（Yep，2000），会员企业的阶层分化，会降低商会
的凝聚力，破坏同质性结社的基础（纪莺莺，2015b）。因此，结社参与者的内
部特征影响企业结社（Kennedy，2005；Traxler & Huemer，2007；任大鹏等，
2012）。学者们普遍认为商业利益社团是以共同利益为纽带而聚合起来的，企业
结社取决于参与者因相同或相似的社会属性而产生的共同利益或相近的价值观，
即他们之间的同质性，而企业在产权性质、规模大小、政治地位或社会地位等
方面的异质性都有可能导致企业结社的分化，削弱或动摇企业结社的基础，消
除异质性所带来的消极后果是商业利益社团维持结社所面临的棘手难题。

　　总结国内外企业结社的研究文献，我们可以发现，首先，国家—社会关系
视角只能看到企业结社的外在条件，如果缺乏对商业利益社团内部特征的揭示，
企业结社就是一个黑箱。大量案例研究（Yep，2000；任大鹏等，2012；纪莺
莺，2015b）表明，企业结社内部的利益异质性和复杂性会造成组织分化，组织
会因此失去凝聚力，而这种异质性和复杂性或多或少地存在于任何一个商业利
益社团中，这是我国企业结社普遍面临的困境。那么，那些已经（相对）成功
结社的商业利益社团是如何突破企业结社困境的？学界对此探讨不足，这正是
本文需要研究的核心问题。

　　其次，以施密特和斯特瑞克为代表的集体行动论者对企业结社的解释不适
用于中国的现实。其原因在于西方企业结社的目标是解决市场无序竞争问题、
对付工人的工会运动和抗衡政府迫于选民压力对市场的干预［Schmitter &
Streeck，1999（1981）］。在这三个目标中，后两个目标在中国不成立。在我国

全能主义政治制度环境下，工会运动不可能出现；执政党是"使命驱动型"政党而不是"竞争驱动型"政党（唐亚林，2021），不存在西方政府迫于选民压力干预企业家投资和经营自由的可能性。因此，企业家采取集体行动对付工会运动以及政府干预的必要性和紧迫性不存在。我国行业协会商会在30年来大规模增长并且在沿海地区出现了一大批影响力广泛的商业利益社团，这是集体行动理论无法解释的。而且，集体行动理论用"选择性激励"来解释企业结社也不成立，雷弗利与维尔、黄冬娅、张华、吕鹏等人的研究表明，"选择性激励"既不足以排除企业结社的"搭便车"现象，也不足以克服会员数量多、异质性强而造成的利益差异（Reveley & Ville，2010；黄冬娅、张华，2018；张华、吕鹏，2019）。因而，"选择性激励"只是企业结社的必要条件而并非充分条件，它并不能保证结社的形成或成功。那么，什么才是企业结社的充分条件？

最后，从集体行动理论推出的"会员逻辑"对结社特征的描述也与企业结社的现实存在距离。学界普遍认为商业利益社团是代表结社参与成员的组织，其生存和发展都必须依附于会员。为了结社的持续，它必须以全体会员的利益为自己的利益，一切活动以顺从会员意志、满足会员需求或服务会员利益为根本。这一观点暗示了这样一个理论假设和价值观，即商业利益社团对所有会员一视同仁，并将服务会员看成结社组织活动的最高原则。然而，商业利益社团区别对待会员，一定会给企业结社带来负面影响吗？服务与被服务是会企关系最重要的表现吗？成功的企业结社必定都严格遵守了会员逻辑吗？

总之，现有研究无法有效地解释为何企业结社有些成功了，而另一些却失败了。主导行业协会商会研究的集体行动理论与我国企业结社的现实之间存在巨大鸿沟。本文尝试具体深入地分析GHIC案例，探索企业如何突破结社的固有困境。

## 三　民营企业的结社之路

### （一）从民营企业家联谊会到GHIC商会

20世纪90年代，作为改革开放的最前沿，深圳民营经济发展势头强劲，但是，民营企业在当时既不能像国企那样能得到银行贷款的扶持，也不能像外资企业那样享受税收优惠，甚至企业财务人员携款潜逃，公司报警警方都不予立案。民营企业和民营企业家的社会地位低，处处受歧视，经营环境恶劣，企业抗风险能力弱，民营企业家们举步维艰。他们不仅无助，而且无奈，甚至怀疑自己奋斗的价值；同时，他们渴望被理解，渴望被承认，渴望受到同等对待，甚至渴望有人"管"。

1999 年 12 月初，为了帮助民营企业家们解决遇到的问题，广州举办了"中国民营企业现代经济与管理战略研讨会"高端培训班。深圳福田区共青团干部 WLZ 率领 30 位民营企业家参加了此次培训班，这次研讨会的意外收获是催生了"福田区民营企业家联谊会"。在培训班开班的当天晚上，民营企业家们和 WLZ 商议决定成立一个互益型组织，其初衷是就企业的发展以及遭遇的困难相互交流学习，互相帮助，互相支持，共享信息和知识，以促进企业的发展以及获得社会、政府的认同。培训班结束后，WLZ 联系了多名民营企业家，意想不到地得到了大家的支持。在 WLZ 的游说下，联谊会以"备案"的形式通过了，挂靠在福田区团委，WLZ 辞去了政府公职，成为该会专职秘书长。

WLZ 在团委工作的时候与民营企业家接触频繁，在联谊会成立之前他一直在想成立一个属于民营企业家自己的组织，"这样，遇到问题和困难的时候，起码我们能自己帮自己，天大的事情大家一起出力，估计就能解决大半。就是找有关部门协调，一个组织出面，也比单独一个企业更能引起上面重视"（文字资料 01，第 27 页）。这是对中国企业结社意识清晰而朴素的表达，结社初衷明确而具体。联谊会从与深圳电视台合作创办电视栏目《民营经济论坛》开始，迅速开创并形成了自己的品牌，在没有政府任何支持下做得风生水起，热火朝天，迅速发展，到 2002 年，福田区民营企业家联谊会已经办得有声有色，声名远扬，备受瞩目。时间不久，深圳市民间企业家商会的黄会长邀请 WLZ 任秘书长并运营该商会。WLZ 在经过与福田区民营企业家联谊会的会员以及深圳市民间企业家商会商议后，决定把"深圳市民间企业家商会"和"深圳市福田区民营企业家联谊会"合并，联谊会顺利"升级"，WLZ 仍然出任秘书长。

GHIC 是一个总部设在深圳的全省性社会组织，1999 年注册成立。这是一个典型的自上而下成立的以"高科技"为名的商会，会员的认可度不高且没有合适的专职人员运营，一直处于艰难和尴尬的境地。该会张会长与深圳市民间企业家商会的黄会长私交甚笃，2003 年黄会长向张会长引荐了 WLZ，由此便促成了深圳市民间企业家商会和 GHIC 的合并，WLZ 实现"三级跳"，转身又成为

GHIC 的秘书长。在谈到如何整合这三个商业利益社团时，他说："2003（年）我接手，之后就是借壳上市，我把原来的资源都弄到这里来。把原来的福田区联谊会弱化了，……，当时福田区联谊会的会员到现在还是我的会员，当时的 9 个副会长都是现在商会的龙头。"（访谈资料 20150928）GHIC 商会网站上现任副会长名单中我们可以看到，福田区民营企业家联谊会的创会会员几乎全都在列。

WLZ 把福田区民营企业家联谊会的会员和资源都带到了 GHIC，而 GHIC 吸纳了福田区民营企业家联谊会的会员和资源后，无论是组织治理、人员架构和核心会员组成都与福田区民营企业家联谊会基本相同，GHIC 只是名字改变了的福田区民营企业家联谊会。因此，从联谊会到 GHIC，是一次自下而上结社对自上而下结社的"殖民"，联谊会成功吸纳并改造了 GHIC。

### （二）会企关系

特区设立之初，一大批年轻人怀抱梦想奔赴深圳创业。由于经营环境恶劣，早期的民营企业往往屡屡受挫，内外交困，年轻的创业者们除创业的雄心壮志之外，对市场经济、企业管理一无所知，对前途迷茫无绪。该如何创业？如何经营企业？几乎每个人都在没有石头可摸的情况下过河。20 世纪 90 年代初来深圳的 WLZ 也一样，但他勤奋好学、充满激情，刘永好曾赞扬他"思维清晰，说话很有感召力。特别有亲和力，更有服务精神"。在听了一次关于中国经济和未来民营企业发展的讲座以后，WLZ 发现培训和讲座是最好的学习方式，也是帮助身边年轻朋友们提高自身的有效途径。此后，他热心组织培训，开启了"管理启蒙"之旅，带领那些从未经历市场风雨的年轻创业者参加各类培训。他身边的朋友也因培训获益而越聚越多。这些年轻人不仅因为培训与讲座聚在一起，更重要的是 WLZ 与他们长期同甘共苦、共患难。在企业经营遭遇困难、挫折、打击甚至破产的时候这些会员都会想到 WLZ 和联谊会，他和联谊会总是挺身而出，无私援助。他们对 WLZ 和联谊会的感情异常深厚，为一般商业利益社团难以企及。一大批当时刚来深圳闯荡的创业者在 WLZ 和他的联谊会帮助下逐渐成长，那些当时只是中小企业的会员后来逐渐发展成为各行业的龙头大企业，有的成为世界 500 强，有的进入胡润内地富豪榜，他们从区第一做到深圳第一、广东第一、全国第一，还有不少企业做到世界第一。他们从联谊会被带进 GHIC 后，就成为商会的中坚力量，成为忠诚的核心会员。

核心会员是商业利益社团的坚定支持者，但核心会员的形成不是也不能是商业利益社团人为的结果，而是在其发展过程中自然形成的。在福田区民营企业家联谊会时期，WLZ的个人魅力和无私奉献吸引了一批年轻的创业者聚集在他周围，他带领他们开阔眼界，学习市场经济知识，并帮助他们创业和经营。他提倡这些年轻的企业家相互帮助并凭借自己的声望有力地促成了他们之间的互助。例如，LBJ帮助QMY，ZKY帮助LZX，LZX又帮助LBJ等等，而XGX与TJ、WXL与ZKY、YAK与CW、GDS与LZX等人都发生过相互帮助相互支持的故事（参见文字资料01）。以WLZ为中介相互帮助在这些企业家之间建立起紧密的商业合作和个人友谊的事例不胜枚举，企业家之间相互帮助往往使企业起死回生。随着时间的推移，WLZ和他领导的联谊会不仅使会员企业紧密地与联谊会联系在一起，更为重要的是使这些会员之间相互团结，互助合作，形成具有深厚情感基础的命运共同体。这些后来成为GHIC核心会员，从早期的"互为顾问、互为董事、互为股东、互为供应商"，发展到"互为顾问、互为董事、互为股东、互为供应商、互为亲家"，相互之间的关系越来越亲密。

由此可见，GHIC的会企关系与其他商业利益社团的会企关系有很大的不同，一方面，会企关系隐藏在个人关系之中。WLZ与会员之间的关系、会员相互之间的关系具有浓重的个人人格色彩，会企关系的表现形式是人格化的；另一方面，会员之间形成了WLZ称为"类血缘"的命运共同体关系，GHIC与会员之间的关系建立在会员与会员之间具有深厚情感的基础之上，GHIC成为企业结社的真实表达形式。正是有了这样的基础，商会才能发挥引领作用，形成引领与被引领的会企关系。

## 四　企业结社困境的突破

在现有体制框架下，企业之间基于规模差异而形成的权势不同或阶层分化往往不利于形成具有内部凝聚力的商业利益社团（纪莺莺，2015b）。这意味着由于企业家的社会基础不同，商业利益社团能够提供的惠及所有会员或对所有会员具有吸引力的"选择性激励"不存在，其内部难以形成凝聚力，企业结社易于失败。

企业结社失败集中表现为会企关系的疏离涣散，结社组织丧失其制度性力量，无法实现其应有的组织功能。企业结社失败的原因多种多样，例如结社组织异化，沦为个人牟取私利的工具或成为其他组织的附庸，制度体系限制结社的生存空间，结社愿景或策略不切实际，等等。但大多数企业结社的失败根源于企业结社的内在困境。行业协会的会员企业在产权性质、发展阶段和规模大小等方面存在差异；非行业性商会（综合性商会和异地商会）除行业协会所固有的差异之外还存在行业之间的差异。即使不考虑外部环境对企业结社的影响，会员之间的异质性对商业利益社团追求共同利益构成了严峻挑战，企业结社经常不可避免地遭遇严重阻碍。GHIC 商会在一定意义上成功地突破了企业结社困境，其对付会员异质性的经验值得深入检视。

### （一）企业结社的内部条件

GHIC 的民间色彩自联谊会并入后就特征鲜明，它与政府的关系不同于一般利益社团的政会关系。由于 GHIC 的业务主管单位是省工商联，属于党委系统而不是政府部门，它所能触及的更多是政治资源而不是与企业经营直接相关的行政资源。它从未依靠从政会关系中获得的权威和资源去经营会企关系，换言之，范华登所谓"交换逻辑"（van Waarden，1992）在 GHIC 没有用武之地。它从未尝试谋求政府的财政资助，也缺乏一般利益社团可以从主管单位获得职能转移的便捷路径，从政府那里获得对会员的选择性激励（例如，项目、许可证发放、进出口配额及优惠政策等）的可能性几乎不存在。从 GHIC 历年的新闻报道中我们可以发现，商会与党委统战部门和地方政府互动远远多于其与政府职能部门的互动，甚至很难找到与当地政府职能部门互动的消息。

造成这种现象的原因不仅仅与 GHIC 的业务主管单位不是政府职能部门有关，也与其成长历史相关，这就牵涉到影响会企关系的另一个重要因素，即政商关系。联谊会时期的 GHIC 的会员绝大多数是民营企业家，在创业时他们是被政府无视和受社会歧视的一群边缘人，他们也都来自外地，与政府机构或政府官员之间即使存在一定的关系其根基也不够深厚，联谊会不足以凭借某些会员与政府的政商关系网络构建吸引其他企业加入。在联谊会时期，会员之间的权势不存在差别，没有哪家企业与政府关系比其他企业更为亲近，他们参与联谊会并非因为它可以构筑政商关系网络或影响政府决策，联谊会对他们而言是抱团取暖的形式而不是进入政商关系网络的通途。这就造成了后来 GHIC 会企关系不同于一般会企关系的独特之处：政商关系对会企关系几乎不存在影响。

还有一个影响会企关系的重要因素是会员与会员之间的关系，这几乎为学界完全忽视。大多数商业利益社团中会员与会员之间的关系是在商业利益社团成立之后才形成的。如果商业利益社团不主动作为、有意建构，促进他们之间的交往或合作，他们在商业利益社团中就是彼此独立的原子化的个体，互动机会少，对社团组织的影响仅限于会员大会，难以形成对社团组织的有效集体压力，也形成不了对社团工作的助力。与大多数商业利益社团相比，GHIC 的核心会员之间互动频繁、关系紧密，很多会员在 WLZ 带领下参加各种培训班时就相互认识，他们共同学习，经常聚在一起交流看法，对彼此经营的企业、思想态度和人品有长期的观察和了解。他们不仅在企业经营方面相互帮助，在思想观念上也相互启发彼此受益。进入 GHIC 后，会员之间的情感基础更为稳固，他们之间的团结进一步增强。会员之间的"强关系"转化为支撑企业结社的坚实基石，GHIC 商会作为会员之间关系的纯粹表达形式，会员之间的深厚情感关系对会企关系的影响超过一般商业利益社团。

从 GHIC 的角度看，除产权性质相同外，这些会员的行业不同、企业规模不同、成长阶段不同，结社成员的异质性特征是客观存在的。这些特征之所以没有妨碍企业结社，"强关系"的存在固然贡献巨大，但这仅仅为成功结社奠定了基础，GHIC 商会不断再生产、维持和巩固这一基础的有效策略才是商业利益社团发挥制度性力量的决定性因素。

### （二）企业结社异质性障碍的消弭

GHIC 商会将自己定位为"企业成长的推动者、企业发展的引领者"。处于成长阶段的企业往往规模较小，而处于发展阶段的企业规模往往较大，因此，商会定位针对的是企业规模和成长阶段的不同而产生的需求与利益的异质性问题。总结 GHIC 商会 20 多年的发展史，其经验可以概括为建构共同利益、引领思想观念以清除企业结社的异质性障碍。

非行业性商会的会员之间在某些政策制度环境（例如税收）和市场环境方面可能存在一些共同性，但他们的业务不同，经营环境是不同的，地缘的相近而非业缘的相同使彼此之间实际上不存在先天性的或事先确立的、相互攸关的共同利益。商会作为追求共同利益的社团，必须先辨识（找出）和界定共同需求，后采取措施让会员认同和追求共同利益。换言之，共同利益是建构出来的，而不是对现实的反映。在初创期，联谊会从培训和论坛开始建构共同利益，以满足年轻创业者们对企业经营管理知识的共同需求为抓手，带领他们参加各种培训班，举办"深圳民营经济论坛"，后来 GHIC 继续举办了影响更广的"中国两江（珠江-长江）民营经济高峰论坛""中国民营科技企业家高峰论坛""会长系列论坛"，这些培训和论坛不仅抓住了企业家共同的学习需求，对所有企业家起到了增长见识、扩大视野的思想启蒙作用，而且把他们团结聚拢在一起，让他们彼此相识相知。也是在初创时期，从一对一地帮助许多企业解决企业经营上的困难到在他们中间建立"信用互助会"，解决民营企业普遍存在的融资难问题，发展到后来的国内国外"雁群投资"和资本运作，建立"技术联盟"为企业提供技术支持，推动会员互为顾问、股东、董事等，GHIC 为企业利益创造新的增长点，为共同利益的形成建构了一系列投资服务平台和金融服务平台。除"深圳民企信用互助会"外，商会还成立了"中科汇商创业投资（基金）公司"，开创了中国商会协会设立基金的先河，先后成立了六只基金，不仅为会员企业解决短期急需资金问题，而且为他们提供了丰厚的投资回报。WLZ 将"提供商业机会、提供互助平台"看成商会最有价值的功能，用他的话来说，通过这些满足共同需求和催生利益增长的平台，"我们推动企业家之间的合作，将他们连接成利益共同体"（文字资料 02，第 38、79 页）。这就是说，共同利益是商会建构出来的，而不是现存既定的，需要商会积极主动的作为与会员的共同参与。如此建构出来的共同利益不具有公共物品的非排他性，它是排他的俱乐部产品，只有参与者才能分享。

在思想观念上引领企业发展与在物质利益上推动企业共同成长是 GHIC 自联谊会以来就一以贯之的两大主要办会方针。联谊会举办了众多培训、外出学习交流活动和论坛，在并入商会后对文化建设进行了不遗余力的探索，GHIC 持之以恒地引领企业家正确认识企业、市场、财富和利益，树立正确的价值观念，创新思维方式，改进经营理念。在 GHIC，引领思想观念与建构共同利益同步，甚至可以说前者逻辑上先于后者，因为企业家利益共同体建立在由培训和论坛而形成的共识及同学关系的基础之上。大多数商业利益社团所提供的服务仅聚焦于并局限于促进会员企业的物质利益，而 GHIC 却在思想观念的引领上投入了更多的资源。

GHIC 商会在实践层面引领会员互相参股、引领集群投资、引领企业海外上市，与此同时，在战略思维层面引导会员把握市场发展规律、提升个人境界、改进企业经营。在企业家迷茫之际、经济危机关头和政策转变之时，商会总是适时举办各种培训、论坛、讲座和沙龙，启迪人们思考和探索，寻求认知上的共识和价值观念上的一致。GHIC 商会将思想观念视为超越利益共同性而将会员连接在一起的更为牢固的黏合剂。WLZ 本人曾提出过一个"凝聚力梯度"理论，他说商会凝聚人心一般依靠四种力量，它们依次是情感、知识、利益和思想信仰。情感的力量辐射半径小，知识的力量比较虚，利益的力量容易变，只有思想和信仰的力量最持久也最强大（文字资料 02，第 77~80 页）。他清楚地认识到思想观念的巨大力量。他一方面鼓励和鞭策会员们成为有思想的企业家，另一方面致力于营造商会文化。在他的努力下，会员们在长期互动中建立的情感友谊、在互助合作中不断强化的互惠规范、在思想启蒙中接受的共享价值观聚合在一起，使 GHIC 形成了一种实际发挥作用的，即共享的，商会文化。WLZ 称 GHIC 的商会文化是"捧场文化"，意思是商会与会员互相支持、会员与会员相互支持成为一种商会内部惯常的社会互动模式。这种商会文化不是组织所倡导的未来状态、理想或者一种号召，而是一种客观的实在，能够对会员行为产生实质性影响的文化。当一个商业利益社团产生出一种共享文化的时候，企业结社就获得了坚实的现实基础。

　　总之，GHIC 嵌入了一个较为独特的政会关系、政商关系和会员与会员关系所构成的社会结构中，这一结构既约束商会的行动，又为商会采取不同于一般商业利益社团的行动策略提供了有利空间。商会对共同利益的建构促进了会员之间的合作，对思想观念的引领为这些企业家们的行动确立了方向。GHIC 商会与会员之间的关系建立在商会提供的服务基础之上而又超越了服务与被服务的关系，形成了一种引领与被引领的关系。WLZ 说："我们要引领大家合作是文化的引领，至于怎么合作是技术上的。"（访谈资料 20141128）GHIC 商会的影响力体现在这种战略层面的引领与被引领关系中，而这种影响力是商业利益社团组织能力或企业结社能力的标志。

# 五　结论与讨论

　　大多数商业利益社团难以对会员产生吸引力和凝聚力，更缺乏对会员的影响力和号召力。GHIC 商会立足于物质利益而未受制于物质利益，它对会员的引领聚焦于精神层面，通过推动会员之间的合作，在会员之间建立情感、信任、互惠规范、共享的价值观，开启了一条独特的企业结社之路。

受集体行动理论的影响，学术界普遍将企业结社等同于企业参与集体行动，即一群理性的人聚合力量为获取集体物品采取共同行动。成功的企业结社意味着结社组织充分发挥其制度性力量组织集体行动。为了消除或克服"搭便车"困境，结社组织必须为会员提供"选择性激励"，以动员会员承担集体行动的成本，为集体物品的供给做出贡献。制度化地组织集体行动需要结社组织的存在，结社组织的生存依赖会员提供的资源，为了获得生存资源，结社组织必须为会员提供"足够的激励"（sufficient incentives），因此，会员逻辑是商业利益社团生存及其结社功能实现必须遵守的组织法则（organizational imperative）[Schmitter & Streeck，1999（1981）：19]。所谓"足够的激励"即具有吸引力的激励，而结社组织所提供的激励是否具有吸引力因会员企业的产权性质、规模、政治地位或社会地位等方面的社会基础不同而存在差异。这些差异难以消除，因此，结社组织内部凝聚力也就难以形成，这被学术界概念化为"结社障碍"。

但是，用集体行动理论来解释企业结社现象是有问题的。

首先，吸引潜在会员参与结社与吸引现有会员参与集体行动不是一回事，"足够的激励"不等于"选择性激励"。"选择性激励"适用于解释潜在会员参与结社的吸引力而不适用于解释现有会员参与集体行动的吸引力。当且仅当结社组织为了吸引潜在会员加入而提供的某些物品具有吸引力且只能为会员所享有时，它才是"选择性激励"。成为会员，就意味着参与结社。结社之后不存在会员是否愿意为集体物品贡献力量的问题，因为会员已经缴纳了会费，商业利益社团为获得集体物品所组织的任何集体行动都不应该要求会员额外的贡献，它所提供的任何物品或服务，都不能被视为"选择性激励"，而只能被视为"足够的激励"。当吸引力不足时，会员的参与就不足，表现出来的就是会员凝聚力的不足。组织集体行动是商业利益社团的义务，因此，它不能要求会员做出额外的贡献，也不能为了会员做出额外的贡献而提供特定的激励；同时，组织集体行动只是商业利益社团众多职能中的一种而不是唯一，也不必然是其主要职能。即使在多元主义体系占主导地位的英美国家，潜在会员加入结社组织或现有会员留在结社组织也主要是为了商业利益社团提供的对企业有吸引力的激励而不是它为组织集体行动而提供的选择性激励（Bennett，2000）。

这并不意味着企业结社的成败仅指企业是否加入结社组织。企业加入结社组织后，仍然存在企业结社的成败问题。此时，企业结社的成败就转变为或表现为结社组织的成败。成败的原因要从它为会员提供的集体物品是否具有吸引力来分析。当结社组织为会员提供的物品或服务对会员具有吸引力时，它就是一个成功的社团，否则，就是失败的社团，表现为一个涣散的、缺乏影响力的社团。因此，商业利益社团的成败取决于其组织能力的高低，而不是其会员的社会基础。结社组织作为集体行动的制度化组织者，不再是奥尔森所说的"潜在集团"，而是现实的集团。它的存在已经使"集体行动"这个概念变成了隐喻，游说政府政策之类的活动不能被看成真正的集体行动（"三个和尚没水吃"的集体行动困境存在的前提是无组织，"三个和尚"是没有组织起来的和尚，其行为是非组织化的）。它组织此类活动，但导致"搭便车"现象的前提条件已不复存在，因为会员缴纳了会费，对商业利益社团组织的任何"集体行动"都已经做出了贡献，他们之中没有人"搭便车"，只有非会员才是"搭便车"的人。所以，对会员来说，商业利益社团组织的任何活动或行动都不能被称为"集体行动"，社团内部存在的问题或结社障碍都不能概念化为集体行动困境。

其次，本文的案例表明企业结社既不能概念化为集体行动，企业结社的成败也不能用集体行动理论来解释。GHIC 的创始会员是一群在市场经济转型刚刚启动时的创业者，他们因"管理启蒙"培训之缘自发地聚在一起，自下而上地创立了联谊会，后来又集体加入了 GHIC。他们结社，既不是因业缘，也不是因地缘，而是因学缘。在结社前，共同的学习需求把他们联系在一起，他们之间并不存在潜在或现实的共同物质利益；结社后，他们在民营经济备受歧视的环境中以联谊会或 GHIC 为中介相互帮助，抱团取暖，主要对付的是企业经营上的种种问题，并不存在明确而具体的共同追求的目标。正如有学者所言："社团的创立很少是为了实现某个一旦实现就解散的单一的、预定的目标。社团要存在很长时间，原有的目标和需求会修正，新的目标和需求应运而生。"（Traxler & Huemer，2007：17）结社组织的目标在这个意义上是抽象的而不是特殊的，是广泛易变的而不是静止固定的（Berk & Schneiberg，2005）。即使某些商业利益社团主要以追求共同利益或共同目标而组织集体行动，也只是企业结社的一种功能而已。更为重要的是，"成员对团体身份的认同，来源于成员之间的共同经验"（纪莺莺，2022），这在 GHIC 的核心会员中尤其突出，因而他们对商会的强身份认同使 GHIC 迥异于一般的商业利益社团。

作为一个典型的民间组织，GHIC 的非行业性以及它与具体政府部门的关系疏远，使它难以依靠"影响逻辑"的力量解决会员异质性问题并动员会员追求商会确立的共同目标，所以它没有组织任何集体行动，也没有提供惠及潜在集团成员的公共物品。GHIC 通过助力企业成长成就了一批忠实会员，通过建构共同利益和引领思想观念使会员团结在一起。"核心会员"的存在和会员之间的团结成为 GHIC 凝聚力的源泉和支持企业结社的坚强力量。因此，GHIC 摆脱了依附于会员的"会员逻辑"，会企关系不是简单的服务与被服务关系，而是引领与被引领的关系。GHIC 的会员在长期相助的过程中建立了情感和友谊，形成了互惠规范和共享的价值观，在结社组织的塑造下出现了具有吸引力和号召力的"捧场"文化。GHIC 基于价值观和理念的影响力使结社参与者在思想观念层面形成的凝聚力超越了会员异质性障碍，他们的结社及社团的组织行为无须选择性激励，而是依靠价值观上的共识协调他们的行动。

因此，GHIC 的成长表明，企业结社的性质与集体行动的性质不同：一方面，企业结社的动机不是单一的，结社组织没有明确的共同目标；而所谓"共同利益"并不是预先存在的而是被建构出来的。因此，企业结社与集体行动理论的前提假定无关。另一方面，企业结社遇到的障碍或困境也不是因为存在"搭便车"，而是会员的社会基础存在差异。依靠选择性激励这样的物质利益不一定能够突破企业结社的异质性障碍，换言之，选择性激励并不足以排除机会主义行为（Reveley & Ville，2010）。企业结社的成败体现在会员之间的凝聚力和结社组织的影响力上，而不是表现为集体行动的成败上。虽然 GHIC 的结社之路具有一定的特殊性，其经验难以复制，但是，其成长历史至少可以说明用集体行动理论来解释企业结社现象是不得要领的。

**参考文献**

〔美〕奥尔森（2014）：《集体行动的逻辑》，上海：格致出版社。

蔡欣怡（2013）：《绕过民主——当代中国私营企业主的身份与策略》，杭州：浙江人民出版社。

陈明明（2006）：《政府改革及其社会空间：从多元主义到法团主义》，《复旦公共行政评论》，第1期。

陈剩勇、汪锦军、马斌（2004）：《组织化、自主治理与民主——浙江温州民间商会研究》，北京：中国社会科学出版社。

甫玉龙、史晓蕺（2009）：《完善行业协会内部治理结构的探讨》，《中国行政管理》，第7期。

顾昕、王旭（2005）：《从国家主义到法团主义——中国市场转型过程中国家与专业团体关系的演变》，《社会学研究》，第2期。

纪莺莺（2015a）：《当代中国行业协会商会的政策影响力：制度环境与层级分化》，《南京社会科学》，第9期。

纪莺莺（2015b）：《商会的内部分化：社会基础如何影响结社凝聚力》，《公共管理学报》，第12期。

纪莺莺（2013）：《当代中国的社会组织：理论视角与经验研究》，《社会学研究》，第5期。

纪莺莺（2022）：《社会组织与地方社会的再生产：以一个行业协会为例》，《广东社会科学》，第4期。

江华、张建民（2009）：《民间商会的代表性及其影响因素分析——以温州行业协会为例》，《公共管理学报》，第6期。

康晓光、韩恒（2005）：《分类控制：当前中国大陆国家与社会关系研究》，《社会学研究》，第6期。

任大鹏、李琳琳、张颖（2012）：《有关农民专业合作社的凝聚力和离散力分析》，《中国农村观察》，第5期。

谈志林（2010）：《走向公民社会：地方社团发展的制度分析——以北京市、温州市、哈尔滨市社团为例》，北京：中国社会出版社。

唐亚林（2021）：《使命型政党：新型政党理论分析范式创新与发展之道》，《政治学研究》，第4期。

汪锦军、张长东（2014）：《纵向横向网络中的社会组织与政府互动机制——基于行业协会行为策略的多案例比较研究》，《公共行政评论》，第5期。

王名、孙春苗（2009）：《行业协会论纲》，《中国非营利评论》，第1期。

王颖（1993）：《社会中间层——改革与中国的社团组织》，北京：中国发展出版社。

徐建牛（2010）：《地方性国家法团主义：转型期的国家与社会关系——基于对大涌商会的个案研究》，《浙江学刊》，第5期。

徐建牛、孙沛东（2009）：《行业协会：集群企业集体行动的组织基础——基于对温州烟具协会的案例分析》，《浙江学刊》，第1期。

张长东、顾昕（2015）：《从国家法团主义到社会法团主义——中国市场转型过程中国家与行业协会关系的演变》，《东岳论丛》，第2期。

张华（2015）：《连接纽带抑或依附工具：转型时期中国行业协会研究文献评述》，《社会》，第3期。

张华、吕鹏（2019）：《参与集体行动还是获得资源：中国私营企业加入行业协会的动因分析》，《东南大学学报》（哲学社会科学版），第 3 期。

张紧跟（2012）：《从结构论争到行动分析：海外中国 NGO 研究述评》，《社会》，第 3 期。

张钟汝、范明林、王拓涵（2009）：《国家法团主义视域下政府与非政府组织的互动关系研究》，《社会》，第 4 期。

郑江淮、江静（2007）：《理解行业协会》，《东南大学学报》（哲学社会科学版），第 6 期。

郑小勇、赵立龙、陈学光（2011）：《制度理论视角下行业协会的功能解析与建设要求——基于利益集团理论、治理理论与合法性理论的研究》，《重庆大学学报》（社会科学版），第 6 期。

Bennett, R. J. (2000), "The Logic of Membership of Sector Business Associations," *Review of Social Economy* 58 (1), pp. 17-42.

Berk, G., & Schneiberg, M. (2005), "Varieties in Capitalism, Varieties of Association: Collaborative Learning in American Industry, 1900-1925," *Politics & Society* 33, pp. 46-87.

Coleman, W., & Grant, W. (1988), "The Organizational Cohesion and Political Access of Business: A Study of Comprehensive Associations," *European Journal of Political Research* 16 (5), pp. 467-487.

Doner, R. F., & Schneider, B. (2000), "Business Associations and Economic Development: Why Some Associations Contribute More Than Others," *Business and Politics* 2 (3).

Edwards, M. (2004), *Civil Society*, Cambridge: Polity Press.

Greenwood, R., Oliver, C., Suddaby, R., & Sahlin K. (2008), *The Sage Handbook of Organizational Institutionalism*, SAGE.

Kennedy, S. (2005), *The Business of Lobbying in China*, Harvard University Press.

Ma, Q. S. (2002), "The Governance of Ngos in China Since 1978: How Much Autonomy?" *Nonprofit & Voluntary Sector Quarterly* 31 (3), pp. 305-328.

Meyer, C. A. (1993), "A Step Back as Donors Shift Institution Building from the Public to the 'Private' Sector," *Public Administration And Development* 13, pp. 89-93.

Ostrom, E. (2000), "Collective Action and the Evolution of Social Norms," *The Journal of Economic Perspectives* 14 (3), pp. 137-158.

Pearson, M. M. (1994), "The Janus Face of Business Associations in China: Socialist Corporatism in Foreign Enterprises," *The Australian Journal of Chinese Affairs* 31, pp. 25-46.

Perry, M. (2008), *Exploring the Logics of Trade Association Membership*, Paper to be presented at the 25th Celebration Conference. Copenhagen, CBS, Denmark, June, pp. 1 - 42.

Pyle, W. (2006), "Collective Action and Postcommunist Enterprise: The Economic Logic of Russia's Business Associations," *EuropeAsia Studies* 58 (4), pp. 491-521.

Pyle, W. (2012), "Trade Associations in Ireland and New Zealand: Does Institutional

Context Matter for Collective Action?" *Irish Journal of Management* 31, pp. 19–44.

Reveley, J., & Ville, S. (2010), "Enhancing Industry Association Theory: A Comparative Business History Contribution," *Journal of Management Studies* 47 (5), pp. 837–858.

Schmitter, P. C., & Streeck, W. [1999 (1981)], "The Organization of Business Interests: Studying the Associative Action of Business in Advanced Industrial Societies," *Mpifg Discussion Paper*.

Traxler, F., & Huemer, G. (2007), *Handbook of Business Interest Associations*, *Firm Size and Governance*, Routledge.

Unger, J. (1996), "'Bridges': Private Business, the Chinese Government and the Rise of New Associations," *The China Quarterly* 147, pp. 795–819.

van Waarden, F. (1992), "Emergence and Development of Business Interest Associations. An Example from The Netherlands," *Organization Studies* 13, pp. 521–561.

White, G., Howell, J. A., & Shang, X. Y. (1998), "In Search of Civil Society: Market Reform and Social Change in Contemporary China," *The Journal of Asian Studies* 57 (151), pp. 669–672.

White, G. (1993), "Prospects for Civil Society in China: A Case Study of Xiaoshan City," *The Australian Journal of Chinese Affairs* (29), pp. 63–87.

Xu, Y. (2013), "Moral Resources, Political Capital and the Development of Social Work in China: A Case Study of City J in Shandong Province," *British Journal of Social Work* 43 (8), pp. 1589–1610.

Yep, R. (2000), "The Limitations of Corporatism for Understanding Reforming China: An Empirical Analysis in a Rural County," *Journal of Contemporary China* 9 (25), pp. 547–566.

本文除访谈资料之外的资料来源：

文字资料 01：GHIC 未出版书稿，丁力、杨青云：《咱们这群人》。

文字资料 02：WLZ（2015）：《美丽的手》，广州：广东人民出版社。

责任编辑：罗文恩

# 科技社团促进产学研协同创新的
# 功能路径与提升策略<sup>*</sup>

# 科技社团促进产学研协同创新的
# 功能路径与提升策略[*]

孟凡蓉　袁　梦[**]

**【摘要】** 推进产学研协同创新是培育和发展新质生产力的必由之路。科技社团作为国家创新体系的重要组成部分，能够凭借社会化跨边界组织的属性促进产学研主体间的有机整合，但现有研究对其在产学研协同创新中的主要功能及其实现路径缺乏系统性的探究。本文通过理论演绎与政策分析阐释了科技社团促进产学研协同创新的理论动因和功能定位，指出其在实践中发挥着催化知识生产、促进成果转化、培育创新文化的功能，并将其实现路径归纳为赋能创新主体、完善合作机制及营造创新生态。最终结合我国科技社团发展现状及培育和发展新质生产力的现实需求，从体制机制、政策协同、运营管理等层面提出了提升科技社团促进产学研协同创新功能发挥的策略。

**【关键词】** 科技社团；协同创新；产学研；主要功能

党的二十大报告指出，要推动形成产学研深度融合的创新体系，实现高水平科技自立自强。党的二十届三中全会进一步明确应加强产学研用深度合作，

---

\* 本文为中国科协项目"全球科技社团促进科技经济融合的经验研究"（2020XHZLGG002）的阶段性成果。

\*\* 孟凡蓉，西安交通大学公共政策与管理学院教授；袁梦（通讯作者），西安交通大学公共政策与管理学院博士研究生。

加快发展新质生产力。作为企业、高校、科研机构投入各自优势资源与能力，共同进行技术开发的协同创新活动，产学研协同创新能够提高技术创新能力、培养高素质人才、加快产业升级，从而促进新质生产力的形成与发展（任宇新等，2024：27~34）。然而，受制于主体认知、合作动力、协同能力、沟通协调及情境因素等方面的诸多障碍，产学研协同创新往往难以自发形成（Nsanzumuhire & Groot，2020：120861），需要政府、科技中介机构等相关主体的支持与推动。科技社团作为科技工作者自发形成的共同体，是国家创新体系中不可或缺的组成部分（周大亚，2013：69~84），能够充当产学研主体间合作的中介与桥梁，促进创新要素在全社会范围内的循环流转。《国家创新驱动发展战略纲要》指出应明确社会组织在内的各类创新主体的功能定位，构建开放高效的创新网络。现有研究已初步揭示了科技社团在国家创新体系中的角色，但对其在产学研协同创新中的功能缺乏系统性的阐述。基于此，本文将深入探究科技社团在促进产学研协同创新中的主要功能与实现路径，为推动社会力量深度介入科技治理体系、培育和发展新质生产力提供参考。

## 一　科技社团促进产学研协同创新的理论动因

四螺旋创新生态系统理论认为，市民社会是政府、产业界与学术界之外的"第四螺旋"，能够弥合政产学主体间的利益与目标冲突，加速知识的民主化进程（Carayannis & Campbell，2012）。科技社团作为市民社会的有机组成部分，其在促进产学研协同创新中的功能发挥具备深刻的理论动因，体现为协同创新基本规律与科技社团组织特征的有机契合，详见图1。

首先，产学研协同创新内在需求与科技社团组织使命的契合构成了科技社团促进产学研协同创新的根本动力。产学研协同创新在微观层面上受到企业、高校及科研院所共同愿景的驱使，在宏观层面上则出于科技创新与经济发展相结合的现实需要。开放式创新范式下企业需要从学研机构获取技术资源以保持竞争优势，第三次大学革命则赋予了高等院校参与产学合作的使命。作为会员制的互益性组织和以服务社会需求为己任的公益性组织，科技社团需要回应上述主体的跨组织协同需求，具备服务产学研协同创新的内在动力。

其次，产学研协同创新治理模式与科技社团组织结构的契合为科技社团促

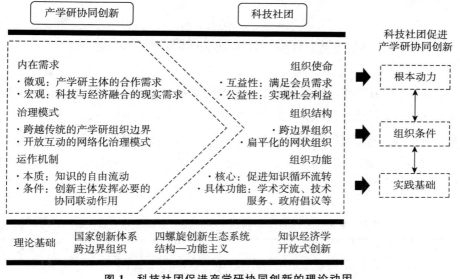

图1　科技社团促进产学研协同创新的理论动因

进产学研协同创新提供了便利条件。国家创新体系理论认为参与新技术发展和扩散的企业、大学、研究机构及中介组成了有机的网络系统。科技社团作为边界开放的柔性组织"骑跨"于各类组织之间，能够以人员为载体打破知识在不同部门间流动的障碍（崔永华，2013：119～123），纾解创新主体间知识熵差异造成的"屏蔽效应"。除跨边界组织的特性以外，科技社团在内部治理结构上具备管理层级较少、扁平灵活的特征，能够及时对协同创新活动中复杂多变的供求信息做出反应，广泛、稳定的外部合作关系也使得科技社团具备促进产学研协同创新的显著优势。

最后，产学研协同创新运作机制与科技社团组织功能的契合奠定了科技社团在产学研协同创新中发挥作用的实践基础。基于知识经济学的视角，产学研协同创新实质上是企业和学研机构两类异质性知识组织之间知识共享与创造，进而形成知识优势的过程，知识流动的效率直接影响着产学研协同创新的成败（涂振洲、顾新，2013：1381～1390）。科技社团作为科技工作者自愿结社而成的科学共同体，自成立之初起就承担着促进科技知识循环流转与有效应用的功能。科技社团不仅通过会议、期刊等平台促进科学家开展学术交流，面向企业提供各类技术与信息服务，还辅助政府开展政策倡议与决策咨询，面向公众开展科学普及，这些功能是其在各类社会治理实践中发挥作用的有力抓手，奠定了其服务产学研协同创新的功能优势。

## 二 科技社团在产学研协同创新中的功能定位

科技社团在产学研协同创新中的功能定位受到制度环境的塑造。为厘定国家层面对于科技社团在产学研协同创新中功能定位的宏观导向，运用文本量化及内容分析法对现有政策进行系统梳理。通过北大法宝数据库检索，国务院及各部委官方网站补充筛选，共获得 48 份政策样本，其中的代表性文本如表 1 所示。

表 1 国家政策对科技社团在产学研协同创新中的功能定位

| 年份 | 部门 | 文件名称 | 政策原文 | 功能 | 举措 |
|------|------|----------|----------|------|------|
| 2015 | 中共中央、国务院 | 深化科技体制改革实施方案 | 鼓励产业技术创新战略联盟及学会、协会协调市场主体共同制定团体标准，加速创新成果市场化、产业化 | 科学共同体 科技中介 | 标准制定 成果转化 |
| 2015 | 中国科协、国资委 | 关于加强国有企业科协组织建设的意见 | 搭建创新平台，建立与学会、科研院所间的产学研用协作机制 | 科学共同体 | 平台搭建 |
| | | | 促进产学研用深度融合，解决企业发展的重大技术难题，切实推动企业科技成果转化和应用 | 科技中介 | 技术服务 成果转化 |
| | | | 帮助企业科技工作者加入相关科技团体，不断拓宽其学术视野、增强其学术能力 | 科学共同体 | 人才培养 学术交流 |
| 2015 | 国务院办公厅 | 关于优化学术环境的指导意见 | 支持科技社团组织开展学术活动，搭建自由表达学术观点、开展学术交流的平台，营造维护保障学术自由的良好环境。强化学会人才举荐和科技奖励功能，发挥同行评议的基础性作用 | 科学共同体 | 学术交流 人才举荐 科技奖励 |

| 年份 | 部门 | 文件名称 | 政策原文 | 功能 | 举措 |
|---|---|---|---|---|---|
| 2017 | 国务院办公厅 | 关于县域创新驱动发展的若干意见 | 充分发挥县级学会、企业科协、农技协开展农村科普的独特优势和科技社团促进科技成果转移转化的纽带作用，面向县域有针对性地开展科学普及和信息服务 | 科学共同体科技中介 | 科学普及成果转化信息服务 |
| 2018 | 国务院 | 关于推动创新创业高质量发展打造"双创"升级版的意见 | 建设由大中型科技企业牵头，中小企业、科技社团、高校院所共同参与的联合体 | 跨边界组织 | 共建创新联合体 |
| 2021 | 中国科协 | "科创中国"三年行动计划（2021—2023） | 重点发掘学会在智库、评估和标准方面的专业优势 | 科学共同体 | 科技评估智库建设标准制定 |
| | | | 提炼重大科学和工程技术问题，挖掘学科发展报告、技术路线图等学术成果的产业价值，形成可视化服务产品 | 科学共同体 | 行业引领技术服务 |
| | | | 与投资机构合作，盘活技术服务与交易资源，促进技术入股、知识产权质押、知识产权证券化和科创企业融资 | 跨边界组织 | 科技金融服务 |

时间趋势方面，相关政策主要集中在近十年，呈现出波动上升后渐趋稳定的发文态势。2012年《关于深化科技体制改革加快国家创新体系建设的意见》首次提出充分发挥科技社团在推动全社会创新活动中的作用，该议题开始进入官方政策视野，2016年《国家创新驱动发展战略纲要》的发布推动发文量激增并达到峰值。

发文主体方面，涉及全国人大常委会、国务院及多个部委，形成了包括法律法规、行政规章、团体规定在内的完整政策体系。中国科协作为大多数国家级科技社团的业务主管单位发文数量最多，2012年就发布团体规定促进科技社团开展产学研协同相关的学术交流，2016年起又持续发起服务企业科技创新、创新驱动助力工程等项目引导科技社团参与产学研协同创新。

文件内容方面，现有政策对科技社团的期许不断扩大，已涵盖学术交流、成果转化等多项功能。早期文件以中国科协发布的团体规定为主，聚焦其作为科学共同体的学术交流、平台搭建及科学普及等传统功能。2015年《深化科技体制改革实施方案》明确鼓励学会、协会协调市场主体共同制定团体标准，随后多部委持续发文强化科技社团在科技评价、技术转移与成果转化中的作用，其作为科技中介的服务功能逐步凸显。伴随着 2018 年起创新驱动发展战略的升级，国务院及中国科协先后发文引领科技社团参与共建产学研协同创新联合体，并通过提供科技金融服务建立与金融机构的合作关系，发挥其作为跨边界组织的优势。

## 三　科技社团促进产学研协同创新的实现路径

基于我国科技社团的最新实践，结合上述对相关理论研究及宏观政策的梳理，科技社团在产学研协同创新中的功能主要表现为催化知识生产、促进成果转化和培育创新文化，各项功能对应的实现路径如图 2 所示。

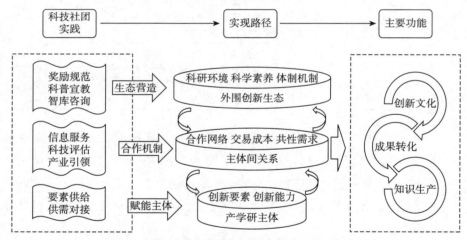

**图 2　科技社团促进产学研协同创新的功能路径**

### （一）赋能创新主体，催化知识生产

科技社团能够通过创新要素的供给及供需信息的传递提升产学研主体的协同创新能力，加快新知识与新技术发明创造的进程，充当知识生产的催化剂。

一是要素供给，直接提升产学研主体参与协同创新的能力。产学研主体间的能力差异是导致我国科技经济发展不协调的重要因素。多数企业面临创新能力的限制，显性知识吸收力度与隐性知识外化程度不足，难以将学研机构产生的大量创新成果转换为经济价值（陈劲、阳银娟，2012：161～164）。科技社团拥有人才汇集的优势，能够通过技术服务与继续教育促进企业创新能力的提升。要素供给的主要形式是动员高水平专家面向地方产业发展提供科技服务，仅宁波市2020~2022年就依托"科创中国"工作站联系院士超400人次，帮助当地企业新增产值超155亿元。此外，科技社团还开展了从业人员的技能培训和继续教育，通过提供工程教育专业认证、制定学科建设方案和人才培养体系促进产学研人才能力提升。

二是供需对接，增强产学研系统知识生产的系统性和整体性。产学研合作是一个跨部门、跨行业的系统工程，科技社团会员构成与服务对象的多元化为跨边界知识共享提供了便利条件，有利于弥合产学研协同中的合作鸿沟。科技社团主办的技术展览、成果推介会等提供了产学研各部门间互动交流的平台，让产业界了解最新的研究进展、把握科技前沿，并将市场技术需求传递给学术界，促进科学推动与需求拉动两类创新活动。其所收录的工程技术案例和报告等知识产品也能够为解决实践问题提供借鉴。

### （二）完善合作机制，促进成果转化

科技社团能够凭借跨边界组织的优势打通产学研主体间的信息壁垒，降低其互动中的交易成本和道德风险，完善协同创新中的合作机制，促进科技成果高效率转移转化。

一是信息服务，扩大产学研主体间的合作网络。协同创新网络的规模、同质性等结构特征与创新绩效息息相关（解学梅、左蕾蕾，2013：47~56）。作为汇集科技人才的柔性组织，科技社团掌握大量来自学研方的专家及成果信息，也与企业的实际生产需求紧密对接，通过建设信息互融互通的开放平台，能够快速为科技成果转化的供需双方匹配到合适的合作伙伴，摆脱产学研主体在合作伙伴搜寻中的信息困境。中国科协"科创中国"数字平台2020年5月上线至今已汇聚需求信息约16.9万条，发布36万多个科技成果。此外，科技社团还面向学研机构提供成果转化咨询及生产经营支持，辅助其开展产品推广和市场运作。

二是科技评估，降低产学研主体间信息不对称带来的交易成本与道德风险。知识经济时代学研机构成为诸多专有知识的拥有者，企业的创新活动越来越依赖于它们的技术产出（李柏洲、孙立梅，2010：29~33）。科技社团作为拥有评估能力的第三方，能够对科技成果的科学、技术、经济与社会价值做出合理评

价，促进科技成果转移转化。如温州市依托"科创中国"试点全国首创的"科创指数"融资模式，从创新能力、创新产出、创新融合三方面对企业科技创新能力进行综合评价赋分，并以此为依据帮助企业获得银行授信支持。

三是产业引领，打通技术研发、转移扩散和产业化链条，形成以共性需求为导向的双链深度融合模式。科技社团的会员涵盖产业链上中下游及创新链各个环节，能够基于产业共性需求制定发展报告和技术路线图，辅助产业链不同位置企业之间的合作分工，整合创新链以服务产业优化升级。如中国汽车工程学会围绕新能源和智能网联汽车发展编制了一系列技术路线图和行业标准，其牵头成立的"中国智能网联汽车产业创新联盟"包括汽车、通信等领域的各类会员单位 211 家，在促进产学研协同创新方面的作用已超越同领域行业协会。

### （三）营造协同生态，培育创新文化

科技社团通过维护科学共同体内部秩序、开展科学普及和辅助政府决策咨询为产学研协同高效开展提供良好的外部生态，培育创新文化。

一是奖励规范，维护风清气正、积极创新的科研环境。科技社团通过表彰奖励引导科技工作者与产业需求对接，激发其创新创业的热情。其在科技伦理治理中发挥着组织动员、标准制定、监督约束等多重功能，是规范学术共同体内部秩序的重要行动者（张润强等，2023：122~127）。通过发挥学术共同体的自律功能、弘扬科学家精神，科技社团为产学研协同创新的持续推进提供了外部保障机制，其对科技伦理规范的维护保证了学术界的公信力，有利于产学研主体间的互信。

二是科普宣教，提升民众科学素养，促使产学研主体克服合作中的文化差异。企业、高校和科研院所在利益、知识及文化等方面存在的冲突制约了知识共享效率与协同创新成效，创新型的社会氛围则能对身处其中的组织产生文化感染力，促使其加强合作关系（李雪婷、顾新，2013：5~8）。科技社团通过开展科普活动及主办科普刊物提高了公众对现代科技发展现状与趋势的科学认知，营造出尊重知识、弘扬创新的文化氛围。

三是智库咨询，克服产学研协同面临的体制机制障碍。与知识生产相关的法律、规则等外在制度是协同创新文化的重要构成（张绍丽、于金龙，2016：624~629）。宏观政策是引领知识生产与创新活动的风向标，而缺乏来自政府的

政策支持是发展中国家产学研合作中的突出障碍（Nsanzumuhire & Groot，2020：120861）。二战后公共政策的制定日益呼吁科学元素的参与和科学家的支持，科技社团所拥有的中立性和公信力使其能够发挥决策者外脑的作用，围绕国家科技政策和经济国防建设中的重大问题开展政策论证，辅助政府制定符合实践需求的产学研协同创新政策，充当公共决策的知识合法性来源。

## 四　科技社团促进产学研协同创新功能的提升策略

我国科技社团服务产学研协同创新仍处于起步阶段，应遵循党的二十届三中全会进一步全面深化改革的精神指示，从宏观体制机制、中观政策协同及微观运营管理三方面持续发力，推动科技社团在产学研协同创新中发挥更大作用。

### （一）深化科技体制改革，突出产学研协同创新中的社群机制

推进产学研协同创新需要建立多元主体共同参与的治理机制。科技社团为代表的第三部门遵循社群机制的运作逻辑，能够补足政府与市场的缺位，是完善国家创新体系的关键。中国科协 2016 年启动企业科技创新项目，2018年开展创新驱动助力工程，又于 2020 年启动"科创中国"行动，但整体上政府、产学研主体及社会公众对科协组织的认知程度不高，对科技社团在产学研协同创新中提供的各类服务缺乏相应的了解。应进一步深化科技体制改革，通过法律法规等制度的建设，理顺政府、市场与社群机制在产学研协同中的关系。"科创中国"试点城市应发挥试点先行的制度优势，探索政社协同、央地联动的先进经验。中国科协则可以定期公开发布科技社团促进产学研协同创新典型案例汇编与实施成效评估报告，形成以样板间建设带动全域发展的扩散态势。

### （二）加强政策协同，激发科技社团的发展活力

产学研协同涉及科技、教育、经济等诸多方面，需要多部门协同形成合力，实现科技人才、经费投入、基础设施条件平台等要素之间的协调配合。科技社团作为非营利组织的活动特征与之存在制度逻辑上的不兼容之处，最突出的矛盾就在于服务收费问题。我国对于技术服务的定价问题缺乏统一管理和规范，加之信用制度不健全，技术交易双方在中介服务提供后却不愿为其付费，导致

中介的成本难以得到补偿，积极性受挫。科技社团作为民政部登记注册的社会组织，在服务收费方面临着更大的现实阻力。应强化各部委与中国科协间的政策协同，在与产学研协同相关的科技规划、科技人才、知识产权等议题中制定科技社团参与的可行措施，实现政策的系列化和配套化，逐步明确技术服务的收费标准，为科技社团及各类科技中介机构的发展注入活力。

### （三）强化组织建设，推动科技社团内部治理变革升级

除外部制度环境的影响以外，自身运营与服务能力也是制约我国科技社团各领域治理功能发挥的重要因素（袁梦等，2023：98～116）。在强政府、弱社会的宏观格局下，大量国家层面的科技社团源于计划经济时期的历史残留，带有浓厚的行政化色彩，服务产学研协同创新的意识较为淡薄，而省市级科技社团则面临严峻的生存问题，服务能力不足。从社团管理机构的角度而言，应根据科技社团所属学科发展情况及其与产业的联系程度制定差异化的激励措施，做到分类治理、精准施策。科技社团也应以"科创中国"为契机将自身业务与产业需求深度融合，成立相关专业委员会、地方分会及新型协同组织，建立与之匹配的管理制度与运营模式，提升自身治理能力以拓展生存空间、谋求长足发展。

## 五　研究展望

面对新一轮科技革命与产业变革浪潮的冲击，产学研协同创新是提升国家自主创新能力、加快形成新质生产力的重要举措。本文系统阐释了科技社团在产学研协同创新中的主要功能及其实现路径，深化了关于科技社团功能的理论认识。同时，研究所揭示的实现路径涵盖创新生态系统的各类构成要素及主体间互动关系，相关结论对提升国家创新体系整体效能、实现高水平科技自立自强，以及促进科技经济深度融合、培育和发展新质生产力具有重要参考价值。未来可围绕科技社团与产学研主体的互动展开更为深入的案例分析，或利用大规模数据进行实证检验，揭示科技社团促进产学研协同创新的因果机制，并在此基础上进一步细致探究不同学科、规模及发展阶段科技社团在产学研协同创新中的功能差异。

## 参考文献

陈劲、阳银娟（2012）：《协同创新的理论基础与内涵》，《科学学研究》，第 2 期。

崔永华（2013）：《边界组织与国家创新体系中的知识流动》，《科技进步与对策》，第 19 期。

解学梅、左蕾蕾（2013）：《企业协同创新网络特征与创新绩效：基于知识吸收能力的中介效应研究》，《南开管理评论》，第 3 期。

李柏洲、孙立梅（2010）：《创新系统中科技中介组织的角色定位研究》，《科学学与科学技术管理》，第 9 期。

李雪婷、顾新（2013）：《产学研协同创新的文化冲突研究》，《科学管理研究》，第 1 期。

任宇新、吴艳、伍喆（2024）：《金融集聚、产学研合作与新质生产力》，《财经理论与实践》，第 3 期。

涂振洲、顾新（2013）：《基于知识流动的产学研协同创新过程研究》，《科学学研究》，第 9 期。

袁梦、马天喜、孟凡蓉（2023）：《科技社团参与突发公共卫生事件治理：主要功能与实现机制》，《中国非营利评论》，第 1 期。

张润强、孟凡蓉、李雪微（2023）：《科技社团参与科技伦理治理：功能、角色与路径》，《自然辩证法研究》，第 11 期。

张绍丽、于金龙（2016）：《产学研协同创新的文化协同过程及策略研究》，《科学学研究》，第 4 期。

周大亚（2013）：《科技社团在国家创新体系中的地位与作用研究述评》，《社会科学管理与评论》，第 4 期。

Carayannis, E., & Campbell, D. (2012), "Mode 3 Knowledge Production in Quadruple Helix Innovation Systems," *Springer Briefs in Business* 7, New York：Springer.

Nsanzumuhire, S., & Groot, W. (2020), "Context Perspective on University-Industry Collaboration Processes：A Systematic Review of Literature," *Journal of Cleaner Production* 258, p. 120861.

责任编辑：史迈

# 编辑手记

　　本卷《中国非营利评论》以"社区慈善"为专题，遴选并刊发了三篇围绕该主题的研究论文，呈现了当下社区慈善发展的理论框架、实践逻辑与转型挑战。同时，本卷还收入了包括社区活力测量、社会组织运作机制、数字技术治理、慈善组织信任结构、地方商协会模式等在内的多篇专题研究与案例分析，进一步展现了中国非营利研究的多元脉动和现实关怀。

　　近年来，"社区慈善"作为中国特色现代慈善体系的重要组成部分，逐渐成为政策倡导、学界研究与基层实践的聚焦点。从《关于加强和完善城乡社区治理的意见》、《社区社会组织培育发展办法（试行）》，到2023年中央社会工作会议所强调的"健全城乡社区治理体系"，国家层面对社区善治与社区慈善的统筹推进日益清晰。在此背景下，第34卷以"社区慈善"为主题，既回应了时代的政策关切，也体现了《中国非营利评论》一贯倡导的理论研究与实践探索并重的宗旨。

　　三篇专题文章分别从理论梳理、机制探讨与路径展望三个维度展开。王名、王颖的《社区慈善论纲》具有纲领性意义，系统回顾了社区慈善的内涵演变、典型模式与学术传统，并提出建立中国特色社区慈善理论体系的必要性。这不仅为读者打开了社区慈善研究的视野，也为后续研究设定了问题框架和议题空间。秦莲、李济舟与徐选国的文章聚焦社区基金会的社会化运作机制，借助"党政赋能"与"多重借力"的双重分析视角，揭示了社区基金会如何在政府支持和自身的社会角色之间找到合适的运作逻辑。黄春蕾、李明叶与范方赪则从"现代化"切入，在一个历史的视野下探讨社区慈善现代化转型的进程、挑战和未来图景。三篇文章内容互补，理论与经验交织，共同勾勒出中国社区慈善发展的复杂图景。

除专题论文外，本卷还收入七篇研究论文，内容覆盖社区治理、互联网公益、社会组织培育、社会企业立法、数字政府与社会创业、平台公益等多个议题。这些研究在方法上日益多样，在理论架构与现实观照之间不断寻求平衡。

例如，蓝煜昕、林顺浩的文章尝试构建"社区活力"的测量指标体系，并通过实证数据验证其有效性，为社区治理成效评估提供了工具性方案。李鸿渊、孙莉莉聚焦乡村空间的社会秩序构建，强调志愿精神与公共伦理在社区生产中的重要作用。杨永娇、陈小凤以中国红十字会为案例，反思当前互联网募捐的响应性监管问题，指出监管制度如何从"合规性"转向"赋能性"。王利君、张冉、黄英则通过实验方法探讨组织商业化如何影响公众捐赠意愿，提示非营利组织需要在信任建构与信息透明之间取得更好平衡。

特别值得一提的是本卷论文同时关注数字治理与平台逻辑，如宋程成等人关于数字政府驱动下社会创业的制度与经验分析。这些研究回应了技术变革背景下非营利部门面临的新型挑战：一方面，技术扩展了公共参与的边界与效能；另一方面，也可能带来价值漂移、权力集中与平台依附等问题，急需规范与引导。

本卷的"案例"栏目也延续了本刊一贯重视实践经验总结的传统，四篇案例从微观实践出发，对陌生人慈善、社区公共参与、台资企业协会、企业结社等现象进行了深入剖析。王化起、王雨琪从受助者的视角反思"陌生人慈善"的可行性与伦理张力；何磊、戴影、陶传进描绘了一种新型的城市居民公共参与模式，提示"公共关注"作为社会资本生成机制的潜力；于铁山以三地台协为样本，揭示了组织耦合与策略在地性的演化路径；胡辉华、薛治爽则从集体行动理论出发，探讨企业结社背后的理性选择逻辑。此外，本卷"观察与思考"栏目收录了孟凡蓉、袁梦关于科技社团促进产学研协同创新的研究文章，提示在国家创新驱动发展战略中，行业社团等非营利组织亦有其关键节点功能。

总体而言，本卷在聚焦"社区慈善"主题的基础上，仍延续了《中国非营利评论》一贯的研究多样性、议题现实性与理论开拓性。随着中国非营利部门在社会治理体系中的角色愈加凸显，我们期待学界、业界和政策界的互动更加紧密，期待更多扎根现实、关注制度、面向未来的高质量研究不断涌现。

我们也诚挚欢迎读者朋友们对本刊提出意见和建议，并鼓励更多研究者将田野经验、理论反思和学术追问汇聚于《中国非营利评论》这一平台之上。

# Abstracts

## An Outline of Community Philanthropy

*Wang Ming   Wang Ying*

[**Abstract**] Community philanthropy is a form of public charity practice that operates at the grassroots level of urban and rural communities, aiming to mobilize internal and external resources and integrate the efforts of multiple stakeholders to meet community needs, improve residents´ welfare, strengthen community cohesion, and promote social harmony. This paper starts with the definition, classification, and basic attributes of community philanthropy, clarifying its key attributes of locality, collaboration, public interest, dynamism, participation, and sustainability, and reviews key theoretical perspectives in both Western and Chinese research. By comparing the origins and development of community philanthropy in the West with the historical and policy evolution of traditional and modern philanthropy in China, the paper reveals the similarities and differences between community philanthropy in these two contexts and its unique role. Drawing on typical cases of community philanthropy in Chengdu and Shunde, the paper summarizes the practical characteristics and innovative paths of community philanthropy in China, exploring its functions in resource integration, social innovation, and relationship reconstruction in grassroots governance. The paper argues that future community philanthropy will achieve innovation and breakthroughs in multiple dimensions, including institutionalization and professionalization, digitalization and innova-

tion, the shift from relief to empowerment, social capital accumulation, and the integration of global perspectives with local practices, making significant contributions to the modernization of grassroots governance and the promotion of social innovation and sustainable development.

[**Keywords**] Community Philanthropy; Community Governance; Social Innovation

# Political Empowerment and Multiple Leverages: The Socialized Operational Mechanism of Community Foundations

*Qin Lian    Li Jizhou    Xu Xuanguo*

[**Abstract**] In the process of modernizing grassroots governance systems and capacities, community foundations emerge as a result of institutional and organizational innovations in grassroots governance systems and social service models, playing a unique role in governance effectiveness. However, community foundations driven by the government often exhibit a strong administrative logic. This paper, from the perspective of "administrative channeling organizations," deeply analyzes the background and operational logic of community foundations in Chengdu. The study finds that the government empowers community foundations through institutional means, using organizations as a pathway to stimulate grassroots vitality and innovate governance mechanisms. Moreover, Chengdu's community foundations not only grow orderly under government endorsement but also continuously draw on social forces, achieving social development in multiple dimensions such as personnel allocation, fund-raising, and project execution by leveraging enterprises, coordinating organizations, and involving residents. Delving into to the social operation process of Chengdu's community foundations reveals that institutional empowerment, governance endowment, and the alignment of interests are the deep-seated reasons for achieving and maintaining socialization goals. This social operation model, which presents the interaction between the party-government and society, plays a positive role in promoting cooperation and co-governance among multiple stakeholders.

[**Keywords**] Party and Government Empowerment; Multi−faceted Leverage; Community Foundation; Socialized Operation

# Modern Transition of Community Charity:
# Process, Challenges and Paths

—Perspectives on the Interaction Between Community and Charity

*Huang Chunlei    Li Mingye    Fan Fangliang*

[**Abstract**] Community charity has become one of the important strategic directions for development of charity with Chinese Characteristics. As China has a tradition of mutual aid among neighbors and rural identity, how to prosper and develop modern community charity has become an important issue in the current and future period. How does traditional community charity move towards modern community charity? This paper takes the interaction between community and charity as a perspective, reviews the development of charitable activities in successive community movements in the West since modern times, and compares and contrasts the development process, characteristics, challenges and future path of community charity in China. This paper finds that western community charity has experienced a transmutation process from charitable aid to community service, from direct service to empowering community development, and from passive acceptance of public service orders to active participation in community governance. Since the reform and opening up, China's community charity has had a similar trend on the path of modernization and development, while reflecting characteristics in terms of state−led, mutual−help and cooperative charitable spirit and transitional type. At the present stage, China's community charity still faces challenges such as relatively single function, obvious structural constraints, urgent need for inheritance and innovation of charitable culture, and shortage of systems. This paper suggests accelerating the integration of the transformation of philanthropy and the modernization

of local governance, stimulating the vitality of community self-governance, fostering the soundness of various types of community philanthropic subjects, transforming and innovating the traditional philanthropic culture, and establishing and improving the institutional system for community philanthropic participation in local governance.

[**Keywords**] Community Charity; Modern Transition; Community and Charity; Local Social Governance

# Elements and Measurement of Community Vitality:
## An Empirical Study

*Lan Yuxin    Lin Shunhao*

[**Abstract**] While fostering residents' sense of agency and enhancing endogenous vitality have been widely recognized as key objectives in community governance, there remains a lack of standardized metrics for assessing community vitality. Current grassroots governance innovations often exhibit a reductionist tendency, such as using the mere quantity of community social organizations as a proxy for vitality. Through conceptual and theoretical analysis, this study constructs a multidimensional framework and indicator system for community vitality. Utilizing empirical data from 80 urban communities and 3, 531 household surveys, exploratory factor analysis was conducted to identify key dimensions, followed by Delphi-based weight assignment. The findings reveal that community vitality comprises six distinct dimensions: public consciousness, self-efficacy, community organizations, relational networks, resource availability, and civic participation. Additionally, this study develops a concise and operationalizable measurement tool for evaluating community vitality.

[**Keywords**] Community Governance; Community Autonomy; Index; Indicator System

# The Integration of Interest and Volunteering: The Cultivation of Subjectivity in the Production of Social Order in Rural Space

*Li Hongyuan    Sun Lili*

[ **Abstract** ] The true definition of "rural revitalization" is good rural spatial order, and a key component of China's modernization journey is the development of farmers' subjectivity in the creation of social order. The countryside has a unique spatial characteristic, which not only encounters the input of urban modernity but also maintains the memory of the traditional countryside. This study takes the pension service of A social organization in Y village of a town in Shanghai as the observation of the event of spatial social order production. It reveals the mechanism of subjectivity cultivation in the production of rural spatial social order through the process analysis of this event. The study finds that the integration of the interest mechanism and voluntary mechanism promotes the generation of inclusive norms and buffer trust in rural areas, and this new social structure element provides conditions for the cultivation of rural subjectivity. The interest mechanism dredges up the voluntary mechanism, and the voluntary mechanism integrates into the interest mechanism. It is the integration of these two mechanisms, rather than a single one, that cultivates subjectivity. Subjectivity provides a source for the social order production of rural space for a better life. To find a suitable development path for the countryside in Chinese-style modernization. The governor can consider the way of rural governance from the perspective of cultivating subjectivity. They can also take into account the cultivation of subjectivity and the economic growth and social prosperity of the countryside at the same time.

[ **Keywords** ] Rural Spatial Social Order; Subjectivity; Interest Mechanism; Voluntary Mechanisms

中国非营利评论

China Nonprofit Review

# The Logic of Grassroots Governments in Supporting
# Hub-type Social Organizations

## —A Case Study of M Social Organization in China

*Zhao Yang   Chen Anni*

[**Abstract**] The cultivation of hub-type social organizations represents a crucial step in advancing the transfer of government functions, optimizing the provision of public services, and enhancing the public nature of communities in China. This paper endeavors to transcend the binary opposition between "hub empowerment" and "hierarchical constraints", aiming to elucidate the operational logic underlying the cultivation of hub-type social organizations by local governments at the grassroots level. The research reveals that Street M, confronted with the challenges of ensuring the effectiveness of public services and innovating social governance mechanisms, opts to "draw on the strength" of social organizations. In this process, Street M delegates the role of "direct cultivator" to entrepreneur D, who brings along market resources and operational capabilities, while confining its own role to that of an "indirect cultivator" providing resource support. Entrepreneur D adopts the concept of "public welfare-oriented operation" and the strategy of "establishing hubs through enterprises", enabling the operation of associations and the operation of enterprises to reinforce each other. This paper contends that the debate over the operational efficiency of "government-run hubs" versus "privately-run hubs" is a fallacy, with the crux lying in the specific modalities of government intervention and the types of government-society relationships it engenders. To mitigate the negative impacts of government intervention, it is essential to precisely define the "indirect" nature of the government's role, foster an institutional environment conducive to maintaining a consultative and cooperative relationship between the government and hub-type social organizations.

[**Keywords**] Hub-type Social Organizations; Grassroots Governments; Government-Society Relations; Indirect Supporter; Mechanism of Drawing on Strength

# Advancing to Empowering Regulation: Reflections on the Responsive Regulation of Charity Online Fundraising

## —A Textual Analysis Based on the Regulation Policy of Red Cross of China

*Yang Yongjiao    Chen Xiaofeng*

[**Abstract**] Online fundraising has not only empowered charitable organizations but also increased the difficulty of regulation. Existing research on online fundraising regulation mainly focuses on the government as the regulator, lacking exploration of the responsive interaction between the regulator and the supervisee. Moreover, there is limited reflection on the issues of responsive regulation theory itself based on the current regulatory situation, which hampers the improvement of regulatory effectiveness. This article takes the Chinese Red Cross Society as an example to discuss the regulation of online fundraising undertaken by charitable organizations from the dimensions of responsiveness, shaping, collaboration, and relationships based on the perspective of Responsive Regulation theory. Drawing on the theory of empowerment, this article proposes Empowering Regulation that integrates motivational empowerment, leadership empowerment, and structural empowerment, aiming to proactively prevent regional regulatory feedback lag, inadequate shaping of regulatory awareness and capacity, uneven distribution of regulatory power and insufficient linkage between the regulator and the supervisee. This research contributes to enrich the theories of charitable organization regulation, foster a regulatory ecosystem with collaborative interaction between the regulator and the supervisee, and to promote the high-quality development of online fundraising.

[**Keywords**] Charitable Organizations; Online Fundraising; Responsive Regulation; Empowering Regulation

# How Does the Commercialization of Social Organizations Affect Public Donations?

## —A Survey Experiment from the Perspectives of Organizational Trust and Information Disclosure

*Wang Lijun   Zhang Ran   Huang Ying*

[**Abstract**] Because of intensified competition and reduced financial support, commercial activities of social organizations have progressively become a trend. Although these activities ensure sustainable development of such organizations, they can crowd out the acquisition of external donations, that is, reduce public donations, for these organizations. Detailed investigations into this topic are lacking yet. Through a survey experiment, the study examines the relationship between the commercial activities of social organizations and public's willingness to donate, particularly under varying levels of financial transparency. The study found that these commercial activities can crowd out public donations, compared with social organizations that do not engage in commercial activities, the public is less willing to donate to those that do. The crowding-out effect occurs because commercialization lowers public's trust in the organizations. However, the negative impact of commercialization activities on public donations is very weak, and the organization's behavior of disclosing information can dissolve its negative impact on organizational trust, thereby encouraging the public's willingness to donate. The theoretical significance of this study is that it responds to the mutually exclusive relationship between different financial sources of social organizations as well as confirms the feasibility and importance of organizational innovation.

[**Keywords**] Commercialization of Social Organization; Public Donation; Organizational Trust; Information Disclosure; Survey Experiment

# Digital Government Boosts Global Social Entrepreneurship: An Institutional Analysis and Empirical Evidence

*Song Chengcheng   Zhao Chenfang   Kang Jiaojiao   Lyv Mengli*

[**Abstract**] Digital government is more than self-reform of government, it also means the reshape of interfaces between government and society, as well as economy. We may explain the social effects of digital government itself and its influences on social entrepreneurship. The empirical results of global data show that, the construction of digital government in one country will enhance the level of social entrepreneurship, and will also contributes to the latter by moderating the negative relationships between traditional culture (collectivism, avoidance of uncertainty) and social entrepreneurship. The results indicate that as the key actor in producing and shaping formal institutions, government will affect social entrepreneurship by shaping infrastructures. The social entrepreneurs should not only focus on the supporting polices, but also consider the quality of local digital government construction.

[**Keywords**] Cross-country Comparison; Multi-level Model; Social Entrepreneurship; Role of Government; Institutional Configuration

# Research of Social Enterprise Legislation under Comparative Law Perspective

*Tao Pu*

[**Abstract**] In view of the emergence of innovative models of social enterprises, there are fundamental differences between countries in terms of the nature of organizations and the construction of legal frameworks. Due to the multiplicity in the veins and modes of extraterritorial legislation, this article compared and analyzed further based on the tracing of the diversified legal framework of social enterprises especially from the definition and identifiability of social enterprises to the main normative dimensions of the

property system. Under the three legislative approaches in general, whether from the inconsistency of the legal person classification standards or the blurred line amongst organizations are still in doubt. This article argues that it shall take into account the social demands and social environment of China, while maintaining the social objectives, it should be weighed with the basic criteria of social enterprises and the special characteristics of organizations in multiple dimensions, and rethink the principles for distinguishing between for profit and non-profit aspects. It aims to explain particularities of social enterprises especially from the construction of the identification legal process, and improve the legal implementation of social enterprises in China while provide justification references to the organizations of social enterprises as well as to the multi-stakeholders.

[**Keywords**] Social Enterprises; Legislative Mode; Organizational Form; Identifiability

# How Is Charity to Strangers Possible?
# Analysis about Normative Embeddedness by the
# Perspectiveof Beneficiary Needs

—Taking the C Foundation's Yunnan Rural Elderly
Companionship Program as an Example

*Wang Huaqi    Wang Yuqi*

[**Abstract**] Charity-Public Interests for strangers emerges in modern society, but its mechanism is still unclear. Based on Shanghai C Foundation's companionship program for left behind elders in D County, Yunnan Province, this study found that local volunteers treated the elderly in a manner of good will while satisfying elders' needs in daily care, communication and companionship. The interactions between the foundation and local volunteers, as well as local government (officials), community (officials), or entrepreneurs from Shanghai all showed good will, although there were still hidden concerns, conflicts, or temporary-low frequency among those interactions.

Providing services in a manner of good will had constrained multi-department coproduction, which formed normative embeddedness among charity actors. This not only reveals a normative principle of caring for strangers, but also inspires the practice of mutual assistance of elders and the tertiary distribution to lift embeddedness level and increase normative embeddedness.

[**Keywords**] Charity to Strangers; Cross Regional Charity; Needs of Beneficiaries; Normative Embeddedness

# Public Concern: A New Form of Public Participation among Urban Community Residents

## —Taking the Residents' Self-governance in W Community, Pidu District, Chengdu City as an Example

*He Lei    Dai Ying    Tao Chuanjin*

[**Abstract**] This article describes the problem of residents' participation as a collective action problem, but unlike the harsh condition of Nash equilibrium that "both parties cannot communicate", communities naturally have openness and interactivity, so it is entirely possible to move towards a cooperative equilibrium. Through the study of a typical case, it was found that: firstly, public attention is an effective way to solve the problem of community collective action. It means that residents will move from a Nash equilibrium state of mutual loss to a cooperative equilibrium state of mutual benefit in participating in public affairs, and will maintain the cooperative equilibrium state on their own. Secondly, the formation of public attention requires three key conditions: (1) when the overall participation of the community is insufficient and in a Nash equilibrium state of mutual loss, it is necessary to start from low threshold public affairs and gradually present a collective action path from low to high, from specific one thing to multiple things; (2) even with low threshold public affairs, residents are prone to emotional resistance rather than rational resolution, thus requiring the construction of

bottom trust. This is the advantage of public welfare organizations, which is to establish mutual trust and resonance with different groups or individuals; (3) the collaboration between the community committees and public welfare organizations is an important supporting force for their formation.

[**Keywords**] Resident Participation; Collective Action; Nash Equilibrium; Public Attention; Indirect Reciprocity

# Coupling Interaction and Local Strategies: A Comparison of the Operating Models of Mainland Taiwan Funded Enterprise Associations

—Case Study Based on the Guangzhou Xiamen Dongguan Taiwan Cooperation

*Yu Tieshan*

[**Abstract**] The Mainland Taiwan funded Enterprise Association is an important bridge and promoter of cross-strait exchanges. This study starts from the perspective of new institutionalism, based on the mechanism of normative legitimacy and the strategy of local excellence, to study the operation mode of the Taiwan Association. According to the interaction between the Taiwan Association and the Taiwan Affairs Office, the operation mode of the mainland Taiwan Association can be divided into three types: "self-management of Taiwan businessmen", "guidance of association operation by the Taiwan Affairs Office", and "leadership of the Taiwan Affairs Office, professional operation of the association, and participation of Taiwan businessmen". Based on the effectiveness of the Taiwan Association's local strategy, the operation mode of the mainland Taiwan Association can be divided into embedded rooted development and detached mobile development. By selecting the three platform associations of Guangzhou, Xia, and Dongguan for case study, the positive factors for the effective operation of the three platform associations include the level of attention from local governments and the personal charm and responsibility of the association president. The operation of the three platforms is facing challenges such as increasing member attractiveness, sustainable development, and effectively achieving organizational goals. It is suggested that Taiwan associations in various regions should "build as many as possible", promote standardized governance of Taiwan associations, create a Taiwan association brand and culture, build a first-class service platform, and give full play to the unique role of Taiwan associations in promoting cross-strait integration and development.

[**Keywords**] Association of Mainland Taiwan Funded Enterprises; Coupling Interaction; Local Strategy; Operation Mode

## Does the Theory of Collective Action Explain the Behavior of Enterprise Association?

### —Analysis Based on GHIC

*Hu Huihua    Xue Zhishuang*

[**Abstract**] Theoretically speaking, enterprises are easier to be successfully associated with than ordinary citizens because of their clear-cut interests, but in reality, there are very few successful business interest associations. Scholars often view the obstacles of corporate association from an external perspective, while those who examine enterprise association from an internal perspective often conceptualize the enterprise association as collective action. Through the analysis of the growth history and operation of GHIC, this paper finds that the external perspective can only explain why enterprise association fails but not why it has succeeded; if the internal perspective regards enterprise association as collective action, it cannot explain why enterprise association is successful. GHIC successfully overcame the barriers to enterprise association, not because it provided attractive selective incentives for members, nor because there was no heterogeneity among members. GHIC's success is related to its special growth experience, the unique interpersonal network among its members, and the unique relationship between GHIC and its members. The construction of common interests and the

guidance of members' ideas have shaped a associational culture with Chinese character-istics.

[**Keywords**] Business Interest Associations; Enterprise Association; Collective Action

# The Functions and Paths of Promoting Industry–University–Research Collaborative Innovation by S&T Societies

*Meng Fanrong    Yuan Meng*

[**Abstract**] Promoting industry–university–research (IUR) collaboration is es-sential for fostering and developing the new quality productivity. As an integral compo-nent of the National Innovation System (NIS), S&T societies can enhance the organic integration between enterprises, universities and research subjects through leveraging their cross–boundary organizational attributes. However, the existing research lacks sys-tematic exploration on the main functions and corresponding implementation paths of S&T societies in IUR collaboration. This paper elaborates on the theoretical motivations and functional positioning of the S&T societies in promoting IUR collaboration through theoretical deduction and policy analysis, indicating that S&T societies play three vital roles in practice: catalyzing knowledge production, promoting the transformation of S&T outcomes, and cultivating an innovative environment. The pathways for realizing these functions are empowering innovation actors, improving collaboration mecha-nisms, and fostering an innovation ecosystem. Ultimately, in light of the current devel-opment status of S&T societies in China and the realistic demand of cultivating and de-veloping new quality productivity, we proposed some feasible strategies for S&T socie-ties to efficiently promote IUR collaborative innovation from three aspects: institutional mechanisms, policy coordination, and operational management.

[**Keywords**] S&T Societies; Collaborative Innovation; Industry – University – Research; Main Functions

# 稿　　约

1.《中国非营利评论》是有关中国非营利事业和社会组织研究的专业学术出版物，分为中文刊和英文刊，均为每年出版两卷。《中国非营利评论》秉持学术宗旨，采用专家匿名审稿制度，评审标准仅以学术价值为依据，鼓励创新。

2.《中国非营利评论》设"论文""案例""研究参考""书评""观察与思考"等栏目，刊登多种体裁的学术作品。

3. 根据国内外权威学术刊物的惯例，《中国非营利评论》要求来稿必须符合学术规范，在理论上有所创新，或在资料的收集和分析上有所贡献；书评以评论为主，其中所涉及的著作内容简介不超过全文篇幅的 1/4，所选著作以近年出版的本领域重要著作为佳。

4. 来稿切勿一稿数投。因经费和人力有限，恕不退稿，投稿一个月内作者会收到评审意见。

5. 来稿须为作者本人的研究成果。作者应保证对其作品具有著作权并不侵犯其他个人或组织的著作权。译作者应保证译本未侵犯原作者或出版者的任何可能的权利，并在可能的损害产生时自行承担损害赔偿责任。

6.《中国非营利评论》热诚欢迎国内外学者将已经出版的论著赠予本集刊编辑部，备"书评"栏目之用，营造健康、前沿的学术研讨氛围。

7.《中国非营利评论》英文刊（*The China Nonprofit Review*）是 Brill 出版集团在全球出版发行的标准国际刊号期刊，已被收录入 ESCI（Emerging Sources

Citation Index）。英文刊接受英文投稿，经由独立匿名评审后采用；同时精选中文刊的部分文章，经作者同意后由编辑部组织翻译采用。

8. 作者投稿时，电子稿件请发至：chinanporev@163.com（中文投稿），nporeviewe@gmail.com（英文投稿）。

9.《中国非营利评论》鼓励学术创新、探讨和争鸣，所刊文章不代表本刊编辑部立场，未经授权，不得转载、翻译。

10.《中国非营利评论》已被中国期刊网、中文科技期刊网、万方数据库、龙源期刊网等收录，为适应我国信息化建设的需要，实现刊物编辑和出版工作的网络化，扩大本刊与作者知识信息交流渠道，在本刊公开发表的作品，视同为作者同意通过本刊将其作品上传至上述网站。作者如不同意作品被收录，请在来稿时向本刊声明。但在本刊所发文章的观点均属作者个人观点，不代表本刊立场。本声明最终解释权归《中国非营利评论》编辑部所有。

由于经费所限，本刊不向作者支付稿酬，文章一经刊出，编辑部向作者寄赠当期刊物2本。

# 来稿体例

1. 各栏目内容和字数要求：

"论文"栏目发表中国非营利和社会组织领域的原创性研究，字数以 8000~20000 字为宜。

"案例"栏目刊登对非营利和社会组织实际运行的描述与分析性案例报告，字数以 5000~15000 字为宜。案例须包括以下内容：事实介绍、理论框架、运用理论框架对事实的分析。有关事实内容，要求准确具体。

"研究参考"栏目刊登国内外关于非营利相关主题的研究现状和前沿介绍、文献综述、学术信息等，字数为 5000~15000 字。

"书评"栏目评介重要的非营利研究著作，以 5000~10000 字为宜。

"观察与思考"栏目刊发非营利研究的随思随感、锐评杂论、会议与事件的评述等，字数以 3000~8000 字为宜。

2. 稿件第一页应包括如下信息：（1）文章标题；（2）作者姓名、单位、通信地址、邮编、电话与电子邮箱。

3. 稿件第二页应提供以下信息：（1）文章中、英文标题；（2）不超过 400 字的中文摘要；（3）2~5 个中文关键词。书评、随笔无须提供中文摘要和关键词。

4. 稿件正文内各级标题按"一""（一）""1.""（1）"的层次设置，其中"1."以下（不包括"1."）层次标题不单占行，与正文连排。

5. 各类表、图等，均分别用阿拉伯数字连续编号，并注明图、表名称；图编号及名称置于图下端，表编号及名称置于表上端。

6. 本刊刊用的文稿，采用国际社会科学界通用的"页内注＋参考文献"方式。

基本要求：说明性注释采用当页脚注形式。注释序号用①②③……标识，每页单独排序。文献引用采用页内注，基本格式为年份制（**作者，年份：页码**），外国人名在页内注中只出现姓（容易混淆者除外），主编、编著、编译等字眼，译文作者、国别等字眼都无须在页内注里出现，但这些都必须在参考文献中注明。

文末列明相应参考文献，参考文献中外文分列（英、法、德等西语可并列，日语、俄语等应分列）。中文参考文献按照作者姓氏汉语拼音音序排列，外文参考文献按照作者姓氏首字母排序。基本格式为：

作者（书出版年份）：《书名》（版次），译者，卷数，出版地：出版社。
作者（文章发表年份）：《文章名》，《所刊载书刊名》，期数，刊载页码。
author（year），*book name*，edn.，trans.，Vol.，place：press name.
author（year），"article name"，Vol.（No.）*journal name*，pages.

**图书在版编目（CIP）数据**

中国非营利评论. 第三十四卷，2024. No. 2 / 王名，蓝煜昕主编 . --北京：社会科学文献出版社，2025. 6.
ISBN 978-7-5228-5609-4

Ⅰ. C232-53

中国国家版本馆 CIP 数据核字第 2025XL3877 号

中国非营利评论　第三十四卷　2024 No. 2

主　　办 / 清华大学公益慈善研究院
主　　编 / 王　名　蓝煜昕

出 版 人 / 冀祥德
组稿编辑 / 刘骁军
责任编辑 / 李天君
文稿编辑 / 侯婧怡
责任印制 / 岳　阳

出　　版 / 社会科学文献出版社·法治分社（010）59367161
　　　　　地址：北京市北三环中路甲 29 号院华龙大厦　邮编：100029
　　　　　网址：www. ssap. com. cn
发　　行 / 社会科学文献出版社（010）59367028
印　　装 / 三河市龙林印务有限公司

规　　格 / 开　本：787mm×1092mm　1/16
　　　　　印　张：20.75　字　数：348 千字
版　　次 / 2025 年 6 月第 1 版　2025 年 6 月第 1 次印刷
书　　号 / ISBN 978-7-5228-5609-4
定　　价 / 128.00 元

读者服务电话：4008918866